本次会议及论文集出版得到北京清尚建筑装饰工程有限公司第一设计工程部、北京玻名堂玻璃有限公司、国术科技（北京）有限公司、华艺博展装饰有限公司、天津旺达文博展具有限公司惠助，特此鸣谢

新问题·新实践·新成果

——首届"让文物活起来——京津冀、长三角、珠三角博物馆高峰论坛"论文集

北京博物馆学会 编

文物出版社

图书在版编目（CIP）数据

新问题·新实践·新成果：首届"让文物活起来——
京津冀、长三角、珠三角博物馆高峰论坛"论文集／
北京博物馆学会编．—北京：文物出版社，2018.11

ISBN 978 – 7 – 5010 – 5812 – 9

Ⅰ．①新…　Ⅱ．①北…　Ⅲ．①博物馆事业 – 中国 – 文
集　Ⅳ．①G269.2 – 53

中国版本图书馆 CIP 数据核字（2018）第 250309 号

新问题·新实践·新成果

——首届"让文物活起来——京津冀、长三角、珠三角博物馆高峰论坛"论文集

编　　者：北京博物馆学会

责任编辑：张晓曦
封面设计：张　帆
责任印制：张道奇

出版发行：文物出版社
地　　址：北京市东直门内北小街 2 号楼
邮　　编：100007
网　　址：http://www.wenwu.com
邮　　箱：web@wenwu.com
经　　销：新华书店
印　　刷：北京京都六环印刷厂
开　　本：787mm×1092mm　1/16
印　　张：26
版　　次：2018 年 11 月第 1 版
印　　次：2018 年 11 月第 1 次印刷
书　　号：ISBN 978 – 7 – 5010 – 5812 – 9
定　　价：180.00 元

本书版权独家所有，非经授权，不得复制翻印

新问题·新实践·新成果

——首届"让文物活起来——京津冀、长三角、珠三角博物馆高峰论坛"论文集

编辑委员会

编委会成员单位

北京博物馆学会　首都博物馆　天津博物馆
河北博物院　南京博物院　广东省博物馆
中国科技出版传媒股份有限公司（科学出版社）

编委会成员

白　杰　龚　良　魏　峻　崔学谙　宋向光　董纪平
崔　波　唐志强　姜舜源　楼锡祜　孙五一

编委会工作人员

龙霄飞　张健萍　龚向军　李吉光　武望婷　杨振宇
李兰芳

序

当前，中国博物馆事业正处在一个空前的繁荣发展期。特别是党的十八大以来，习近平总书记站在实现中华民族伟大复兴中国梦的战略高度，就传承中华优秀传统文化、切实加强文博工作做出了一系列重要指示，其中特别提出要"让收藏在禁宫里的文物、陈列在广阔大地上的遗产、书写在古籍里的文字都活起来"。这既是为新时代文博工作发展所指明的前进方向，也是对新时期开展文博工作所提出的具体要求。带着对未来博物馆事业发展的思考，2017年11月，由《博物院》杂志、北京博物馆学会、广东省博物馆和南京博物院共同发起、主办的一场名为"让文物活起来——京津冀、长三角、珠三角博物馆高峰论坛"的学术研讨活动在北京举行。与以往诸多的研讨活动不同，本次论坛是国内博物馆界首次以历史文化渊源和经济发展关系密切的地域为团体集合而成的。环珠江三角区、环长江三角区和京津冀地区同属当前国内经济发展较为迅速的地区。经济的快速发展，势必会带来对包括博物馆在内的文化消费的快速增长和新的需求，而这正是社会发展所遵循的一般规律。基于此点，本次论坛所研讨的问题，具有较为鲜明的时代特征，也更加贴近社会发展的前沿，同时在国内博物馆发展实践中既有个性特征，也有普遍意义。

围绕"让文物活起来"这一促进博物馆发展的主旨，本次论坛就博物馆跨区域合作、博物馆文创、博物馆数字化发展和博物馆教育等话题展开讨论。共有来自93家文博单位的320余位代表与会。在代表们的发言和论文中，不乏真知灼见，不仅表现出较高的理论水平和学术造诣，也体现出敢于创新、勇于实践的当代博物馆探索勇气。我们将会议所有论文收录成册公开发表，从中可窥见当今博物馆学界理论研究之一斑。

习近平总书记所提出的"让文物活起来"，实际上关系到当代中国博物馆面向未来的长远发展的问题。要使文物活起来，在很大程度上首先就要使收藏、管理这些文物的博物馆活起来。由此，"博物馆，让文物活起来"成为本期的第一个专题。在这个专题所刊文章中，既有着眼于博物馆长期可持续发展的理论探讨，亦有对新时期重新定位博物馆公共服务对象、创新服务方式的分析研究；既有从现行国内博物馆行政管理体制入手对深化改革做出的深度思考，也有从国外博物馆发展经验中借鉴而来的启示与思索。这从一个侧面反映出现今我国的博物馆正处在一个多元发展的新格局中，并对未来的发展趋势做了一番深入思考。

"博物馆文创"是当前博物馆业内最热门的话题之一，也是大家公认的"让文物活起来"的重要途径之一。近年，全国博物馆的文创工作，在党和国家及相关主管部门的支持下，在以故宫博物院、中国国家博物馆、广西壮族自治区博物馆、苏州博物馆等一大批文创工作开展较好的院、馆带动下，初露生机。许多博物馆认识到，立足本馆特色的文创产品开发，不仅是博物馆直接联系观众、联系社会的十分有效的方式和方法，也是提升自身知名度和树立品牌形象的重要工作方式和手段。但由于真正将文创工作提升至博物馆发展的重要战略这一高度为时尚短，成功、多样的发展经验还较为缺乏，相关人才、资源的短缺和不均衡，以及现行政策有待完善等原因，导致在各地博物馆之间，文创工作的发展水平参差不齐。这在一定程度上，不仅影响了"让文物活起来"，也成为制约博物馆发展的短板和可持续发展的瓶颈。同时，从文化创意到形成文创产品、产业，从文创产品、产业到形成公众、社会认可的市场，也还是长路漫漫。然而，如果我们换一个角度思考，就会发现，正是由于我们面临的是一个由诸多不确定因素构成的发展环境，才为博物馆文创提供了一个充满想象的广阔发展空间。任何一点、一次的突破，都可能是宝贵经验的积累与创新。从本次论坛的发言和论文中，我们看到许多馆就做出了这样的突破。它们中，既有故宫博物院这种航母级博物馆在文创海域的深度试水，也有西汉南越王博物馆这类中小馆将文创扩展到服务领域的有益尝试，还有广西壮族自治区博物馆将文创覆盖至展览、非遗等业务空间的不断探索。这些鲜活的例证表明，只要我们本着实事求是精神，脚踏实地处理好继承与创新的辩证关系，博物馆文创的春天并不遥远。

我们这个时代有别于过去数百年、数千年最明显的进步特征之一，就是科技的跨越式发展。而这种发展，也深刻影响到博物馆工作的各个领域。在"互联网＋"时代的大背景下，移动通信、云计算、大数据和物联网等技术为博物馆的发展注入了新的活力。尽管目前从整体上讲，现代科技在博物馆中的运用尚不够普及和广泛，数字博物馆、虚拟博物馆和实体博物馆间的相互关系等一系列根本理论问题还在不断地探讨中，但这绝不会阻挡或放慢传统博物馆在保留自己根基、骨干和特色基础上，向现代博物馆迈进的脚步。当今，许多科研院所和科技企业，都纷纷将目光瞄向适合博物馆使用的科技研发和生产，这在很大程度上弥补了博物馆在这一领域中自身人才、技术和资金的不足。也可以说，这是一种适应时代发展要求的跨界合作。正是着眼于未来的发展，本次论坛特设了相关专题进行研讨。博物馆不仅是历史的保存者、记录者，也是当代社会变革的参与者。她从来不排斥任何新生事物，因为她始终都将自己视为桥梁和纽带，一端系着昨天、传统和历史，另一端系着明天、现代和未来。

近年，我国博物馆在社会教育方面取得了显著进步和巨大发展，已逐渐从过去被动、单一的讲解服务转向主动、多层面的公共服务。本次论坛围绕"博物馆教育"这一专题所展开的研讨和所提交的论文，均来自于在这种转换中的实践。博物馆教育活动与展览、出版物、文创产品等一样，都是博物馆所提供的终端文化产品，在一定程度上，其灵活多样的形式、手段和丰富多彩的内容，更能"让文物活起来"。然而，面对当前全国博物馆每年观众达9亿且仍呈爆发式增长的新形势和广大人民群众对文化消费的新需求，博物馆教育工作仅限于方式、方法、内容、技术的更新是远远不够的，更重要的是要进一步深化完成工作观念的彻底转变。具体而言，就是处在历史发展新时期的博物馆教育工作必须以公众为中心，以人为服务对象。在本次论坛围绕"博物馆教育"这一专题所进行的发言和提交的论文中，尽管对如何开展博物馆教育有着不同的见解，所给出的答案也不尽相同，但对观念转变的认识，却有着高度的一致性。这种观念的转变，将会带动博物馆教育工作以更平等视角对待观众，从宣传、教育角度转向学习、传播角度，让观众不仅成为平等对话的交流者，更是博物馆发展的参与者。这样的一些观点和实践，在本书所收录的相关论文中，有着较翔实的阐述和例证。

通过本次论坛，我们清晰地看到，当代中国博物馆的发展，已深深融入新时代社会发展的大潮中。努力"让文物活起来"，既是博物馆人的责任，更是时代的呼唤。

在此，感谢北京博物馆学会、《博物院》杂志、首都博物馆、天津博物馆、河北博物院、广东省博物馆、南京博物院为此次会议的成功举办付出的努力，特别感谢中国园林博物馆为大会提供了场地以及高效优质的会务服务。感谢北京清尚建筑装饰工程有限公司第一设计工程部、北京玻名堂玻璃有限公司、国术科技（北京）有限公司、华艺博展装饰有限公司、天津旺达文博展具有限公司给予大会以及论文集出版的资金支持。

京津冀、长三角、珠三角博物馆高峰论坛筹备处

2018 年 11 月

目　录

博物馆，让文物活起来

博物馆文创

数字化与智慧博物馆

博物馆教育

博物馆，让文物活起来

新时代，博物馆让文物活起来

南京博物院　龚　良

摘　要： 中国博物馆的发展，已经出现了从量变到质变的飞跃。在对象上，从服务文物到服务公众；在场所上，从"馆舍天地"到"大千世界"；在内容上，从以展示文物为主到博物馆及藏品的多样性发展；在传播方式上，从初始的藏品陈列，发展到媒体时代的讲好故事，再到今天"互联网＋"时代呈几何级增长的传播方式出现。本文以南京博物院为例，论述了在新的历史条件下，如何通过展览、教育、演出等公共服务，让文物活起来；以及如何通过互联网传播，扩大博物馆的影响力。

关键词： 博物馆　让文物活起来　服务公众　博物馆传播

中国进入了新时代，博物馆也进入了新的发展阶段。

面对新时代新阶段，博物馆迎来了新挑战。博物馆要努力让公众更加喜爱，并且能使其受到更多潜移默化的教育；博物馆要扩大传播体验，让文物在博物馆内"活起来"。

一　博物馆进入新的发展阶段

中国博物馆进入新的发展阶段，是因为面临着四个新的变化。

1. 博物馆定义的变化

2001 年 7 月，国际博物馆协会在巴塞罗那通过的《国际博物馆协会章程》中明确规定："博物馆是一个以研究、教育、欣赏为目的而征集、保护、研究、传播和展出人类及人类环境的物证的、为社会及其发展服务的、向大众开放的、非营利的永久性（固定性）机构。"① 这一定义强调了博物馆收藏展示的是"人类及人类环境的物证"，而不仅是过去普遍认可的"可移动文物"，它在时间上更多地延续到了今天以前的所有人类发展的历史，在内涵范畴上强调了所有人类发展的"见证物"，强调了博物馆收藏展示的是"人类发展的过去和今天"。2007 年 8 月，《国际博物馆协会章程》又明确调整了博物馆定义。新定义的三处调整，一是明确博物馆以"为社会及其发展服务"为宗旨，二是将教育功能放在第一位加以强调，三是申明非物质文化遗产是重要的工作对象。对博物馆的认识出现这样的转变，是博物馆界适应社会需要、适应发展需要、适应公众需要而做出的重要调整，它使博物馆及其藏品的多样性成为必要和可能，也使博物馆更明确以服务"人"为第一要求，以满足人们的文化需求为第一要求。从此，博物馆需要主动担负起服务社会公众、传播科学知识、传承优秀文化，甚至关注社会诉求、引导社会舆论的责任。需要以"人"为中心，放大服务意识，重视社会效益；需要拓宽工作领域，改变以往博物馆只搜集和珍藏可移动文物的观念，使标本、科技成果、当代艺术品也能够成为博物馆藏品，活态的非物质文化遗产也应成为博物馆展示、研究、保护的对象。在特定的语境下，不可移动文物及其衍生物，也可以成为博物馆收藏和展示的对象。

2. 博物馆服务对象的变化

博物馆从 20 世纪的以文物为主要服务对象，成为收藏、研究、展示文物的公益性机构，到 21 世纪初人们普遍认可的以观众为主要服务对象，服务社会发展和社会公众，并以公众为中心，开展展览展示、教育服务、典藏研究、征集保护、考古探索等。从此，博物馆学的服务和研究对象，也从"物"转向了"人"。

3. 中国小康社会的发展目标，使得公众对博物馆及其文化产品的要求出现变化

更好的展览、更美的环境、更多的服务、更舒适的空间、更多样便捷的教育，让公众对博物馆提出了提高品质和扩大传播的要求，以满足对美好生活的需要。于是，实现博物馆的高品质发展成为当前主要的工作任务。高品质发展

---

① 吕济民：《博物馆国际接轨之我见》，《文物世界》2004 年第 3 期。

一是需要准确的定位，要依据所在地的财政状况、人文内涵、拥有资源和群众需求确定是建成综合地方文化内涵的区域博物馆，还是体现某方面历史文化艺术的专题博物馆。二是需要个性化的建筑，要做到建筑与景观、自然与人、技术与艺术的和谐统一。好的建筑并不意味着名家设计或高额投入，而一定是契合地域文化特色和氛围。三是创造吸引人的文化产品，如策划能够体现创造性劳动的原创性展览，既要主题鲜明，又要艺术感染力强。四是提供高质量的社会服务，使观众在一个贴心的环境中得到文化享受，同时要有精美的文创产品让参观者购买。五是提升优雅的文化环境，用以影响、约束人们的不文明行为，潜移默化地引导他们提升个人修养和文化素养。

4. 互联网时代的出现和飞跃发展，让博物馆的传播能力呈几何级扩大成为可能

博物馆的作用和影响力，是靠传播实现的。"互联网＋"时代，能让公众更快捷、更直观、更智慧、更喜闻乐见地走近博物馆，更好地了解、理解博物馆内展示传播的传统文化和地域文明。更为重要的是，博物馆与互联网的交融，是实现博物馆传播无限扩大的重要手段①。

在发展的新阶段，博物馆要扩大藏品对象，让博物馆及其藏品的多样性得以体现；博物馆要创造优质的文化产品，包括展览展示、教育服务、文创商品，让博物馆不仅有良好的公共文化服务设施，更有从供给侧提供高品质的文化产品，以满足公众的需要；博物馆要插上互联网的翅膀，高效、快捷、全面地实现传播目的。

二 博物馆服务公众，让文物"活起来"

博物馆在新的发展阶段要更好地服务公众，就必须要运用创新思维，在实现藏品多样性的基础上，多维度地应用各种手段，实现包括展览、展示、展演在内的博物馆文化产品的有效供给，实现博物馆文化产品和文化服务的快捷、高效、全面的传播，让文物及其他藏品在博物馆内外真正地"活起来"。

---

① 《"互联网＋"让文物活起来》，《中国文物报》2017年12月5日。

1. 让可移动文物讲好中华传统和地域文明的故事

对博物馆而言，应努力尽可能多地利用博物馆可移动文物，把沉睡在库房中的文物用起来，打造出好的文化产品（展览、展示、展演）和好的文化创意衍生商品。要按一定的主题，寻找文物组合的相互关系和背后故事，让可移动文物讲好中华传统和地域文明的故事。博物馆策展人要做的不仅是把文物的美介绍给观众，更要去寻找文物和文物之间、文物和地域之间、文物和人之间的关系，并把这个关系告诉公众。文物的组合不能是随意的，因为同样的展品可以做成思想内涵不一样的展览，博物馆必须有话语权和自己的设计思想。某种程度上，文物之间关系的重要性和价值可能远远大于文物的本身，即格式塔原理中"通体相关的有机整体大于局部之和"，也即展览的策划要达到"1+1>2"的整体效果。近年来南京博物院策划的"法老·王——古埃及文明和汉代文明的故事""呼吸——中国传统文化的当代形塑""缀白裘——南京博物院藏品征集十年""温·婉——中国古代女性文物大展""纸载千秋——传统记忆与保护技艺"等展览，完全贯彻了这一理念。

2. 让非物质文化遗产在博物馆内活起来、美起来

南京博物院专设有活态展示展演的非物质文化遗产馆。除了"江苏省非物质文化遗产"专题展厅外，活态的展示展演主要有三部分：一是展示热闹民俗活动的"民俗艺苑"；二是展厅内的现场技艺表演和展示传统手工艺的"如意工坊"；三是展演口头表演类非物质文化遗产项目的"小剧场"和"老茶馆"。通过多功能舞台及茶馆传统戏台的形式表演传统艺术，以作坊式的动态生产来展示传统技艺和有技艺的人，以民俗、节庆等直观的、公众参与式的活动，生动再现中国特别是江苏的传统，让人们体味"从容的、娓娓道来的、过去的生活"①。它既体现了传统技艺和表演艺术的"活"，又体现了传统文化和精神的"美"。其中老茶馆传统戏台，每天下午的折子戏和曲艺表演，观众爆满，上面有人在唱戏，下面有人在喝茶喝彩，喝茶的观众最后也成了被参观的茶客。小剧场是非物质文化遗产馆的一个部分，主要演出整台大戏和民族音乐会，昆曲之婉转，锡剧之高亢，丝竹之悠扬，这些有着独特魅力的传统文化艺术深受观

① 龚良：《国际博物馆日：晒晒我的"南博梦"》，《中国文物报》2013年5月17日。

众喜爱，已经培育了不少年轻人成为忠实观众。

3. 让不可移动文物成为博物馆的重要资源和可能藏品

在文化遗产保护的观念和实践中，不可移动文物必须原地保护是一条铁律。但博物馆收藏展示的又是体现人类发展的"物质和非物质遗产"，似乎又少不了面广量大、内涵丰富的不可移动文物。因此，在现实的条件下、在多样性发展的要求下，将不可移动文物资源纳入到博物馆展览展示过程，显得尤为重要。我们可充分利用不可移动文物的模型、构件、照片、影像，来完善博物馆的展览；可运用虚拟现实技术，将不可移动文物数字化，成为展览的组成部分或独立的数字化展览，如网上大运河（江苏段）虚拟展示；可用建设遗址博物馆、社区博物馆、生态博物馆等方式，让不可移动文物成为博物馆内特殊的不可替代的展品；还可利用互联网技术，真实、直观地在博物馆内直播不可移动文物，这样能够让观众更好地理解中华文化的发展传承，也能让不可移动文物成为博物馆的重要资源和藏品。

4. 让文创产品丰富人们的美好生活

为充分发挥文化文物单位在全面建成小康社会进程中的重要作用，让优秀文化文物资源"活起来"，国务院办公厅于 2016 年 5 月转发了文化部等部门《关于推动文化文物单位文化创意产品开发若干意见》的通知，明确了在博物馆开发文化创意产品，对推动优秀传统文化与当代文化相适应、与现代社会相协调，具有重要意义。希望博物馆利用馆藏优势，把中国传统文化的精髓设计到文创产品当中，并让它融入人们的生活。我们把文化创意产品开发，理解为博物馆展览和服务的延伸，理解为满足公众对传统的美好生活的需求，理解为博物馆目标宗旨的更好实现，也理解为扩大传播的努力。对文化文物资源的创造性发掘，既能够激发人们追溯历史、品味艺术、探索知识的兴趣，同时也能够通过创意产品融入百姓家庭、提升生活品质。我们要通过发掘博物馆的藏品所蕴含的传统文化底蕴，通过传承传统和创意设计，最后做出让中国人用起来舒服，让外国人觉得惊艳的产品，让我们的生活"越中国、越高贵"。希望通过文化创意产品开发，不断推进包括江苏地域特色文化在内的中华文化创造性转化和创新性发展，推动中华优秀传统文化融入当代社会、融入人民生活，让丰厚的文化文物资源成为激发江苏人民智慧创造的源泉！

三 插上互联网翅膀，扩大传播能力

博物馆作用的发挥，其实主要是靠传播实现的。从功能角度思考，博物馆最重要的社会责任之一，就是通过教育功能实现文化的传播与推广。在互联网迅猛发展的时代，博物馆要让文物活起来，要让公众喜爱博物馆，扩大传播能力是最紧要的问题。数字技术和互联网新媒体在博物馆内的广泛应用，让博物馆展览展示呈几何级增长。插上互联网的翅膀，能让博物馆具备更高的知识传播、素质教育和艺术分享的能力。

近年来，南京博物院深入挖掘博物馆内涵，缜密规划布局，完善功能设施，创新服务方式，致力于建设展览特色强、科研能力强、文化氛围强、服务功能强的综合性博物馆，在传承中谋求新变革①。同时，通过专题展览中的数字化技术应用、数字化虚拟展览、数字博物馆、网上虚拟展厅，以及社会服务中的远程教育等，让"互联网＋中华文明"在博物馆内得到更大范围和更远距离的传播。在博物馆内，我们看到的将不再是单一的文物造型或艺术品，不再是简单的文物组合或者相关故事，而是泱泱五千年中华文明不同视角的最直观的呈现。

2013年11月，南京博物院建成了国内第一个完整意义上的数字馆，将中华文化（以江苏为例）的28段视频做成数字虚拟展览，包括虚拟的网络数字展览和博物院内的落地数字展示。我们通过数字馆做了一个名为"生命因你而永恒"的展览，里面的传统文化都是片段，不是长篇大论，这个片段可能是一个动感的景、一张动态的画、一段有故事的视频，也可能是一个耳熟能详的经典。比如要讲爱情，就讲述项王和虞姬的故事。另外还有一些互动项目，比如数字拼图、文物修复、文物制作等。数字馆除了这个实体馆以外还在网上建立了一个虚拟博物馆，如果你愿意参与，就可以在互联网的世界里建立一个联通南京博物院数字馆的私人博物馆，然后通过客户端走进这个数字馆，并开展相应的项目互动。运营四年来，数字馆内的展示取得了良好的效果，不仅受到青

---

① 魏沛娜：《让"躺"在库房里的典藏"活"起来》，《深圳商报》2016年11月10日。

少年欢迎，也受到家长们的好评，扩大了南京博物院的社会影响力。

在博物馆内数字技术应用和数字博物馆建设的基础上，由于博物馆扩大传播能力的现实需要和对智慧博物馆认识的模糊性，南京博物院组织开展了关于智慧博物馆的讨论，探索智慧博物馆发展的正确方向。我们充分地认识到，博物馆要"智慧"，必须有智慧的内容创造、智慧的形式表现、智慧的互动手段、智慧的传播方式；要让博物馆在实体发展的基础上，再创造出一个与观众更紧密联系的虚拟空间，在网络上与公众有更多的直接交流；要让博物馆不仅是一个固定的殿堂和场所，更是一个在你身边无处不在随时可得的课堂和乐园。从"数字"到"智慧"，博物院的传播能力获得了有益的提升。

四 结 语

互联网时代，博物馆要用新的传播手段，去阐释藏品之间的相互关系：过去生活的故事、乡镇发展的故事、地域文化的故事、中华文明的故事。

南京博物院通过多年的实践，在新时代，将插上互联网的翅膀，创造更多公众认可并喜欢的文创产品和服务，更好地实现与公众的互联互动，开展更多贴心便捷的公众服务，完成更广泛的大众传播目标，实现弘扬中华传统文化和江苏地域文明的目标[①]。

本文刊于《博物院》2018 年第 1 期

---

① 《"互联网＋"让文物活起来》，《中国文物报》2017 年 12 月 5 日。

中国博物馆理事会制度的实践与思考

河北博物院 罗向军

摘　要： 国内博物馆理事会目前有三种模式：领导任理事长模式、专家咨询模式、馆长兼理事长模式，这三种模式并没有把理事会的决策权落到实处。只有法人任领导人的机构才具有真正的决策权。结合我国的实际情况，中国博物馆理事会未来将发展成两种形态：紧密形态和松散形态。如何在现有体制下发挥理事会的作用，还需要漫长的过程来探索和实践。

关键词： 博物馆理事会制度　人员构成　决策权　职业馆长群

在国家一轮又一轮的改革浪潮中，理事会制度作为中国博物馆一种新的管理模式正在生根发芽，同时在融入过程中也不可避免地产生了一系列问题。为了更好地推动博物馆理事会制度在我国的发展，笔者在梳理国外理事会制度的发展历程与我国理事会发展现状的基础上，对我国理事会制度提出几点建议，与各位专家分享。

一　理事会的产生

19 世纪中叶，美国波士顿公共图书馆率先实行理事会制度。1963 年，英国国会通过了女王签署的《不列颠博物馆法》，规定不列颠博物馆实行理事会制度[①]。至此，理事会制度作为一种成功的管理模式开始进入欧美国家的博物馆。

[①] 吕曦：《从博物馆理事会制度探析国内国有博物馆管理新模式》，《中国纪念馆研究》2016 年第 2 期。

经过近一个世纪的发展，欧美等地区博物馆已经形成以理事会为主导的法人治理模式并保持了治理结构的独立性。美国是世界上博物馆事业最发达的国家，普遍建有理事会或理事会性质的组织，理事会负责挑选和任命博物馆馆长以及博物馆的宏观管理、资产监督和预算审批。美国博物馆理事会的理事普遍分为表决理事、当然理事和荣誉理事三种，其中只有表决理事和当然理事具有表决权，荣誉理事不具有表决权。这些理事以商界、财界人士居多，还有部分律师、收藏家等[①]。

日本是亚洲范围内博物馆事业发展最早、最成熟的国家。20 世纪日本政府就开始了独立行政法人改革，将原先向社会直接提供服务的机构剥离出行政系统，成为独立法人。有些博物馆设有协议会，例如，鸟取县立博物馆协议会委员由鸟取县教育委员会任命，委员由县内教育机关、社会教育机关和学识之士构成，按照鸟取县条例规定，委员为 15 人，任期为 2 年。从产生至今，理事会已发展成为"一个由三个或三个以上理事组成的管理组织，依照集体负责的形式，履行对博物馆的领导决策权力，是博物馆组织内部最高的权力机构"[②]。

二 我国博物馆理事会制度的提出

结合国际上博物馆发展的大趋势和我国事业单位改革总目标，理事会制度开始走进我国博物馆。从 2010 年开始，中央和国家各部委接连下文，在国家深化机制体制改革的部署中，博物馆理事会在我国逐步走上社会舞台。从 2010～2015 年，博物馆理事会的建立原则和规范逐步明晰，即博物馆要建立一个什么样的理事会，由谁来建立理事会。

2010 年 1 月，中宣部、财政部、文化部、国家文物局联合发布《关于进一步做好博物馆纪念馆免费开放工作的意见》，强调"要求博物馆逐步实行理事会决策、馆长负责的管理运行机制，形成政府、社会、公众代表相结合的监督管理体系"。

2011 年 3 月，中共中央、国务院下发《中共中央国务院关于分类推进事业

---

① 宋新潮：《关于博物馆理事会制度建设的若干思考》，《东南文化》2014 年第 5 期。
② 同上。

单位改革的指导意见》，"明确建立健全法人治理结构，提出面向社会提供公益服务的事业单位，探索建立理事会、董事会、管委会等多种形式的治理结构"①。

2013年11月，党的十八届三中全会通过了《中共中央关于全面深化改革若干重大问题的决定》，提出"明确不同文化事业单位功能定位，建立法人治理结构，完善绩效考核机制。推动公共图书馆、博物馆、文化馆、科技馆等组建理事会，吸纳有关方面代表、专业人士、各界群众参与管理"②。

2015年3月，国家文物局发布《关于贯彻执行〈博物馆条例〉的实施意见》，指出"完善以理事会为核心的博物馆法人治理结构，推动事业可持续发展。推动公众和社会组织参与博物馆的决策和评价，使理事会成为公共参与监督管理博物馆建设发展的纽带，吸纳更多的社会参与"③。

2015年6月，国家文物局发布《关于推进博物馆理事会建设的指导意见》，对博物馆理事会建设进行引导，明确了博物馆理事会的职责，同时，对理事会的组织结构、博物馆主管部门与理事会的关系进行了明确④。

2016年起，博物馆理事会进入全面实施阶段，部分县级博物馆也建立了理事会。同年，国家文物局会同国家事业单位登记管理局制定《国有博物馆章程范本》，鼓励各地结合实际情况开展多种模式探索，健全博物馆法人治理结构，提升博物馆治理水平。2017年9月，中宣部、文化部、中央机构编制委员会办公室（以下简称"中央编办"）、财政部等七部委联合印发《关于深入推进公共文化机构法人治理结构改革的实施方案》，部署推动在公共图书馆、博物馆等建立以理事会为主要形式的法人治理结构。同时将法人治理结构建设纳入博物馆运行评估和绩效考评体系，完善监督和激励机制，推动实施方案的落实，这些政策的出台为推进理事会制度的建设奠定了基石，具有非常明确的指导意义。

---

① 《中共中央国务院关于分类推进事业单位改革的指导意见》，中国政府网。
② 《中共中央关于全面深化改革若干重大问题的决定》，中国政府网。
③ 《国家文物局印发〈关于贯彻执行《博物馆条例》的实施意见〉》，《中国文物报》2015年3月20日。
④ 《关于推进博物馆理事会建设的指导意见》，国家文物局官网。

三　中国博物馆理事会现状

　　2013 年中央编办在全国博物馆系统确立了两家开展法人治理结构建设试点单位，2014 年 11 月文化部确立了 10 家国家公共文化机构法人治理结构试点单位，2015 年国家文物局在全国选取了 142 家博物馆作为理事会制度建设探索性试点，这些试点单位的设立掀起了我国博物馆理事会制度建设的浪潮。在国家政策推动下，2014 年广东省博物馆、云南省博物馆率先成立理事会，2015 年湖南省博物馆、汉阳陵博物馆、宁波博物馆等多家省、市级博物馆建立理事会制度，2016 年廊坊博物馆、临泽县博物馆等也相继成立理事会，理事会制度由省级向地市级博物馆不断推进，态势良好。2017 年，河北博物院成立调研组走访了 5 家试点单位，就理事会制度的建设情况进行了实地调研。通过调研把各单位理事会的情况做了简要汇总，并对我国现阶段博物馆理事会的组建方式、人员构成和选择标准做出分析（表一）。

表一　中国 5 家博物馆理事会人员构成表

单位	成立时间	理事长	理事人数	理事构成	是否在事业单位管理局登记
云南省博物馆	2014 年 4 月	暂无（原为云南省文化厅厅长）	15 人	举办单位、监管部门和相关政府部门的理事共 5 名，代表服务对象和社会人士的理事共 5 名，代表本单位的理事共 5 名	是
湖北省博物馆	2014 年 12 月	本馆馆长	17 人	湖北省文化厅（文物局）委派代表 1 人、湖北省财政厅委派代表 1 人、湖北省博物馆考古所管理层 5 人、文博专家 1 人、社会人士 2 人、服务对象 2 人、单位职工代表 5 人	否

单位	成立时间	理事长	理事人数	理事构成	是否在事业单位管理局登记
山西博物院	2014年12月	本院院长	11人	山西省文物局委派代表1名（由分管本院工作的副局长兼任）、山西省财政厅委派代表1名（由教科文处处长兼任）、山西省文化厅委派代表1名（由熟悉博物馆工作的副厅长兼任）、本院管理层代表2名（院长和党总支书记作为管理层代表，为当然理事）、文博专家1名（由国内资深文博专家兼任）、社会人士代表2名（由知名社会活动家和山西省考古学会推荐产生）、服务对象代表2名（由本院志愿者和山西省人大代表中推荐产生）、本院职工代表1名（由本院职代会选举产生）	是
汉阳陵博物馆	2015年2月	陕西省文物局副局长	9人	政府部门代表2名（陕西省文物局副局长、西咸新区管委会副主任），汉阳陵博物馆代表3名（馆长、副馆长、副书记），业界专家1名（陕西历史博物馆党委书记），旅游部门2名（西安中国国际旅行社首席运营官、西安华旅集团公司董事长），教育行业代表1名（清华附中秦汉学校校长）	是
湖南省博物馆	2015年11月	湖南省文化厅副厅长、湖南省文物局局长	15人	政府部门代表4名（湖南省文化厅、湖南省人社厅、湖南省财政厅、湖南省教育厅各一名），湖南省博物馆代表3名（行政负责人、党组织负责人和博物馆专家），公众代表1名（著名主持人），行业专家2名（湖南师范大学历史文化学院教授、湖南省委党校常务副校长），企事业单位代表5名（湖南出版投资控股集团董事长、湖南日报报业集团总编辑、湖南广播电视台副台长、谭国斌当代艺术博物馆馆长、湖南大学建筑学院院长）	否

1. 理事会的组建方式

首届理事会多由举办单位牵头组建，从第二届开始，下届理事会由本届理事会于届满前 3 个月内依据章程规定负责组建，其理事由本届理事会按照正式生效的章程进行委派和选聘。例如，汉阳陵博物馆是中央编办直接确定的全国事业单位法人治理结构建设试点单位，其理事的产生由举办单位遴选、经所在单位同意，并会商事业单位登记管理局后确定。理事长由举办单位推荐提名，经理事会选举产生。推荐人选未获得理事会通过时，举办单位应更换推荐提名人选，由理事会重新进行选举，直至理事会选举产生理事长。同时，理事会要结合理事所代表的不同方面，采取相应的理事产生方式——代表政府部门或相关组织的理事一般由政府部门或相关组织委派，代表服务对象和其他利益相关方的理事原则上经推选产生，博物馆行政负责人及其有关职位的负责人根据需要可确定为当然理事。

2. 理事会人员的构成

理事会如何产生、由哪些人构成是理事会制度的核心问题。调研发现，理事会人数多为 7～15 名不等，其中来自于政府部门的理事多由文化厅（文物局）、财政厅、人社厅等相关部门代表组成。这些部门多涉及博物馆的人、财、物的决策，把这些人纳入理事会，便于日后工作的开展。例如，云南省博物馆理事会纳入编办成员，为其申请、增加编制起到了推动作用。来自公共文化机构的理事多由本馆党、政负责人、员工代表或专家代表组成。湖北省博物馆理事会纳入了以方勤馆长为首的全体班子成员和经全体职工代表大会无记名投票选出的职工代表，既融入了管理层又能体现职工的基本权益。服务对象和其他有关方面的理事多由有影响力的社会力量，例如金融、文博、媒体、教育、法律等方面的专家和精英组成。博物馆是社会公益单位，面对最多的就是教育、媒体等行业，把他们纳入理事会便于更好地倾听社会的声音。同时，博物馆也需要一些社会力量的支持。例如，在"海外洽购湖南出土的青铜皿天全方罍器身"事件中，湖南省博物馆有多家理事单位积极作为、慷慨捐款上千万，为皿天全方罍的回归做出了卓越贡献，使文物保护工作取得里程碑式的进步。此外，湖南省博物馆选聘了著名主持人汪涵出任理事，他在代表媒体倾向的同时还承担了多项理事会大型活动的主持任务，身体力行履行一名理事应承担的责任。北京大学考古文博学院教授、博士研究生导师徐天进作为山西博物院理事会成员之一，利用自身在业界的影响，为山西博物院在展览、学术研究等方面提供了很大帮助。理事会的合理建设能提高博物馆专业水平，更好地强化公共文化机构的性质，促进其履行职能。

3. 理事会人员的选择标准

理事会人员的构成对于理事会能否高效运转至关重要，由于理事不领取国家和博物馆的任何薪酬，理事会对理事没有直接的约束力。因此，具备较强主观能动性、熟悉热爱博物馆工作成为选择理事的首要因素。我国博物馆理事会成员大多以兼职身份出任，保证其对理事会投入的时间和精力显得尤为必要。无论理事会人数的多与寡，都要以其能正常运转为前提。

通过调研分析，我们将中国博物馆理事会归纳总结出为三种模式，即领导任理事长模式、专家咨询模式和馆长兼理事长模式（表二）。

表二　中国博物馆理事会运营模式及特点

名称	特点
领导任理事长模式	1. 理事长由博物馆上级主管部门的领导兼任 2. 政府授权人与理事会授权人不一致，决策效率较低 3. 行使部分决策权 4. 资源部门在一定范围内可以给予政策和资金支持
专家咨询模式	1. 理事长由专家或馆长担任 2. 与原体制不冲突 3. 不能行使决策权 4. 可以提供智力支持，更像博物馆"智库"
馆长兼理事长模式	1. 理事长由馆长兼任 2. 可以形成决策机制 3. 与原有的馆长（书记）负责制分割不清 4. 没有明确的发展与转化方向

四　中国博物馆理事会制度问题分析

经过上述分析发现我国现行理事会制度存有诸多问题，那么问题的根源在哪？笔者认为要回到国家文物局会同国家事业单位登记管理局制定的《国有博物馆章程范本》（以下简称《范本》）中分析研究。

《范本》对理事会与管理层、理事长与馆长的关系规定如下：

> 第十条　理事会是本馆的决策、监督机构，理事会向举办单位报告工作。
>
> 第二十五条　理事会设理事长一名，理事长由举办单位提名，理事会选举任命。
>
> 第三十四条　本馆管理层是理事会的执行机构，向理事会负责，由馆长、党组织负责人、副馆长和其他核心管理人员组成，实行馆长负责制。
>
> 第三十五条　馆长、副馆长由举办单位提名，经理事会审议同意后，由举办单位按干部管理权限任免；党组织负责人由举办单位按照有关程序任免。

从以上 4 条可以看出，博物馆的理事长由举办单位提名，理事会自己选举任命。管理层的馆长、副馆长由举办单位提名，按干部管理权限任命。在当今的国情下，博物馆是同级人民政府在文化（文物）行政部门正式设立的机构，馆长又是按干部管理权限任命的，"根红苗正"，担负着行政和法律双层赋予的权利和义务。而理事会是由博物馆举办单位（文化、文物部门）自己设立的，理事长是理事会选举产生并由理事会自己任命的，权威性与馆长相比，不可同日而语，很难实现"管理层是理事会的执行机构，向理事会负责"的目标。也正因为如此，《范本》中规定的理事会职责很难落地。

从《范本》中对理事会与管理层的职能描述（表三）中可以看出理事会负责审议各种方案，管理层负责起草和执行这些方案，理事会权利设置"很虚"，而管理层权利设置"很实"，在工作中很容易形成"摆样子""两层皮"，理事会的决策职能很难落地。可见，理事会如何为博物馆服务，恐怕并不像范本说的那样理想。如何做好理事会与管理层之间的平衡，也是理事会制度在我国落地必须要解决的问题。

表三　《范本》中对理事会与管理层的职能描述

理事会（决策机构）		管理层（执行机构）	
第三十条	审议本馆中长期发展战略和发展规划	第三十六条	编制博物馆发展规划，组织开展业务活动，实施年度工作计划等日常工作管理
	审议本馆重大财务事项		编制并组织实施经费预算等财务资产管理
	审议本馆薪酬方案 审议本馆机构设置方案 审议馆长副馆长人选		按照相关条例做好职工招聘、岗位晋升、人员管理、内设或分支机构的设置、薪酬发放等工作
	审议决定本馆理事会成员的聘任和解聘	第三十五条	馆长作为拟任法定代表人人选，经登记管理机关核准登记后，取得本馆法定代表人资格

五　中国博物馆理事会制度创新性思考

博物馆理事会制度的发展建设是一个循序渐进的过程，想要做到"西为东用""洋为中用"，避免"水土不服"，就一定要与我国具体国情相结合，不能照抄照搬，要形成有中国特色的理事会制度。

1. 理事会制度要结合我国公益类博物馆（国有博物馆）的实际情况

博物馆现为公益类事业单位，其资产是国家（全民）所有。可移动文物类博物馆的全部经费均来自政府。遗址类和不可移动文物类博物馆虽然收取门票补充单位运行，大型维修经费依然由国家拨款。这种情况下的理事会与西方依靠个人捐助运营的博物馆的理事会自然不能同日而语。那么，在我国，理事会到底应该如何发挥作用，还是一个漫长的探索过程。

2. 对我国公益类博物馆改革趋势的分析

博物馆作为一个传播中华优秀传统文化的平台，不会完全变成商业化管理，但可以引入社会资金。理事会的建立不应该改变公益类博物馆的属性，国家文物全民所有的性质不会变，不会私有化。但可以广泛听取民意、民智，而且应该不断拓宽渠道，逐步形成全社会关心、关注中华优秀传统文化的风气，让博物馆里的文物活起来。同时，博物馆理事会吸引了一批社会名流与知名学者，他们对博物馆的态度可以作为文化事业发展的风向标，他们推动着博物馆文化的普及和发扬。

3. 中国博物馆理事会制度的两种形态

根据以上分析，结合我国的实际情况，笔者提出中国博物馆理事会未来发展的两种形态：紧密形态和松散形态（表四）。两种形态都需要一定的过渡期，当然，在特定的地区和条件下也可一步到位。紧密形态与松散形态的区别在于管理层与理事会的关系。在紧密形态中，馆长由举办单位提名，经理事会审议后按干部管理权限任免；而在松散形态中，馆长则面向社会公开招募，并报举办单位审议通过。在松散形态中，理事会具有更为完整的决策权。特别需要说明的是，松散形态需要在社会上形成"职业馆长群"，而且博物馆作为一类事业单位，需要机构编制委员会办公室在很大程度上给予灵活的政策。因此，博物馆理事会制度的推行，必须要中央编办等其他单位给予大力支持。只有体制上的支持，才能保证博物馆理事会制度的顺利推行。

表四　中国博物馆理事会未来发展的两种形态

	紧密形态	松散形态
理事长	理事长由举办单位提名，经理事会选举后按干部管理权限任免	
馆长	馆长由举办单位提名，经理事会审议后按干部管理权限任免	馆长由理事会向社会（含博物馆人员）公开招募，经一定程序的考核选拔后提出馆长人选，报举办单位审议。举办单位同意后，由理事会聘任馆长
法定代表人	理事长	
副理事长副馆长	馆长是专职副理事长，参加理事会。副理事长可兼任副馆长，也可不兼任副馆长，副馆长中有理事会成员，也有非理事会成员	馆长提出副馆长人选，报理事会审议后，由理事会聘任，形成博物馆管理层

	紧密形态	松散形态
理事成员	理事分为专职理事和兼职理事，专职理事有投票权，兼职理事分为有投票权的理事（政府机构代表、赞助人代表、公众代表）和没有投票权的理事（关心博物馆事业的热心人士等）	
党组织领导	理事长兼任党组织领导，形成理事会为决策监督机构、管理层为执行机构	

六　结　语

当前形势下，建立博物馆理事会制度已是大势所趋。各级博物馆要紧密结合我国目前的基本国情，把握好博物馆公益性与合理利用社会资金的关系，同时保持法人代表的连续性。随着社会发展和改革的不断深入，逐步完善理事会的运转机制，形成具有我国特色的理事会制度，接受政府监督和社会监督，更好地实现博物馆的社会公益职能。

本文刊于《博物院》2018 年第 1 期

历史文化类展览中"物"的阐释
与"人"的沟通

徐悲鸿纪念馆　杜永梅

摘　要：让历史文物活起来，是要在历史文物与博物馆观众之间搭建好沟通渠道，以真实的物为媒介，实现"人（群体）"——物的制作、使用、流传者，与"人"——展柜前的观众，二者之间的交流。通常情况下，这一渠道即是博物馆所举办的历史文化类展览。为了摆脱历史文化类展览"自说自话"的尴尬局面，在深入的藏品研究基础上，还要完成藏品的解读。这一从科研到科普的完整流程，使得博物馆展览变得友好、无障碍，使博物馆参观变得真实有效。同时，博物馆要以更积极的态度培养观众对展览的亲近感。

关键词：博物馆　历史文化类展览　历史文物　沟通渠道

一　历史文化类展览对"物"的阐释要求——
沟通"历史的人"与"当代的人"

雍正帝的美人玩起了微信，我们也穿越欣赏了乾隆下江南时的美景，从文物"动"起来，到文物"活"起来，历史文化类的展览，还有多少路需要走？北京大学宋向光教授指出："动起来只是'活起来'的表象，真正的'活起来'是要让藏品与观众的生活发生交集，对观众的自我发展发挥积极的作用，让藏品在观众的生命长河中获得新的生命力。"①

让历史文物活起来，是要在历史文物与博物馆观众之间搭建好沟通渠道，

---

① 宋向光：《感受藏品的温度　让藏品"活起来"》，《中国文物报》2014 年 8 月 5 日。

以真实的物为媒介，实现"人（群体）"——物的制作、使用、流传者，与"人"——展柜前的观众，二者之间的交流。通常情况下，这一渠道即是博物馆所举办的历史文化类展览，当然，还有伴随的讲座、出版的书籍、开发的文创产品等。但毋庸置疑，展览作为博物馆的主要职能，是历史文物"活"起来的主要渠道，也是博物馆开发的最重要的文创产品。

本文仅讨论狭义的文物概念，即"历史文物"，进而言之，是进入博物馆的历史文物。这类文物，进入博物馆的理由，是要通过历史实物阐释历史发展，使观众了解客观真实的历史，学习历史知识，认识历史发展规律，了解历史与现实社会的联系，了解历史发展的趋势和走向。这类文物藏品，强调其历史价值和社会人文价值，强调这些物件记录和反映的特定历史过程和社会现象，应能够表达制作、使用这些物件的人（群体）的活动及活动背后的动机、智慧、审美、价值取向等，说到底，是要实现"历史的人"与"当下的人"的沟通，而这种沟通并不是回望过去，而是面向未来。

显而易见，这类展览与以文物与艺术欣赏为导向的展览区别非常明显，它是要通过真实的"物"以及物所内含的信息，认识社会历史发展的规律，沟通历史、当下与未来，正因为此，这类展览对于"物"的阐释提出了极高的要求。乔治·埃里斯·博寇（G. Ellis Burcaw）在《新博物馆学手册》一书中诙谐而明智地说明了此类展览对阐释的要求："如果一位馆长想展出一个美洲印第安人的篮子，他可能会遇到很多麻烦：如何解释它的特定文化背景下的功用，如何阐明它的制作过程使用了哪些工艺技术，如何说清它的哪些方面可以被当作文化交流的现实案例，它的造型特点与其他文化有什么关系等，或者，这位馆长可以把它放在基座上，用聚光灯照着，一劳永逸地称其为'印第安艺术'。在笔者看来，许多非艺术博物馆里的'艺术'展品都是懒惰和博物馆学误区的产物，当然，没能认识到人类学和历史学藏品中的美学或艺术价值也是同样不可取的。"①

乔治·埃里斯·博寇的这段话，提及了历史文物展览阐释的诸多方面："物"的本体、制作工艺、社会文化背景、这一特色文化与其他文化的交流等。

---

① 乔治·埃里斯·博寇著，张云等译：《新博物馆学手册》，重庆大学出版社 2011 年版。

而这一切，无一不是通过人的活动实现的，也正是在这些活动过程，推动着人类社会的发展。"物"不过是这些活动过程和结果的呈现。

沟通"历史的人"（人群）就是要加强对藏品的科学研究，并将更多精力集中在研究与藏品的制作、使用、流传有关的人的活动，以及相关人的生平、技能、社会关系等情况。以人为重心，通过物品这一客观载体，探讨揭示与人的意志、追求、行为、能力、审美、信仰有关的联系与事实。将物品置于社会和人的发展的情境中，让物品反映人的行为过程并呈现其结果。这样做，就是要发现"历史的人"及他们的活动。

长期以来，我们的展览宣传，将重心更多地放在了更吸引眼球的"国宝"上，将"文物"价值判断与是否为"国宝"挂钩，"亮相""集中亮相"等字眼频频出现，忘记了"初心"。笔者认为没有必要再重申文物价值的判断标准到底是什么，需要重申的是，我们作为博物馆工作者，不能偏离我们工作的"初心"：我们所有的工作最终都是为了人和人的发展服务。

二　展览沟通渠道的构建原则——友好、无障碍、分层

文物"活"起来与否的衡量标准，取决于展览通道构建是否通畅，检验的标准是通过观众真实有效的参观行为实现的。对于观众在博物馆的参观行为，如何评判为真实有效，而不是浮光掠影，北京大学宋向光教授给出了这样的评判标准："博物馆观众是在特定展陈环境中，对环境中感兴趣的物品及相关信息进行了解，对获取的信息进行解读和整合，并依据自身知识体系对展陈中获得的片断内容进行重构，从具体的物抽象出有意义的普遍性认识，从而得到自身知识体系的优化、学习能力的加强和情感的认同与升华。"[①] 宋教授的这一段话，值得我们从业人员反思自己的工作：展陈设计是不是"自说自话"？也值得参观者反思自己的参观行为：观展之后有没有收获？

"打铁先需自身硬"，博物馆展览如何摆脱"自说自话"的尴尬？

博物馆展览的知识、理念传达，应该有科研与科普两个过程要走。科研是

---

① 宋向光：《构建意义：博物馆展陈新取向》，《中国文物报》2014 年 9 月 16 日。

要研究展品，"使己昭昭"，科普是要将科研成果通过展示、设计手段，转化成为观众可以真实有效接受的成果，意在"使人昭昭"。

当然，这里有必要申明，基于真实藏品的科研成果形成的结论，并不是百分之百能够通过"科普"传达的，即使"科普"选择的方法万无一失，但因为参观是一种主动性极强的学习过程，观众对于展览所传达知识的接受会千差万别。

对于博物馆展览及展品的研究工作，浙江大学严建强教授的总结非常全面，认为其内容包括文物本体、衍生以及流转。本体信息是指物本身所携带的信息，包括制作和功能等。如果是一件手工作品，那它包括以下因素：在什么时间与空间，为什么目的，采用怎样的材料、工具、工艺、方法制造的，反映了什么样的技术水平与生存状态；衍生信息通常指物在使用过程中新增或改变的，超越或偏离生产者本意的功能信息，以及它与配合使用的其他物品关系的关联信息；流转信息则指物品在使用者、收藏者变更中产生的故事，以及在退出使用领域，进入收藏领域后被赋予的新内涵①。对于现代展览，仅仅揭示展品本体信息，已难以满足观众对物品理解的阐释需求，只有将衍生和流转信息一道纳入物的内涵研究，才能向观众进行更系统、更完整、更有内涵的阐释。这是一种内涵极其丰富和复杂的研究，具有明显的跨学科性质，所涉及的方法也是多元的，包括材料与工艺学分析、风格与图像学分析、器物与类型学研究、历史文献查询与当代民族学田野调查等。

以上内容完成，只是走完了展览文物阐释的第一流程，科研；第二流程科普，将科研成果转化成展览语言，用空间设计、色彩、展品组合、氛围营造、文字系统、互动设备等，将展览变得友好，让观众可以无障碍地理解。对于这一点，国外博物馆学者引入了"分众传播"这一理念："分众传播是博物馆展览设计最重要的原则，它包含了两个不同的部分：一是使用互补的媒介来满足不同观众的学习偏好，提供一系列可选择的体验；二是分层级的展览内容能够保证展览主题可以快速容易地传播给每一位观众，同时提供深层次信息给希望学习更多的观众——这有一点类似于报纸上的标题和正文的关系。"② 这一理念，其实暗合我们的"三贴近"原则，就是要考虑各层次观众的参观需求。我

① 严建强：《博物馆媒介化：目标、途径与方法》，《自然科学博物馆研究》2016 年第 3 期。

② David Masters 著，许捷译：《意义建构：博物馆最佳传播实践的探索》，《东南文化》2017 年第 4 期。

们的立场是通过内容策划和形式设计减少任何潜在的参观障碍（包括物理的、智力的、感官的、语言的、文化的）。根据这个原则，设计者应该让展览对象更容易阅读、观看、听到或者互动，例如大文字、清楚的图像、好的色彩对比度，以及直观的界面。多感官互动则是进一步帮助观众理解展览的方法①。

笔者个人认为，对于专业学者的参观需求，应该放在最后考虑，因为他们走出展厅后，还有更多的方式来满足自己对于展览文物的专业学习，而普通观众无障碍理解展览的需求应该被置于首位。

接下来我们试着以最近比较火爆的中国国家博物馆举办的"秦汉文明"展为例，结合实际讨论一下如何使我们的展览不再"自说自话"。

"秦汉文明"展策展方的主题确定在秦汉文明的成就上，具体而言，于内，大一统王朝的建立；于外，秦汉文明在世界历史上的地位。这无疑是一个非常宏大的主题，这一类型的主题展也是近年来非常热门的展览形式。这类展览往往精品文物集中，可以说是自带流量。

我们以其中一件文物为例，陶夔纹大瓦当，它在现场的阐释系统包括展厅序言、用色、灯光、说明牌。前面三项因为是整个展厅的统一布置，并没有为某件文物单独设计，可暂不考虑。说明牌的设计与整个展厅其他文物说明牌设计一致，我们只需要关注其内容："秦（公元前 221～前 206），1993 年陕西省兴平市黄山宫遗址出土，陕西省考古研究院藏。泥质灰陶，呈半圆形，当面饰有 2 条夔形的图案，画面左右对称，周边以柔美曲线组成升腾状龙形，并分出头、身、尾三部分，该瓦当纹饰与辽宁绥中石碑地秦朝行宫建筑遗址出土的夔纹大瓦当几乎相同。"这个说明牌无疑是非常学术的，吸收了相关的科研成果，但这件瓦当置于展柜，就缺少了"科普"这个环节，饺子煮好了，倒不出来，以己昭昭，使人昏昏（图一）。经过的观众茫茫然，读了说明牌，更糊涂了。而且还将该瓦当与其他遗址的瓦当作对比，引入了更加深入的内容。这样的说明牌，不够明了，观众接受起来有一定困难。

说明牌的写作当然应该简洁，但更要明了，而且"明了"是前提。这个说明牌不但没有说明瓦当的用途、安置，更没有使用示意图或宫殿建筑示意图。

---

① Betty Davidson，Candace Lee Heald，George E. Hein. Increased Exhibit Accessibility Through Multisensory Interaction. The Educational Role of the Museum，1994.

图一 陶夔纹大瓦当及说明牌

那这件文物放在这里，策展的本意是想说明秦王宫建筑的宏伟，这里就应该有与瓦当相关内容引入做背景，让瓦当回到它那个时代去，建立一组"联系"——与单体建筑、宫殿建筑群、与当时秦朝的都城建立联系。只有这一组联系建立起来，观众才可能有一个完整真实的认识，毕竟我们把瓦当放在这里，本意不是用来欣赏其"美"的。

历来车马器具的展示都是大同小异，一张图，详细标出所有配件的名称，这张图是放之四海而皆准，不管展示的是车轮，还是承弓器，或者只是一个小饰件，观众反复地在图例上寻找自己看到那件器物的名称。而河北博物院是将相应的物件名字在图上做颜色处理，并配以示意图和纹饰手绘图，观众可以非常容易地在车马图上找到对应位置，一个用心的设计，让观众对古代车马器一目了然，以己昭昭，使人昭昭（图二）。河北博物院这样的设计还有很多。这样的阐释系统是友好的，也是易于观众理解的。

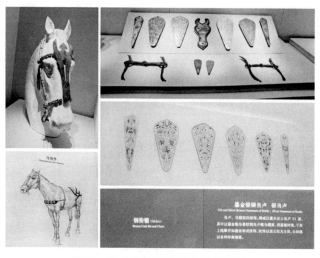

图二 河北博物院藏当卢及其展示

宏大主题下疲软的表达方式、懒惰的表达方式、单一的表达方式、不屑一顾的表达方式、认为"你应该懂"的表达方式、晒宝的表达方式，都是不可取的。

三　观众培养

前文我们已经讲过，基于真实藏品的科研成果形成的结论，并不是百分之百能够通过"科普"传达的。看到这个，我们难免会产生"费力不讨好"的无力感。不列颠博物馆100件文物在全球的展览，其主旨在于展示全球不同地区文化发展的独特性与深藏的联系，100件展品的选择也可以说煞费苦心。但策展方的这一目的实现了多少，我们恐怕还要打个折扣。

其实，策展方的理念与观众的印象和结论无限接近已经是最高理想了，百分百的重合，也只能是想象，因为观众的参观经验、知识体系、价值判断各有不同。策展方的理念与观众理解的差异是时代的进步而不是倒退。被动灌输接受实现的是百分之百的重合，但主动学习、批判式学习，就注定不会有百分之百重合。

假如观众不能超越自己的局限性，没有建立联系的主动要求，也就无法建立与展品、藏品的联系。观众对于藏品无法感知，其参观体验只能是"浅尝辄止"。

这点，也正是我们可以入手的地方，培养观众与展览建立主动联系，使他们愿意更多了解展览及相关知识。从认识论的角度来说，观众如果本身对展览内容有一定了解，这类展览就会让观众产生亲近感，进而愿意在展柜前多做停留。

培养自己的观众，方式可以是多种多样的，最为常用的就是讲座和专业素养过硬的讲解员。就当下而言，还有一种力量不容忽视，就是公众媒体的作用。除了卖萌、炫图以外，它也要承担起培养观众的责任，这应该明确列入博物馆宣传教育的工作范畴。自媒体的作用绝对不可小觑，利用众多网络大咖的关注与转发，使他们的微博、博客、微信成为培养博物馆观众的工具。博物馆界的与众不同者——荷兰国家博物馆，他们将自己的藏品高清大图完全无偿供全球享用，包括商业用途，也是无偿的。另外还有一件事情，也是他们应对网络时代的积极举措，就是将公众的研究成果引入到博物馆的藏品研究工作中去，"大家来找茬"，这样的结果当然是藏品研究内容越来越完善、越来越丰富。这样的做法是非常值得借鉴的。

本文刊于《博物院》2018 年第 1 期

博物馆借力媒体平台　提升公共文化服务

复旦大学　郑　奕

摘　要： 近期《国家宝藏》之所以在业内业外引发强烈反响，与该节目率先尝试将纪录片和综艺两种创作手法融合应用，创造一种全新的表达方式有极大的关系。这也足以引发我们的进一步思考，当下博物馆如何借力媒体平台，生产知识，传播知识，惠及民众？其实，博物馆的本质，有一部分与媒体近似，因此两者的合作属于水到渠成、天作之合。笔者将探索博物馆的媒体本质，介绍国际博物馆界的成功实践，思考当下我国博物馆如何面对与借助媒体，助力自身公共文化服务的提升。

关键词： 博物馆　媒体　合作　公共文化服务

随着《千里江山图》在某演员演绎的"前世传奇"中徐徐展开，于 2017 年 12 月 5 日首播的大型文博探索节目《国家宝藏》中，第一件珍宝隆重亮相了。这是文博类题材第一次在"综艺界"如此大张旗鼓，包括强大的明星阵容、华丽的舞台效果等。

《国家宝藏》由中央电视台与故宫博物院、南京博物院、上海博物馆等九大国家级省级大馆合作，每集节目聚焦一家博物馆，并由该单位推荐三件镇馆之宝，交予民众甄选。最终，节目组将以《国家宝藏》为主题在故宫博物院举办一场特展，展品即为甄选出的九件国宝。

《国家宝藏》之所以在业内业外引发强烈反响，与该节目率先尝试将纪录片和综艺两种创作手法融合应用，以文化的内核、综艺的外壳、纪录的气质，创造一种全新表达有极大的关系①。这也足以引发我们的进一步思考，当下博

---

① 《史上最强，贵，豪华，神奇的综艺节目来袭，集文化韵味与历史穿越》，百度网。

物馆如何借力媒体平台，讲述文物背后的故事？博物馆在生产知识的同时，如何跨界合作，传播知识，提升公共文化服务？博物馆如何真正走下圣殿，以深入浅出、喜闻乐见的方式，与民众走得更近？

其实，博物馆的本质，有一部分与媒体近似，因此两者的合作属于水到渠成、天作之合。笔者将探索博物馆的媒体本质，国际博物馆界的成功实践，以及当下我国博物馆如何面对与借助媒体，助力自身公共文化服务的提升。

一 博物馆的媒体本质

文博单位与媒体单位的跨界合作，在国外早已实践，并实现了双赢。毕竟，无论是展览还是教育活动和项目，它们本质上都是博物馆的传播媒介，而博物馆本身也是"传播知识"的文教机构。著名的例子如不列颠博物馆与英国广播公司（British Broadcasting Corporation，BBC）成为拍档由来已久。关于世界历史的100集广播节目《100件藏品中的世界历史》分三个档进行制作，由BBC4台负责，这对BBC4台而言也具有里程碑意义。此节目以不列颠博物馆的大量世界性收藏品为线索，讲述全球历史，馆长尼尔·麦克格雷戈亲自担纲编者。事实上，广播节目还只是双方合作的"一段世界史"大型社会公共服务节目的核心项目，一系列扩展项目则采取了电视、网络和电台的全方位传播形式。2017年，中国国家博物馆的"大英博物馆100件文物中的世界史"展览，以及上海博物馆的"大英博物馆百物展——浓缩的世界史"即是该大型展教项目的全球延伸和拓展，跨越了时间和空间。

事实上，博物馆的本质，有一部分是与媒体近似的，因此可称为某种形式的媒体，即博物馆借其收藏、研究、展示、教育、公共服务等功能的发挥，把过去人类所储存的经验与知识，利用文物、建筑、文字等载体，传递给大众[①]。这种现象与当前的媒体——报纸、杂志、电影、电视、电脑等，在传播人类知识上，有异曲同工之效。它们同作为沟通过程中的图像与符号，具有阐释的功

---

① 黄光男：《博物馆新视觉》，文化艺术出版社2011年版。

能，但同时受阐释者个人学养与主观认知的影响①。

博物馆作为一种媒体，其功能的发挥，在于如何真切而有效地传达信息。但博物馆的功能显然不止于此，同时较之一般媒体对于人类知识的"传播"，它有其特殊性，如"生产"知识。因此，有必要首先对博物馆的媒体特性展开探讨。

第一，博物馆之所以称为媒体并超越之处，在于它的教育本质，借之藏品的收集、研究与展示，达到教育的目的②，这也正契合"教育"作为博物馆首要目的与功能的事实。正因为博物馆学习的对象是观众与全民，因此当博物馆对外扮演信息发布的中介者角色时，需要客观呈现事实。当然这对发布新闻的媒体而言，同样如此。这就不难理解为何任何统计群体（任何性别、年龄和受教育水平），任何地区的美国人都相信博物馆是最值得信赖的信息来源，是每年为上百万人提供知识的教育加油站，比电视新闻、收音机、杂志以及互联网等都更为可信。可见，博物馆的媒体成分是为客体事实的呈现，不能影响其中性的文化性格，以及未具某一政治或商业倾向的中立地位③。

第二，在博物馆的媒体意义上，观众的角色极为重要。不论博物馆在展览上做多少努力，若没有观众的参与，参与不够热烈时，或当观众不理解展览的物品意义，甚至曲解其意时，博物馆作为媒体的功用显然不足，失去沟通能力，从严格意义上讲，也就不符合作为媒体的条件了④。

博物馆在本质上，是一个观众与展品、藏品等实物相遇的场合。观众来博物馆看展览、接触实物、思考人生、充实自我。博物馆身为媒体，展览是其执行手段，是具体实操手，呈现了收藏、研究等幕后工作的成果，并将其通过展示、教育平台走向台前，属于集大成者。鉴于此，博物馆借由组织一个促进相遇的空间，引导着实物与观众间的关系。而展品的阐释、说明牌的注解、环境的布置、氛围的营造等，都需要在正确同时容易被理解的条件下，才能达到媒体的传递功用。可惜的是，不少传统的博物馆都有主观甚至自大的想法，倚赖

---

① 黄光男：《博物馆新视觉》，文化艺术出版社 2011 年版。
② 同上。
③ 同上。
④ 同上。

其丰富收藏，自认权威的研究人员按其固有程序策划展览，并未考虑观众的需求与反应，也不在意客体事实的比较，以单向传播方式面对大众，自然无法促进博物馆传播的效果①。

第三，虽然博物馆本身就是媒体，但当其在应用媒体手段时，后者即是形式，而形式永远为内容服务，同时内容服从主题。就媒体类型而言，除了常见的平面媒体及电子媒体，如报纸、杂志、电影、电视、电脑等，博物馆也自带媒体——一系列文宣品，包括图录等出版物、定期刊物、年报、导览册等印刷品，或是定期活动计划等。而除此之外，还有常常被忽略的一环，那就是博物馆的品牌（形象），囊括了它的使命、愿景、价值观等，这接近精神层面的媒体。博物馆品牌由其产品与文化等共同构成。文化，是物质与精神总和，包含了器物文化、组织文化、价值观。其中，价值观是核心，也就是文化的认同感、归属感和自觉性。这就是为何品牌是博物馆核心的原因，品牌能发挥无形媒体的巨大张力，值得进一步重视。

从传播学理论看，受播者对于传播者的评量主要基于三个因素：安全因素、资格因素以及动力因素。安全是信度，传播者要值得信赖；资格是传播者的专长，即身份；动力是传播者的态度、热情与使命感②。因此，博物馆作为文教机构的典型，必须在生产知识、传播知识等不同环节，恪守其公益性与专业性。同时，在与媒体合作时，也有所选择与立场坚守。

二 媒体应用的集大成者——大都会艺术博物馆的"中国：镜花水月"展③

博物馆与媒体虽然具有相近的特质与功用，但在当下，博物馆显然需要综合应用各项媒体的优势，正所谓"博物馆就是媒体，媒体的应用，便成为媒体中的媒体"④，最终目的，都是为了助力博物馆展示教育等公共文化服务的践

---

① 黄光男：《博物馆新视觉》，文化艺术出版社 2011 年版。
② 黄光男：《博物馆企业》，文化艺术出版社 2011 年版。
③ 朱纪蓉著：《超越珍奇柜：博物馆研究的新视界》，艺术家出版社 2016 年版。
④ 同①。

行，同时提升其品牌。

大都会艺术博物馆（以下简称"大都会博物馆"）于 2015 年举办的"中国：镜花水月"展（China：Through the Looking Glass），是该馆参观人数最多的时尚展，也是开馆以来第五大受欢迎的展览。毫不夸张地说，该展当仁不让地成为国际博物馆借力媒体的集大成者，受到美国、中国等国家的媒体追捧，得到盛大报道与讨论。该展最具特色之处，是直接将媒体应用大幅植入展览，成为其不可分割的一部分甚至是点睛之笔。可以说，双方的合作跨越了时间和空间，惠及无数公众。

1. 浸入展厅的媒体：影片、时尚作品、艺术品的完美融合

"中国：镜花水月"展系大都会博物馆服装艺术部和亚洲部合办的产物，由前者主办，王家卫担任艺术总监，其搭档张叔平负责影片和音乐。该展共设 14 个展厅，从内容上分为两大板块："从皇帝到平民""符号的王国"，下设多个单元。该展首次以结合电影、艺术、时尚的方式，探索中国美学对西方时尚的影响，以及西方对中国的想象。

将电影、剧场元素（空间、演员、观众、剧情、特殊呈现手法等）纳入展览，一直是大都会博物馆艺术服饰部总策展人柯达（Koda）和"中国：镜花水月"展策展人安德鲁·伯顿（Andrew Bolton）偏好的展示手法，强调媒体融入展览，赋予观众到现场才可收获的"视觉"体验。比如，在清代服饰为主的展区，由两道荧幕墙、四面荧幕隔出三条走道。荧幕剪辑的电影画面，来自导演贝托鲁奇（Bernardo Bertolucci）的《末代皇帝》。两旁走道展陈了清代服饰，以及设计师以清朝宫廷服饰为灵感创作的时尚作品。中间走道形成"隧道"，"隧道"尽头是借自故宫博物院馆藏的溥仪 4 岁登基时穿的龙袍。该展区色调昏暗，光源以电影影像为主。但因影片中人物与色彩非常鲜艳，外加墙面有许多不同角度的圆形镜子反射，同时墙面与展示台座多使用反射的黑色镜面亚克力，因此造成特殊的视觉效果，丰富了观展氛围。

剪辑的电影画面等媒体元素显然在本展厅扮演了重要角色。观众面对服饰作品时，因《末代皇帝》紫禁城中的场景而有的东方想象，透过视觉、听觉的传递，使得观展经历得以扩张。而且，这种延展是双向的：电影的体验，转移至清室的宫廷服饰，以及西方时尚设计作品；西方作品与宫廷服饰的观看体

验，又延展至电影的画面与情节中。

另一展厅，以旗袍为主。展厅中央是大型投影荧幕，让电影《花样年华》中穿着多款旗袍的张曼玉和梁朝伟对戏，并播放《爱神》中饰演旗袍师傅的张震为巩俐量身的画面等。荧幕两侧，透明亚克力展柜中陈列的是旗袍。这些旗袍挂得稍高，令观众以仰角观看，引导视线往荧幕集中，产生一气呵成的视觉体验。此设计来自好莱坞大片《星际穿越》和《黑暗骑士》的美术指导内森·克劳利（Nathan Crowley）之手。这次他将王家卫、张叔平合作的影片《花样年华》及《爱神》等和两旁的旗袍展品搭配，产生相互参照的效果。

电影作为重要的媒体元素，在这些展厅扮演了两重角色：协商的角色——它接起了传统的中国服饰与西方时尚；独立的角色——剪辑过后的影片具备独立地位，其产生的视觉张力，与服饰一样重要。它们的存在，并不是让观众复制进影院的经历，纯粹体验剧情，而是让其在不同的服饰作品、荧幕间移动，享受电影中服饰、身体传递的视觉与美学意象，比照观看实际展示的中国服饰，以及受中国元素影响的西方作品。

2. 馆方的全方位媒体操作策略

"中国：镜花水月"展在媒体操作上，除了专属的慈善晚会 Met Gala（又称 Met Ball）是搭配春季时尚展的固定计划之外，其余和大都会博物馆内其他大展基本相同，但本次规模显然更为盛大。

开展 4 个月前，大都会博物馆就在故宫博物院的建福宫举行了预展和媒体发表会，除了总策展人伯顿、亚洲部主任何慕文之外，《时尚》（Vogue）杂志美国版主编安娜·温图尔（Anna Wintour）、王家卫和美国驻中国大使博卡斯（Max Baucus）都联袂出席盛会。此外，在 5 月 7 日正式开幕前，博物馆于 5 月 4 日开放媒体预展，并于当天晚上举行慈善晚会；隔日连续开放 2 日，仅限会员参观。

值得一提的是，搭配时尚特展的慈善晚会与展览一样重要，受到媒体的高度关注。晚会被称为"时尚界奥斯卡"，已举办多年。每年它都会设定一大主题，和该年的时尚展匹配，来宾穿着需契合主题。该晚会的盛大与重要性，胜过纽约任何一个文艺机构举办的活动，其受到的国际媒体、慈善活动、名流圈的瞩目，也无人能及。通过本年度的盛会，大都会博物馆加强了和中国名流、工商各界的联系。

在新媒体的应用上，大都会博物馆同样非常积极，包括通过社交媒体平台加强与观众的联系。例如在青少年发言平台（Teen Blog）上，就有不少青少年为特展书写评论。较为特别的是，本展策展人 Bolton 亲自在脸书上回答观众提问。开放 1 小时内，大约有 40 人提问。通过问答，馆方进一步了解各层面观众的兴趣点，并适时调整活动内容。此外，策展人也通过交流，向观众传达了策展理念。

除却新媒体的潜力，传统媒体的力量仍然巨大。大都会博物馆春季时尚特展与《时尚》杂志合作，事实上，通过该杂志庞大的网络与资源宣传展览，在该馆由来已久。慈善晚会的前一天，《时尚》杂志在中国城宰也街历史最悠久的港式饮茶"南华茶室"举行睡衣趴，并伴随舞狮表演。众星所到之处，媒体镁光灯不断，是推广展览的最佳时机。从晚会活动到展览，从头到尾，《时尚》杂志从未缺席。

三　博物馆如何借力媒体平台，提升公共文化服务

当下，博物馆与媒体的资源共享、优势互补是大势所趋。一方面，作为公共文化服务机构的典型，博物馆有责任和义务将其幕后的收藏、研究等工作进一步台前化，并集中以展示和教育等方式惠及公众。但基于博物馆的媒体特性，以及平面媒体和电子媒体等可发挥的作用，如何将两者之间，做一个全面性的思考，是本文要探讨的重点，即博物馆如何借力媒体平台，提升公共文化服务？以下一系列原则和要义值得相关机构铭记和恪守。

第一，博物馆宜更新理念，其一切媒体化努力，最大贡献在于让博物馆有机会为每个人提供受教育的机会，尤其是惠及年轻人甚至是倚赖数字媒体成长的一代。比如，将藏品数字化，以新媒体方式与观众互动，是近年来全世界博物馆努力在做的事。对博物馆而言，首先，与商业无关，它是影响力的延伸，让历史人文、自然科学、艺术等惠及更多人，这也是国际博物馆界所提倡的博物馆"卓越与平等"的务实实践。

与此同时，博物馆综合应用媒体，其重点在"人"，提供者是人，使用者

也是人①；而媒体始终都是手段，为人所用。博物馆借由媒体帮助观众掌握信息，观众继而参与其展教活动，这才是目的。正所谓"成功的博物馆产品、服务和媒体内容，理应努力为公众提供另一种愉悦的、有意义的、可信的从博物馆学习的方式，并鼓励他们将来更多地亲自走访博物馆，访问其网站，参与其活动。"事实上，大都会博物馆"中国：镜花水月"展的最特别之处，正在于将媒体元素植入展厅，尤其是提升了电影的地位，电影在展览中从配角到主角，开启了全新阐释方式。因此，但凡有大荧幕、舞台等剧场般效果的展厅，都吸引大量观众停留、体验和感受。展览完毕，他们还可以买一本展览图录，以便深度学习并留念。

除了服务现有观众，博物馆还致力于通过媒体开拓广大的潜在观众，纳入更多元的声音，令博物馆和当代社会有更直接、紧密的联结。正如"中国：镜花水月"展的全方位媒体操作策略，不仅直击公众，也针对不同的利益相关者如会员、明星、媒体朋友等，将宣传推广做到淋漓尽致，以触及、影响更多的人。

第二，如何在博物馆营运中更有效地应用媒体？答案始终在"人"上，这一方面关乎受众，另一方面关乎传播者——博物馆的媒体人。博物馆需要专业团队来营运媒体，比如设有专门的公关室或媒体部门，主要针对新闻联络等存在。其中，博物馆公共关系或新闻发言人不可或缺，他们是专门的媒体的服务者。当然，各部门的主管与专题研究员，也可以是对外发言者，或相佐发言人，就专业与主题部分进行把关。此外，馆长往往是最终决策者，亦是博物馆的第一代言人，这从此次《国家宝藏》节目中众馆长亲自上阵可见一斑。当然，博物馆媒体人除了馆内成员，也可以是馆外的专家学者，这是媒体社会资源的应用，不仅有助于博物馆的多向传播，而且可以成就博物馆社会公共文化服务的良好互动。

第三，博物馆与媒体之间是一项双向选择，但博物馆宜把握主动。这一方面体现在博物馆对于传播方式的选择上，因为平面媒体和电子媒体各有优势。平面媒体是较长时间信息的提供者，亦是建立深度、恒常资讯的重要平台；电

---

① 黄光男：《博物馆新视觉》，文化艺术出版社 2011 年版。

子媒体虽然主要在特定时间内传播，却立竿见影，也可以在短时间内激发观众兴趣①。因此，如何在有限的资源范围内，使用一种甚至多种媒体方式，产生叠加效应，以惠及博物馆的目标观众以及广大的潜在观众，是博物馆需要长期考虑的。

另一方面，博物馆对媒体发布信息，要确切而诚恳，并提供讨论的机会，因为媒体同时有告知与监督的作用②，即拥有所谓的"社会第四权"。多年前故宫博物院的"十重门"事件以及由此引发的媒体拷问与信任危机，即是我国博物馆处理与媒体关系的深刻一课。事实上，媒体固然有义务传播信息，但也有选择信息的权利，博物馆提供怎样的资讯，或怎样的服务，才是媒体关心的重点③。正如杜拉克所言："过去，我们注重的都是资讯技术的问题。现在，新资讯革命注重的则是资讯的内容和实质。"④ 而这也是对博物馆媒体应用成效评估的应有之义，形式永远为内容服务，继而为主题服务。

其实，只要社会中有不同的机构各司其职，形成一个良好的循环，那么，博物馆势必会在这些机构的监督下，不断调整方向⑤。的确，当下的博物馆若没有开放的心胸，以及积极主动的精神，又怎能利用好媒体这一双刃剑呢？

四 结 语

总的说来，与媒体一样，博物馆的生存与发展是为公众服务，也是社会进步的产物，更是社会文明程度的指标。时下，越来越多的博物馆开始改变以往的单向传播与威权式沟通，加强团队与观众的互动，在媒体利用上也呈现从静态到动态、主观到客观、平面到立体的趋势，事实上这恰是博物馆媒体性质最正面的发挥，以在借力、使力媒体之间达求平衡机制。

当然，博物馆与任何业外机构合作，谨慎总不会错，不能有损博物馆的名声、品牌和地位，这是由国际博物馆协会规定的博物馆的非营利性与教育目

---

① 黄光男：《博物馆企业》，文化艺术出版社 2011 年版。
② 黄光男：《博物馆新视觉》，文化艺术出版社 2011 年版。
③ 同上。
④ 同①。
⑤ 朱纪蓉：《超越珍奇柜：博物馆研究的新视界》，艺术家出版社 2016 年版。

决定的。但对博物馆而言，合作可以分享知识、提升资源、吸引新观众，并开展更大规模的展教项目等。事实上，21世纪的博物馆需要拥有协作精神，构建各种公共的、私人的伙伴关系，同时加强内外部的公共文化服务合作。

时下，国内博物馆在结构转型的社会背景下，一个重要目标就是迈向真正的公共性。而博物馆在媒体应用上，也应在"主动与自然"中，获得社会认同与民众信任。期待在不久的将来，我们的博物馆能通过媒体这座桥梁，与民众走得更近，并进一步触摸生活、社会的温度。

本文刊于《博物院》2018年第1期

从传播学角度浅议"让文物活起来"

——以故宫博物院为例

故宫博物院　段　颖

摘　要：近年来，习近平总书记在多个重要场合屡屡提及"让文物活起来"的理念，"让文物活起来"已成为十八大以来全国博物馆的重要奋斗目标。大多数学者认为博物馆是一种特殊的传播媒体。本文尝试从传播学角度分析博物馆传播的要素及特征，通过传播效果这一概念，解析"让文物活起来"的内涵，并通过梳理故宫博物院近年来在博物馆形象塑造、展览策划、观众调查研究等方面实践的经验与不足，试图探寻故宫博物院进一步"让文物活起来"的方法和策略。

关键词：博物馆传播　传播效果　让文物活起来　故宫博物院

习近平总书记在中共中央政治局第十二次集体学习等重要场合强调，"提高国家文化软实力，要努力展示中华文化独特魅力。要系统梳理传统文化资源，让收藏在禁宫里的文物、陈列在广阔大地上的遗产、书写在古籍里的文字都活起来"。"让文物活起来"指向的是文物在受到良好"保护"基础上的"利用"问题。传播学的引入，有助于更清晰地认识到"让文物活起来"的关键不仅是考察博物馆完成了什么，也不应该停留在来了多少观众，更重要的是考量观众得到了什么。

一　从传播学角度定义"让文物活起来"的内涵

（一）博物馆传播

1. 博物馆传播的定义

传播学中的"传播"，指的是人类为了达到一定目的所进行的传递与接收信息的行为①。而博物馆是一种收藏、研究、展示、传播文化的特殊传播媒体，目前已有文章结合"传播"与"博物馆"的定义，将"博物馆传播"定义为：为研究、教育和欣赏的目的，利用博物馆，对人类和人类环境的见证物进行的信息交流、共享的传递行为②。

2. 博物馆传播的要素

传播是信息从信源到信宿的传递过程，其间五个基本要素相互作用，即传播者、受传者（受众）、讯息、媒介和反馈。博物馆传播中，传播者指的是博物馆组织及其所有工作人员，而不应局限于展览、宣教等岗位。受传者指博物馆的观众，包括到访者，以及通过数字产品、文创产品等获得博物馆信息的非到访者。对于讯息，有两种观点，一种认为是博物馆提供的陈列展览，辅之以博物馆举办的文化活动、出版的图书和音像制品、研发的文创产品等③；另一种认为是藏品及相关信息。笔者认为后者更妥。前者应属于博物馆传播中的媒介，此外还包括博物馆官网、官方微博、微信公众号等。反馈指的是博物馆受众对博物馆所传播讯息的意见和建议。

3. 博物馆传播的特征

博物馆传播活动涉及社会传播中的人内传播、人际传播、群体传播、组织传播和大众传播五种类型。其中最为重要的，面向观众，乃至大众的文化传播才是博物馆的根本宗旨，所以博物馆主要的传播类型是大众传播。区别于报刊、广播、电视等专业大众传播媒介组织，博物馆具有独特的传播特征，本文在梳理其他研究者观点的基础上总结如下：

第一，传播更具真实性和权威性。因为博物馆传播的信息源是藏品，藏品具有真实性及可感知性（观众可直观地看到其外形、结构、颜色、质地等）。其次，博物馆的非营利性（报刊、电视等大众传播媒介一般采取企业经营方式），以及学术研究职能也使得其更具权威性和独立性。英国考古学家尼克·梅里曼曾指出，博物馆是有代表性的强大媒体，因为它们涉及的是据称带有身份认同和真理的真实材料。它们的具体性、它们拥有的"证据"、它们正式而

---

① 吕杰、张波、袁浩川：《传播学导论》，科学出版社 2007 年版。

② 李文昌：《博物馆的传播学解读——传播学读书笔记》，《中国博物馆》2008 年第 3 期。

③ 金瑞国：《博物馆之传播学研究》，《博物馆研究》2011 年第 2 期。

公共的地位，以及它们与学术的密切关系，给予了博物馆比许多其他代表性媒体更大的权威性和真理话语权①。

第二，传播的讯息承载有丰富深厚的文化内涵。博物馆传播不刻意追求时效性，更重视其所传播的具有政治、历史、艺术、科学等丰富价值的信息在受众中形成"随风潜入夜，润物细无声"的效应。

第三，所承载的意识形态功能没有专业大众传播媒体那么鲜明，因而能超越本国、本地区时空，在极其宽广的领域发挥作用②。

（二）博物馆传播语境下的"让文物活起来"

1. "让文物活起来"的内涵

焦丽丹在《如何让馆藏文物"活起来"》一文中提出"博物馆年度藏品综合利用频次统计指标"的概念，从陈列展览、科学研究、数字化、文化衍生品开发、教育项目等藏品利用的手段，考察藏品利用频次，即藏品使用数/馆藏总量（藏品利用计数时可重复计数）③。该指标为"让文物活起来"提供了可参考的考察方式，但利用频次高并不等同于利用效果好，仅从博物馆这一传播者单方面的工作完成度出发，忽略了受众和反馈两个重要要素。笔者将从传播效果的角度出发解析"让文物活起来"的内涵。

人类所有的传播活动都具有目的性，希望获得积极的传播效果。传播学认为，传播效果依据其发生的逻辑顺序或表现阶段可分为三个层面：一是认知层面的效果，即外部信息作用于人们的知觉和记忆系统，引起知识量的增加和知识构成的变化；二是心理和态度层面的效果，即外部信息作用于人们的观念或价值体系，引起情绪或感情的变化；三是行动层面的效果，即这些变化通过人们的言行表现出来④。

博物馆所追求的传播效果，在当下就是"让文物活起来"。而"活起来"与否，考察的不仅是博物馆是否充分调动其馆藏资源，提高藏品利用率，更重

---

① 曹兵武：《作为媒介的博物馆——一个后新博物馆学的初步框架》，《中国博物馆》2016 年第 1 期。

② 于萍：《试论博物馆传播理念的更新》，《中国博物馆》2003 年 4 期。

③ 焦丽丹：《如何让馆藏文物"活起来"》，《中国博物馆》2015 年第 3 期。

④ 金瑞国：《博物馆之传播学研究》，《博物馆研究》2011 年第 2 期。

要的是受众是否通过博物馆传播在认知层面、心理和态度层面、行动层面产生效果，也就是文物所承载的历史文化价值、民族精神、科学技术、工匠技艺、审美情趣等是否被观众运用到当下的现实生活中。所以笔者认为，博物馆传播语境下的"让文物活起来"，是指受众通过博物馆媒介传递的讯息，在递进的三个层面获得积极的效果，即认知层面，增长知识，完善知识结构，建构知识体系；心理和态度层面，激发兴趣，引发思考，具备审美意识，形成社会价值观，增强文化认同及文化自信，强化民族凝聚力；行动层面，自觉爱护历史文物古迹，加强文化的创造性转化与创新性发展，让文化成为大众日常生活中的必需品，乃至促进人的全面发展及推动社会变革的重要力量。这正体现了史密森学会第一任助理秘书长乔治·布朗·古德在《博物馆的未来》一文中写的"过去的博物馆必须被推翻、重构，从埋葬物品的墓地变为孕育活跃思想的温床"①，以及国际博物馆协会所倡导的"博物馆不仅是旧遗产的投影机，还应成为新文化的发生器"。

2. "让文物活起来"的传播学方法论

传播是一个双向互动的过程，一是信息由传播者传递到受众，二是受众的反馈流向传播者。传播能否取得效果，取决于两个方向的信息流通是否顺畅，而流通的顺畅有赖于受众的积极参与。

过去的博物馆以"物"为工作重点，重视文物的收藏、保护、陈列、研究等业务，以专家学者的学术研究带动其他工作，承载着严肃的意识形态使命，并且渗透着浓重的精英主义思想②。而当下，博物馆应该以人类及社会发展为导向，从重"物"，向"人""物"并重转变③。追溯之前阶段党和国家对博物馆发展的指导思想，也可以发现对"人"这一因素的逐步重视。如提出"三个代表"这一阶段，博物馆的工作原则叫作"三贴近"，贴近实际、贴近生活、贴近群众；提出"科学发展观"这一阶段，"以人为本"成为博物馆的行动纲领。

---

① 史蒂芬妮·诺比著，萧凯茵译：《从物品的墓地到思想的摇篮——从古德到数字化时代史密森博物院的教育理念与实践》，《中国博物馆》2015 年第 1 期。

② 于萍：《试论博物馆传播理念的更新》，《中国博物馆》2003 年第 4 期。

③ 单霁翔：《博物馆应"人""物"并重》，《人民日报》（海外版）2015 年 10 月 10 日。

在以"物"为工作重点的理念指导下，有研究者将过去的博物馆传播理念总结为"四重视，四轻视"，即重视传播过程的组织，轻视传播效果的调研；重视领导、专家的评价，轻视普通公众尤其是人数众多的青少年的兴趣感受；重视用大声势造宣传效果，轻视"润物细无声"的传播途径；重给予，轻参与[1]。在这种传播理念下，传播是单向的，观众只是被动地观看、欣赏，反馈机制不良。

要实现"让文物活起来"的传播效果，就必须更新传播理念，将旧传播理念中博物馆领导专家自说自话的单向信息传播模式，转变为尊重受众主观能动性的双向互动信息传播模式。对此，博物馆首先要自我定位，根据自身资源特色打造核心竞争力，树立好博物馆形象；其次要确定目标受众群，及时了解其对博物馆传播媒介、讯息的需求及反馈，从而不断完善博物馆传播行为，实现传播效果最优化。

二 故宫博物院"让文物活起来"的实践探索

（一）故宫博物院"让文物活起来"的成功经验

故宫博物院近年来为落实"让文物活起来"，实行了一系列从理念到实践的革新，使得其社会关注度位居全国博物馆榜首，美誉度不断攀升。

1. 故宫博物院形象的成功塑造

博物馆形象是指博物馆在开展实物收藏、陈列展览、科学研究等各项具体工作中形成的个性特征作用于社会公众，在公众中形成的对博物馆及其工作的总体反映、认知和评价[2]。上文谈及博物馆传播更具真实性和权威性，因为博物馆所具有的权威、声誉、名望能赋予它所传播的内容，从而影响到传播效果的实现。

在不断摸索中，故宫博物院逐渐形成了开放创新、公正透明、亲切有趣，有担当、有情怀的博物馆形象。例如，在中国博物馆界首开先河，于官网公开

---

① 于萍：《试论博物馆传播理念的更新》，《中国博物馆》2003 年第 4 期。
② 高增忠：《博物馆形象建设浅论》，《南方文物》2002 年第 3 期。

藏品总目，出版《故宫博物院藏品大系》，接受社会监督，体现其开放创新性。又如，建立了一套新闻发布和舆情应对机制，有计划地公开信息，维护公众知情权、参与权、监督权和受益权；运用危机处理 3T 原则，即"Tell You Own Tale"（以我为主提供情况）、"Tell It Fast"（尽快提供情况）、"Tell It All"（提供全部情况），澄清事实，回应社会关切，维护公开透明的国家级博物馆形象。再如，以"让观众有尊严地参观"为原则，开展端门—午门区域服务设施改造（图一），将一般情况下观众购票、安检、验票、入院的时间缩短至 15 分钟，让观众备感亲切。自 2017 年 10 月起实行全网络售票之后，观众更是可以提前网络购票，到故宫刷身份证进入。又比如，为曾向故宫博物院捐赠文物但因安全事故不幸离世的农民工何刚举办追思会，让大众感知博物馆的温度与情怀。故宫博物院树立了良好的公众形象，延续了一贯强大的文化号召力和吸引力，让受众对其及其所传播的讯息充满信任，主动接收信息甚至积极提供反馈。

图一　改造后的午门安检设施

（图片来自《故宫博物院年鉴》）

2. 树立以观众为中心的理念

受众并非被动的接受者、观察者、诠释者，而是主动的体验者，甚至是意义的创造与行动者。故宫博物院以观众为中心的理念，体现为了解观众情况，尊重观众需求，实现观众愿望。

首先，展览策划改变以专家科研成果为主导的方式，而要体现"人民"意识和"学术"传统,"讲好故宫故事"。在形式设计中注重环境还原和气氛营造,即便普通观众不能理解学术层面的高深内容,但也能因此拥有美的感受和融为一体的体验,从而激发其参观后自发了解更多背景知识或者让观展成为其日常休闲娱乐的方式。笔者认为这正是因为博物馆作为非正式教育机构,在传播中要善于将抽象的、理性的、深奥的科学知识转换成感性的、美的和有趣的信息①。从 2015 年起,故宫博物院先后举办洛阳牡丹、开封菊花及院藏相关花卉文物专题展,主题接地气,牡丹展 6 天内吸引 40 万观众。2017 年举办的"千里江山——历代青绿山水画特展"在国庆期间接待了 12.6 万名观众,其室内外氛围的营造也力图将展览与当代人的生活和审美情趣结合起来,吸引观众沉浸其中,同时也满足了当代人乐于在社交媒体分享照片的心理需求(图二)。

图二 "千里江山——历代青绿山水画特展"室内外环境

其次,文创产品研发抓住趣味性和实用性,新媒体运营强调即时性和互动性。故宫文创从复仿制文物升级为以文物为元素开发日常生活用品,在历史性、知识性的基础上增加了趣味性和实用性,自 2014 年来成为热销品和热议

① 周婧景、严建强:《阐释系统:一种强化博物馆展览传播效应的新探索》,《东南文化》2016 年第 2 期。

话题，证明博物馆并不高冷，被评价为"萌萌哒""脑洞大开"。官方微博和微信公众号开设"紫禁城物候""紫禁城岁时"等栏目，根据天气、节气、季节即时发布故宫摄影师拍摄的雪景、雨景、春花、秋叶等照片，可存做墙纸，也方便转发分享，微信公众号上相关网页破10万阅读量，并让故宫在雨雪天气时成为网友热议话题，使得"一下雪，我就想去故宫"成为一种生活时尚。新媒体运营的即时性和互动性增加了受众的黏度和忠诚度（图三）。

图三 "紫禁城岁时"中的故宫雪景
（图片来自故宫博物院微信公众号）

再次，在开放服务上，积极收集意见及舆情，及时做出政策调整，满足受众需求。例如，2014年召开两次观众代表参与的咨询会，会后根据展览爱好者一年内多次入院观展的意见首次推出年票。再如，2015年"石渠宝笈特展"引发"故宫跑"，院领导及相关部门深入一线，收到老年观众"观展好似运动会"的反馈后做出方案调整，即观众在午门外分组排队，在工作人员带领下依序从午门到武英殿外等候观展，避免在武英殿前重新排队，以及午门至武英殿之间的"赛跑"，确保了观众安全和参观秩序。展览期间，院方还安排故宫志愿者为排队观众做参观前的知识点讲解，向排队观众发放《光明日报》关于展览的专题报道，让他们利用等候时间提前做好观展功课，以便正式观摩时更有侧重点或对展品有更深入的了解（图四～七）。2017年举办的"千里江山——历代青绿山水画特展"再现"故宫跑"，院方实施分时段参观措施，让观众领号后先参观其他展览，届时再按照约定时间到午门展厅观摩《千里江山图》。

图四　"石渠宝笈特展"
观众分组入场
（周高亮　摄）

图五　排队等待参观"石渠宝笈
特展"的观众
（图片来自故宫博物院官方微博）

图六　雨中排队等待参观"石渠
宝笈特展"的观众
（图片来自《故宫博物院年鉴》）

图七　排队观众阅读刊发有"石渠宝笈
特展"介绍的《光明日报》
（周高亮　摄）

3. 媒介的延伸与拓展

博物馆传播的媒介，以陈列展览为主，还包括其他多元的方式。馆藏资源依靠这些丰富的渠道从"馆舍天地"走向"大千世界"。

陈列展览方面，故宫博物院拥有186万余件藏品，但囿于古建筑的特殊性，故宫院内每年展出的藏品仅近1万件，展藏比为0.5%，远远落后于世界其他四大博物馆，甚至国内一些博物馆。为此，故宫博物院在持续扩大开放面积、调整展览格局的基础上，向院外延伸媒介触角。比如，在海淀区筹建北院区，拟展示在故宫院内难以展出的地毯、家具等大型文物；与厦门市合建故宫鼓浪屿外国文物馆，与香港西九文化区管理局合建香港故宫文化博物馆。

公众教育方面，已建立或确定合建意向的故宫学院分院有 12 个，包括苏州、上海、西安、景德镇、沈阳等地，紫禁书院也在深圳、厦门等地建立分院。故宫教育项目惠及秦皇岛等地区，甚至输送到马耳他、新加坡等国家。

数字技术方面，故宫博物院利用三年时间建设线上与线下相结合的"数字故宫社区"，囊括官网、社交平台、游戏、故宫系列应用程序、数字展馆、线下活动等立体内容。故宫博物院还开通了脸书、推特的官方账号，拟在国际文化传播方面发出更多声音。借助"互联网＋文化"，故宫文化突破时空界限，变得可接触、易获得。

（二）故宫博物院"让文物活起来"的提升策略

故宫博物院的传播活动收效颇丰，但尚有精进空间，尚需精耕细作。

1. 确立目标受众

故宫博物院每年接待观众 1600 万人次，数量众多，结构复杂，但并未在工作中明确其目标受众群。目标受众的不明确，会导致博物馆传播策略粗放化，传播效果不佳。从其开展的教育活动来看，目标受众大多数为学生，且多为中小学生。然而，根据《故宫观众结构调查报告》，从年龄分布来看，19 ～ 40 岁的人群占观众总人数的 61.4%，而 12 岁以下和 60 岁以上的分别只占 4.1% 和 5.2%；从学历分布来看，本科学历所占比例最高，达到 37.4%，高中学历 17.1%，大专学历 14.4%，初中学历 10.3%。中小学生的教育当然不容忽视，但是青壮年的教育同样重要，何况他们占据故宫观众的半数以上，这是供不应求的供需关系。大多数人的公共教育止于 15 岁，恰恰在这个时期，人的思维正逐渐成熟，古德对此表示惋惜："为什么我们在幼年时被灌以许多知识，反倒在下一个成长阶段被置于精神饥饿的状态，还一直从成年持续到老年？这让人感到沮丧和不自在。"① 故宫博物院应根据其观众构成情况，将其目标受众确定为青壮年，且还应充分考虑其中具备较高学历的人群。故宫博物院的传播活动要以目标受众为主，根据其需求，平衡供需关系，提升传播的精准度。同时，不断完善对其他受众群体的服务，对青少年、贫困人群等予以特殊照顾，根据不同群体的差异化需求和特征进行分众传播，发展潜在的目标受众，从而达到最佳的传播效果。

2. 建立观众调查研究工作的长效机制

了解受众和收集反馈是传播中的重要环节。故宫博物院现有的观众调查主要分为三种类型。一是基础性摸底调查，如 2007～2008 年开展的观众结构调查，了解观众的人员结构、参观目的、参观次数及国籍等基本信息。二是专项调查，如 2011 年开展的"兰亭特展"观众调查、2016 年开展的养心殿展示在线调研，了解观众对展览各方面的评价。三是观众反馈性调查，如 2012 年开展的观众满意度调查，了解观众对博物馆参观环境和服务水平的满意程度。这些调查为博物馆传播提供了重要依据，但是对比美国纽约大都会艺术博物馆和国内一些重视观众研究的博物馆，显得重视程度不高、开展随机、类型和方法单一。

故宫博物院应建立观众调查研究工作长效机制，定期开展持续性的观众调查研究，了解受众构成及特征，同时在博物馆传播之前、传播过程中、传播之后了解观众的需求、期待、意见、建议，通过观众的反馈及时调整传播行为。第一，要形成专业的人才队伍。需引进、培养专业人才，因调查研究工作涉及社会学、统计学、心理学等学科，还可与社会机构合作开展，提升工作的科学性和严谨性。第二，确保有专项经费。国内一些博物馆已将此项工作作为年度科研课题开展。第三，调查主题和方式多样化。除了展览和参观服务外，还可调查教育项目、文创产品及观众需求、观众行为、观众心理特征等各方面信息，除了调查问卷以外，还可运用行为观察、跟踪调查、观众评估小组等方法，增强调研工作的客观性。例如，在牡丹文物专题展中，故宫博物院考虑到牡丹纹狗衣的趣味性和作为展品的罕见性，推测其应该会受到观众关注，选取

① 史蒂芬妮·诺比著，萧凯茵译：《从物品的墓地到思想的摇篮——从古德到数字化时代史密森博物院的教育理念与实践》，《中国博物馆》2015 年第 1 期。

它作为展品。可在开展后采用观察、访谈等方式了解院方的推测（供应）与观众的需求是否相符，以及展览形式设计等如何影响了院方推测的实现。第四，注重观众调查研究工作与相关工作的结合，发挥"1＋1＞2"的作用。开展观众调查工作外，还可利用微博、微信、故宫社区、手机软件等平台收集观众反馈，也可与观众动态监测系统、售票系统，甚至与在建的应急指挥平台、物联网系统联动，构建大数据时代博物馆动态服务体系。第五，要根据调研结果评价博物馆传播效果，从而调整博物馆传播策略，变粗放式、内向型为精细化、外向型的发展模式，确保以观众为中心的理念有落实机制，真正实现"让文物活起来"。

三 结 语

"故宫跑""首博热"都反映了在物质条件不断丰富的时代背景下，人们日益增长的精神文化需求，"让文物活起来"不仅是国家的意志，同时也是人民群众的呼声。希望博物馆借助传播学理论，关切观众需求，研究观众特征，革新传播理念，改善传播行为，实现传播效果的最优最大化。

本文刊于《博物院》2018 年第 1 期

从名人·名作·名物中走进文化名人纪念馆

——从郭沫若纪念馆说起

中国社会科学院郭沫若纪念馆　张　勇

摘　要： 越来越多的观众开始走进文化名人纪念馆参观，如何正确利用纪念馆现有的资源优势，发挥文化引领作用至关重要。从文化名人纪念馆的馆藏文物中全面客观认知文化名人，合理选取文化名人创作的名作名篇阅读体会，都成为新时期文化名人纪念馆文化教育功能的重要表征。

关键词： 纪念馆　名人　名作　名物

随着人们生活水平的提高，文化素养的提升，以及国家文化发展战略调整等方面的原因，越来越多的人开始走进文化名人纪念馆，在文化名人曾经的居所中感受历史积淀的精神内涵，越来越多的社会事件与文化名人纪念馆发生了千丝万缕的联系。每天有数以千计的观众走进各类文化名人故居，各种各样的参观群体在文化名人纪念馆中驻足，有普通游客、有大学生、有中小学生、有老人、有儿童，甚至还有很多外国游客。他们来到文化名人纪念馆究竟是在看什么？他们应该从文化名人纪念馆中获得什么？

为解答以上的疑惑，本文就以郭沫若纪念馆为例，从人、作、物三个不同角度，来阐述走进文化名人故居的方式及意义。

一　与名人相识：历史长河中的名人重审

游客到文化名人纪念馆首要的目的就是去认识这个文化名人。如何认识文化名人，可以分为三个层次，一是知道他是谁，二是了解他有哪些成就，三是合理辨识他的历史价值，这三个层次从内涵上来讲是逐步递进的。没有进入文化名人纪念馆之前我们了解他们的途径就是书本、广播或者其他方式，有句古话：纸上得来终觉浅。特别是由于每个人专业领域和生活场域的限制，对于历史的认知必定是有限的，对历史人物的了解更是千差万别。因此，认识文化名人就要走进他们的内心，特别是感受他们生活的场域。在历史场域中感知一个具体的、鲜活的生命个体。

1. 直观综合历史人的展示

在中国现代文化人中，郭沫若对普通游客来讲是一个既熟悉又陌生的人物，熟悉是因为大家都知道他，陌生是因为大家都不了解他。大多数人对于郭沫若的了解可能更多的是"听说"。

我们"听说"郭沫若是个非常有个性的人，"听说"他是一位追求多方位自我实现的"球形天才"；"听说"他是一位参与意识极强的入世文人，又是一个朝气蓬勃的青春型诗人；"听说"他更是一个主观抒情的文学天才。这样的"听说"使郭沫若成为中国现代文化名人中少有的颇具争议性的人物之一。有人把他捧到天上，觉得他是 20 世纪乃至旷古未有的天才；也有人恣意贬低他，认为他一无是处。

对郭沫若的评价其实是我们在看待历史人物或事件时，所常用的"好或不好"二元评判标准的典型案例缩影，顾及一点不计其余，缺乏客观综合的透视与分析。我们必须要跳出这个简单的价值评判标准和固有思维模式，而文化名人的生平思想展览展示就是用相对客观的标准来介绍人物的一生。

"展览不仅对人的主要审美器官发生作用，还对人的辅助审美器官嗅觉和触觉也发生作用，展览是名副其实地综合地发挥着美感效应的艺术形式"①。因此展览的最鲜明的特性就是综合性和直观性。对人物展览的策略决定了对他的介绍是全面的，综合的，不仅仅只介绍他的生平年月，还要介绍他的专业领域，更要说明他在历史中的角色和作用。既然是介绍，那么在策划时就要有所选择，展览材料的选取尽可能按照时间顺序选择各个历史阶段中最能代表这个人物历史价值的事件和图片进行展示。抓主要、突重点是人物展览中最重要的

---

① 潘杰：《展览艺术——展览学导论》，黑龙江美术出版社 1992 年版。

设计原则。

如何处理好个人与社会，现实与历史的关系是展览策划的关键。对于郭沫若生平思想展的策划也秉承着这样的理念，如何客观地将郭沫若的历史成就放置在具体历史情境中来展示是展览首先要考虑的问题。既要突出郭沫若异于常人的各方面成就，更要阐释他在特定历史时期所做出的人生抉择。我们常说郭沫若是一个"全面实现的球形天才"，那么"全"体现在何处？"天才"表现在哪方面呢？郭沫若既创作过白话新诗《女神》，又于1926年投笔从戎，参加北伐战争，成为为数不多的文人参战者。这两个事件，在以往有关郭沫若研究的成果中都没有关联到一起，那么两者是否有联系呢？答案是肯定的。郭沫若纪念馆第一展厅中关于这两个事件的展览图片和实物陈列，便会促使你思考两者的关联性。《女神》中的革新战斗精神，恰恰是郭沫若北伐战争时期投笔从戎的心理状态，而北伐战争中郭沫若一身戎装的照片，也印证了《女神》所反复歌颂的青春热情和革命激情。这两者之间必定有着天然的关联，这更是对郭沫若综合历史性的考量。

郭沫若纪念馆的展览设计跳出了学科之间的藩篱，综合性地按照历史发展的顺序，从各个方面展示郭沫若的思想生平。文学创作之中有历史事件的背景展示，历史事件中有文学创作的演进。

2. 展览还原生活真实的人

对于文化名人的认知，还应该从一个"人"真实生活的角度来认知。对于郭沫若我们除了知道他是诸多成就的获得者外，还应该了解他也是一个普通人，有着自己真实的情感诉求。走进郭沫若纪念馆，踏入他生活的场域是认识作为一个现实中"人"的真实性的最有效途径。

"展示设计的功能也不仅仅在于展示和陈列展品，更承担着为人们提供传播信息、交流情感和休闲娱乐的场所"① 的功能。郭沫若纪念馆的展厅内悬挂了众多书画作品，其中既有郭沫若朋友傅抱石为其专门绘制并赠送的巨幅山水画《拟九龙渊诗意》，也有郭沫若题字、傅抱石画石、郁风画花、许麟庐画鹰等众多文化名人合作完成的写意创作，另外较多的便是郭沫若所书写的自己创

---

① 赖亚楠、赵坚编著：《展示设计概论》，河北美术出版社2008年版。

作的文学诗歌作品，其中有一幅是悬挂在郭沫若纪念馆原状陈列室"妈妈居"正北面柱楣间的行草《咏武则天》："金轮千载受奇呵，翻案何妨傅粉多？宋璟姚崇蒙哺育，开元天宝沐恩波。声威远届波斯国，文教遥敷吐火罗。毕竟无书逾尽信，丹青原胜素山河。"这是郭沫若 1961 年在他的历史剧《武则天》搬上舞台后，书赠夫人的一幅墨迹。

郭沫若是位逻辑思维和形象思维兼备的文艺大家。他在抗战期间完成的《棠棣之花》《屈原》《虎符》等历史剧，为中国现代话剧的发展开拓了一条前景广阔的新路，而中华人民共和国成立后创作的《蔡文姬》《武则天》，则在探索历史科学和历史剧相互关系的道路上，取得可喜成果。他以史学家兼剧作家的视角，对历史剧的创作提出了独到的见解："史剧创作要以艺术为主、科学为辅；史学研究要以科学为主，艺术为辅。"① 在抗战岁月中郭沫若成功地塑造了一个又一个感人至深的女性形象，如聂嫈、婵娟、如姬夫人、阿盖公主、蔡文姬、上官婉儿……从人性化的角度入手，赞美、歌颂了中国历史上的叛逆女性，为全国抗战的胜利和女性解放鼓吹呐喊。而在中华人民共和国成立后的话剧舞台上，他又借助独特的创作方法，合理阐释史实，重新评价了曹操、武则天等历史人物，对中国传统文化的现代认知做出了突出的贡献。

细细品味《咏武则天》这幅行草横批，从笔画的纵横交错间便能够体会到，郭沫若惯于推翻历史陈案的艺术个性，在不拘一格的笔墨气韵之中他作为史学家的精神气质也展示无余。透过这么一副书写历史作品的诗歌手迹的陈列，参观者便会感知到人物生存的真实情感，同时也实现了对文化名人由名人到真人的认知。通过文化名人纪念馆的展览设计和展品布置，我们能够全面客观地了解文化名人的前世今生，他们的历史价值也会恰当地展现。

二　与经典相遇：方法视域中的名著新读

认识名人最好的方法是什么？阅读他的著作，应该是接近了解他的坦途。但是《中国现代文学研究丛刊》曾经做过一个文学阅读的调查，调查结果表明

---

① 郭沫若：《〈武则天〉序》，《郭沫若全集》（文学编·第 8 卷），人民文学出版社 1987 年版。

在当下社会中阅读时间最多的并不是专业人员、文学工作者，反而是刚刚开始起步阶段的小学生，随着年龄的增加，阅读的时间反而减少，甚至只有12%的中学生有课外阅读的习惯①。"这确实就是今天全民阅读危机的现实，一方面国民的文学阅读量迅速下降，甚至专业读者、文学工作者的阅读量也少得可怜。大量文学作品无人问津，细读作品、分析作品的能力更是下降"②。这也就造成了我们与文化名人的隔阂，更形成了只在名人之外，无法深入其内的社会症候。

1. 合理地选择阅读对象

"文学作品，一定能够超越这种具体时空，从而具有一种探寻生命本质、直达人性深处的力量。经典之所以能够在漫长的时间里历久弥新，不断产生新的价值，也正在于其文本的深刻性和开放性"③。

文化名人的作品浩如烟海，仅就目前能够看到的作家作品集而言，《鲁迅全集》16卷，《鲁迅译文全集》8卷，大约1000多万字；《郭沫若全集》文学编20卷，历史编8卷，考古编10卷，大约1000多万字；《沈从文全集》32卷，大约1000多万字，这还仅仅是举了三位中国现代文学史上的作家作品为例。从以上统计数字便可以看出对普通的读者来讲，他是不可能穷尽文化名人所有作品的，因此阅读文学作品第一个问题就涉及作品的取舍选择。对于不同层次的读者，选择的标准也会各有不同，那么怎样才能取得一个符合大多数读者要求的标准呢？笔者认为走进文化名人纪念馆，从纪念馆中便可以找寻这个标准。

郭沫若纪念馆的第一展厅中，进门观众最先能够看到的便是一个玻璃格子中陈列的1921年由泰东图书局出版的《女神》初版样书。这本泛黄的诗集并没有像其他作品一样，铺陈于展柜之中，而是放在了第一展厅的正中央，放在了观众一进入第一展厅就可以直接看到的最醒目的位置，并且单独用玻璃罩将其罩住，更加吸引了观众的注意力。为什么展陈设计时要把《女神》放置在如此突出的位置呢？因为《女神》是郭沫若白话新诗的代表作，还是他登上"五

---

①　吴义勤：《当代文学评价的危机》，《美文》2016年第5期。

②　同上。

③　刘勇：《对话经典：人生价值的选择》，《名作欣赏》2016年第13期。

四"文坛的敲门砖，更是郭沫若激情燃烧的岁月的经典结晶，从这个角度来说"读懂了《女神》也就读懂了郭沫若"。从另外一个角度来讲，无论你从事什么职业，无论你的年龄大小，只要是想了解郭沫若，想阅读他的文学作品，《女神》是首选，是必须，也是第一位的。

在郭沫若纪念馆第二展厅进门靠右的位置，放置着一台外观类似电影放映机的装置，在它的上方就是一个液晶显示屏，如果你摇动这个装置的手柄，液晶显示屏上就会依次播放郭沫若的历史剧《屈原》的舞台剧照。《屈原》是郭沫若历史剧创作的代表作，也是现代舞台艺术的经典之作。郭沫若借助"屈原"形象的再现，宣扬了人性中特有的激情与魅力。对于这篇作品的展示，并没有如其他作品一样仅仅只做文字的介绍，使用影像展示更突出了它在郭沫若文学创作中的地位和价值。

这两件展品，在郭沫若纪念馆的展陈设计中是非常独特的存在，"由于展品特殊，所以展示设计也因此具有了特殊性和唯一性"①，这从另外一个方面证实了，它们在郭沫若文学创作体系中的重要价值和意义，这正是阅读郭沫若作品的必读之选。从文化名人纪念馆的展览中，我们便可以找寻到各个文化名人的经典之作，必读之作。

2. 正确地阅读经典作品

知道哪些经典作品必读是一方面，但是怎么读又是另外一方面。阅读经典作品并不是直接把作品拿过来看一遍，通读一下，或者了解它的大体内容就可以了，阅读需要深入，更需要方法和技巧。

我们都知道郭沫若的《女神》是了解郭沫若的钥匙，必须要读，但是真正能读下去的读者却并不多，更不要说普通的观众了。《晨安》通篇采用排比句式，与现在的白话句式结构几乎毫无相似之处，可能读起来令人费解；《天狗》并不符合现代人思维逻辑，作者的思路狂奔乱跑，也许令人读起来不知所云。这些原因使很多读者对郭沫若的诗歌望而却步。

阅读《女神》一定要注意的一点就是，它产生于"五四"新文化运动时期，那是中国文化剧烈转型的年代，因此，《女神》就应该放置在这一特殊的

---

① 赖亚楠、赵坚编著：《展示设计概论》，河北美术出版社 2008 年版。

历史语境中来读，在历史境遇中真正与经典对话。历史语境到哪里去感受，历史境遇在哪里可以碰到？文化名人故居就是目前最理想的场所，这里不仅仅是该名人曾经居住过的场所，而且也是有关他的生平资料最集中的场域。郭沫若纪念馆就利用图片、实物、模型等方式将郭沫若生平展示给观众。

《女神》时期的郭沫若展示的恰恰就是郭沫若一生中最意气风发的青春岁月，在这些图片中，郭沫若眼神中的叛逆、斗争的精神都展露无遗，他的创造精神和意识更是被淋漓尽致地展示出来。透过这些图片和实物，你获得的不仅仅只是一些历史的常识，更是一种青春精神的感染。

> 无数的白云正在空中怒涌，
>
> 啊啊！好幅壮丽的北冰洋的情景哟！
>
> 无限的太平洋提起他全身的力量来要把地球推倒。
>
> 啊啊！我眼前来了的滚滚的洪涛哟！
>
> 啊啊！不断的毁坏，不断的创造，不断的努力哟！
>
> 啊啊！力哟！力哟！
>
> 力的绘画，力的舞蹈，力的音乐，力的诗歌，
>
> 力的 Rhythm 哟！[①]

这首短诗是《女神》诗集里的《立在地球边上放号》。充满感叹词、语气词、排比句的句式组合更像一个时代宣言，它其实宣告了古老的中国将迎来创造者的天地。郭沫若通过对具有创造精神的力的反复咏叹，展现出创造者独有的青春情感和热情。试想谁才会拥有这样提振情绪的宣言呢？这正是处于除旧布新的"五四时期"青年人所特有历史使命感的迸发。而离开了特定的历史境遇，所谓"精神"都是抽象的概念，但是如果你切身走入到郭沫若纪念馆的展厅，看到他不同时期的影像资料，一种历史现场感便会油然而生，从这种氛围中再来阅读他的作品，便会获得无限的美学意味。

3. 获得经典阅读的仪式感

国民阅读危机的另外一种现实表现便是电子化的阅读方式，这"也必然会

---

① 郭沫若：《立在地球边上放号》，《郭沫若全集》（第 1 卷），人民文学出版社 1981 年版。

造成了文学感觉的消退和文学性的流失。读书或者读文学书应该是有某种仪式感的"①。

走进文化名人纪念馆会使你找到久违的历史厚重感，从而得到阅读的仪式感。这里的阅读，不仅仅只是书面文字简单的识别，也不是故事情节单纯的感知，更多的是与文化名人的对话，感受他创作的环境。

《英诗译稿》是郭沫若翻译的最后一部作品，也是被研究者们所忽视的一部译作。《英诗译稿》所翻译的诗歌多是"英美文学中平易，有趣的，短的抒情诗，是早有定评的世界著名的部分诗人的佳作"②。对春天美好景物的颂扬，对人精神世界的追问，以及对原始生命活力的讴歌是这些译诗的共同主题。如果你仅仅只是从已经出版的《英诗译稿》，简单浏览一页原文、一页译文的编排方式，就不会体会到作品的历史价值。这部译作的原稿如今便陈列在郭沫若纪念馆原状展厅中。《英诗译稿》是郭沫若在前海西街18号翻译的唯一一部诗集，是中华人民共和国成立后郭沫若唯一一本译作，也是郭沫若生前唯一一部没有出版发行的译本。在郭沫若的创作和译作中，《英诗译稿》被提及得并不多，甚至很少有人关注它。其中最主要的原因是未能找到这本译作的独特性。从陈列的资料便可以清晰地看到《英诗译稿》中诗歌的翻译"几乎都是留在原文空白处的手迹"③，这与他其他作品有很大的差异。这是一种最简单且最真实的翻译技巧和创作方法，既能忠实于原著的精华，又能凸显出译者的思考。正如译稿中所言"我的灵魂是阳春，踊跃狂饮爱之醇；万事万物皆有情，渴望、缠绵理不清"④，虽然此时郭沫若已经年近古稀，但青春的激情在这些诗句中重现，文化的思索在这些词语中蕴含。如果你不了解这些历史背景，不了解翻译时的空间环境，甚至没有见到过翻译译本的原件，可能你就会把它当成极为普通的一篇译诗。但是当你接近了实物，看到了字迹后，历史的厚重感，阅读的现场感便会自然升华为一种仪式的庄严感，此作品的意义便不解自明了。

---

① 吴义勤：《当代文学评价的危机》，《美文》2016年第5期。
② 成仿吾：《英诗译稿·序》，《英诗译稿》，上海译文出版社1981年版。
③ 蔡震：《郭沫若画传》，江西人民出版社2011年版。
④ 约翰·格斯瓦西：《灵魂》，《英诗译稿》，上海译文出版社1981年版。

三 与名物相伴：人、物关系中的历史互喻

人与物是自然界中息息相关不可分割的整体。人需要物质作为他们生存的条件，在物质中寄托自己丰富的情感诉求，每个人所使用过的物品因寄托了真实情感，而具有了生命寓意，是人生命精神在物体上的呈现和延续。物延长了人的生命和精神，人给予物存在的缘由和价值。借物识人，以人见物应是我们走进文化名人纪念馆重要的视角。

1. 物因人而名

文化名人纪念馆从根本上来讲是博物馆的一个重要组成部分，因此也具有博物馆的特性，特别是在"物"的方面：因有了"物"的存在才使文化名人的历史特性得以真实呈现。所谓"物"主要是指可移动和不可移动的具有历史价值的器物。文化名人故居里的"物"最显著的特性，便是与"人"的内在关联，这使它与一般博物馆的藏品具有了显著的不同。

郭沫若纪念馆中最普通的，但又是最具有情感特性的"物"便是被称为"妈妈树"的银杏（图一）。银杏是自然界中最常见的物种，如果它种植在道路的两旁可能就是绿化环境的装点，如果它种植在其他博物馆中，也可能只是普通的生物物种，但是它生长在郭沫若纪念馆中却有非同一般的意义。

图一　郭沫若纪念馆院景

郭沫若喜欢植物，尤其是喜爱银杏树。在郭沫若所生活过的寓所里，如四川乐山沙湾郭沫若故居、重庆沙坪坝郭沫若故居以及日本的郭沫若故居中，都能找到银杏树的踪迹。喜爱种植银杏已经成为郭沫若的嗜好，而郭沫若纪念馆的这棵银杏树还具有非常特殊的意义和价值。这棵银杏树之所以叫作"妈妈树"是因为它与郭沫若的夫人于立群有密切关系。1953年于立群因病离开北京到外地治疗休养期间，郭沫若和孩子们一起从北京西郊大觉寺移植来一颗银杏树苗，栽种在了西四大院胡同5号的寓所里，举家搬迁时，把该树也一同搬到了这里。这棵树不仅仅寄托了郭沫若及孩子们的期盼，希望他们的亲人于立群能够如银杏一样用坚韧的毅力恢复健康，也表现了郭沫若对于生物界物种的无尽敬畏和喜好之情。后来于立群很快便康复回京，因此郭沫若便将这棵树取名为"妈妈树"，赋予了它生命的意义和内涵。

普通的一颗银杏树，因为郭沫若投入了朴实真挚的情感，已经衍生为郭沫若生命体的象征，更是认识郭沫若必不可少的物件之一。读懂了银杏树，也就明白了郭沫若。

2. 人依物而生

人的生命是有限的，但精神却是永恒的。特别是文化名人，他们之所以今天依然闪烁着熠熠夺目的光辉，恰恰是他们身上所传递出的"正能量"，这些"正能量"是无法捕捉的，更是无法用语言表达出来的，那么当下我们应该如何近距离地去感知他们呢？除了阅读他们的相关著作外，通过他们留下来的各式各样的物品也可以身临其境地感知他们，特别是在其所遗留下来镌刻使用印记的原状物品中，通过清晰的历史的影像记录感悟时代跳动的脉搏。

在很多文化名人故居中都设有原状展厅，所谓原状展厅是按照他们生前的生活起居样式原封不动地按照一比一的比例进行展示的场所，展厅的物品基本为历史原物。作为文化名人故居的原状展厅，与一般博物馆的原状展厅的功能有很大区别，这里的物品并非为历史珍奇，更多是展示历史人物的生活样态，参观者可以借此感悟特定历史时期人物的精神状态。

郭沫若纪念馆的北房即为原状陈列室，共分为西侧、中部和东侧三个区域。西侧是郭沫若生前的客厅，沙发摆成马蹄型（图二）。钢琴前面的单人沙发是郭沫若接待朋友和客人时常坐的座椅，主宾在他左手居中的位置上。他双耳重听，助听器只能戴在多少有些听力的左耳上，所以打破了以右为上的常规。沙发后面的背景是中国著名山水大师傅抱石的巨作，绘出了郭沫若游九龙渊诗意。在这幅丈二山水的下面，主人陈列了一排他所喜欢的石头，造型自然，各显神韵。

中部的两间房屋是郭沫若的办公室和夫人于立群的居室（图三、图四）。办公室中一排书柜依西墙而列，书柜上方横挂着毛泽东的手迹《西江月·井冈山》。对面是于立群的隶书中堂，录毛泽东词《沁园春·雪》。南窗下面对面放着两张书桌，主人常用的是东边那张。黑电木的墨盒、北京牌的蓝黑墨水、普通的极品狼毫毛笔……正是用这些最平常的文具，晚年郭沫若完成了《〈兰亭序〉真伪的论辨》《李白与杜甫》及《英诗译稿》等重要史学、文学和翻译作品。郭沫若亲手抄录的"文革"中不幸去世的两个爱子——世英、民英的日记，静静地摆放在他的案头。东侧的耳房是他的卧室，一部百衲本的《二十四史》伴着一张棕绷床、绿格子床单及一双步瀛斋的布鞋使小屋显得朴素宁静（图五）。

图二　郭沫若纪念馆原状展厅之客厅

图三　郭沫若纪念馆原状展厅之办公室兼书房

图四　郭沫若纪念馆原状展厅之于立群居室

图五　郭沫若纪念馆原状展厅之卧室

这些物品都刻印有郭沫若生前的痕迹，凸显了郭沫若独特的个性。从这些原状的摆设中，我们可以看到一个天生爱石的郭沫若，他具有坚毅的品性，他能在艰苦卓绝的抗战岁月中坚守马克思主义的理想与信念；也可以看到一个不断探索的郭沫若，他具有历史反思的能力，他能用马克思主义的观点从事科学探索；还可以看到一个充满亲情的郭沫若，他具有鲜活的生命意识，他能以饱含的温情回忆亲人的点滴。在连廊中穿梭，走过郭沫若的客厅、办公室和卧室，寻着郭沫若每天生活的足迹，他的鲜活形象便戛然而生了，作为一位文化巨匠的历史文化价值更加鲜活地凸显出来。

在原状展厅中的每一件物品，每一寸空间，无不印刻着郭沫若生前的印记，沿着展览路线感知郭沫若的生存空间，想象以往的岁月，它们的存在展现了郭沫若的生活世界，延长了郭沫若的精神影响。

名人、名作和名物是走进文化名人故居的三个重要脉络，也是解读文化名人纪念馆社会功能的主要参考指标，在名作阅读中感悟名人精神内涵，在名物观赏中感知名人现实存在。

本文刊于《博物院》2018 年第 1 期

习近平文化遗产思想论纲

河南大学　王运良

摘　要： 党的十八大以来，习近平同志高度关注中国传统文化，并就中国优秀文化遗产保护、传承、发展、利用展开了深入思考与系统论述，形成了一系列内涵丰富、紧跟时代、实践性强的文化遗产思想，这些思想主张不仅具有深厚的历史渊源，而且催生了诸多创新性实践成果，指导中国文化遗产事业的发展进入了新时代，因而具有十分重大的普世价值，无疑是中国特色社会主义又一重要理论成果。

关键词： 习近平文化遗产思想　理论内涵　历史渊源　实践成果　普世价值

党的十八大以来，以习近平为总书记的中央领导集体在开启中华民族新的历史征程中更进一步将马克思主义哲学原理充分运用于中国社会实际，一方面通过全方位的深化改革持续推进中国经济稳步前行，另一方面高度关注中华民族历史文化的传承，为中国经济社会的健康发展注入了新的活力与动能。同时，更创造性地将文化遗产与民族复兴、国家安全、区域经济、世界和平紧密结合在一起。习近平总书记不断在国内外各种场合多次论述中国优秀文化遗产，充分展现其深邃的文化遗产思想及由此引发的一系列治国理政的战略构想，不仅丰富了中国文化遗产理论体系，更是马克思主义中国化的最新成果。

一　核心内涵

习近平总书记对文化遗产的一系列论述包含了极其丰富的思想内涵：其

一，指出文化遗产的性质是"过去、现在、未来的桥梁"。这是着眼于整个人类文明进程的高度概括，深刻点明文化遗产作为一种重要桥梁，既承载着历史、鉴照着当下，又为人类未来的发展提供着巨大的智力支持和精神动力；保护、传承文化遗产，就是守护民族和国家过去的辉煌、今天的资源、未来的希望。其二，指出文化遗产的功能在于"既是中华民族复兴的必然要求和内在推力，也极大深化了国家的总体安全，更能够有力推进世界经济与人类和平进程"。"没有文明的继承和发展，没有文化的弘扬和繁荣，就没有中国梦的实现"。习近平总书记坚持从历史走向未来，坚持以史为鉴汲取治国理政之智慧，深知经济与文化在"中国梦"的实现征程中恰如车之两轮、鸟之双翼，缺一不可。所以习近平总书记强调，实现中华民族的伟大复兴，不仅要在物质上强大起来，也要在精神上强大起来，没有精神力量的民族难以自立自强，没有文化支撑的事业难以持续长久，因而，必须很好地传承和弘扬中华民族的优秀文化传统，坚守并巩固民族之"根"与"魂"，而不是相反。文物等文化遗产作为民族之"魂"与"根"的重要载体，可谓国家文化安全的重中之重，对于国家总体安全同样至关重要。"一带一路"的重大创举使得沿线国家乃至全世界都在古代丝路遗产所凝结的"和平、开放、包容"精神的推动下赢得了新的发展契机；习近平总书记"文明交流互鉴"新思维更成为举世公认的世界和平推进器，民族遗产无疑在其中承担着重要角色。因此，文化遗产的功能在习近平同志的眼中不仅是民族性的，更是世界性的。其三，指出文化遗产的保护要有多个维度。保护的高度要"像爱惜自己的生命那样，保护文化遗产"：文化遗产从诞生那天起也会像人的生命一样经历生老病死的完整历程，历经沧桑风雨无数劫难而幸存至今的人类遗产日显珍贵而脆弱、稀少而不可再生，故而需要倍加珍惜与精心呵护，保护中需要的是祛病延年、维持健康，而不是拆旧建新、返老还童。保护的广度要城乡一体、同步进行：城市建设要通过调控城市规模、优化空间布局、强化基础设施、保护历史文化遗产，保持其文化魅力，增强宜居性与吸引力；乡村建设既不能"涂脂抹粉"，更不能大拆大建，要特别加强对古村落的保护。"要依托现有山水脉络等独特风光，让城市融入大自然，让居民望得见山、看得见水、记得住乡愁；要尽快把每个城市特别是特大城市开发边界划定，把城市放在大自然中，把绿水青山留给城市居民；要注意保留村庄原始风貌，慎砍树、不填湖、少拆房，尽可能在原有村庄形态上改善居民生活条件；要传承文化，发展有历史记忆、地域特色、民族特点的美丽城镇"。保护的尺度要坚持"保护中发展、发展中保护"：保护与发展要融为一体而不能人为割裂，文化遗产是重要的社会与经济资源，科学与可持续的发展一定离不开对历史的保护与借鉴，说到底保护历史就是为了人类更好的发展，发展也能为历史保护提供更强大的支撑。其四，对于文化遗产的利用，最根本的是让文物"活起来"。习近平总书记多次提出"让收藏在禁宫里的文物、陈列在广阔大地上的遗产、书写在古籍里的文字都活起来"，"活用"已成为当今文化遗产领域最受关注且最能发挥成效的词汇，这从根本上涉及了文化遗产如何在更大范围内、更深层次地融入中国经济社会发展与大众生活之中这一重要课题，同时与历史文化传承、与国家软实力、与国家形象息息相关，这需要整个文化遗产领域从理念、视野到方式、方法都做出重大转变与调整。尤其随着"'互联网＋中华文明'三年行动计划"、"中华优秀传统文化传承发展工程"的相继实施，如何充分借助现代科学技术使丰富多彩的中国文化遗产在全世界变得"鲜活"、"生动"、不断增强传播力与影响力，更需要文博人拿出自己的智慧与胆识。

二　历史渊源

习总书记丰富的文化遗产思想内涵绝非空穴来风，更不是空中楼阁，而是有着深厚的历史渊源：其一，马克思主义基本原理中相关的理论与方法是其最根本的哲学依据。马克思、恩格斯在创立唯物史观和科学社会主义理论体系的过程中，不仅特别强调经济因素在人类历史活动中的基础性作用，还尤其重视精神文化等上层建筑的反作用，对于精神文化的能动力量给予了极大关注与深刻阐释。在《1844年经济学—哲学手稿》中，马克思从人的本质特征与价值角度论述了精神文化对于人类劳动生产的意义，指出人类"懂得按照任何一种的尺度来生产，并且懂得怎样处处把内在的尺度运用到对象上，因此，人也按照美的规律在建造"，简言之，人的社会生产在本质上是精神生产。与此同时，马克思通过对资本主义经济形态内部联系的深入分析，精准揭示出精神文化转化为现实生产力的历史起源、发展过程和未来前景。马克思还以实践为基础，对文化力做了科学说明，指出文化竞争力的本质在于人的能力，文化竞争力的基础是人的实践，文化竞争力的直接动力是人的交往①。正是基于此，习近平将对民族文化、历史遗产的功能思考开创性地提升到了民族复兴、国家安全、区域经济、世界和平的高度。其二，新中国成立后马克思主义中国化的历程为习近平文化遗产思想奠定了厚实的理论基础。新中国的诞生显示了马克思主义与中国实际相结合的巨大成功，毛泽东思想是两者相结合的伟大理论成果；改革开放揭开了马克思主义中国化的新征程，其中对于民族文化、历史遗产的功能也越来越具有了清晰的认识。邓小平指出，我们建设的社会主义国家，不但要有高度的物质文明，也要有高度的精神文明，同时明确指出"科学技术是第一生产力"。江泽民指出，越是大力发展社会主义市场经济，越要切实加强精神文明建设，如此才能为物质文明建设提供强大动力和重要保证，也只有物质和精神都富有，中华民族才能成为一个有强大生命力和凝聚力的民族。胡锦涛指出，中华民族在漫长的历史发展中形成的独具特色的文化传统，深深影响了古代中国，也深深影响着当代中国，我们在抓发展的过程中，一定要高度重视人文自然环境的保护和优化，努力使我们今天所做的一切，能给后人留下赞叹，而不给后人造成遗憾。当今时代文化越来越成为民族凝聚力和创造力的重要源泉，越来越成为综合国力竞争的重要因素，习近平对此洞若观火。其三，中国经济社会的最新发展及奋斗目标为习近平文化遗产思想提供了客观的现实依据。党的十八大以来，一个中国梦、两个一百年、三严三实、四个全面、五位一体、法治体系等等一系列治国理政方略，既是中国经济社会发展的真实写照，也为中华民族未来的发展规划了新的宏伟蓝图。无论是现实境况还是奋斗目标，文化复兴与繁荣都是其中重要内容，实现发展目标更需要从中国优秀传统文化中汲取经验、智慧与动能，保护、传承、活用历史文化遗产就是保护开发人类全面发展的力量源泉。国际局势的风云变幻也需要作为世界第二大经济体的中国以自己的睿智引领世界的新发展。中国优秀的传统文化、内涵深厚的历史遗产既是关键引擎也是重要推力。正是基于对国内外发

---

① 田丰等：《文化竞争力研究》，中国社会科学出版社 2007 年版。

展局势的全面洞彻，习近平总书记才有了对中国文化遗产的高度关注与深入思考。其四，习近平任职地方期间的相关实践与思考为其文化遗产思想的形成积累了丰富经验。每任职一地，习近平同志都对当地文化遗产保护倾注了诸多心血，不断以自己所思所行促进遗产保护，实践经验与理论思考也随之日积月累而臻于成熟。对于正定古城，他说"我们保管不好，就是罪人，就会愧对后人"，2013年又指示继续做好其保护工作，并强调要"秉持正确的古城保护理念，即切实保护好其历史文化价值"；对于三坊七巷、华林寺等福州以及福建全省文物古迹，他说，要在我们的手里，把它们保护好、修复好、利用好，不仅不能让它们受到破坏，而且还要让它更加增辉添彩，传给后代，还指出"保护历史文物是国家法律赋予每个人的责任，也是实施可持续发展战略的重要内容"；任职浙江时，他说"保护和传承文化遗产是每个人的事"，"保护并不是一动也不动，要通过适度合理开发和建设来实现更好的保护"。这些都为习近平主政中央之后提出一系列文化遗产理论主张奠定了深厚的基础。

三　主要论述

"十八大"任党的总书记以来，习近平同志利用各种场合系统阐释自己关于中国传统文化及文化遗产保护传承利用的理论思想。

对各地博物馆的考察及相关活动成为习近平总书记阐述自己文化遗产思想的重要舞台。在赴国家博物馆、首都博物馆、西安博物院考察之际，习近平不仅论述了"中国梦"的概念、内涵、实现路径，而且详细阐述了历史文化遗产对中国梦的实现所能发挥的重大作用；参加中共六大纪念馆启动仪式发表重要讲话；对筹建武汉中共中央机关旧址纪念馆做出批示"修旧如旧，保留旧貌，防止建设性破坏"；参观白俄罗斯卫国战争历史博物馆时留言"铭记历史，维护和平"；参观延边博物馆时提出"要全域科学规划，实现资源要素集约高效利用"；瞻仰金寨县红军纪念堂、金寨县革命博物馆时深情表述"一寸山河一寸血，一抔热土一抔魂"；参观中国人民革命军事博物馆时强调"要铭记红军丰功伟绩，弘扬伟大长征精神，深入进行爱国主义教育和革命传统教育，引导广大干部群众坚定中国特色社会主义道路自信、理论自信、制度自信、文化自信，继续在实现'两个一百年'奋斗目标、实现中华民族伟大复兴中国梦的新长征路上万众一心、顽强拼搏、奋勇前进"；参观国际奥林匹克博物馆时指出"成功举办北京冬奥会，也将有助于推动中国和'一带一路'沿线经济增长，有利于地区和平与稳定"；视察北海市合浦县汉文化博物馆时强调，博物馆建设不要"千馆一面"，不要追求形式上的大而全，要突出特色；参观晋绥边区革命纪念馆时，习近平提出用战争年代的吕梁精神激励人民为民族复兴而奋斗。尤其2016年11月国际博物馆高级别论坛在广东深圳举办之际，习近平专门致贺信，全面、精辟、深入论述了中国博物馆的历史、现状与性质、功能，指出"博物馆是保护和传承人类文明的重要殿堂，是连接过去、现在、未来的桥梁"，"中国各类博物馆不仅是中国历史的保存者和记录者，也是当代中国人民为实现中华民族伟大复兴的中国梦而奋斗的见证者和参与者"。

习近平主持政治局第十二次集体学习时提出"要系统梳理传统文化资源，让收藏在禁宫里的文物、陈列在广阔大地上的遗产、书写在古籍里的文字都活起来"；2014年2月在北京市考察时指出"历史文化是城市的灵魂，要像爱惜自己的生命一样保护好城市历史文化遗产。要本着对历史负责、对人民负责的精神，传承历史文脉，处理好城市改造开发和历史文化遗产保护利用的关系，切实做到在保护中发展、在发展中保护"；2014年3月在联合国教科文组织总部发表重要演讲时说"对待不同文明，不能只满足于欣赏它们产生的精美物件，更应该去领略其中包含的人文精神；不能只满足于领略它们对以往人们生活的艺术表现，更应该让其中蕴含的精神鲜活起来"，并再次提出让文物、古迹、文字都"活起来"；出席孔子诞辰2565周年国际学术研讨会时发表重要讲话，强调"要善于把弘扬优秀传统文化和发展现实文化有机统一起来、紧密结合起来，在继承中发展，在发展中继承"；在北京主持文艺工作座谈会时提出"'以古人之规矩，开自己之生面'，实现中华文化的创造性转化和创新性发展"；2016年4月对国务院全国文物工作会议做出重要指示，要求各地增强对文物的敬畏之心，树立保护文物也是政绩的科学理念，统筹好文物保护和经济社会发展，全面贯穿文物工作方针，切实加大文物保护力度，推进文物合理适度利用，使文物保护成果更多惠及人民群众，等等。这一系列论述与主张，全面展现出习近平文化遗产思想形成的路径与轨迹。

四 实践成果

十八大以来，习近平文化遗产思想在国内外均日益受到高度关注与广泛认同，进而在实践中取得了一系列创新性的丰硕成果。

首先，中国的文博事业由此进入了一个新的发展阶段：法制体系进一步健全。颁布实施了《博物馆条例》《大运河遗产保护管理办法》《国家文物局贯彻落实〈法治政府建设实施纲要（2015－2020年）〉实施方案》《长城执法巡查办法》《长城保护员管理办法》《国保单位保护工程竣工验收暂行办法》《非国有博物馆设立标准》《非国有博物馆章程范本》等一系列文博规制。截至2017年3月，全国文物保护行业已颁布297项标准，文博行业标准体系日益完备。文物工作纳入全国文明城市测评体系，纳入省级政府消防工作考核体系，纳入地方党委政府重要议事日程或政府考核体系。遗产名录体系更加完善：第一次全国可移动文物普查工作圆满完成，成果喜人；公布第七批全国重点文物保护单位1943处，国保单位总数达到4295处；元上都遗址、大运河、"丝绸之路：长安—天山廊道的路网"、红河哈尼梯田、中国土司遗址、广西左江花山岩画成功申报世界文化遗产，中国的世界遗产总数已达50项，位居世界第二；以150处大遗址为支撑的大遗址保护格局基本形成，24个国家考古遗址公园建成开放，国家公园体系初见成效；截至2016年底，全国登记注册的博物馆达到4873家，其中文物部门所属博物馆2818家、行业博物馆758家、非国有博物馆1297家，4246家博物馆向社会免费开放，占全国博物馆总数的87.1%；中国传统村落4157个；各级非遗项目及代表性传承人也日益增多。各种投入稳步增长："十二五"期间全国一般公共预算文物支出累计1404亿元，年均增长16.5%；其中中央财政文物支出累计607亿元，年均增长17.1%；启动46项抗战文物保护修缮和展示利用工程，安排经费2.1亿元；2015～2016年累计安排长城保护中央财政专项资金7亿元；270个中国传统村落的保护利用得到部署，首批51个村落保护安排资金7.1亿元；2013年完成6000余件馆藏濒危文物保护修复，启动8000余件馆藏文物保护修复；2014年，中央财政安排经费6.6亿元，实施一批可移动文物修复项目和53个博物馆藏品预防性保护项目，完成 8000 余件（套）珍贵文物和 2 万余枚简牍修复。2014 年，印发《全国文博人才发展中长期规划纲要》，启动文博人才培养"金鼎工程"；创新技能型人才培养模式，建立文博职业教育联合培养机制，启动文博职业教育培训教材编写，委托高校举办相关培训班；遴选 100 余个国家文物局培训业务合作机构和 9 个文博人才培训基地。"让文物活起来"正风生水起：与教育部印发《关于中小学生利用博物馆开展社会实践的指导意见》，在 15 个省份 150 余家博物馆开展完善博物馆青少年教育功能试点；建成国家"指南针计划"上海青少年基地；向全社会征集 60 个弘扬优秀传统文化、培育社会主义核心价值观主题展览项目，12 个优秀展览项目纳入全国推广计划；完善古建筑等文物保护单位开放利用规程，编制儒家文化建筑遗产保护利用导则；出台近现代建筑保养维护工程技术规程、革命旧址和抗战文物保护利用导则，拓宽近现代文物展示利用方式；加强文物系统信息化建设顶层设计，开展文物精品、展览精品的数字产品试点和智慧博物馆试点，促进文物保护与科技应用的融合[1]。总之，经过各方共同努力，文化遗产对国民经济、社会发展持续做出重要贡献。

其次，中国经济社会步入了新的发展征程：实现民族伟大复兴的中国梦成为中外炎黄子孙的共同理想和奋斗目标。"中国梦"的概念缘起于文化遗产，正是参观国家博物馆"复兴之路"展览时，习近平首次阐释了"中国梦"的概念及其内涵；"中国梦"的阐发筑台于文化遗产，正是在参观首都博物馆、西安博物院之际，习近平深入阐述了"中国梦"的实现路径；"中国梦"的实现发力于文化遗产，正如习近平所言"没有文明的继承和发展，没有文化的弘扬和繁荣，就没有中国梦的实现"。在新的国家总体安全中，文化安全的本质是一个国家文化传统的保持与延续，实质是国家的社会特征的保持与延续[2]，文化作为民族之魂，对国家安全的保障作用，既属于我国内外形象的保障，也保障着我国国民生活方式是否健康、积极向上，更重要的是保障我们整个社会的价值取向，最终影响着人心的归属和向背[3]，作为文化重要载体的文化遗产

---

① 资料来源：国家文物局官方网站。
② 刘跃进：《当代国家安全系统中的国家文化安全问题》，《文化艺术研究》2011 年第 2 期。
③ 赵丽、周思：《"文化安全"如何为国家安全保驾护航》，《法制日报》2014 年 4 月 23 日。

无疑对文化安全发挥着不容忽视的作用，故而在当下保护传承、开发利用民族文化遗产就是维护国家总体安全。

再次，世界经济与人类和平赢得了新的发展机遇："一带一路"的倡议缘起于古代丝绸之路，使丝路遗产成为促发国际经济的新引擎，传递出古丝路遗产所凝练的相互理解、相互尊重、和平共处、共同发展、共享繁荣的精神要义，随着"一带一路"倡议的逐步实施，沿线各国乃至全世界都将会从中受益，世界经济将会由此获得新的发展；当今的国际局势动荡多变，国际与地区冲突时有发生，如何在日趋复杂的世界形势中力促人类社会的健康与进步，习近平总书记创造性地提出了以"文明交流互鉴"推动世界和平新发展的战略思维，强调"应推动不同文明相互尊重、和谐共处，让文明交流互鉴成为增进各国人民友谊的桥梁、推动人类社会进步的动力、维护世界和平的纽带"；"应从不同文明中寻求智慧、汲取营养，为人们提供精神支撑和心灵慰藉，携手解决人类共同面临的各种挑战"。凭借对历史文化遗产的深入思考，习近平总书记在推动世界经济与人类和平进步过程中拿出了中国方案，充分展现出了中国的智慧与创造。

五　重大价值

习近平丰富的文化遗产思想无疑是其对马克思主义与中国实际相结合做出的又一卓越贡献，价值重大，意义深远。不仅极大丰富了中国文化遗产理论体系，有利于促进文化遗产学科建设，更是中国文化遗产事业发展的重要纲领和行动指南。同时也是提升文化软实力、增强综合国力、实现民族复兴的重要动力，是推进区域经济、政治、文化交流与合作的重要智力支持，是促进世界不同文明交流互鉴、理解包容、和平共处的重要引擎。

习近平文化遗产思想具有重大的学术价值。其一，从根本上提升了文化遗产理论研究方法：文博为主体的文化遗产领域惯于运用调查法、对比法以及管理学、教育学等微观或多学科的研究方法，而习近平关于文化遗产的诸多理论思考是基于马克思主义哲学的辩证法和唯物史观基本原理的灵活运用与创新发展，这对于文化遗产理论研究方法的探讨具有重要的启迪，尤其需要将马克思主义哲学贯穿于文化遗产理论研究与专业实务的始终，以马克思主义世界观、方法论统领中观或微观的专业理论研究；其二，大大拓展了文化遗产理论研究视野：针对文化遗产功能的讨论，此前的研究主要局限于中国的文化事业和社会公共文化服务，习近平总书记则将优秀传统文化、民族历史遗产提升到服务并促进民族伟大复兴的"中国梦"、增强国家总体安全、推动区域经济发展"一带一路"倡议构想、以文明交流互鉴增进世界和平的高度，易言之，文化遗产所发挥的功能不仅仅是民族的、国家的，同时也是国际的、世界的，不仅仅是文化的、社会的，同时也是政治的、经济的。

习近平文化遗产思想更具有重大的社会实践价值："保护中发展、发展中保护"、"保护文物也是政绩"、"让传统文化资源都活起来"的主张无疑是新时期中国文化遗产事业新的最高的行动指南，十八大以来中国文博领域的巨大成就无疑是在习近平文化遗产思想指引下所取得的；同时，在当前国际文化竞争日趋激烈、中国文化遗产又处于专家共同认可的"高危期"的现实形势之下，以习近平文化遗产思想为指导，构建中国文化遗产科学、合理的保护传承发展体系，更具有强烈的时代性、紧迫性、实践性。在国际领域，由习近平文化遗产思想引发的民族复兴梦、文化自信与国家安全、由一带一路推进世界经济、通过文明交流互鉴增进人类和平等等国家与全球治理实践也正在稳步实施。

"评价一个制度、一种力量是进步还是反动，重要的一点是看它对待历史、文化的态度"。正是秉持对历史、当下、未来，对民族、国家、世界高度负责与勇于担当的态度、胆识及自信，习近平同志以自己独特的执政智慧和文化情怀，时刻关注着民族历史文化的命运，并前瞻远望、思行同步，为我国文化遗产的保护和传承、民族振兴、世界和平与发展贡献了巨大力量。

让文物活起来

——关于实现博物馆社会价值的探讨

北京艺术博物馆　孙秋霞

摘　要：习总书记对于文物的保护和利用非常重视，他认为文物是传统文化的重要物质载体，蕴含着优秀传统文化的思想精华和道德精髓，也包含着以爱国主义为核心的民族精神和以改革创新为核心的时代精神。总书记提出的"让文物活起来"重在传承其文化精髓，这对博物馆实现其社会价值提出了更高的要求。博物馆应突出其社会服务性、以观众为核心以及成为具有包容、共享和协作特点的公共文化服务机构。

关键词：博物馆　社会价值　以人为本　共享、协作

习总书记对于文物的保护和利用非常重视。他认为，文物是传统文化的重要物质载体，蕴含着优秀传统文化的思想精华和道德精髓，也包含着以爱国主义为核心的民族精神和以改革创新为核心的时代精神。2014 年，总书记在视察首都博物馆时强调"搞历史博物展览，为的是见证历史、以史鉴今、启迪后人。让文物说话、把历史智慧告诉人们，激发我们的民族自豪感和自信心，坚定全体人民振兴中华、实现中国梦的信心和决心"。博物馆同仁在深刻领会总书记的讲话精神后，积极开展了"让文物活起来"的实践和探索。首都博物馆推出"读城"展，为了让展览更适合中学生学习的行为和知识特点，在筹备展览时就与同学们举行多次座谈。此外，展览还结合了数字展示、纸艺等，通过各种形式让文物展品变得"活泼"起来，通过数字技术、折纸艺术等形式让同学们看得到、摸得着文物，还能折出作品来。故宫博物院在建院 90 周年时，推出了一系列重量级的展览，其中"石渠宝笈"展中的一些展品更是首次与观

众见面，让沉睡在库房中的文物"活"过来。日前，央视把原创纪录片《国家宝藏》作为重点项目，与故宫博物院、上海博物馆等九家国家级重点博物馆联手，在文博领域进行深入挖掘，让文物"活起来"，强化文化自信。

笔者认为，总书记的"让文物活起来"为博物馆实现其社会价值提出了更高的要求。博物馆应突出其社会服务性、以观众为核心以及成为具有包容、共享和协作特点的公共文化服务机构。并在此基础上开展博物馆教育活动、展览、线上服务，向社会公众传播中华文化的精髓。只有把"文物"与公众的终身教育、非正式教育深度融合，与公众的日常工作和生活深度融合，才能让宝贵的文化遗产世代传承、焕发新的光彩，用文明的力量助力社会的发展和进步，才能使文物真的"活"起来，博物馆的社会价值才得以体现。

一 "让文物活起来"突出了博物馆的社会服务性

"让文物活起来"、"让文物说话"都在"文物"后面用了拟人化的词语，文物指的是博物馆的藏品或者遗迹遗址，物本身不能说也不能动，这里的"活起来"和"说话"是要求博物馆把专业人员的研究成果转化成文化服务，或者是咨询，或者是展览，或者是网络课堂，总之是博物馆能够为公众提供的任何一种形式的文化服务。因此"让文物活起来"突出了博物馆是一个为社会发展和为社会公众提供服务的文化机构。

2015年，我国正式颁布了《博物馆条例》，条例中把"博物馆社会服务"专门列为一个章节，涉及条款达11条，几乎占了《博物馆条例》所有条款的1/5，可见政府对博物馆的社会服务性的重视。这反映了新时期博物馆职能的重要转变，正在从传统意义上文物收藏、保存的专业机构，转变成为社会公众提供展示、教育、开放服务的公共文化服务机构。另外，国际博物馆协会在对博物馆定义做出多次修改后，最终确立了博物馆是以"为社会及其发展服务"为宗旨，以"有助于人的发展与愉悦"为己任的文化机构。

博物馆的藏品是反映自然界发展变化规律和人类科学文化进程的历史见证物，这使得博物馆拥有了大量珍贵的文化资源，成为其他教育机构难以提供的特殊的知识源泉。在现代科技、信息技术以及经济全球化浪潮的推动下，社会的生产方式和社会结构发生变革，这也促使博物馆的内涵和外延发生变革。若要博物馆的文化资源发挥出其应有的知识源泉的作用，就要与社会、与公众产生互动关系，摒弃以往权威、肃穆、刻板的形象，塑造新形象，让博物馆成为公众休闲、探索、交流、体验快乐、促进个体学习的文化场所。这样博物馆就要从过去的"重物"转变为"重人"，把观众作为社会服务的核心。前文提到的"读城展"和《国家宝藏》纪录片，都是博物馆在这条变革之路上的积极探索。

二　"让文物活起来"突出了博物馆的教育与服务要以观众为核心

"让文物活起来"是要求我们文博人深度挖掘文物背后蕴含的知识和文化，这才能让文物"有话可说"。去年央视热播的《我在故宫修文物》纪录片，记录了一批80、90后的博物馆人在故宫博物院修复文物的工作和生活，介绍了文物修复技术，梳理了文物修复的历史源流，升华了工匠精神，让公众第一次"亲眼目睹"了博物馆人日常的、不被公众轻易看到的工作内容。但这还仅仅是使文物有话可说的尝试，还不能算是文物"活"起来了。博物馆还要通过各种途径，诸如体验互动、展览、在线课堂、智慧博物馆、微信服务等，使公众关注博物馆并参与其中，让文物真正的"活"起来。当下无论是在博物馆学理论研究方面还是博物馆实践方面，博物馆人都应把关注的重点从重"物"转向重"人"。在过去相当长的时间内，博物馆工作都是以物为本，关注的是博物馆的收藏、保护和研究。自20世纪80年代以来，越来越多的博物馆学者认为博物馆是"人"与"物"的结合，并且更加关注社会公众对博物馆的利用，关注博物馆提供怎样的服务才能让公众在博物馆中"愉悦"地学习，从而实现博物馆的社会价值。

由此，博物馆的教育功能越来越突出。在国际博物馆协会修订的关于博物馆的定义中，把教育放在了收藏和研究之前；我国颁布的《博物馆条例》也把教育放在了首位。这不仅仅是词语顺序的变动，不少博物馆学者认为其实是顺应了博物馆发展的趋势，强调教育和服务是博物馆实现其社会价值的核心功能。

进而，如何让公众在博物馆中高效地学习，成为博物馆教育人员研究的重点。研究博物馆的学者普遍认为，在博物馆中学习，它的角色应该是帮助观众学习，让观众与博物馆之间产生交互关系，所以博物馆是以"促进者"的身份进入观众的学习行为中，而非"权威者"的形象。这就要求参与博物馆教育与服务的博物馆人在转变观念的同时，学习教育学、心理学等相关学科知识，树立正确的服务观念，从而在实践中采取正确的博物馆教育模式。例如现代教育中探究式学习被普遍用于教学实践，它倡导学生的主动参与性，在教学实践中营造一定的情境氛围，让学生独立自主地发现问题、探究问题（如实验、操作、调查、收集与处理信息）和解决问题。这个过程除了对学生学科学习大有裨益外，还使个人语言表达、人际交流、探索精神与创新能力，以及个人情感发展得到了培养。此外，博物馆教育还可以利用多元智能理论、情境学习理论、构建主义理论，这些都是以学习者为主体的理论。博物馆是以学习"促进者"的角色帮助学习者在知识、技能、理解、价值观、创造力等方面得到培养和提高。

在博物馆中学习，其学习氛围相较于学校等其他教育机构更具有情境化营造的优势。从博物馆建筑设计、展览设计到展柜、展板、说明牌、文物拣选等就已经开始解读文物、解读历史、梳理文化脉络、体现审美情趣，在这样的情境中学习更能激发学习者对于个人爱好、兴趣进行探究式学习，自主构建知识体系大厦，从而使个性得到完善和发展。这也让博物馆的社会价值得到充分体现。

三 "让文物活起来"要求博物馆成为包容、共享和协作的公共文化服务机构

博物馆资源属于公共资源，目标是为更广泛的民众提供学习资源和文化服务，最终实现其社会价值。博物馆要彻底打破"以物为本"的观念，要"以人为本"，以馆藏文物为基础，以研究成果为依托，坚持贴近实际、贴近生活、贴近群众的原则，树立创新、协调、绿色、开放、共享的发展理念，提高博物馆社会教育和文化服务水平。

1. 提高博物馆"文物"利用效率，让更多的文物"活"起来

藏品是博物馆存在的物质基础，博物馆要发挥自己的作用，实现社会价

值，最终面对的问题是提高"文物"的利用效率。如采用联展、巡展、借展的形式。近日，北京艺术博物馆与安徽博物院就联合推出了"明韵清风——景德镇窑皇家瓷器艺术展"。通过展览，不仅仅提高了文物的利用率，还让更多的公众在博物馆中学习和欣赏陶瓷艺术，促进了两地学者对陶瓷藏品的深入研究和学术交流。北京艺术博物馆历年推出的"中国古瓷窑大系"系列展览亦是有针对性地、全面地、系统地梳理中国古代瓷窑的发展历程及其取得的辉煌成就。系列展中的所有展品都出自窑址所在地的考古所、文研所以及多家博物馆，因此需要集多方之力协同合作。目前已经推出了"中和之美：定窑陶瓷艺术展"、"唐风一脉：巩义窑陶瓷艺术展"等9个展览。对于博物馆来说，提高了"文物"的使用效率，让库房的文物"活"起来了；对公众来说，这更是集历史知识、陶瓷文化于一体，提高审美的饕餮盛宴。

另外，数字化藏品可以大大提高"文物"的利用效率。2014年以来的第一次文物普查推动了藏品数字化的进程。有些藏品诸如书画、丝织品、壁画等对博物馆的保存和展出条件要求很高。藏品数字化后，结合现代高新技术、互联网、云计算等进行展示和信息共享，同样可以成为公众利用博物馆学习的资源。这样既合理利用了文物，又提高了文物的利用率，有力地推动了博物馆实现其社会价值。

2. "文物"与现代科技的跨界协作和信息共享

随着现代科技的进步，信息技术得到了长足的发展。互联网、物联网、云数据的社会化应用，移动互联网以及微信、微博等自媒体的迅猛发展，更是让科技改变了生活，也使人们对于信息和学习的需求剧增。博物馆要实现社会价值，发挥作为公共文化教育机构的教育功能，也要顺应当下信息时代发展的脚步，利用公众非正式学习的行为习惯，通过互联网、移动网络向用户的移动终端推送相应形式的博物馆学习内容、在线互动、服务信息、文创用品等，逐渐建立起博物馆的线上、线下服务体系，形成"互联网＋博物馆"的产业链。不少博物馆已经开始以"海纳百川"的包容心态，结合现代科技大胆创新。故宫博物院曾推出了一系列移动终端APP服务，有每日故宫、紫禁城祥瑞、胤禛美人图、韩熙载夜宴图等，用"萌故宫"概念进行的营销赢得了公众很好的口碑。故宫博物院的官方微博、文创产品网店的开发和利用更是让其圈粉无数。

随着信息时代大数据、云存储的应用，公众对于信息的需求越来越迫切，而共享信息可以让博物馆发挥"让文物活起来"的作用。敦煌研究院出品的《降魔成道》原创动画片是博物馆跨界的范例。他们利用数字技术把敦煌壁画的信息采集并保存下来，用作动画创作素材。《降魔成道》由极具故事性的动画片展演和阐释其艺术价值的科教内容两部分组成，一经播出即受到网友的热捧。还有诸如 AR、VR、MR 这样的虚拟现实、增强现实、交互现实技术的应用，用更加直观的方式打破了"文物"与公众在时空上的隔阂，补充了虽使用长冗的文字描述但仍无法完全理解的专业内容，满足了公众游览、欣赏、研究的需求。

另外在互联网平台上，早在 2011 年 Google 就推出了谷歌艺术计划。网站与世界顶级艺术馆合作，用高科技手段将一幅幅世界名画，纤毫毕现于电脑屏幕。像伦勃朗《夜巡》、梵高《星夜》等作品更是用 70 亿像素单独展示。2017年，纽约大都会艺术博物馆推广名为"开放资源获取"（The Open Access）政策，同时开放了公共领域中的 37.5 万张高分辨率图像。随后，台北故宫博物院推出"公开数据图片分享计划"（Open Data photo – sharing initiative），70000张藏品数字化图片可供公众从线上免费下载，并附带藏品信息说明。

"文物"与现代科技和互联网的跨界应用，既发挥了文物资源的社会教育功能，又弘扬了中华优秀传统文化，彰显了文物资源的文化优势。

3. 协同合作，增强博物馆文化辐射力

"让文物活起来"要求博物馆人在博物馆研究和实践过程中，要以宏观的角度审视其发展，跨馆、跨区域合作，增强博物馆文化的辐射力。在博物馆之间、博物馆与其他部门之间紧密配合，在公共服务、文化教育、藏品保护和利用、文化影响力方面协作共赢。如今年北京市提出了大运河文化带、长城文化带、西山永定河文化带的建设。这三个文化带中的不少文化遗迹遗产，在京津冀三地均有分布。"三个文化带"的保护工程正是利用了京津冀地域相近、文脉相亲的地缘优势，协同发展，"实现历史文化遗产连片、成线整体保护"。再如，北京艺术博物馆"中国古瓷窑"系列的 9 个展览是多个研究单位优势互补、协作推进的成功实践。又如，上海博物馆携手上海音乐厅，配合"大英百物展"举办了"百物之声——上海博物馆亲子音乐会"，在音乐会上加入了对文物知识、历史文化、艺术欣赏的解说，让博物馆成为多维度、多元化、有创意的学习场所。只有这样才能完成总书记"'以古人之规矩，开自己之生面'，实现中华文化的创造性转化和创新性发展"的期望。

当然，博物馆在实践"让文物活起来"的过程中面临很多困难和挑战，例如信息共享后，博物馆的知识产权和文创版权的保护问题，博物馆文创产业化发展中面临社会资本的引入与利用问题。但是，问题的存在是博物馆变革的动力而非阻力。

总之，文物是我国传统文化的重要物质载体，它蕴含着优秀传统文化的思想精华和道德精髓，"激活其生命力，把跨越时空、超越国度、富有永恒魅力、具有当代价值的文化精神弘扬起来，让收藏在博物馆里的文物、陈列在广阔大地上的遗产、书写在古籍里的文字都活起来，让中华文明同世界各国人民创造的丰富多彩的文明一道，为人类提供正确的精神指引和强大的精神动力"。博物馆收藏的大量文物和自然标本，保存的是历史的记忆和人类文明、自然界发展的轨迹，"让文物活起来"要求加速博物馆变革步伐，让博物馆面向社会和公众，以促进"人"的发展为核心，提高文化服务水平，利用现代科技和互联网，实现博物馆的社会价值。

参考文献

［1］王宏钧主编：《中国博物馆学基础》，上海古籍出版社 2006 年版。

［2］［美］乔治 E·海因著：《学在博物馆》，北京燕山出版社 2010 年版。

［3］［英］蒂莫西·阿姆布罗斯、克里斯平·佩恩著，郭卉译：《博物馆基础》，译林出版社 2016 年版。

［4］［美］艾琳·胡珀－格林希尔著，蒋臻颖译：《博物馆与教育：目的、方法及成效》，上海科技教育出版社 2017 年版。

［5］［挪威］安娜·路易莎·桑切斯·劳斯著，刘哲译：《博物馆网站与社交媒体：参与性、可持续性、信任及多元化》，上海科技教育出版社 2017 年版。

［6］单霁翔著：《从"馆舍天地"走向"大千世界"：关于广义博物馆的思考》，天津大学出版社 2011 年版。

京津冀地区自然类博物馆现状
与协同发展探讨

北京自然博物馆　李　竹

摘　要：对北京、天津和河北三地目前的自然类博物馆进行了重点介绍，并根据三地自然类博物馆的现状分析了其在协同发展与合作方面存在的问题，主要有三地博物馆发展不平衡、各地主题展览的区域特色不鲜明、相互缺乏有效的沟通与合作等。另外，阐述了三地博物馆协同发展的重要性和必要性，介绍了三地自然类博物馆近两年来的一些合作实践案例，就三地自然类博物馆如何做到协同发展提出几点建议。

关键词：京津冀　自然类博物馆　协同发展

博物馆是指以教育、研究和欣赏为目的，收藏、保护并向公众展示人类活动和自然环境的见证物，经登记管理机关依法登记的非营利组织①。根据《国际博物馆协会章程》的定义，博物馆是一个为社会及其发展服务的，向公众开放的，非营利的永久性机构。它为教育、研究、欣赏之目的征集、保护、研究、传播并展示人类及人类环境的物质和非物质遗产。虽然博物馆的功能随着经济社会的发展与变革在不断拓展，但毫无疑问的是，中国博物馆自百年前诞生以来，一直作为先进文化的生力军在经济社会发展中发挥着积极的作用。尤其是党的十八大以来，中国政府高度重视文化遗产的保护和利用，已经将博物馆事业上升为国家战略。

自然类博物馆是我国博物馆中的一个重要分支，是收藏、研究和展示自然

---

① 《博物馆条例》，2015 年 3 月 20 日起实施。

及其环境物证以及自然文化遗产的博物馆，主要以动物、植物、古生物、人类为研究、陈列对象，旨在揭示生物与生物、生物与环境以及人与自然的相互关系。自然类博物馆在我国博物馆历史中起步最早。1868 年，精通物理学、动植物学、地质学等多门学科的法国传教士韩伯禄（Huede Pieree）在上海徐家汇天主堂创立徐家汇博物院，主要收藏动植物标本，这是中国首家博物馆，也是最早的自然类博物馆。自然类博物馆在保护生物多样性，保护生态环境，保护濒危物种的宣传教育方面具有得天独厚的优势，在引导公众认识自然、尊重自然，从而保护自然方面起着不可替代的作用。

一　京津冀自然类博物馆现状

自然类博物馆的范围比较广泛，除了综合性的自然历史博物馆，即我们熟悉的自然博物馆外，还包括省博物馆中的自然部、自然科学专题博物馆（生物、生态、人类、天文、中药等），地学类博物馆，展示自然环境及其中的生物（自然保护区、植物园、动物园、水族馆、地质公园、生态园、活体标本馆）的场馆等，本文提到的自然类博物馆主要包括前三类，即自然博物馆、省博物馆自然部和自然科学专题博物馆。

1. 中国大陆地区的自然类博物馆

我们先从中国大陆自然类博物馆这个大背景下俯瞰京津冀的自然类博物馆。早期的自然博物馆大多数都是由外国人在中国建立的，但这些场馆都不是以"自然博物馆"冠名，而是冠以"博物院"等名称，即早期的自然博物馆多数与其他人文方面的文物合在一起，并没有自然资源和生物标本的单独研究和陈列。

中国最早的自然博物馆是上文提到的 1868 年法国传教士在上海成立的徐家汇博物院，也是现在上海自然博物馆的前身；1904 年，英国传教士在山东济南建立济南广智院，为目前山东省博物馆的前身；1907 年日本"南满洲铁路株式会社"在东北创办"地质调查所"，为大连自然博物馆的前身；1914 年法国人桑志华等人在天津创办北疆博物院，是目前天津自然博物馆的前身；1905 年，著名的实业家和教育家张謇在江苏南通筹建南通博物苑，这是真正由中国人自己创办的第一个公共博物馆，部分生物标本陈列在南通博物苑的自然陈列部。

中华人民共和国建立以后，中国博物馆事业走上了蓬勃发展的道路。尤其是20世纪80年代改革开放以来，博物馆发展速度显著加快，各地自然类博物馆相继建立，截至到目前，中国大陆地区共有综合性自然史博物馆10个左右，4个直辖市各有1个，即北京自然博物馆、上海自然博物馆、天津自然博物馆、重庆自然博物馆，另外还有大连自然博物馆、东北师范大学自然博物馆暨吉林省自然博物馆、浙江自然博物馆、陕西自然博物馆、广西自然博物馆、西藏自然科学博物馆等；至少有8个省（自治区）博物馆设有自然部，分别为黑龙江、内蒙古、甘肃、安徽、贵州、福建、山东、广东，在广东和云南的一些地市级博物馆有的也设有自然部。

2. 北京地区的自然类博物馆

北京是我国首都，历史文化悠久，是政治和文化中心，加上北京地区高校和研究所云集，所以北京地区的自然类博物馆资源比较丰富。北京地区除了北京自然博物馆这个综合性的自然史博物馆外，还拥有一些以生物某类群为专题的博物馆、水族馆、科普馆、大学里面的博物馆或展示馆等，如国家动物博物馆、中国古动物馆、北京动物园科普馆、北京海洋馆、周口店遗址博物馆、中国蜜蜂博物馆、中国农业大学博物馆、富国海底世界、太平洋海底世界、北京天文馆、北京麋鹿生态博物馆、北京海洋馆等。这些博物馆或大或小，归属和体制各有不同，数量和类型比较丰富，形成了以国有博物馆为主导，非国有博物馆为补充的体系，无论数量还是展览水平，均在国内处于领先地位。

3. 天津地区的自然类博物馆

相对于北京市丰富的资源，天津市自然类博物馆在数量上稍有欠缺。在2016年天津博物馆的统计名单中，56个博物馆中只有天津自然博物馆、天津市蓟县中上元古界地质陈列馆、天津市蓟州区地质博物馆属于自然类。但天津市的自然类博物馆有更为悠久的历史和深厚的积淀，早在20世纪20年代就有了自然类博物馆的雏形。1904年，法国传教士赫立德在天津法租界新学书院内建立了华北博物馆，其中部分藏品就是自然标本，后因经费困难停办。另外一所声名远扬的博物馆就是上文提到的北疆博物院，在 20 世纪 30 年代就被誉为"第一流博物院"，发展至今的天津自然博物馆仍处于国内一流水平之列。

4. 河北地区的自然类博物馆

河北省与北京、天津毗邻，京津冀地区在地域上山水相连，相互融合，三地在自然生态、风土人情、人文环境等方面都有着相同或相似的地方。然而，由于种种原因，河北省的自然类博物馆稍显贫乏。据 2011 年统计，河北省的博物馆有 90 多座，其中自然科学类专题博物馆只有 9 座，其中有 1996 复建的河北大学博物馆、石家庄经济学院地球科学博物馆、河北师范大学石家庄生命科学馆、承德热河古生物博物馆、丰宁古生物化石博物馆等。目前河北地区还没有一家综合性的自然史博物馆，河北博物院也没有设立自然部，没有常设的自然类的固定陈列。已有的自然类博物馆有些是校属博物馆，也存在着规模小、观众量不大等问题，与全国其他省市相比相对落后。

二 京津冀自然类博物馆协同发展中存在的问题

京津冀地缘相接、人缘相亲，地域一体、文化一脉，历史渊源深厚、交往半径相宜，完全能够相互融合、协同发展[1]。京津冀三地协同发展有可能性与必要性，随后京津冀协同发展作为重大国家战略被正式提出。在这种历史背景下，京津冀三地的自然类博物馆也应该协同发展，这是自然类博物馆应该担负的历史使命，也是博物馆发展的必然趋势，但目前三地自然类博物馆在协同发展中还存在以下问题。

1. 三地自然类博物馆发展不平衡

从前文可以看出，京津冀三地中北京自然类博物馆资源最多，天津次之，河北较为贫乏。但从地貌类型、生境和生物资源上来说，河北省在三地中无疑最为丰富。河北省是中国唯一兼有高原、山地、丘陵、盆地、平原、湖泊和海滨的省份，有坝上高原、燕山和太行山山地、河北平原三大地貌单

---

① 习近平主持召开的京津冀协同发展座谈会上的讲话，2014 年 2 月 26 日。

元，其中蕴含的动植物资源也相当丰富，但目前没有一个综合性的博物馆来收集、记录和保存这些宝贵的生物资源，河北省自然类博物馆的数量与多样的地貌类型并不匹配，这种不平衡的现状与三地协同发展的愿景也相去甚远。

2. 三地自然类博物馆展览的主题内容区域特色不鲜明

河北省（含北京、天津）位于中国七个地理区划中的华北区，虽然目前华北地区有北京和天津两个综合性的自然博物馆，但从两个博物馆目前陈设的内容来看，并没有专门或过多涉及华北地区的生态和动植物资源。我国目前还没有一个国家级的自然博物馆，所以一些大的自然博物馆实际上承担着国家自然博物馆的角色，陈设的标本以全国甚至世界上的特色生物资源为主，并没有明显的地方区域特色。从这一点上来看，京津冀地区实际上缺乏一个以华北地区生物资源为主题的博物馆或专题展览，这是之前该区域没有协同发展的结果，同时也为三地协同发展提供了一个契机和切入点。

3. 三地自然类博物馆之间缺少有效的互动与合作

因为三地自然类博物馆归属于不同的省市，分别有各自的上级管理部门，在博物馆的发展方向、展览内容陈设上独立发展，所以三地博物馆之间的交流和互动并没有行政约束力，而且目前大部分自然类博物馆是免费开放。在这种背景下，三地博物馆的交流和互动既没有行政上的统一指挥，也没有市场压力的驱动，馆际之间没有交流与合作的积极性，即使有一定的合作，也是小范围内、自发的行为，缺乏规律性的有效的互动与合作。缺乏交流有可能会导致博物馆的各项工作比如标本收藏、科研立项、展览陈列等方面出现不必要的重复和交叉。这说明三地自然类博物馆充分交流、协同发展有其必要性，而缺乏有效的沟通与合作也会影响三地的协同发展。

三　京津冀自然类博物馆协同发展的实践

近两年，人文、历史类博物馆之间的区域合作比较频繁。2015 年 6 ~ 7 月，首都博物馆、天津博物馆、河北博物院联合策划了"地域一体·文化一脉——京津冀历史文化展"，先后在北京、天津、石家庄完成了巡展；2016 年，在陕西安召开了中国博物馆年会暨"博物馆协同创新发展之路"的学术研讨会；2017 年 2 月 28 日，由科学出版社、首都博物馆、天津博物馆、河北博物院合作创办了《博物院》杂志等。

自然类博物馆也参与了类似的尝试。2017 年 8 月 18 日，由首都博物馆、天津自然博物馆、河北博物院三家博物馆组成的"京津冀博物馆教育协同发展战略联盟"在天津自然博物馆启动。2017 年 7 月 8 日，由河北博物院主办，国家动物博物馆协办的"同在一个星球上——中国动物标本展"在河北博物院开展。事实上，三地自然类博物馆已经在自然类博物馆的几个重要的工作方向上有着多年的合作实践。

首先在展览方面。展示是博物馆的一个重要的功能，也是博物馆对外形象的窗口和最显性的存在。各地自然类博物馆在展览方面进行的交流活动最多。尤其在展览设计前期，策展人员都会到兄弟博物馆去参观、调研、学习，以获得内容和形式上的设计灵感。北京、天津、上海、大连等地的自然博物馆都进行过多次类似主题的互访和交流。北京自然博物馆曾与河北省河北大学博物馆建立过联系，北京自然博物馆的"流动博物馆"在 2017 年多次到河北省中小学校举办义务巡回展览。

其次在科研方面。科研工作是博物馆的灵魂，博物馆各方面的业务工作都离不开科研人员的配合。各自然类博物馆科研人员进行交流的主要阵地是各馆主办或联合主办的科研和科普期刊，比如《北京自然博物馆研究报告》《自然科学与博物馆研究》《大自然》《中国自然科学博物馆协会通讯》等，通过在这些期刊上发表自己的研究成果，各馆业务人员可以相互交流经验、互通有无。研究同一学科的各馆科研人员还通过参加学术会议、学术互访等形式进行切磋，科研项目的评审也会邀请同行单位的专家。

标本是博物馆存在的基础，博物馆的展览、研究、科普等工作都必须以标本为载体。在标本收藏方面各地博物馆交流不是很多，各自按照自己的方式征集、采集、保管标本，在标本的采集征集、保藏方式、制作技术方面互动比较多。馆际之间也会标本互借进行研究，但真正大范围内的合作并不多，相比之下，各自与当地大学及国内外研究机构在标本和科研上的合作更广泛些。

四 京津冀自然类博物馆协同发展的展望

综合以上分析，结合三地博物馆区域合作的实践，笔者对京津冀自然类博物馆的协同发展及合作做一个粗浅的探讨。

1. 建议三地联合成立合作组织

可以在国家文物局的统筹下建立一个类似上文所说的战略联盟，或者博物馆馆长联席会、专家联盟等组织，通过组织的成立推动馆际之间的合作，建立联动机制。各联盟单位推选几位成员成立委员会，定期举办会议，可就资源调查、举办展览、标本收藏、学术研究、科普宣传等博物馆的日常工作沟通信息、商洽合作、整合资源、交流业务，对三地的协同发展以及各项合作事务进行讨论和决定。重点帮扶河北地区特别是经济文化比较落后的市县博物馆解决疑难问题和需求，帮助其全面发展。比较可行的，是否就在"京津冀博物馆教育协同发展战略联盟"内考虑。更广泛和深入的交流与协同发展还需要政府相关部门进行指导和组织。

2. 整合各自的资源优势，联合举办精品展览

三地自然类博物馆可就同一主题的展览内容联合布展，综合三地博物馆的标本，共同组成一套比较完整的标本系列，以共有的展览资源为支撑，以市场为导向，强强联合，优势互补。这种合作布展的方式可以做出高质量的精品展览，尤其适合举办难以独立实现的大型原创展览，然后在三地巡回展览。这种方式不仅扩大了各自博物馆的外延功能，还可以在联合布展中促进三地工作人员的业务交流，观众也可以对三地的自然地貌、生物资源等有更加立体的了解和认识。

3. 三地加强人才交流，带动协同发展

借鉴河北与北京互派干部的模式，三地自然类博物馆也可以互派干部挂职，或业务骨干短期驻馆访问学习，以此加强和推进馆际之间的交流与合作；定期不定期举办三地自然类博物馆的业务知识培训、学术会议等，以加强人员沟通，加速人才培养；通过联合承担科研、科普项目，或者以京津冀地区联合科学考察、资源调查、标本采集等形式相互学习和促进，甚至可以

建立馆与馆之间、专业人员之间的结对制度，帮助资源薄弱的博物馆提升水平。

参考文献

［1］孟庆金：《科研是自然类博物馆的核心竞争力》，《中国博物馆》2013 年第 4 期。

［2］侯江：《我国自然博物馆发展现状与趋势》，《安徽农业科学》2012 年第 4 期。

［3］李恩佳、刘丽君：《对河北全省博物馆建设发展的几点思考》，《文物春秋》2011 年第 1 期。

［4］顾婷：《博物馆如何协同创新发展》，《中国文物报》2016 年 7 月 5 日。

新时期区域合作视野下的
博物馆活态化新路径

常州博物馆　符　岚

摘　要： 博物馆是人类历史的见证者，也是人类文化的守护者。在新时期和新形势下，如何把握机遇，使文物重现"生"机，让博物馆重现"活"力，是我们文博工作者需要重点关注的问题。通过从创新和合作两方面的论述，认为唯有文化元素和经营理念的创新，唯有加强区域博物馆间的合作，才能适应当下形势，更好地为人民大众服务。

关键词： 区域　合作　创新　长三角

生命短暂，文化永恒。可以说，正是文化让我们在有限的时间内拓展了生命的广度和丰度。"文化多样性是交流、革新和创作的源泉，对人类来讲就像生物多样性对维持生物平衡那样必不可少"①。而博物馆不仅是人类文化多样性的见证者和守护者，同时也是跨文化交流的先行者和驱动者。自诞生之日起，博物馆就扮演了文化殿堂的角色，在科学知识普及、提高全民艺术修养方面，起着相当重要的作用。而在21世纪的今天，随着经济发展和科技进步，大到社会价值取向，小到民众生活方式，都发生了不小的改变。如何在时代浪潮中不被淘汰，获得更长足的发展，是我们文博从业者热切关心和亟待解决的问题。如果说保护文物就是保护我们的历史记忆，那么合理利用好文物，使之重新焕发生机，就是传承和发扬我们的民族文化。关于文物的保护和利用，国家主席习近平在多种场合都曾提到要激活文物生命力，让文物活起来。

---

① 联合国教科文组织：《世界维护文化多样性宣言》，联合国教科文组织大会第31届会议，法国巴黎，2001年11月。

一 锐意创新

按照官方定义："博物馆是一个为社会及其发展服务的、非营利的常设机构，向公众开放，为研究、教育、欣赏之目的征集、保护、研究、传播、展示人类及人类环境的有形遗产和无形遗产。"① 由此可见，博物馆属于公共文化服务机构，具有公益属性，是特定使命和宗旨的非营利组织。我们设立博物馆不是为了获取利润，而是要承担公共文化服务职能。目前，广大国有博物馆在免费开放的前提下，大都依靠政府财政拨款维持运转，而这远远不能满足新形势的需要。如果博物馆只作为文物展览展示的场所，那么它远未达到有效传承人类文明的目的。对此，时任国家文物局局长的励小捷明确表示："不以营利为目的，并不意味着禁止博物馆从事经营活动。国内外博物馆发展实践表明，博物馆文化产品开发，既是博物馆文化推广与宣传、满足公众多层次需求，又是博物馆获得一定经济收入、促进博物馆可持续发展的普遍做法。"②

笔者认为，博物馆只有与时俱进、锐意创新，在保持公益性的基础上有的放矢地进行适合自身的市场经济活动，放开手脚、"开源"资金，才能真正适应时代发展的需求。

1. 文创产品特色化与多样化

文创产品是博物馆文化内涵亲民化的延伸。开发具有一定收藏、欣赏和实用价值的文创产品，既能满足大众的精神文化需求，又能提高自身的经济收入，缓解资金压力，有利于博物馆实现"以文养文"的目标。2016 年 5 月，国务院出台了《关于推动文化文物单位文化创意产品开发若干意见》，鼓励博物馆、美术馆、图书馆等文化单位进行文创产品开发，这"对弘扬中华优秀传统文化，传承中华文明，推进经济社会协调发展，具有重要意义"③。2015 年 3 月实施的《博物馆条例》，首次明确支持博物馆与文化创意、旅游等产业相结

---

① 国际博物馆协会：《国际博物馆协会章程》，国际博物馆协会第 21 次代表大会，奥地利维也纳，2007 年 8 月。
② 赵亮：《破解博物馆"非营利"与"营利"之惑》，《工人日报》2015 年 3 月 23 日。
③ 国务院办公厅：《国务院办公厅转发文化部等部门关于推动文化文物单位文化创意产品开发若干意见的通知》，国办发〔2016〕36 号，2016 年 5 月 11 日。

合，开发衍生产品，增强博物馆发展能力。运营理念的转变，让博物馆领域的竞争逐渐从比拼文物、展览的"硬实力"，拓展到较量文创产品开发的"软实力"。

而当前除了故宫博物院、上海博物馆、苏州博物馆等少数博物馆推出的文创产品能收获良好的社会口碑和可观的经济效益外，多数博物馆尚处在"苦摸索"和"负盈利"的初级阶段。究其原因，还是这些文创产品缺乏特色、形式粗放，且同质化现象严重。我们在开发文化资源时，缺乏对民族、传统、地域特色的珍视，缺乏对知识产权的保护和开发，缺乏高水平的创造、创新和创意，这是我国相当一部分博物馆的软肋。目前，不少博物馆推出的文创产品只是把文物图案直接印制在丝巾、T恤、抱枕等物品上；有些产品只是对文物实体简单的模拟复制，缺乏创造力和想象力，这与低端旅游产品并无二致，很难让大众为如此产品买单。

而在短短两年时间里，苏州博物馆就以卓越的市场敏锐度和敢为人先的精神开发出两款受人追捧的"爆款"产品。在看多了书签、图录、笔记本等博物馆产品"老三样"之后，经过充分市场调研，设计团队另辟蹊径，从"味蕾"出发，研制出一款蕴含文化特色的食品，用"舌尖上的国宝"来吸引吃货们的兴趣。2014年，苏州博物馆根据镇馆之宝衍生而来的秘色莲花曲奇饼干，在保持了原来文物形貌的基础上，又进行了艺术化的生动处理，成品Q萌有趣，惹人怜爱。在攻克了保鲜和包装工艺等难关后，甫一推出，就受到广泛好评，一时间供不应求。此后全国其他博物馆纷纷效仿，开启了"舌尖上的国宝"的创意大门。

如何做出令人耳目一新的文创产品？文化和人性是两大主导因素。首先，理想的文创产品，应该是独具地域特色和深远意义的。这就要求设计团队对相关文物进行深层次的系统挖掘和对文化元素进行有效熔铸，而非肤浅地对各种元素进行简单机械复制。其次，理想的文创产品，应是人性化的。它应满足现代人对精神和物质的双重需求。第三，理想的文创产品，一定是多样化的，使各层次的消费者都能得到不同类别的满足。只有具有特色化、人性化并能针对不同人群的文创产品，才能获得垂青。

2. IP资源专业化与规范化

众所周知，文化产业具有高内涵性、高附加值等特点，IP（知识产权 Intellectual Property）是其最核心的资产。我们博物馆人也要与时俱进，在充分认识自身资源优势的前提下，挖掘出独具特色的博物馆 IP。数据显示，中国拥有超过 4500 家博物馆，海量的馆藏文化资源都具备成为热门 IP 的潜力。然而，在国家博物馆、故宫博物院这些超级 IP 受资本追捧之外，占绝大比例的地方博物馆又该如何迎接 IP 运营时代呢？

首先，基于博物馆的公益属性，博物馆的 IP 开发，应该首先注重挖掘藏品内涵，进而开发衍生品，兼顾到文化知识的普及教育。像故宫博物院的清宫文化系列、苏州博物院的吴文化系列、武汉中山舰博物馆的中山舰事件系列、四川广汉三星堆博物馆的古蜀文化系列等，都是具有本馆和本地特色的文化 IP。其次，在挖掘到具有发展潜力的 IP 之后，应如何使之发挥最大潜能呢？国家博物馆在这方面作了尝试性的探索。

在意识到自身 IP 设计研发力不足之后，国家博物馆决定试水"互联网+博物馆"的方式，牵手阿里巴巴搭建"文创中国"线上平台，并与中国（上海）自贸区签订战略合作协议，为平台提供全方位线下保障体系。此平台为博物馆的 IP 资源解决研发、投资、生产、销售、推介等一整套流程，且面向全国文博单位开放，由文博机构提供馆藏文物 IP 授权，再由国家博物馆牵头将资源推介给国内外优秀的设计师，实现 IP 所有方和设计方双向选择，生产出的优质产品则直接在"文创中国"平台销售，最后各方按劳分配获得分成。这种模式有利于文博人做好文化资源的厘清、确权和授权工作，产业人做好产业资源的对接，实现优势互补，互利双赢。而考虑到对文博单位版权资源的保护，国家博物馆还牵头与国内著名版权交易中心，发起成立"中国文博知识产权交易平台"，规范文博行业无形资产合法交易模式，促进博物馆行业的良性发展。中国文博行业若想在公益的基础上实现利润化，取得发展自主权，首先必须解决 IP 资源开发的专业化和规范化。在这方面，国家博物馆为我们开了个好头。

3. 营销方式数字化与智能化

"数字化营销"，原本仅是一个信息技术用语。原义指的是新兴媒体用数字化技术代替模拟化技术展开沟通、销售和支付等营销活动。包括网络营销、多媒体营销、互动营销、体验营销、娱乐营销、无（实体）店铺营销、无纸化交易等多种新型营销策略。而在新形势下，数字化营销正当其时。正所谓"酒香也怕巷子深"，在互联网经济时代，博物馆能否受到社会认可，文创产品能否受到大众欢迎，需要在互联网影响巨大的电商巨头们的支持。鉴于淘宝网在全球惊人的影响力，众多文博单位都想到了与阿里巴巴集团合作，在天猫开设官方旗舰店贩售文创产品。

2016 年，苏州博物馆还与聚划算合作，推出"型走的历史"主题活动，联合三家服装品牌，从苏州博物馆的建筑、藏品以及地域文化中提炼元素进行设计，融合古典美学与现代时尚，推出数款独具苏州博物馆特色的系列服饰，并以显眼标题在淘宝电脑端首页及移动端首页进行重点推广。活动期间，淘宝官方网店三天点击量超过 80 万，并完成了 2000 多个订单，多款产品供不应求。

而博物馆智能化正在逐渐惠及更多受众。从过去单一的展板说明，到现在展厅 AR 技术的普及（增强现实），再到足不出户就能领略博物馆风貌的 VR 技术（虚拟现实），在未来会有越来越多的人仅需携带位置跟踪器、动捕系统、数据头盔、数据手套等设备，就能享受视觉、听觉等感官的模拟，沉浸感与临场感十足，使未出门一步便身临其境成为可能。

传统与当代碰撞，历史与技术交融。创新传统，便能成就当下。

二　抱团进取

目前，全国各类博物馆数量繁多、类型丰富，但基本上一直都是各自为政，苦于没有一个统筹协调和交流的组织机构，一些中小馆资源落后，信息闭塞，难成气候，极大地阻碍了博物馆事业的发展。

若能由相关行政部门牵头，建立一个由国家文化部门批准，在地方民政机构注册，由相关博物馆自愿组成的专业性、非营利性的行业交流组织——各地域、各行业博物馆协会，并以此作为行业之间、行业与行政机构之间、行业与相关组织之间交流、沟通、合作的桥梁，也成为博物馆行业传递呼声、凝聚共识、寻求可持续发展的新平台。而地域上的相近，不仅为民众交通来往提供方便，更容易促进大家根脉相通、文化相融。

如长江三角洲地区，十六城地域相近、休戚相关。且江苏吴文化，浙江越文化和上海的海派文化均属江南一脉，都有着极为丰厚的文化底蕴和历史积累。近年来，三地文化事业发达，博物馆队伍日益壮大。截至目前，江苏省现有各级各类博物馆285家①，浙江省博物馆总数达284家②，上海市则达到119家③。若三地能解放思想，打破壁垒，整合文化资源，进行宏观规划，培养起科学有序的文化生产要素市场，优化文化资源配置，定能实现长三角地区的文化振兴与长足发展。

1. 区域内资源共享

目前，我国大多数博物馆仍为中小博物馆。想搞研究，无奈人员、资金不足，科研实力不强；想办展览，囿于藏品数量和门类有限，陈列设计水平一般。这种情况下，在一定区域内抱团发展，互通有无，共享资源，共享成果，应成为当下业内中小馆的发展趋势。而资源共享的基础，就在于藏品资源的流通。

目前，我国大多数博物馆仍为区域性综合博物馆。由于地域不同，文物资料的收藏带有很大的局限性。既有地方优势，也有因地方差异而造成的不足。无论是所属的历史时代，或者是同时代文物的品类，都存在着程度不同的差异性。特别是省级以下的博物馆，收藏局限性和差异性表现得更为突出。何以众多博物馆号称馆藏量数万件或十几万件，却仍摆脱不了陈列内容陈旧，形式单调，门庭冷落的现状？很重要的原因是大量藏品属于价值一般品类单一的重复品。因而给全面系统地研究藏品，以及运用藏品举办陈展带来很大不便。那么如何弥补这种缺陷和不足？在当前博物馆藏品来源不多的情况下，馆与馆之间的文物交换与调剂，是增加品类开发、利用藏品的重要渠道。

一般是将与本馆性质内容不符的藏品或重复品，交换给缺乏此类藏品的单位。同样对方也以重复品或与其性质内容不符的藏品来互换，以填补空白。交换双方既解决了长期积压的闲置藏品，又补充了各自藏品的不足，各取所需，平等互利。这里有必要澄清一个问题，馆际文物藏品之所以需要流通，并非文物的重复藏品低价值或欠珍贵，要以它身居何处而论。而且文物的交换与调剂

---

① 江苏省发展和改革委员会、江苏省文物局：《江苏省"十三五"文物事业发展规划》，2016年8月18日。

② 浙江省文物局：《浙江省文物博物馆事业发展"十三五"规划》，2016年8月31日。

③ 国家文物局：《全国博物馆名录》，2016年8月29日。

所需经费有限，国有文物收藏单位之间流通文物只需通过一定的手续即可实现。

馆际文物的交换与调剂，相互补充了文物资料的不足，对拓宽研究道路及推动研究的深入开展显然尤为重要。综上所述，文物交换与调剂，增加品类、丰富馆藏、取长补短，轻而易举地解决了经费不足的困难，相互减轻负担，使文物充分发挥其陈展和研究的社会效益，是藏品开发利用的有利途径之一。

在此基础上，区域内兄弟博物馆的各领域交流更成为可能。人员交流方面：定期组织各馆各领域专家在进行业务培训和讲座；派遣有潜力的青年员工到兄弟馆学习和提高；在筹办大展人手不足时调遣兄弟馆相关专业人员进行支援。展览交流方面：既可以在确定主题后集众馆所藏、众人之力合作办展，也可以在区域内巡回某馆精品展览，避免资源浪费，实现其效用最大化。其社教配套活动也可在因地制宜的前提下一并交流。研究成果方面：可牵头设置各馆共同关切的主题，调动和统筹各馆相关馆藏资源和设备进行研究，共同发表学术著作，共享学术成果。

如法国巴黎的市博物馆联盟，集室内加列拉宫—巴黎时尚博物馆、小皇宫—巴黎市立美术馆、维克多·雨果故居等14座市立艺术、历史博物馆和艺术家故居。旨在全方位展现巴黎丰富灿烂的文化，并为全市的博物馆专业人员提供终身学习经验，艺术、科学和文化遗产保护等方面的帮助。且会议学术成果将定期与联盟内所有博物馆共享，以更好地帮助和支持联盟内成员的专业发展。这些有益的经验，若符合自身实际情况，我们也应汲取。

2. 区域外联合推介

在市场经济环境下，一件商品能否获得好的销路，既取决于它本身的质量，同时也需要辅以符合当下市场规律的营销策略。而经营好博物馆的口碑，扩大自身影响，让文化普惠更多人，也需要与自身相适应的营销策略。

由于历史因素和自身原因，很多中小馆苦于知名度不高，影响力不大。对此，我们是否应换个角度思考——试着抱团发展，以集体面貌和集体品牌示人。如拥有20余个成员的江苏南通环濠河博物馆群落和拥有30余个成员的四川建川博物馆群落，都是中小馆抱团发展，贴上统一品牌标签的范例。鉴于良好的宣传和包装策略，两个大规模群落建成后，都成了当地首屈一指的文化品牌，扩大了各自馆在社会上的影响，受到了各界的欢迎。另外，在文创产品开发方面，各成员既可以在挖掘相关文化元素的基础上，共同开发系列产品，形成品牌和系列，也可在各自商店统一贩售兄弟馆的特色产品，然后按约定协议分成，这也不失为各馆"开源"的好方法。

东京国立博物馆、京都国立博物馆、奈良国立博物馆和九州国立博物馆等四家日本著名博物馆，则在最近联合推出了一款名为"e-Museum"的手机APP，只需指尖轻点，馆藏约1000件国宝级展品的高清晰图片以及解说便尽收眼底。由此看来，不管是实体还是线上，成立行业联盟，抱团发展，已成为国际同行的共识。

三 坚持公益性原则

近年来，我国博物馆界开始逐渐关注商业运营，一些博物馆试着展开了许多有益的尝试。但是，由于对自身性质认识不足、管理制度不健全、措施不当等原因，部分博物馆在开展商业经营过程中，忽视了自身的公益性，把追求经济效益放在第一位，既损害了社会效益，又导致较恶劣的社会影响，可谓本末倒置。例如杭州某博物馆在馆内拍摄一档真人秀节目，允许明星在全馆珍贵的文物中追逐、打闹；南京某博物馆则擅自利用文保单位朝天宫，邀请娱乐明星进行造势，并为某地产商作商业宣传提供活动场地。这些有争议的做法，都在社会和业内造成不小的波澜，值得商榷。

笔者认为，作为为社会服务的公益性机构，博物馆要实现其社会价值，不仅可以通过展览满足社会大众的精神文化需求，还可以通过发展博物馆市场化经营，研发文化商品、提供文化服务与生活服务，在进一步满足人们精神文化需求的同时，满足人们的生活需求，以便更好地实现博物馆的社会服务职能。但是，这一切都不能违背博物馆公益性的原则，更不能危害到文物安全。博物馆的经营所得，除一部分留作继续发展资金外，其余必须用于博物馆保藏、研究、教育等基本功能。所以，博物馆追求经济效益的最终目的还是为了更好地实现博物馆的社会效益。而这就需要我们尽快完善相关法律法规和运作机制，做到依法运营、财务透明、监管有力，使博物馆在规范化的框架内正常运行。

社会在发展，时代在进步，作为传统行业的博物馆只有更新观念、拓宽思路，在维持公益性不变的基础上，对内锐意创新，对外抱团发展，才能在新时代更好地传承和发扬中国传统文化。

参考文献

[1] 李俊、梁东、李志宏、李天宝：《区域合作发展政府间协调机制研究》，武汉理工大学出版社 2016 年版。

[2] 苏斯彬：《竞争性行政区经济与区域合作模式重构——基于长三角地区的实践和探索》，浙江大学出版社 2016 年版。

[3] 陈安国：《城市区域合作》，商务印书馆 2010 年版。

[4] ［美］朱莉·德克尔编、余征译：《技术与数字化创举：博物馆的创新之道》，上海科技教育出版社 2017 年版。

[5] 张帆主编：《文化产业与文化创新》，江苏大学出版社 2011 年版。

[6] 于平、傅才武主编：《文化创新蓝皮书：中国文化创新报告 2015》，社会科学文献出版社 2015 年版。

展览架起博物馆区域交流的桥梁：
以广东革命历史博物馆联合办展的实践为个案

广东革命历史博物馆　杨　琪　黄建华

摘　要： 博物馆的区域合作，不仅是地理范围内馆际联合，也是博物馆之间展示、研究、收藏、宣传的文化交集。展览在博物馆区域交流合作中，一直扮演着重要的角色。本文以广东革命历史博物馆联合办展的实践为个案，从博物馆展览体系的建立，到展览推广及其博物馆之间的合作形式等方面，探讨博物馆合作的模式和路径。

关键词： 展览　博物馆　区域合作

博物馆区域合作是"让文物活起来"的有效途径之一。在新的形势下，如何加强并有效进行馆际之间的合作是博物馆理论与实践中仍需面对和探究的问题。实际上，"区域"不仅仅简单地理解为地理概念，在博物馆之间的合作实践中，"区域"更多的是博物馆与博物馆之间在藏品、研究、展示及宣传之间的一种文化交集。这种交集为博物馆馆际交流提供了可能性，由此逐渐形成自身的交流区域，或可称之为博物馆间的"文化圈"。本文试以广东革命历史博物馆近几年来与国内外博物馆、机构联合办展的实践为个案，探讨博物馆区域合作的实际运作及启示。

一　展览体系的构建

展览是博物馆合作的一个重要桥梁，具有先导性的作用。一个科学、严谨的博物馆展览体系的构建，必须结合博物馆自身的定位和馆藏文物的特色，经过全方位、多角度的思考，对自身有综合全面的认识①。以广东革命历史博物馆为例，该馆是广东省内建馆时间最早的专题性革命历史博物馆，下辖广州近代史博物馆、黄埔军校旧址纪念馆、广州起义纪念馆、中华全国总工会旧址纪念馆、越南青年政治训练班旧址及琶洲塔。依托下辖旧址，形成以近代广州社会生活和文化、黄埔军校校史、广东省革命历史文物为主的藏品体系，并以此策划相关的固定陈列和临时展览，从而形成合理规范化的展览体系。

广东革命博物馆的展览结构图（图一）如下：

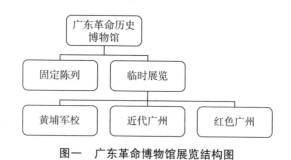

图一　广东革命博物馆展览结构图

广东革命历史博物馆的固定陈列主要设于各个旧址内，包括广州近代史博物馆的"近代广州展"；广州起义旧址纪念馆的"广州起义展"；黄埔军校旧址纪念馆的"黄埔军校史迹展"，"黄埔群英油画展"，"东征史迹展"，"小楼昨日——粤海关黄埔分关及其旧址变迁展"，"孙中山、梅屋庄吉与黄埔军校展"；中华全国总工会旧址纪念馆的"工运的领航者——中华全国总工会在广州展"及越南青年政治训练班旧址的"胡志明在广东展"等。这些固定陈列是广东革命历史博物馆展览体系的基础。由于固定陈列设于旧址内，无论是文物的利用还是展示形式均受到不同程度的限制。为了充分利用馆藏文物，发挥博物馆的功能，对于广东革命历史博物馆来讲，举办临时展览及对外交流合作展览显得尤为必要。

临时展览是固定陈列的延伸和拓展，是博物馆结合馆藏文物，适应社会需求、与社会接轨最为密切的展览内容，在整个展览体系中最为灵活和富有创意，也是博物馆树立品牌和知名度的捷径。近几年来，广东革命历史博物馆举

----

① 姚安：《博物馆12讲》，科学出版社2011年版。

办的临时展览内容较为广泛，题材丰富、形式多样。结合广东革命历史博物馆的馆藏和资源优势，形成了黄埔军校、近代广州、红色广州三个主题的系列展览，每年举办1~2个年度大展的特色。

黄埔军校知名度高、影响力大，该主题的展览是广东革命历史博物馆的重点，我们曾先后策划了"黄埔军校校史展"、"孙中山与黄埔军校"、"共产党人与黄埔军校"、"铁血军魂——中国远征军中的黄埔军人"、"黄埔军校与抗日战争"等专题性展览。广州近代史博物馆作为近代广州文化遗产发掘、收集、整理、展示的专门机构，在宣传广州城市文化，弘扬地方文化和爱国主义情怀等方面应有所担当。2012年开始策划了"我们"系列展览，体现了博物馆所追求的宣扬广州城市历史文化，关注当下，关注普通人群的人文情怀；2012年策划"我们的青春"大型情景展；2013年又推出"一座桥·一座城——海珠桥80年人与事"，采用社会采访、征集的方式，通过身处广州的普通人的讲述，以他们与海珠桥的故事为起点，反映80年来海珠桥和广州城的变迁。而红色广州系列展览，是广东革命历史博物馆的传统品牌，结合每年重大历史事件和历史人物的周年纪念，展示近代广州革命历史的各个侧面，先后推出了"我们的解放——新中国成立暨广州解放65周年纪念展"、"勠力同心——粤港抗战文物展"、"南粤沃土铸伟业——庆祝中国共产党成立95周年纪念展"等重要展览。

经过几年的积极探索和实践，旧址内的固定陈列和三大主题系列展览构成了广东革命历史博物馆的展览体系，二者密切联系，相互依托。合理的展览体系的形成，不仅体现了博物馆的特色，也为广东革命历史博物馆开展对外交流合作奠定了基础。

二 构筑广东革命历史博物馆的交流圈

近年来，博物馆之间的馆际合作办展、促进馆藏资源共享，在博物馆界早已成为共识。博物馆和博物馆之间的展览推广和交流是博物馆之间优势互补、强强联合的最佳展览组合方式，可以最大化地拓展博物馆展览的展示空间及内涵，使博物馆展览充分弘扬文化的作用更加彰显。通常而言，博物馆展览的合作可以分为引进展览和联合办展及巡展等几种形式，不同的形式具有不同的特色。例如博物馆引进展览，是国内外博物馆之间文化交流的最佳方式，从博物馆专业的角度审视，引进展览一方面加强了博物馆与外界的沟通，搭起了交流平台；另一方面可以学习对方举办展览的经验，促进自身展览水平的提高①。

广东革命历史博物馆在引进展览及合作办展外，着力倡导巡展的办展形式，以多种途径和方式进行展览的推广。近几年来，广东革命历史博物馆充分利用馆藏资源，根据黄埔军校、近代广州、红色广州三大主题系列展览，结合重大历史事件和历史人物周年纪念，按照"引进来，走出去"的办展模式，逐渐形成了自己的文化交流群体，与各馆形成了良好的合作机制。

在对外推广的展览中，黄埔军校为主题的展览是三大主题系列展中的重点。2014 年在黄埔军校建校 90 周年之际，广东革命历史博物馆举行"弘扬黄埔魂·共筑中国梦——纪念黄埔军校建校九十周年大型巡展"活动，以黄埔军校为主题的系列展览，根据不同馆的实际需求，推出"黄埔军校校史展"、"孙中山与黄埔军校"、"铁血铸军魂——中国远征军中的黄埔军人"展览，分别在北京新文化运动纪念馆、海南省博物馆、刘少奇同志纪念馆，延安革命纪念馆，江西井冈山革命博物馆、荆州博物馆、香港历史博物馆等地巡展，展览推广至全国各地达 27 批次。2015 年是世界反法西斯战争暨中国人民抗日战争胜利 70 周年，以此为中心全面推出 15 次巡展，巡展地区包括境外的韩国独立纪念馆、香港历史博物馆、澳门博物馆及国内的清远博物馆、从化博物馆、常州三杰纪念地管理处、嘉兴南湖革命纪念馆、沈阳"九·一八"历史博物馆等。2016 年则以孙中山诞辰 150 周年为契机，对外交流展览 16 次，其中大陆之外交流展 7 个，分别在香港孙中山纪念馆、澳门博物馆、台湾高校及纽约、芝加哥、洛杉矶、加拿大的埃德蒙顿等地展出，并首次走进美国、加拿大。

通过几年的实践，广东革命历史博物馆以展览为媒介，架起博物馆与博物馆之间交流的桥梁，形成了以三大主题系列为核心的博物馆群，从广东省内的清远、从化、韶关、江门等地博物馆相互合作，到与北京、上海、西安、香港、澳门、台湾等地博物馆及韩国、越南、英国、新加坡等海外博物馆及文化

---

① 齐玫：《博物馆陈列展览内容策划与实施》，文物出版社 2009 年版。

机构交流，不断突破地域范畴的藩篱，取得了较好的社会效益。

可以说，无论是国内博物馆还是国外博物馆，其合作的基础均是在馆与馆之间找到一种交集，这种交集为联合办展、资源共享提供了可能性。在博物馆交流合作的过程中，博物馆间的对话是促进合作的首要要素，没有良好的沟通则不可能产生良好的合作。如广东革命历史博物馆与韩国独立纪念馆之间的合作。韩国独立纪念馆是研究、陈列韩国独立运动及独立运动家资料的专门机构，而黄埔军校是韩国独立运动军事干部的培养基地，从这里走出了诸如杨林、金元凤、崔镛健等著名的韩国独立运动家。黄埔军校成为广东革命历史博物馆与韩国独立纪念馆合作的缘系点，此后两馆之间在研究、展览及宣传方面的合作水到渠成。

三 博物馆馆际合作模式的探讨

随着博物馆区域合作的不断深入，合作模式也呈现出多样性。为方便讨论，结合广东革命历史博物馆的实践，根据展览形式及合作机构，大致可分为联合办展和巡展模式、馆际交流和馆与民间文化机构合作模式。

1. 联合办展览

联合办展览是一种主要的馆际合作方式。这种合作方式主要以馆藏藏品为基础，不同博物馆通过展品的互补，资源共享，提高文物的利用率，是让文物活起来的途径之一。丰富而完整的展品，更有利于策展人对展览主题的把握和诠释。例如，2013年广东革命历史博物馆与香港历史博物馆联合举办的"抗日英雄——东江纵队港九独立大队文物展"，双方有关东江纵队及港九独立大队的藏品，支撑起了衣、食、住、行、情的展览框架，由此展览可以从微观入手，全面展示东江纵队港九独立大队的发展历史及其在艰苦环境中做出的突出贡献。展览成功举办后，合作双方在2014年、2015年、2016年分别在香港联合举办了"黄埔军校校史展"、"勠力同心——粤港抗战文物展"和"高瞻远瞩——孙中山的经济建设设计师展"，从而形成了一个良性的合作机制。

2. 策划巡展

巡展，是博物馆间互动的有效形式。从2014年开始，广东革命历史博物馆根据年度的重点纪念日，制定不同主题的巡展方案。如 2014 年以黄埔军校建校 90 周年为中心，2015 年以中国人民抗日战争暨世界反法西斯战争胜利 70 周年为中心，2016 年以孙中山先生诞辰 150 周年为中心。根据合作对象的不同，采取灵活的合作形式，结合广东革命历史博物馆的实践，主要有三种：第一种合作形式是根据展览的定位、场馆情况，双方或多方共享文物、图片资源，由展览地负责展览提纲编制、设计、制作和布展；第二种合作形式是推广方提供完整的展览设计稿，由展览地负责制作布展；第三种合作形式是推广方提供完整的展览设计稿，展览地结合本地资源及展场条件，调整设计稿，凸显各自设计的风格。三种形式各有特点，但在具体的实践中，常常不以单项的推广为目的，而是采取互换展览的合作形式，一来一往，从而加深合作双方之间的交流、认识，真正达到博物馆间相互学习、共同提高的宗旨。

3. 馆际合作

按合作机构的性质划分，博物馆与博物馆之间的合作亦是博物馆区域合作中最主要的一种模式。然而，如何确保合作双方真正做到资源共享、相互信任？笔者以为，制定三年、五年不等的协议和规划，是一种比较有效的方式。比如广东革命历史博物馆与越南胡志明博物馆已经有着十多年良好的合作关系，每五年签订一次，合作的方式、内容随之变化，从而保证了双方的展览交换和人员交流有序进行。2014 年除了原有长期合作的越南胡志明博物馆，广东革命历史博物馆与韩国独立纪念馆签订了三年的合作协议，2015 年与韩国独立纪念馆的合作中，双方各自根据本馆的特点，围绕抗战主题筹划具有代表性的展览，分别在韩国和广州展出"黄埔军校与抗日战争展"、"韩国独立运动在广东展"。此后，又与美国集美博物馆、英国格林威治博物馆进行合作。

4. 与民间文化机构合作

除了博物馆与博物馆的合作，与历史名人家族基金会、民间收藏机构等文化机构的合作也是博物馆区域合作的一种模式。这些机构往往拥有独立的藏品资源，对充实博物馆藏品的不足及凸显展览的特色，具有重要的推动作用。如2013 年广东革命历史博物馆与广州许地许氏家族联合举办"家国春秋——广州许地许氏家族文物展/事迹展"及与广东顺德梁氏三杰后人、梁又铭文化基金会联合举办的"大时代的丹青史迹——黄埔军校教官梁鼎铭、梁又铭、梁中铭文物特展"，便是其中较为成功的个案。又如，与文仕文化博物档案馆合作，签署为期三年的《近代广州历史文化教育基地系列展览》合作协议，根据协定三年内举办六个展览，主要利用文仕文化博物档案馆多年来收藏的广州历史文化的资料，策划以"近代广州"的经济、文化、社会等为视角的系列展览。

此外，与文化公司的合作是一种新的模式。相较而言，文化公司具有较强的活力和时代敏感性。2016 年，广东革命历史博物馆与台湾时际创意传媒股份有限公司联合举办的"近看孙中山——纪念孙中山诞辰 150 周年台湾校园展"，尝试展览进入台湾高校。展览的创意、内容、设计以台湾的年轻学生为目标观众，旨在唤起台湾青年学生对孙中山先生的记忆，从而拉近台湾年轻一代与历史伟人的距离。而展示形式上，采用孙中山的个人脸书、新闻播报、发表文章等贴近台湾学生生活的形式，并辅之以孙中山校园打卡、点赞等互动环节。展览在台湾辅仁大学、清华大学、高雄大学及台湾大学展出后，获得了台湾青年学子的一致好评。在获得良好的社会效益的同时，也为我们博物馆人提供一种新的办展思路和视野。

三 结 语

从广东革命历史博物馆联合办展的经验看，展览在博物馆交流和合作中扮演着重要的角色。要想形成更好的交流机制，博物馆首先需结合自身的定位和馆藏文物，积极探寻和建构富有特色的展览体系。在展览体系的基础上，制定展览推广与合作的规划，并对不同的合作对象采取不同的策略，逐步构建博物馆区域合作群体，使文物走出库房，真正让文物活起来。

事实上，加强博物馆的区域交流和合作，依旧是新时期博物馆发展的重要课题。如何根据合作对象的不同采取有针对性的合作策略？在合作过程中如何保持博物馆的主体性和参与性？在互联网＋的时代背景中，如何共享博物馆合作成果？博物馆与博物馆之间，从首次合作，建立互信、互通关系，到合作内容的深化和维持，是一个长期积累的过程，只有在不断的实践和总结中，探索新的合作路径和模式，才能在合作中发展和深化，由此建立长期且良性的合作机制。

参考文献

[1] 黄光男:《博物馆企业》,文化艺术出版社 2011 年版。

[2] 曹兵武:《记忆现场与文化殿堂:我们时代的博物馆》,学苑出版社 2005 年版。

[3] 王莉:《区域博物馆合作的系统化建设》,《中国博物馆》2008 年第 2 期。

[4] 刘哲、胡芳、庄智一:《国际视野中博物馆合作模式的构建与启示》,《科普研究》2015 年第 6 期。

[5] 张健平:《泛珠三角文物精品展"夭折"的启示——兼议馆际合作的几个相关问题》,《中国博物馆》2006 年第 1 期。

[6] 冯荣:《历史文化区域博物馆群合作初步探讨——以北魏文化区内博物馆群为例》,中央民族大学硕士学位论文,2010 年。

保护·共享·传承：跨区域合作视域下的"二十四节气专题展"

中国农业博物馆　陶东冬　伍晴晴　赵晓娇

摘　要："二十四节气"是中国古代劳动人民长久以来生产、生活实践的智慧结晶。在中国农业博物馆与地方相关文化社区的共同努力下，"二十四节气"先后被列入国家及世界非物质文化遗产代表作名录。中国农业博物馆发挥跨区域合作优势，统筹全国十余个社区和机构的文化资源，举办了"人与自然相处的智慧——二十四节气专题展"，展览仍待改进，如设立基本陈列，构建跨区域展示、交流系统。

关键词：二十四节气　区域合作　文物活化　文化共享

"二十四节气"是中国古代劳动人民长久以来生产、生活实践的智慧结晶，是优秀中华传统文化的重要组成部分。2016 年，"二十四节气——中国人通过观察太阳周年运动而形成的时间知识体系及其实践"被联合国教科文组织列入人类非物质文化遗产代表作名录。

为落实习总书记"让文物活起来"讲话精神，进一步推进"二十四节气"的保护、共享与传承，中国农业博物馆于 2017 年 8 月举办了"人与自然相处的智慧——二十四节气专题展"。中国农业博物馆作为"二十四节气"保护工作组的牵头单位，充分发挥区域合作优势，统筹全国十余个社区和群体的文化资源，在博物馆实践上做出了有益探索。

一　保护："二十四节气"文化的跨区域合作

"二十四节气"是古代中国人通过观察太阳周期运动，发现一年中时令、气候、物候等方面变化规律并结合农业生产特点，指导生产与生活所形成的知识体系和社会实践。[①] 中国人将太阳周年运动轨迹划分为 24 等份，每一等份为一个节气，统称"二十四节气"，具体包括立春、雨水、惊蛰、春分、清明、谷雨、立夏、小满、芒种、夏至、小暑、大暑、立秋、处暑、白露、秋分、寒露、霜降、立冬、小雪、大雪、冬至、小寒、大寒。

"二十四节气"形成于黄河流域，以观察该区域的天象、气温、降水和物候的时序变化为基准，作为农耕社会的生产生活时间指南逐步为全国各地所采用。千百年来，中国人一直依据节气安排传统农事日程，举办节令仪式和民俗活动。它蕴含的"天人合一"理念也成为中华文化的重要思想资源，深刻地影响了中国人的思维方式和行为准则，在构建中华文化共同体的历史过程中发挥了重要作用。

随着非遗保护工作的不断深入，为加强"二十四节气"非物质文化遗产的保护，各地积极落实非遗保护的政策方针，精心组织本地的"二十四节气"相关非遗活动。2006 年，中国农业博物馆作为遗产项目的群体代表，申报的"二十四节气"成功列入第一批国家级非物质文化遗产名录。2011 年，九华立春祭、班春劝农、石阡说春被列入该遗产项目的扩展名录；2014 年，三门祭冬、壮族霜降节、苗族赶秋、安仁赶分社被列入该遗产项目的扩展名录。

为进一步推进"二十四节气"非物质文化遗产的保护工作，由中国农业博物馆作为牵头单位，中国非物质文化遗产保护中心作为协调单位，协同湖南省安仁县文化馆（非遗保护中心）、花垣县非遗保护中心，河南省登封市文化馆，内乡县衙博物馆，贵州省石阡县文化馆，浙江省杭州市拱墅区非遗保护中心、衢州市柯城区九华乡妙源村村民委员会、遂昌县非遗保护中心、三门县亭旁镇杨家村村民委员会，广西壮族自治区天等县文化馆等"二十四节气"相关文化社区与群体，于 2014 年 5 月成立"二十四节气"保护工作组。各单位与社区群策群力，联合制定了《二十四节气五年保护计划（2017~2021）》，各方根据《保护非物质文化遗产公约》的宗旨和《中华人民共和国非物质文化遗产法》的要求，约定了彼此的责任和义务。

---

① 徐旺生：《"二十四节气"在中国产生的原因及现实意义》，《中原文化研究》2017 年第 4 期。

在"二十四节气"保护工作组的努力下，2016 年 11 月 30 日，由中国农业博物馆作为申报主体的"二十四节气"正式列入联合国教科文组织人类非物质文化遗产代表作名录，这标志着"二十四节气"作为全人类共同的文化财富得到认可。

二　共享：人与自然相处的智慧——二十四节气专题展

"二十四节气"成功列入人类非物质文化遗产代表作名录，是跨区域合作保护的重大阶段性成果。为进一步传承与弘扬"二十四节气"文化，履行对联合国教科文组织的申遗承诺，以中国农业博物馆为牵头单位，协同相关社区与群体成立的"二十四节气"保护工作组进行了大量理论与实践的研究。

经多方研讨，工作组决定 2017 年于中国农业博物馆举办"人与自然相处的智慧——二十四节气专题展"，充分发挥跨地域组织在机构与制度上的独特优势，集中协调各地区的文化资源，全面系统展示"二十四节气"的文化内涵及科学价值，与社会共享近年来保护和传承的工作成果。

1. 文化资源的跨区域协调与合作

中国农业博物馆长期致力于"二十四节气"相关文献的梳理及民俗实践的保护，具有丰富的实践工作经验与深厚的学术研究底蕴，为两次非遗申报工作提供了有力的学术支持。2017 年 3 月，中国农业博物馆在以往研究基础上，完成了"人与自然相处的智慧——二十四节气专题展"陈列脚本的撰写。随后，中国农业博物馆举行多次学术研讨会与座谈会，与中国民俗学会、北京天文馆、北京民俗博物馆等其他与"二十四节气"文化相关的科研单位、文化机构通力合作，进一步确保了陈列脚本的全面与准确。

三十多年来，中国农业博物馆收藏了近万件与"二十四节气"相关的口头、文献和实物资料。我馆现有藏品为"二十四节气"文化研究奠定了坚实的实物基础，但与该专题展览的实际需要仍然存在一定偏差，因此在充分利用现有馆藏的同时，还需根据陈列要求，征集与"二十四节气"文化相关的其他藏品。在这种情况下，中国农业博物馆充分发挥自身作为"二十四节气"保护工作组牵头单位的独特优势，与"二十四节气"的地方传承社区及相关文化机构展开了跨区域合作。

经过多次实地考察与沟通，中国农业博物馆对"二十四节气"保护工作组成员提供的文物进行了深入研究，从中遴选出河南登封文化馆提供的剪纸《夏至吃面》与《冬至扁食》，烙画《立春赶大会》以及二十四节气印章；河南内乡县衙博物馆提供的"立春打春牛"活动中使用的草编春牛；贵州石阡文化馆提供的《二十四节气春贴》；浙江杭州京杭大运河博物馆提供的"立夏称人"活动中使用的大秤等。

这些由各地方社区文化机构提供的文物并非来自冰冷的文物库房，而是直接来自民俗活动现场。它们是不久前仍在实际生活中使用的鲜活实物，上面还依稀带有民俗的余温。这种从地方民俗活动现场到博物馆展厅的跨地域无缝衔接，是本次展览筹备的一个突出特色。

除接受工作组内文化机构捐赠的文物外，中国农业博物馆还积极主动派出工作人员深入其他"二十四节气"相关地方文化社区，在当地文化机构的大力配合下开展文物征集工作。其中值得一提的是，在淮南市文化局配合下，我馆从安徽淮南征集到了一批时宪书和两套"二十四节气"系列剪纸，进一步丰富了展览内容。

与"二十四节气"密切相关的除可移动文物外，还有部分不可移动文物，如北京天文馆下属北京古观象台、登封古观象台等，其原物无法直接置于展厅空间。经协调沟通，相关机构提供了这部分文物的微缩模型。展览中这些模型辅以声光电等多媒体现代展览手段，成功地让观众对"二十四节气"文化的演化过程有了更加形象的认识。

2. 陈列空间中文化资源的跨区域活化

利用中国农业博物馆藏品与社区文化机构提供的鲜活文物，在博物馆展厅这一公共文化空间内"让文物活起来"，描绘出一副生动而形象的"二十四节气"民俗文化画卷，是本次"二十四节气"专题展的核心任务。以往那种"通柜、实物加说明牌"的传统而陈旧的展览方式已难以吸引信息时代的观众，博物馆必须着力探索新的途径，推出更为新颖的展览形式和内容，才能将文物的故事讲给观众，更好地与社会实现文化资源的共享。中国农业博物馆采用了多样化的传播手段，力图围绕"二十四节气"这一展览主体，吸引观众动手动脑，参与其中，将观众的被动参观转变为在参与中主动探索、发现与思考的双向传播，最大限度地传递展览文物背后的文化信息。

除部分古籍与档案出于文物保护需要必须置于展柜之内，中国农业博物馆在确保文物安全的前提下，尽可能地将展品置于开放式的陈列空间之内，实现与观众的零距离接触。例如为了让观众更加直观地了解浙江地区"立夏称人"的民俗内涵，我们除将杭州京杭大运河博物馆提供的"立夏称人"大秤原物置于一等比例复原场景外，还在展厅内设置了互动环节，观众可实际动手操作其复制品，亲身体验"立夏称人"这一传统节气民俗活动，在潜移默化中受到文化熏陶。

数字博物馆是运用虚拟现实技术、三维图形图像技术、计算机网络技术、互动娱乐技术、特种视效技术，将现实存在的实体博物馆以三维立体的方式完整呈现于网络上的博物馆[1]。中国农业博物馆为"二十四节气专题展"开辟了专门的网上展厅，提供了陈列文物多角度、近距离的立体赏析，进一步丰富了文物相关历史、文化及民俗故事的信息传递，使得那些未能实地参观展览的观众不再受到时间与空间的限制，可以随时通过网络身临其境的互动参与。

文创产品是盘活文化资源的一种途径，也是人们与历史零距离接触的一座桥梁。通过对历史文化资源的认真梳理，以商品为媒介，以创意性的设计为亮点，可以将文物中蕴含的未被发掘的技术、工艺、审美等优秀元素传播弘扬出去[2]。

一件好的文创产品，不仅承载着文化理念的符号，还能够将博物馆的展示空间由展厅之内延伸到博物馆之外。

为了把"二十四节气"传统文化与当代人的生活、审美、需求对接起来，在更广阔的时空范围内实现文物活化，中国农业博物馆利用特色馆藏，深挖文物文化内涵，与淮南市邮政局联合，在展厅中设置了"二十四节气"邮局分局，将古老的"二十四节气"文化元素凝结为明信片、纪念封等文物创意衍生产品，成功地让观众们"把博物馆带回家"，让文物在人们的日常生活中活起来。

---

① 郭海燕：《如何让馆藏文物"活"起来———以平凉市博物馆为例》，《丝绸之路》2016年第16期。
② 田利芳：《让馆藏文物活起来 让博物馆更接地气》，《人文天下》2015年第6期。

三 传承："二十四节气"保护工作的未来展望

中国农业博物馆举办的"人与自然相处的智慧——二十四节气专题展"将来自不同社区的实物资料汇集一处，运用多样化的现代展览手段，全面系统展示"二十四节气"的科学文化内涵及其价值，近年来保护和传承成果，进一步推进"二十四节气"这一宝贵文化遗产走进现代人的生活。但由于准备时间仓促，展览空间有限等客观因素，本次展览仍然存在若干不足之处，如偏重展板图片而文物展品数量相对较少等。展望未来，我们将从以下几方面加以改进：

1. 设立"二十四节气"基本陈列

"人与自然相处的智慧——二十四节气专题展"的成功举办为未来的工作累积了宝贵的经验，中国农业博物馆将充分发挥科研优势，在已有学术研究基础上，对馆藏"二十四节气"相关文物展开更加全面而深入的研究，包括对节气文化内涵的深度挖掘，对节气文化的准确阐释，对节气民俗的系统调查等，为"二十四节气"长期基本陈列提供可靠的学术支持。

中国农业博物馆今后适当调整藏品征集方向，将以民俗文物为主的"二十四节气"非遗文化实物载体作为征集的主要方向之一。在征集过程中，进一步发挥中国农业博物馆作为"二十四节气"保护工作组牵头单位的特色优势，充分利用现有跨区域机构的组织优势，将跨区域集约式的文物资源共享、交流常态化，为今后陈列提供坚实而丰厚的物质基础。

在今后的"二十四节气"基本陈列展览中，尽量避免简单的说教，而是通过生动鲜活的展览形式与手段，展示文物自身的文化魅力，做到"让文物说话"，激发观众兴趣，从而主动探求"二十四节气"文化内涵。除室内展区外，还将建立"立春抢水踩水车"、"立秋荡秋千"等室外互动区，使观众能够亲身参与体验"二十四节气"相关民俗活动；设立"二十四节气"文化创意产品销售区，使观众可以"将文物带回家"，实现文化传播在时间与空间上的延伸与拓展。

2. 构建跨区域的"二十四节气"文化展示交流系统

为进一步与社会共享"二十四节气"文化资源，促进这一传统文化在新时期的代际传承，除了"被动地"把观众们"请进来"参观博物馆空间内的陈列，更需要"主动地"让展览"走出去"。今后，中国农业博物馆不仅将在北京地区展开"二十四节气"专题的巡展，而且还将依托"二十四节气"保护工作组这一组织平台，将社区流动巡展的范围扩展至全国各地。

"一花独放不是春，百花齐放春满园"，"二十四节气"保护工作组的其他成员也将分别于各文化社区建立"二十四节气"民俗文化传承基地与展示平台，结合富有地域特色的仪式实践和民俗生活，开展相关调查、传承和宣传活动，使这一传统知识体系得以传承。中国农业博物馆作为牵头单位，将在这一跨区域的"二十四节气"文化展示交流系统内发挥引领作用，包括为各地方机构提供智力支持、业务指导及文物资源跨区域协调等。

四 结 语

中国农业博物馆今后将与更多的"二十四节气"相关社区、群体和个人一起，积极实施系列保护措施，认真履行各项义务和责任，让更多的国家、社区、群体和个人认识、了解"二十四节气"这一知识体系及其实践活动；并创造条件确保相关社区和群体在保护中发挥重要作用，同时吸引更多的年轻人加入传承与保护的行列中来，激发其积极性和自觉性，使"二十四节气"这一重要的文化遗产在当代社会文化生活中焕发出新的活力。

让书画藏品活起来

——从"壶阁传芳——常州画派女画家精品展"出发浅谈书画策展新理念

常州博物馆　惠露佳

摘　要： 现在，博物馆的参观者不再是被动的"消费者"，而是开始理解博物馆的"赞助者"。参观者在参与博物馆展览时，从被动的知识灌输者逐渐转变为积极的观察者、体验者或批判家。因此，博物馆展览面临的挑战是如何通过合适的阐释，让藏品活起来，让它们的价值得到再次体现，让展览可读、易读。常州博物馆原创展览"壶阁传芳——常州画派女画家精品展"呈现书画策展的新理念，让书画藏品活起来，让展览的叙事性再构建成为可能。

关键词： 书画藏品　活起来　策展　新理念

藏品是否有"来世"？它们的价值存在于过去，还是局限于实物本身？在策展人员的主观选择、合理配置与剖析解读下，藏品被赋予了新的生命，藏品的价值也随之改变。于2017年3月7日~5月7日在常州博物馆举办的"壶阁传芳——常州画派女画家精品展"便是书画策展新理念的一次积极尝试，旨在打破"挂画"模式，寻求藏品与其背后故事的平衡。

一　跳脱传统　自立新意

传统的书画展，或以时间为基线，或着重介绍画面，或侧重剖析技法，多集中于对作品本身的诠释。客观来说，此类展览吸睛无数，极大满足了群众对"国宝级""大师级"展览的猎奇心理。但是，这种展览往往存在三个弊端：

一是展示方式的单一性，基本都要进入历史序列的走向；二是展示内容的表面性，往往将目光投向书画藏品的时代稀缺性和现存价值；三是展示文化的割裂性，容易忽视书画背后人类活动的因素，观众难以建立与历史生活的联系。在这样一种普遍背景下，书画类策展如何寻求新的定位与转变迫在眉睫。

"壶阁传芳——常州画派女画家精品展"的新意可从三方面阐释。

第一方面是立意新。纵观国内的古代书画展，作品多以男性为主，鲜有女性作品点缀其中，更不用谈独立成展。策展人从"女画家"关键词入手，通过前期研究，明清时期，中国古代女性绘画才展开其最为可观的一面，闺阁绘画则作为一种文化现象逐渐受到时人重视。然而，这一时期流传下来的作品或被历史记载的女画家也多以个人为单位，难以成展。所以转变思路，从馆藏出发，寻求切入点。江南常州，钟灵毓秀，儒风蔚然，人文荟萃，英杰辈出。常州画派因清代画家恽南田开创没骨花卉闻名于世，在其影响下孕育出了一个特殊群体——常州画派女画家，这是古往今来鲜有的现象，同时研究者也甚少，因此值得思考、探究，甚至向大众展示研究成果。

第二方面是理念新。从博物馆长期发展的角度出发，专门展示女性艺术家作品的展览甚少。女性艺术家、女性的文化、女性的价值缺少恰如其分的展示平台。在女性藏品达到一定数量、对女性艺术家本身和其作品有一定研究的基础上，博物馆应当在适度范围内给予女性艺术家空间和关注度，展现她们的艺术作品价值。当然，我们也应当避免对"女性主义"的极度放大——"在主流文化中，人们强烈地感受到女性艺术家作为整体对文化作出了贡献，使女性艺术家更受重视，其中凸显的问题是如何来平衡变得好争辩的欲望"①。"壶阁传芳——常州画派女画家精品展"注意到了这一点，因此在平衡中展示女性作品，传递女性价值。

第三方面是定位新。借助书画藏品讲故事，让书画藏品活起来。展览旨在挖掘展品内涵，赋予展品新的生命力，为它们扮演故事性角色提供可能性。展览的讲述，从社会联系和历史变化的角度出发，冲破了年代学的藩篱以及按风格编排的传统，具有亲和力。此外，以故事性角色参与展览的藏品，它们的价

---

① ［美］珍妮特·马斯汀（Janet Marstine）编著，钱春霞、陈颖隽、华建辉、苗杨译：《新博物馆理论与实践导论》，江苏美术出版社 2008 年版。

值突破了传统意义上的历史、科学、艺术价值，更不能用市场上的绝对价值来衡量。这时藏品成了沟通媒介，价值的判断标准转而变为藏品自身所蕴含的文化信息，以支持展览达到主题传播的目的，成为自然与历史变化过程中强有力的物证。在策展人精心排列组合之下，给予展品各自的分工。在观众看来，展品各司其职，传递信息，实则是策展人将故事娓娓道来。

二　层层挖掘　力求全面

博物馆社会性的加强，使它们在群众的日常生活中扮演着越来越重要的角色——"我们的时代肩负着将社会融入文化生活的重任，这种融合在人们的日常生活环境中很难实现，而空暇时间的增多则为人们提供了越来越多参观博物馆的机会"①。博物馆为文化的传播和解读提供了空间，展览的优劣则是反映博物馆宗旨和理念的关键。展览可以是意念的表述、文化的诠释或立场的表态，它在当代被赋予了高度的公共价值②。而研究是一个好展览的起始与基础，策展是合理利用研究成果把散落的信息进行有效组合的过程。"壶阁传芳——常州画派女画家精品展"源于作品，又高于作品，整合了国内多家博物馆的藏品资源，在诠释好作品本身的基础上，加大力度挖掘每一位女画家及她们作品背后的故事，力求寻找到相似性、共通性，使得展览有记忆点、闪光点。展览共分为"江南双绝"、"书香世家"、"金兰之谊"、"珠联璧合"、"灼灼风华"五个部分。

第一部分"江南双绝"着重介绍常州画派女画家中最杰出的两位女性——马荃与恽冰，江南人称其为"两枝并秀"。她们均是名家之后，马荃是马元驭后人，而恽冰则是恽南田族裔。两者又皆为大家闺秀，生活相对优裕，家风严谨；学画则为家传修养，在长辈们挥写唱酬之际耳濡目染，并凭借自身聪敏，最终继承家学。绘画题材多以写生花卉为主，用笔细腻含蓄，赋色秀丽明快，表现出女性特有的情感。展品包括恽冰《紫藤虞美人图轴》（无锡博物院藏）、《玉堂富贵图轴》（常州博物馆藏，图一），马荃《花蝶图轴》（南京博物院藏）、《花鸟草

---

① Pierre Gliberr：The Museum and Art of Teaching. Museum 20，No. 4（1967）.
② 张婉真著：《当代博物馆展览的叙事转向》，（台湾）远流出版公司 2014 年版。

虫册四开》（南京市博物总馆藏）等。

第二部分"书香世家"旨在展现常州画派女画家的家风传承。以恽氏、毕氏、庄氏家族为代表的常州女画家主要继承了恽南田的花鸟画风格，这对常州画派的延续和发展起到了不可估量的作用。尽管闺阁女画家在当时的文化背景、生活环境及封建伦理道德规范等因素的制约下，大都没有形成自己独特的艺术风格，绘画语言的表达也尚不能超越男性画家，但她们在创作中能自然地倾注自己的真情实感，拓宽了女性情感世界的表现方式，这在中国绘画史上有着重要意义。展品包括恽青《紫藤游鱼图轴》（故宫博物院藏）、庄曜孚《荔子图扇面》（常州博物馆藏）、庄缦仪《牡丹图团扇》（常州博物馆藏，图二）等。

第三部分"金兰之谊"侧重讲述常州画派女画家的姐妹情深，其中以"张门才女"和"左氏才女"最为突出。"张门才女"指常州词派创始

图一 恽冰《玉堂富贵图轴》

人张惠言家族的女性，其第三代中最著名的是张纨英的四个女儿王采蘋、王采蘩、王采蓝、王采藻。"左氏才女"指四姐妹左婉洵、左锡蕙、左锡璇、左锡嘉，她们都受父亲左昂和姑母左次芬的影响而沉湎丹青。左氏家族群体的主要成就集中在女画家上，她们对家族群体传承功不可没，却又因亲人的离世，姐妹之情愈加深重。她们也都习得恽南田的没骨画法，绘画题材以花鸟为主，通过书画创作来排遣忧思，其画多有寄托思乡、思亲的特殊情感。展品包括王采蘋《以介眉寿图团扇》（常州博物馆藏）、左锡蕙《盥手观花图轴》（天津博物馆藏）等。

第四部分"珠联璧合"展示了书画伉俪的合绘美事。明清时期，文人们在择偶时注重志同道合。于是有条件的女子在闺中可研习绘画，受父兄指点，得丈夫支持。这不仅激发了闺中女子对绘画的浓厚兴趣，还渐渐成为她

图二 庄缦仪《牡丹图团扇》

们消磨闺中时光的雅趣，以及修身养性、开阔眼界的手段。恽兰溪、董琬贞、庄曜孚的丈夫们都是当时有名的画家，在闲暇时与其夫君共同创作，可谓相得益彰。她们的绘画题材也多以花鸟瓜果为主，画风清丽淡雅，从这些绘画中也可看出当时女性对幸福美满生活的追求。展品有恽兰溪、邹一桂《香界八仙图册》（天津博物馆藏），董琬贞、汤贻汾《花果图卷》（上海博物馆藏）等。

第五部分"灼灼风华"突出表现这一时期女画家中的"新女性"。常州画派女画家中也有不少女性不依附男性，更加独立自主，她们不断冲破封建伦理的束缚，走出了各自封闭的家庭，走向开放的社会。她们结社雅集，吟诗作画，通过交流促进绘画技艺的进步与发展，其中有廖云锦、骆绮兰等随园女弟子。而缪嘉蕙则是当时深受慈禧太后喜爱的女官。她们不同于之前的闺阁女画家，不受深闺的限制，更加融入世俗与社会，这使得她们的绘画更加舒朗明丽，也为后世女性画家绘画意识的提高和绘画风格的发展铺陈了道路。展品有骆绮兰《芍药图轴》（故宫博物院藏）、廖云锦《花蝶图扇面》（故宫博物院藏）、缪嘉蕙《花鸟动物四条屏》（常州博物馆藏，图三）等。

由此，展览共遴选了恽冰、马荃、庄缦仪、庄曜孚、恽兰溪、方婉仪、骆绮兰等清代常州画派杰出女画家的绘画精品七十余件。除常州博物馆藏作品外，还有来自故宫博物院、天津博物馆、上海博物馆、南京博物院、南京市博物总馆、无锡博物院的珍贵展品。题材涉及簪花仕女、闲花静草、虫鸟鱼蝶等。技法则分重彩、淡彩、水墨、色墨。画风不见逸笔草草的浮夸之气，多是平静素雅、清丽出尘。这批女画家造诣非常、风华旷代，她们不仅继承了恽南田的没骨画风，又融入了自己独有的见地，更有甚者冲破封建藩篱，以画会友，走向更加开放的社会空间。

图三　缪嘉蕙《花鸟动物四条屏》

三　总结经验　长线发展

常州画派的女画家们作为中国绘画史上独一无二的群体可谓瑰丽夺目，她们的作品在今日依然值得品评，她们背后的故事也依然值得回味。回顾展览的策展过程，如何让书画藏品活起来，有以下五点体会：

首先，书画策展应当具有学术目的性。"壶阁传芳——常州画派女画家精品展"是常州博物馆关于"女性题材"展览的首次尝试。从作品出发，通过举办这一展览，一是让大众走近并认识这些女性艺术家；二是正视女性艺术家对文化做出的贡献，特别是艺术传承方面；三是让大众对女性的社会地位有重新认识。从女画家们所处的历史文化背景出发，一方面，研究传统艺术的策展能让人们了解历史，包括常州家族史、女画家与名人轶事、女画家交游雅事；另一方面，这些女画家的生平及作品为我们了解女性文化提供了视角。

其次，书画策展亮点在于叙事性再构建。不同的策展人针对相同的展品，会创造出形色各异的展览，因为"展品的意义会随着每一次再构造而得以转化"①，这是策展的意义所在，也是展览的魅力所在。毋庸置疑，以女画家作为切入点策划展览，方向千千万，可以是以时间为基线或以风格为单元，但这两种书画策展方式已然被人诟病无数。"博物馆不仅反映文化身份，而且通过塑造来产生文化身份"②，书画展的叙事性再构建，一来让书画更加易读，二来让书画的意义不论置于它们的时代还是置于当今都具有可读性。

第三，书画策展应基于多馆合作。馆际合作的展览一方面让尘封在文物库房里的女性绘画作品得以与大众见面；另一方面，在具体协商借展事宜时，博物馆工作人员间思想的碰撞为展品的合理利用注入生机。多馆合作，提供藏品，促成某一主题展览成功举办为合作模式之一。若在此基础上，将成熟展览，乃至成熟的合作展推向全国，便是多馆合作的更高模式。正如 2014 年，"博物馆展览季"创新展览的模式，以北京为核心，采取和各省市博物馆合作的形式，把 15 项精品展览纳入展览季体系，既突出了北京的文化资源，又展示了区域文化。"博物馆展览季"一方面旨在整合博物馆资源，打破"单打独斗"的展览模式，实现联合办展；另一方面致力于让文物活起来，把全国的文化资源引到北京，通过北京辐射到全世界③。

第四，书画策展可尝试与地域文化结合。首先，本展从常州博物馆馆藏出发，依托"常州画派女画家"这个特殊现象，在展示女画家们艺术风貌的同时，管窥常州文脉，间接宣传了常州画派的特殊贡献，展示了江苏文化艺术的深厚底蕴。其次，各地基于地域文化举办的书画展方兴未艾，以苏州博物馆"吴门四家"展最为突出，并形成了自身品牌。同样，书画策展与常州地域文化的相互碰撞也有利于树立和推广"常州画派"这一品牌。此外，本次展览也是深入落实习总书记"让文物活起来，讲好中国故事"的指示，培养公众文化自觉、文化自信和地域自豪感，弘扬中华优秀传统文化的一次有益尝试。

---

① ［美］珍妮特·马斯汀（Janet Marstine）编著，钱春霞、陈颖隽、华建辉、苗杨译：《新博物馆理论与实践导论》，江苏美术出版社 2008 年版。

② 同上。

③ 《博物馆展览季创新展览模式　让文物"活"起来》，中国经济网。

最后，书画策展力求差异化发展。近年来，常州博物馆已多次推出原创性展览，如"七夕故事——宋元时期泥塑特展""君子比德——常州博物馆藏传统梅兰竹菊绘画展""生活·情趣·愿景——晚清民国瓷特展"，在博物馆与展览饱和中寻求差异化发展，通过新颖的策展理念、雅致的展览设计与丰富的社教活动做到"人无我有""人有我优"，这是未来博物馆建设和发展的方向，也是常州博物馆持续前行的动力。

四　结　语

传统书画展的展览方式和展示理念通常是消极陈列作品，缺乏对展品的深度挖掘和有机重组。展览是博物馆呈现价值的容器，展品是展览语言的必备品，也是媒介物，从传统的价值，到现代性的展览意义、知识、经验、环境布置与社会发展，同属博物馆展示的要件①。在主动策展之外，还应当看到，在新的历史时期，博物馆的意见不再被视为超然，而是和背后更大社会力量所形塑的财富、权利、知识和品味等因素纠结在一起。在这种情况下，展览有可能会受限制，但也获得了更多的可能性。文化激荡、价值取向、社会环境等也是可以借助书画展览讨论的议题和方向。

---

① 黄光男著：《博物馆新视觉》，文化艺术出版社 2011 年版。

如何用博物馆的语言叙述文物的故事

广东省博物馆　黄苏哲

摘　要：国内博物馆作为公共文化服务单位，是利用文物讲述故事、传递科学、历史和文化艺术信息的重要阵地。在做好文物保护工作的基础上，深入提炼、挖掘文物价值，以公众为中心进行文物的演绎，推出精品陈列，丰富教育活动内容与形式，重视新媒体的运用，创新文创产品开发，融展览的趣味性于科普性、历史性和艺术性中，打破博物馆自身的边界，关注社区的需求，以助推中国社会的发展，实现民族复兴。

关键词：博物馆　文物　公众　活化利用

博物馆是为教育、研究和欣赏的目的征集、保护、研究、传播并展示人类及人类环境的见证物，承担着传承中华传统文化的重任，文物则是博物馆开展一切业务活动的物质基础。广义文物的定义还包括不可移动文物，本文所说的文物是指狭义的可移动文物。叙述好文物背后的故事，传承和延续中华优秀传统文化是博物馆的使命。

自 2008 年全国相关博物馆、纪念馆陆续向社会免费开放以来，博物馆的参观人数有了井喷式的增长，越来越多的人将参观博物馆作为重要的文化体验。但有些博物馆因内容枯燥、展览陈旧，让公众进入博物馆参观的体验大打折扣。有些展览虽然展出的文物件件是精品，但因缺少生动的文物说明而显得晦涩难懂、门槛过高，普通观众望而却步。以上都是文物活不起来、阻碍博物馆实现社会价值的重要因素。笔者认为，只有精准挖掘文物的内涵价值，增强馆际交流，从陈列、多媒体互动、教育、文创开发等方面增强参观体验，重视与公众的互动，贯彻"以人为本"的理念，才能将文物的故事叙述好，让公众爱上博物馆。

一 以文物保护为先

文物具有重要的历史、科学和艺术价值，具有"铭刻历史、传承文明，教育公众、以文化人，印证历史、彰显主权，促进发展、改进民生，促进中华文化走出去、扩大中华文化影响力"① 等诸多作用。充分发挥文物价值的前提是要合理利用文物，要以保护为前提，做到修旧如旧。"在消除文物有害因素的前提下，应尽力不改变文物的原有状态，不能因清除病害而使文物面目全非"②。"任何一种利用都不能破坏文物、损坏文物，对文物做到最小干预，尽可能创造有利于保护的环境"③。这包括文物在展出前的修复与保护，展览期间展柜内的温湿度调控与监测以及其他的预防性文物保护措施。

广东省博物馆作为区域文化遗产保护中心，十分重视文物保护工作，于2012 年建成了国内领先的出水文物保护实验室，通过国际合作和自主研发，不断提升出水文物的保护能力；同时，作为国家文物局馆藏文物预防性保护项目试点单位，在 2012 年初步搭建的框架上，进一步实现了对本馆展厅、展柜和库房环境的全覆盖监测，并开展了微环境调控技术的局部实验。

二 研究、提炼文物的价值

实现对文物的合理利用需要站在观众的立场、用观众感兴趣的风格和通俗易懂的语言精准阐述文物的内涵与价值，需要"建立在对文物历史、艺术、科学价值的深入研究、准确把握的基础上，坚持文化价值优先"④。广东省博物馆推出的"泰坦尼克文物精品展"的展品来源于沉船物件和船上乘客的一些生活用品，"单纯从物件本身而言，可能并不具有很高的经济价值和观赏性，但当观众了解到文物背后的内涵，或者物品所有者的故事后，这个文物所赋予的价

---

① 励小捷：《保护中的利用、利用中传承的创新实践》，国家文物局编：《让文物活起来——文物合理利用经验集萃》，文物出版社 2014 年版。
② 王宏钧：《中国博物馆学基础》（修订本），上海古籍出版社 2001 年版。
③ 国家文物局编：《让文物活起来——文物合理利用经验集萃》，文物出版社 2014 年版。
④ 同上。

值就会大大不同……睹物思人，联想和感叹这些乘客的命运，会产生一种挥之不去的情感共鸣而令人难忘"①。观众读懂了文物背后蕴藏的故事后，文物的历史和文化价值得到充分发挥。因此，发挥文物的价值需要对文物进行深入研究，在此基础上增强阐述效果。

1. 深入开展科学研究

科学研究是博物馆一切活动的物质基础，发挥着物与公众之间的中介作用。藏品研究是有效挖掘文物的内涵价值，充分发挥其科学、文化和历史价值的基础。藏品是博物馆科学研究的重点，学术研究的水平对展览的质量有直接的影响，"如何将馆藏资源转化为展览资源，能够反映所属博物馆的研究能力和研究水平"②。加强对藏品的研究，能够促进馆藏资源转化为重要的展览资源。因此，国内博物馆界越来越重视学术研究能力的提升，广东省博物馆通过增设学术研究部门、举办学术讲座、增加馆内员工的业务培训、设置对口辅导和馆级自主科研课题、资助出版学术著作、鼓励发表学术论文等多种途径提高馆内员工的学术研究水平。

2. 加强合作，促进资源共享

"就单个博物馆而言，基础再好，实力再强，其所拥有的资源也毕竟有限。如果博物馆仅凭自身拥有的资源去发展，其事业发展就会受到自身资源的局限。如果能够与其他博物馆或组织机构实现资源共享，就能够打破资源的局限，推动博物馆事业更快更好地发展"③。博物馆组织举行某个主题的展览，如果仅限于本馆的藏品资源，内容会显得单薄，如果集合其他馆或是社会机构同一主题的藏品共同展出，就会使展览的内容更深刻、主题也更鲜明。"博物馆馆际之间的合作，将有限的资源集中在一起，增加了举办陈列展览的可能性。多家博物馆的联合，既分享藏品，保障展览质量，有利于为观众推出完美的展览，又分担运营风险，为每个博物馆提供展示的空间，为观众提供多层次

---

① 欧艳：《拨雾见史——泰坦尼克文物精品展赏析》，《中国文物报》2017 年 8 月 15 日。

② 陈履生：《学术影响力已成为国家博物馆文化形象窗口的重要支柱——国家博物馆近年学术研究成果综述》，《中国文物报》2012 年 7 月 6 日。

③ 国家文物局博物馆与社会文物司编：《新形势下博物馆工作实践与思考》，文物出版社 2010 年版。

的服务"①。

以广东省博物馆组织策划的"牵星过洋——万历时代的海贸传奇"展览为例，展览综合了广东多家博物馆的文物资源，展示明代万历时期的东西方海洋贸易全景，为观众重视了明万历年间中国海上丝绸之路的繁荣。此外，还与重要社会机构合作来拓展展览影响力。携手广州地铁，在地铁广州塔站发布"千年海丝，文明广州——海上丝绸之路文化展"，市民们不出地铁站厅就能欣赏到若干馆藏文物精品。联合广州市少年宫，将"海上丝绸之路"作品化身为广州地铁 APM 线文化专列，把海上丝绸之路文化推广至市民生活的公共空间。联合广东广播电视台广播英文节目 LingnanVoices《粤洋纪》，首创电台版微信语音导览服务，打造穿越版大明电台"牵星过洋"FM，给观众带来前所未有的导览体验。多渠道联合传播起到了扩大展览影响力、增强社会效益的效果。这是馆际交流和社会机构资源共享的成果，对于文物价值的提炼、加深公众对文物背后故事的了解有着重要的意义。

三　以公众为中心演绎文物

文物的保护工作为展览提供了技术保障，科学研究为展览提供了内容文本，扩大合作增强了展览的展示效果。此外，生动演绎文物的故事还需要重视"人与物的互动"，将博物馆"以物为中心"的传统工作理念转变为"以人为中心"，加强陈列策展、教育活动、新媒体运用、文创开发等工作，加强展览与观众的互动，力求给观众带来愉悦而深刻的观展体验。

1. 以公众的角度设计陈列展览

"博物馆进行宣传教育的重要形式是举办陈列展览。博物馆的陈列，主要是以文物以及必要的辅助材料，形象、生动地反映历史发展的具体过程，揭示其本质和规律性。离开文物等实物资料，博物馆的陈列展览就失去了自己的特点"②。陈列是博物馆特有的语言，是博物馆实现社会功能的主要方

---

① 单霁翔：《从"馆舍天地"走向"大千世界"——关于广义博物馆的思考》，天津大学出版社 2011 年版。

② 李晓东：《文物学》，学苑出版社 2005 年版。

式，也是向公众展示其馆藏及科学研究成果的最直接、最直观的方式。陈列艺术需要在正确地理解陈列主题和内容前提下准确表达内容，组织好展品、给它们恰如其分的陈列地位，有鲜明的艺术形象和生动活泼的陈列形式，富有艺术感染力和形成独特的艺术风格，以便为观众创造一个良好的展出与参观环境。

目前国内不少博物馆对于展示对象的文字说明过于简单，而观众对于展品理解不深入的直接后果就是提不起观展的兴趣。广东省博物馆的"泰坦尼克文物精品展"改变以往展览中仅限于描述文物尺寸、特点、年代等简单信息的做法，增加了文物的用途、工艺、价值及相关人物故事的描述，生动讲述文物的故事。此外，还利用模型和设计浸入式场景，设置诠释性的多媒体及体验设备等，让公众仿若穿越回泰坦尼克号建成后启航的时代，见证其辉煌，也体验了载入史册的悲剧性时刻。在展览中设置互动环节，全方位调动观众的视觉、听觉、嗅觉和触觉体验，力图为公众营造"沉浸式"参观体验。展览发挥和调动了公众的主动性和创造性，观众从娱乐和消遣中学到知识，对文物背后的故事有了深刻的理解。广东省博物馆还推出"学生策展人"和"社会策展人"项目，以打破博物馆的边界、让公众参与策展的全过程。这种陈列展览的教育方式，核心是尊重人、尊重人的创造精神。只有做公众爱看的展览，博物馆才会不断迸发生机和活力。

2. 教育活动是对展览的补充

"教育是在收藏和科研的基础上展开的，同时只有通过教育才能使藏品和科研成果展示给社会，为社会发展服务，体现一个机构的社会价值。展览教育活动，是以展览为中心，围绕和配套展览的教育活动，并覆盖一系列延伸和拓展活动"①。"好的博物馆教育活动，不仅契合展览主题、内容甚至是形式，拓展、深化和补充了常规的陈列展览，更重要是，彰显博物馆的使命"。教育和展览是互相关联的，举办教育活动的意义在于在展览之外、帮助公众深入学习，并为其提供教育体验的场所。延伸和拓展教育活动，有助于加强公众对文物和展览的认识，有助于与公众保持联动，提升博物馆的吸引力。广东省博物

---

① 郑奕：《博物馆教育活动研究》，复旦大学出版社 2015 年版。

馆近年来着力打造具有本馆特色的教育服务品牌，广泛整合馆内外各类资源、强化教育职能，以馆内教育项目为主，形成涵盖各类人群的，社区、学校、公共空间等教育活动百花齐放的"特色博物馆教育服务体系"。这也是广东省博物馆在具体业务活动和工作中实践"以人为本"理念的体现。

现阶段，社会责任意识和教育职能是我国博物馆界的短板，教育活动流于形式，未能进行深入研究以形成系列或是品牌。而将教育活动纳入国民教育体系，与学校的正规教育相勾连，鼓励创造性思维与合作，成为成人终身教育的一部分，目前还处于探索阶段。"单向灌输的旧有方式已难以满足部分观众的认同。人们需要给予个性尊重，并提倡差异存在的新型博物馆公共教育"[①]。未来，博物馆的教育模式和分享模式应互相补充，公众在参与博物馆教育活动的同时还可以促进博物馆知识的更新和业务工作的进步。

3. 新媒体的运用增强参观体验

随着互联网技术的发展，一大批新媒体开始涌现。"在新媒体时代，参观者从传统的知识接受者转变成了知识传播的参与者甚至主导者，这种变化不仅使公众获得了全新的参观体验，也增进了公众与博物馆的沟通，更好地建立起公众对博物馆的信任感和忠诚度"[②]。在新媒体时代，人们的思考、沟通方式以及传播信息的渠道都发生了变化，在这种大环境下，博物馆应该不再局限于传统的陈列和简单的活动，而要思考传播方式、利用各种新兴媒体冲破博物馆的围墙，以开放和平等的姿态成为"资源共享者"，与公众进行积极的互动。公众可以用 APP 查询藏品的详细信息，了解文物背后的故事；甚至可以在展览开放前参与到展览设计和内容的选择中来，共同参与展览的策划，让公众本身成为文物故事的讲述者之一。

2014 年初，广东省博物馆被国家文物局确定为智慧博物馆试点单位，制定了为期三年的分阶段建设方案，希望借此打破博物馆业务的孤岛状态，以藏品、观众为核心构建大数据流，实现物、数据与人之间的双向交互。其中，智能服务平台 APP 实现了博物馆实时智能导航、导览、信息推送和观众行为的自

---

① 单霁翔：《从"馆舍天地"走向"大千世界"——关于广义博物馆的思考》，天津大学出版社 2011 年版。

② 宋娴、胡芳、刘哲、庄智一：《新媒体与博物馆发展》，上海科技教育出版社 2014 年版。

动分析，运用室内定位的最新科技和浸入式互动，极大地方便了观众自主个性化参观和分享。借助新媒体，观众对于博物馆文化和知识的传播又起到了分享和广泛宣传的作用。科学技术带给博物馆的改变是，突破空间和时间的限制，在更广阔的范围促进文化的影响和传播。

4. 文创产品搭建起与公众沟通的桥梁

博物馆是收藏和保管珍贵文物艺术品的重要场所，但实际上只有少部分文物是对公众开放的，且由于修复和保护工作的困难，很难频繁更换展出的藏品，观众与文物接触的机会可以说是很少的。博物馆文化产品"承载着与博物馆主题相关的历史、文化信息，同时被赋予了文化内涵、地方特色和艺术品味，具有传承发展区域历史文化的重要作用"[①]。通过提取文物藏品元素来进行文创产品的开发与设计，将文物与公众的生活、审美需求对接，是博物馆展览和教育功能的延伸。

博物馆的文创产品将馆藏文物和创意融合到一起，从更广泛的概念上说，应该还包括展览、活动等博物馆空间营造上的艺术感。精品文创对于观众和博物馆来说是双赢的，观众通过购买文创产品实现了对文化艺术的审美追求，而博物馆通过文创收入弥补免费开放造成的资金不足。在博物馆免费开放政策实施后，博物馆的各项投入都在增加，免费开放资金越来越不足以支撑博物馆发展，《博物馆条例》的出台鼓励博物馆与文化创意、旅游等产业相结合，做好经营逐渐成为解决博物馆生存之道的重要途径，做好文创工作对于博物馆的发展显得日益重要。但目前国内国有博物馆的文化产品开发工作刚刚起步，从文物艺术品资源的利用、设计研发再到传播营销都较不成熟，需要在增强文创产品开发能力、提升艺术服务体验和增强营销传播上继续努力。

四　打造无界的博物馆

面对城市化进程的加快和工业化发展的冲击，人类面临着生态环境破坏

[①]　高明：《博物馆文化产业开发研究》，郑州大学硕士学位论文，2013 年。

和全球化社会道德下降的双重危机，新博物馆学在此时应运而生。相对于传统博物馆学的观念而言，新博物馆学倡导博物馆不仅应关注藏品的管理、保护、研究和陈列教育等传统工作，应更注重关怀社群和社区的需求，提倡对文化遗产的整体性保护，提倡博物馆与环境融为一体。在这种理念的指导下，博物馆从业者要从馆藏文物中挖掘丰富的人类文化精神，启迪观众对过去、当下和未来生活的思考。"博物馆文化的精髓不是留恋过去和固有，而是探索、发现和创新未知与未来。它用物化的往事启发来者，哺育新生。因此不能认为博物馆只是文物的积累，藏品的仓储。同时，博物馆还应努力站在时代的前沿，催生人们对美好生活的向往，催生社会崭新的艺术、道德、观念和行为"[1]。如果仅是见物不见人，就如同人没有灵魂一样，只能是博物馆文物藏品的堆积。

一方面，博物馆要打破自身的边界，扩大公众的服务面；另一方面，从关怀社区公众需求的角度出发，让文物与公众互动，使过去的事物引发他们对当下生活的思考以及对未来生活的希冀。近些年，广东省博物馆尝试实践了"无边界博物馆"和"博物馆＋"等以公众需求为导向的观念创新。"不断加大博物馆的功能拓展和转型发展，外延上不局限于博物馆＋行业，还包括了博物馆＋空间、博物馆＋创意，等等"[2]。

五　结　语

"当代博物馆的建设不仅仅是一个建筑过程，也是一个文化过程，一个社会过程，对于经济、政治、文化和社会进步具有巨大的推动作用，博物馆早已超越了其传统意义，它们应该成为城市复兴的高地。"[3] 面对我国新形势下人民日益增长的美好生活需要和不平衡不充分之间的矛盾，博物馆作为公共文化服务阵地，扮演着助推社会变革的角色。

---

[1]　单霁翔：《从"馆舍天地"走向"大千世界"——关于广义博物馆的思考》，天津大学出版社2011年版。

[2]　魏峻：《厚积薄发　创新驱动——"十二五"时期的广东省博物馆》，《文物天地》2016年第12期。

[3]　同[1]。

"一个拥有深厚文化自信的民族才有长久屹立的精神支撑，才能够拥有复兴之魂"。新形势下的博物馆建设应担起社会使命，传承中华优秀传统文化、弘扬时代精神、讲好中国故事，不断增强社会公众的文化自信。中华民族唯有拥有长久屹立的精神支撑，才能在中国共产党的领导下走向全面复兴。

精益求精　砥砺前行

——浅析如何让文物活起来

廊坊博物馆　王　辉

摘　要：随着经济突飞猛进的发展，随着人们生活方式的改变，对文化的渴求达到了前所未有的地步，这是一种对生活品质的追求，对文化知识的渴求，对幸福生活的探求。博物馆是展示历史文物的窗口，是展示文化文脉的桥梁，让博物馆的文物活起来，更好地吸引广大观众投入到博物馆浓厚的文化氛围中，值得每一个博物馆人深思。

关键词：博物馆　让文物活起来

习近平总书记就文物保护工作曾作重要指示并强调："让收藏在博物馆里的文物、陈列在广阔大地上的遗产、书写在古籍里的文字都活起来。"如何让文物活起来，值得每一个博物馆人深思。近年来，随着人民生活质量的提高，对文化的需求达到了前所未有的地步，博物馆事业也得到了突飞猛进的发展，新时代的观众已经不满足于在博物馆里看看文物、看看展板、听听讲解这些传统的参观模式。如何利用博物馆现有资源更好地吸引观众，如何开发新的参观模式、新的展陈模式、新的运营模式，让文物在观众面前活起来，将是博物馆的一大重任。

一　转变参观模式，让文物活起来

作为一名文博工作者，有时我们可能会抱怨："观众对历史不感兴趣，对文物不感兴趣，他们没有兴趣，我们开展工作就会很困难。"事实真是如此吗？

中国拥有着 5000 年光辉灿烂的文化,每一名中国人都对这片热土抱有由衷的热爱。新时期经济突飞猛进的发展,人们物质文化生活水平快速提高,人们对文化的渴求、对历史的探求、对知识的追求也达到高潮。这种高潮需要指引,更需要吸引,只有把人们吸引到文化中来,才能更好地让文物活起来。陈旧的参观模式已经落伍,新时期新的参观模式应运而生。

当观众踏进博物馆,吸引他的会是什么呢?是宽敞明亮的馆舍?或者是琳琅满目的陈列?也可能是文化气息浓厚的感觉?笔者觉得这些都不是,当观众踏进博物馆,首先吸引他的应是第一眼展示给观众的博物馆特色。每个博物馆都有自己的特色,开发特色博物馆,才能将观众更好地吸引进来。

陈旧的参观模式在特色博物馆中慢慢落伍了,人们已经不愿意自行走到文物面前去看冰冷的展板,还有一些念不出来的文字,那样,他们根本不会了解文物,不能了解文化。对此我们应当深思,寻求一种新旧结合的参观模式。

第一,讲解员带领,是参观博物馆了解博物馆最快捷的方式,那么讲解员如何让文物活起来呢?讲解员的素质培养及讲解词的推陈出新是至关重要的。首先,讲解员要富有亲和力和突出的表达能力,能够带领观众融入到讲解之中,这样才能更好地吸引游客。有的博物馆,在建馆之初编写的讲解词,一用就是若干年,不仅陈旧无新意,而且逻辑性不强,往往给观众带来一些误导。

第二,互动展示的充分利用,可以更好地让文物活起来。当今社会,科学技术突飞猛进发展,AR 技术、互动交流等一系列的高科技产品应运而生。以前的参观模式是这样的:观众来到博物馆,沿着博物馆设计的参观线路参观,看看展板,看看文物,听听讲解,仅此而已。那么,笔者可以说,观众可能会来一次,来两次,不会来第三次。因为他每次来参观所看到的、听到的都是不变的。这就打消了观众的积极性。展陈文物的适当变化,展陈方式的推陈出新,可以更好地把观众再次拉进博物馆。另外,运用高科技手段,和观众进行互动交流,同样也可以更好地吸引观众再次走进博物馆。文物是死的、电脑是死的,但是交流是活的,新技术应用可以让文物活起来,可以让观众和文物联系到一起,可以让观众和历史有着相互交流,让观众和丰厚的历史文化心灵相通。

第三,参观与网络的结合,可以更好地让文物活起来。我国很多市区已经完成了免费 WiFi 信号全覆盖工程，手机和网络已经改变了人们的生活方式、支付方式、出行方式。手机已经不仅仅是一个通讯工具，它的发展也促进了多媒体展示的发展，新的参观模式可以将二维码扫码广泛应用。把每件文物进行 3D 扫描，参数数据存储管理，建立相应的二维码，在网络展示上可以更好地让观众对文物全方位了解，也可以把文物资产变为文物资源永久保存。网络数据的介入，可以让文物开口说话，可以让文物活灵活现地展示在每一个观众面前，可以让文物动起来。

二　转变展陈模式，让文物活起来

1. 革新展陈形式，让文物在馆设中"活"起来

博物馆是文物的收藏展示单位，大部分文物都在展柜中等待游客的到来，陈列条件的限制、空间利用的限制都影响着文物的展示效果。革新展陈形式，让文物在馆设中"活"起来，充分利用文物资源和新型的声光电等科技手段，可以很好地提高文物的展示水平[①]。

2. 文物上网，可以让文物在网上活起来

网络已经进入千家万户，是人们生活中不可或缺的一部分。充分利用网络，开设网络博物馆，对展示文物分门别类，把现有的展览数据化，开放网络博物馆交流平台，人们可以在了解文物的同时和博物馆工作人员进行交流，这样都可以吸引游客参观博物馆。

3. 数字博物馆开发，可以让文物活起来

伴随着信息技术和网络技术的发展，数字博物馆也随之产生。我国现有博物馆总数为 3415 座，国有馆藏文物达 2864 万件（套），全国每年举行上万个主题展览，参观人数达 1.5 亿人次以上，这个庞大的数字需要耗费相当大的人力和物力。数字化博物馆可以很好地解决这些问题，相比于实体博物馆，数字化博物馆有着众多的优势，它可以利用多媒体技术对文物藏品进行分门别类的管理，并且可以减少外界对文物的污染，加强对文物的保护与保藏；可以更好

---

① 董祖斌：《让文物"活"起来的机制及方式初探》，《清江论坛》2017 年第 2 期。

地进行文物研究，研究人员可以利用计算机技术对文物形状、结构、特征进行分析，令文物研究工作更加细致入微；解除对观众时间和空间的限制，延伸文物展示的主题，提高服务质量和文物的展出频率，以满足不同观众的需求。数字化博物馆提高了观众对博物馆的认知度，使观众足不出户就可以了解博物馆，了解文物。数字化博物馆可以很好地解决博物馆展陈不足的问题，有的博物馆地方文化底蕴浅，展品少、陈列少的问题一直制约着它们的发展。可以利用博物馆现有资源，加强博物馆数字化建设，利用数字影院、激光、数字场景等技术，建立数字化展览以配合实体展览，不但可以使观众感觉耳目一新，而且还可以解开由于展陈不足对博物馆造成的束缚。

4. 建立娱乐性博物馆，让文物活起来

谈及博物馆，往往有人认为它是一座神圣的殿堂，是庄严肃穆的，这种传统的认识对博物馆的发展产生了很大的束缚，使人们忽略了博物馆的娱乐性。大部分人参观博物馆，不是单纯地为了学习，不是单纯地为了游览，不是为了满足到达的欲望，而是为了在一定程度上放松心情，因此提高博物馆娱乐性功能，可以很好地拉近游客和博物馆之间的距离。许多博物馆人已经意识到，博物馆的发展要适应观众，和观众互动是最简单有效的方法。许多博物馆"禁止触摸"的牌子不见了，取而代之的是"欢迎动手"。有的博物馆利用影像、木偶剧、激光技术、4D 模拟技术等很好地展示了博物馆的娱乐功能。一个带有娱乐性的、功能齐全的博物馆，能够给观众带来无穷的乐趣和享受，不但发挥了博物馆的职能，还巩固了博物馆的展示主题。

5. 文物走进来和走出去，带动博物馆的发展

以廊坊博物馆为例，它是一座综合性博物馆，于 2005 年 12 月 30 日建成并正式对公众免费开放。内设"廊坊的足迹"历史文物展和"义和团运动在廊坊"专题展两个基本陈列，以时代发展为脉络，生动再现了廊坊地区新石器时代中期至清末 7000 余年绵延不断的历史文化和发展轨迹。近几年，廊坊博物馆加大馆际交流，推出廊坊博物馆藏年画展和"沧桑百年浴火重生——老天利传统景泰蓝巡回展"，将廊坊的文化推向全国，同时，每年引进近十个外展，参观游客可以通过外展了解外地的历史文化。在交流展中，我们丰富了展陈设计经验，学到了优秀的服务方式，为今后更好地服务广大观众提供了有效保障。

三　转变运营模式，让文物活起来

随着经济体制改革的不断深入，中国市场化经济的发展速度逐渐加快，博物馆的运营模式也应与时俱进，推陈出新。目前许多博物馆难以适应现代化社会的发展，故步自封。虽然局限于旧模式的博物馆依然可以依靠国家政策生存，但在新形势下旧的运营模式必然会束缚住博物馆的拳脚，因此，转变运营模式，让文物活起来势在必行。

1. 转变旧机制，让文物活起来

观众来到博物馆，旧有的印象可能是昏暗的场馆，僵硬的服务，专业而又听不懂的讲解词，躺在展柜中的冰冷文物。这样的感觉，文物不会活起来，只能沉寂下去。这就需要博物馆冲破旧的机制，尝试新的运营手段，发挥博物馆特色，最大限度地发挥博物馆的教育功能。推出适应不同人群的讲解词，发展各层次志愿者投入志愿服务，推出不同类型的活动，引入适合各界人士的展览，设计贴切大众的主题，提供贴心的观众服务。让场馆变得舒适，服务变得亲切，讲解变得从容，文物活灵活现。

2. 从观众的需求出发，让文物活起来

博物馆有着丰富的资源优势，如何让这些资源被观众接纳？观众都会觉得，博物馆一定有很多好东西，但是这些文物好在哪？怎么好？为什么好？有什么价值？一概不知。笔者认为博物馆的运营应以人为本，首先知道观众需要什么，想了解什么，想知道什么，从观众的实际需求出发，改变陈旧的运营模式，尝试采取与观众互动的方式，可以推出问卷调查、意见箱等方法，广泛听取各界意见，把大家的点子变为自己的设计灵感。从观众角度出发，从观众需求出发，从观众意见出发，从观众理念出发，这样的运营模式对博物馆的发展更有益。

3. 借助社会力量，推广博物馆，让文物活起来

当今社会被称为传媒时代，博物馆是社会文化机构，一座博物馆建造时，往往被视为一个标志建筑，但后期很难吸引公众的注意力。只有提升自身知名度，才能吸引更多的观众来到博物馆，才能让博物馆展示的文物发挥它的作

用。想让文物活起来，就应提高博物馆的知名度。可以利用报刊、电台、电视台、宣传广告等手段进行推广，也可以借助社会人士口碑相传，或者通过举行特色活动来吸引观众。

4. 开发博物馆特色文创产品，让文物活起来

观众来到博物馆参观，看完展览往往喜欢带回一些有历史文物特色的文创产品，不但可以留作纪念，也是来过的一个见证。现在许多博物馆都致力于开发富有特色的文创产品，有的博物馆已经形成了一套完善的产业。人们对文创产品的看法多数是新奇、个性、有趣、实用，将文创产品带回家，本身就是对博物馆一个很好的宣传。

四　健全完善配套的法律法规，让文物活起来

让文物活起来，就要在文物相关领域，推出支持和鼓励文物"活起来"的政策法规。例如 2015 年 3 月 20 日开始实施的《博物馆条例》是中国博物馆行业第一个全国性法规文件，《条例》第三十四条规定："博物馆应当根据自身特点、条件，运用现代信息技术，开展形式多样、生动活泼的社会教育和服务活动，参与社区文化建设和对外文化交流与合作。"[①] 从这不难看出，国家极力支持和鼓励博物馆社会职能部门充分发挥自身优势特点，将工作做活，将服务做好，将文化做深，大力支持文物活起来。

想让文物活起来，就要对博物馆有一个全新的认识，对博物馆未来的道路有一个全新规划。只有从观众角度出发，推陈出新，才能让文化更加贴近群众，才能更好地让文物活起来。

---

① 黄苏哲：《"让文物活起来"的文博工作实践与思考》，《客家文博》2016 年第 1 期。

博物馆人该如何用"讲故事"
让文物"活起来"

深圳博物馆　吴翠明

摘　要： 从策展人的角度，对博物馆陈列中使用的"讲故事"的展览手段进行定义，并从五个方面进行阐述，通过自己的工作实践和行业观察，论述博物馆从业者该如何用"讲故事"让文物"活起来"。

关键词： 讲故事　情怀　主流价值观　包罗万象　冷知识

作为一名专业观众，笔者在国内外参观过大量的展览。作为博物馆的一名研究者和策展人，笔者也参与策划、筹备过各种专题的常设展览和临时展览。笔者常常观察国内外的同行们是如何做展览的，也常常思考今后我们该如何做展览。在文博事业蓬勃发展的今天，"让文物活起来"已经成为广大博物馆工作者的行动指南，笔者认为，在实践中，学会"讲故事"是"让文物活起来"的关键和重中之重。用"讲故事"让文物"活起来"，笔者认为是利用一切合理的展览手段，发掘、表现文物展品背后关于人的"故事"，包括其时代、地域、活动、思想、情感等信息，使得"物"背后的"人"透过策展人的解读和表述，走到观众面前来，以生动有趣并且代入感较强的方式，拉进与观众心灵的距离，让他们对文物展品和相关历史背景产生兴趣，并在参观过程中形成某种观展体验的心理高潮。

一　扎实严谨的研究是"讲故事"的前提和基础

有些人一听到"讲故事"，就联想到我国各大景区是"三分观景七分想象"，编些"仙人指路""猴子偷桃""望夫石"之类的噱头来吸引人。其实博物馆人的策展工作，比普通人想象的要严肃得多。所谓"讲故事"，其实就是将文物相关的背景信息，加以筛选、编排，用丰富翔实、生动有趣的语言传达给观众，一切以严谨的研究和考证为基础，并非那种随意性很大的、哗众取宠的"编故事"。

举个例子，笔者和同事在筹备"深圳民俗文化"陈列时，大量用到场景复原的展览手段。其中有一个是反映清代"土牛鞭春"习俗的，因为文献上有记载，所以方案制定还是比较顺利的。但在设计县令的动作时却犯了难，县令在主持"鞭春"仪式时的动作，具体是什么样的呢？是左手扶犁、右手扬鞭呢，还是右手扶犁、左手扬鞭呢？因为场景复原其实相当于一个历史画面定格，仿真人硅胶像做好以后，肢体动作是改不了的，万一做错了就得浪费几万块经费。笔者和同事们经过多番讨论，查阅了大量的历史图像，又访问了深圳本地的老农民，才定下了最终方案。

还有一个例子，在做深圳赤湾天后庙的"辞沙"习俗这个展项时，不同文献都提到它使用了"太牢"祭祀。"太牢"对历史学者是个熟悉的名词，很多文献都记载是用猪牛羊祭祀。但是，到底是大猪还是乳猪、黄牛还是水牛、山羊还是绵羊、生的还是熟的、烤的还是煮的，没有文献详细描述。然而展览场景复原必须要具象，这就得靠研究者分析当地历史上的环境和物产来推测，就算做不到百分百还原，但必须具有合理性和可信度，经得起推敲和质疑。

再举个例子，现在很多展览都会使用到各种音效，"深圳民俗文化"陈列也在好几个场景播放了背景音。其中有一个展项，是复原深圳历史四大名墟之一观澜墟的一条老街，背景音里就有墟市各种熙熙攘攘的声音，里面穿插了一段母子二人的对话，孩子念了一首民谣："龙岗鸡，大鹏鲍，南头荔枝沙井蚝，石岩沙梨金龟桔，还有深圳云片糕。"选取这首民谣，我们也是经过了多番考证和讨论，目的是借儿童的口，向观众传达三层信息：第一，深圳历史上曾经广泛流行这首民谣；第二，这首民谣集中反映了深圳的名特产；第三，我们邀请深圳本地孩子用深圳土白话"围头话"录音，观众可以领略深圳本地方言。

这样的例子还有很多，估计很多做展览的同行都会感同身受。如果没有大量细致的准备工作，没有严谨的考证，没有扎实的研究做基础，展览做出来往往就会流于表面，深度不够，经不起观众挑刺。笔者曾开玩笑说，策展人就是一群内心戏很足的人，有满腹的话一腔热情要向观众诉说，但最后观众能领会的，可能不足1/10。就像上述的民谣背景音，很多观众都会忽略，但如果有讲解员跟他们点出来，很多人又会恍然大悟，饶有兴趣，这个音效又变成了参观体验中一个亮点。

二 "讲故事"需要技巧、情怀和合理的想象力

在展览中尤其是历史文化陈列中，善于"讲故事"，往往能打动观众、直击人心、引起共鸣，成为展览的亮点，在观展体验中形成小高潮。展览其实也是一种特殊的语言，有其叙事性，一个好展览，往往张弛有度，有起有伏，起承转合，高潮迭起，水到渠成，意犹未尽。如何在展览里"讲故事"，该在何处"讲故事"，选什么题材，从哪个视角，采取何种方式，都需要一定的技巧。"故事"讲得太多，会流于庸俗，不讲或者讲得太少，又显得单调枯燥。所以，在技巧上，需要策展人煞费苦心、匠心独运，但又要追求不落痕迹、恰到好处。

以深圳博物馆的"深圳改革开放史陈列"（第八届全国十大精品陈列之一）为例，整个陈列使用了大量实物、照片、文件、图表、雕塑、模型、沙盘、油画、视频、投影等展览手段，以史料为主，以宏观叙事为主，具有很强的说服力。这些史料和数据虽然具有权威性，但往往会比较枯燥，难以使普通观众产生亲切感，所以，策展人又穿插点缀了几处场景，笔者称之为"讲故事"。

比如为了反映改革开放初期深圳人的生活，深圳博物馆征集了一位从1951年起就在深圳工作定居的老职工的全套家居用品，并在展览中按原貌复原，这些带有七八十年代生活印记的旧家具、旧电器、老物件引起了观众的强烈共鸣，尤其是从那个时代走过来的观众倍感亲切，很多人在这里驻足、拍照、留念。

为了反映特区最早的一批建设者——基建工程兵艰苦开拓的历史，展览复

原了一个基建工程兵工棚的艺术场景，以浪漫主义的手法，生动再现了基建工程兵在一个窄小的工棚里生活、休闲、娱乐的状况，体现了他们在"人在床上睡，水在地下流"的艰难岁月中豁达乐观的革命主义精神面貌，仿佛让人们回到了那个激情燃烧的岁月。

工棚对面是国贸大厦建设的场景复原，生动准确地表现了开创时期深圳城市建设万马齐嘶的宏大场面，再现了国贸大厦三天一层楼的"深圳速度"和那段史诗般的历史。

这几个"故事"讲得非常成功，它截取了关键历史的典型画面，反映的是平凡人在历史洪流中的片段，有故事，有情节，有温度，有情怀，里面体现出来的大历史情结和小人物光辉，非常能打动人心，引起了观众的强烈共鸣，故而在观展体验中形成高潮。

这些例子也能给我们策展人一些启发。"讲故事"不仅仅需要技巧，还需要情怀，我们作为研究者，要尽量走入研究对象的生活和世界，做口述史研究，做细致的田野调查，做参与式观察，了解他们的故事，体悟当事人的经历、思想、情感、愿景。另外，展览毕竟做不到百分百的历史还原，我们还需要合理的想象，在科学严谨的研究基础上，不妨大胆想象，甚至采用一些浪漫主义的表现手法，只要经得起合理性推敲。

三 "讲故事"的同时，我们应该呈现
不同程度的信息让观众自由选择

笔者在做展览的时候，发现一个有趣现象，不少策展人有文人审美倾向，可能因为学院派出身或者历史学相关专业的策展人居多，有些人喜欢古代文人讲究的"留白"，对于展览中大量使用资料尤其是文字资料比较排斥，觉得观众会烦，没有耐性看，或者看着嫌累，又或者觉得读图时代，应该以图片为主，文字尽量简洁。

这样做并没有错，这种取向在一定语境中是合理的。但这种倾向如果太过，也会导致另一个结果：展览信息不够翔实丰富，观众能获取的资料太少，该讲的展品没讲透，背景知识没有很好地展开，背后的故事也没有充分

发掘，过分讲究"留白"、简洁，有时甚至会给人简陋的感觉。其实并不是策展人偷懒，做过展览的人都知道，在策展过程中，我们会收集大量的资料，在编排过程中进行取舍，由于种种现实的限制（比如展览空间局限、经费问题、"留白"或简洁的策展取向等），最后呈现给观众的，可能只有1/5，甚至1/10。

我参观过香港历史博物馆、香港文化博物馆、香港科学馆的一些历史文物类、古代艺术品类的展览，尤其是一些很成功的大展，发现他们的思路和我们还是有很大的不同。他们在展览里呈现出来的资料比我们要丰富得多，他们不会过多考虑"留白"，也不怕观众嫌烦或者视觉疲劳，有时候他们呈现出来的各种展览信息，甚至可以用"铺天盖地"来形容。笔者的第一个感觉是香港同行可能在研究工作和资料储备上比我们更用功。

第二个妙处是看多了香港的展览才慢慢体会出来的。那就是，香港的同行们不会过低估计观众的接受程度，所以尽可能翔实全面地把不同程度、不同层次、不同深度的信息展示给观众，让观众自己选择。观众的受教育程度有高有低、兴趣点偏好不一、审美取向有异，但这样"做多"比"做少"有个明显的好处，观众具有了自由选择的权利，每个人都能从里面各得其所。而"做少"的展览，却剥夺了有较高需求的观众获得更多更广更深展览信息的权利。部分策展人自以为是"深入浅出"、"去繁就简"，其实从某种意义来说，也是另外一种"就低不就高"的傲慢与偏见。

当然大量的资料堆砌也会影响观展体验，看展览如果信息量太大，不光腿累，眼睛也累，脑子也累。香港同行是如何解决这个问题的呢？据笔者观察，他们采用丰富多样、富于变化的展示手段来解决，不同类型、不同主线、不同脉络、不同层次的信息，采用不同的展览语言、不同的格式、不同的模块、不同的设计，合理编排，多而不乱，繁中有序。另外在声光电、视频、视觉艺术、参与互动设计上也多做文章，尽可能不断地刺激观众的兴奋点，激发他们的兴趣点，使得观展体验既新奇、生动、有趣，又能全方位、多角度吸收展览信息，高潮迭起、惊喜不断、叹为观止。笔者的一位同事对香港某个大展的点评极其到位："我看完这个展览，就算没有讲解，也能通过展厅的陈列，对整个展览和涉及的历史背景有个完整而清晰的印象。"

四 "讲故事"是手段,"让文物活起来"是结果,引领审美潮流和引导主流价值观才是终极目标

从事策展工作的初期,容易走入一些误区。比如喜欢迎合观众,想做那种老百姓"喜闻乐见"的展览,怎么热闹怎么来,喜欢模仿别人,做那种千人一面的展览,尤其是一些民俗展,动不动就闹洞房、坐花轿,或者摆点锄头犁耙、锅碗瓢盆,把博物馆陈列的档次降低到景区的水平,展览从内容到形式粗鄙简陋,流于恶俗。或者追求标新立异,为了吸引眼球,营造轰动效应,刻意强调那些假大空或者子虚乌有的所谓"亮点",把传说当历史,又或者夸大文物或展览的价值,动辄标榜"国内首个/首次"、"目前世界上/国内最大/最古老/唯一"等等,反而忽视了对文物、展品、展项本身学术价值、文化含量的研究和发掘。

还有一些博物馆、展览馆里的名人图片展,出于迎合某种不健康的族群文化心理,喜欢把历史上很多名人都拉进来,上下五千年都有,完全不顾学术界对族群历史的研究定论。举个例子,笔者看过一些客家名人图片展,把当代客家人聚居区历史上曾经出现过的名人都拉进来,说实话,仔细推敲,很有可能这个历史名人生活的时代,比客家人迁徙定居到该地区的时代,要早得多,两者并不存在传承关系。而且客家人形成族群或民系,是有一个历史过程的,时代大大早于客家民系形成或定型的历史名人,严格来说并非客家人,甚至不一定算客家人的祖先,就算二者存在传承关系,但如果不具备排他性,其他非客家族群也可以说该名人是自己的祖先。当然,按这种逻辑,炎帝黄帝都是客家人的祖先,但这种东西出现在祠堂、宗亲会、同姓联谊会没问题,出现在博物馆里,就有失严谨了。

我们发掘文物、展品、展项背后的文化信息,希望通过"讲故事"来吸引观众,是手段;"让文物活起来",使观众能在历史和现实中观照自身,以史为鉴,有所裨益,或者得到美的享受,同时为博物馆吸引更多观众,带来更高美誉度和社会影响力,是结果;但博物馆人应该有更高的追求,那就是引领审美

潮流和引导主流价值观,这才是我们的终极目标。这是一个对博物馆人提出更高要求的时代命题,博物馆人整体的审美水平、知识储备、研究能力、文化素养等等,应该超越普通观众,处于社会大众的平均线以上,只有这样,我们才能发掘更多高格调、正能量、高品位、立意创新的主题,才能呈现更多、更丰盛的文化大餐给我们的纳税人。我们交出来的作品,必须不断超越,超越自己,超越当下,应该是更新的、更美的、更丰富的、更高水准的。

五 "讲故事"需要博物馆人虚怀若谷、包罗万象、兼收并蓄、 厚积薄发,在不断的学习、积累中求进步

时代对博物馆界提出更高要求,我们必须严格要求自己,加倍努力。笔者的一个深刻体会是,策展人需要平时积累大量的资料和素材,除了查阅文献资料,另外一个途径就是大量看展览和拍照留底,所以笔者观展有拍照的习惯。因为读图时代,所谓"无图无真相",十行字往往不如一张图有说服力,策展需要用到大量的图像资料,书上的图片不一定好找,网络上的图片像素普遍偏低还涉及版权问题,自己拍的照最好用。有时候,无意中拍下的照片,说不定几年后某个时候会用到。比如笔者做过一个欧洲玻璃艺术史精品展,一部分展品专门讲到巴洛克和洛可可风格,这对欧洲人可能是一个不需要解释的概念,但对很多国人来说还是陌生的,笔者就使用了自己在欧洲旅游时拍摄的巴洛克建筑和洛可可内饰的照片。在做道教文物展时,使用了参观道观或者道教场所拍下的照片。在给观众、志愿者、讲解员做讲座或者培训时,介绍深圳客家围,说到客家围的起源时,笔者就用到在香港历史博物馆拍摄的某个临时展览的文物——广西出土的陶屋模型。

不断观展还有一个好处,能从同行的作品中学习,缺憾可以吸取教训,优点可以为我所用,每次观展,尤其是大展,都能给人新的启发。不要局限于自己的领域,除了博物馆、展览馆的陈列,美术馆和科学馆的展览也要多观摩学习,还有一些城市建筑年展,甚至商业性的展览,各种会展业的、博览会的展览等等,它们往往更酷,科技含量更高,在展览设计理念上比我们走得更前。不同定位的场馆、不同学科背景的策展人,切入点和视角往往不一样,对展品

的解读方式也大异其趣，这种观展常常让我们耳目一新，主动跨界学习更能促使我们求新求变，意识到不故步自封，方能不断进步。

策展人不能闭门造车，需要经常从观众、博物馆志愿者、博物馆会员那里接收反馈信息，这种反馈不是那种流于形式的问卷调查或者观众留言，而是直接面对面的交流。笔者和笔者的一些同事，在自己参与策划的新展览开展以后，会组织一些策展人现场讲解、观众座谈会、学术讲座或者文化参与活动，及时和观众交流，尤其是和对博物馆比较关注的志愿者、会员进行沟通，他们往往能给我们带来新的裨益和启发。我们不要小瞧观众，笔者经常接触的一些志愿者受教育程度和见识，不一定比我们低。尤其是深圳的博物馆志愿者，往往有自己的专业领域，文史知识扎实，品位不俗，不少人有留洋经历，看过的世界著名博物馆比我们还多，甚至还会多国语言。他们能从自己的经历和角度，给我们不少有用的建议。所以笔者也注册成为深圳博物馆的一名志愿者，利用业余时间做志愿讲解员，目的就是为了能经常在一线和观众接触。

策展人要有归零的心态，不管我们从业经验有多丰富，每接触一个新展览，尤其是涉及新领域时，我们就是一个新丁，要谦虚，要把姿态放低，一切从零开始学习。做过策展工作的同行都知道，相对于博物馆业包罗万象的行业生态，各种差异性非常大的陈列主题，我们的知识储备是严重不足的，知识结构也是不完善的。就算是专家，也只能是某个领域的专家，不可能多个领域都懂。研究青铜器的不懂陶瓷，研究木雕的不懂书画，研究石刻的不懂明清家具，研究民俗的不懂古生物，研究近代史的不懂古代史，这都是很正常的。我们常常被外界误会，甚至身边的亲戚朋友，以为我们在博物馆工作就会鉴定古董，其实说实话，大部分人还真不会。笔者很惭愧，因为我最常用到的回答就是："不好意思，这个我真不懂"、"我不知道"、"我不认识"。

但这不妨碍我们成为一个合格的策展人，因为工作需要，因为历史使命，既然做了，就得做好。每接手一个展览，就当自己是一无所知的，一切从零、从头开始学习，只要我们知道收集资料的科学方法，只要我们懂得陈列展览的基本规律，只要我们用心，将前人积累的精髓，加以解读创新，还是可以策划出好的展览主题，撰写出合格的陈列大纲，设计出美而新颖的表现形式。

以深圳博物馆为例，目前除了五大基本陈列，每年还有多则十几个、少则五六个的临时展览，有些是馆藏的，有些是借展，国内外各种专题都有涉及，领域众多，差异性也非常大。有些展品和展览涉及的专业领域，对本馆研究人员和策展人来说是非常陌生的。而且深圳博物馆一向对内有要求，所有借展，就算是已成型的展览，一律得由本馆策展人重新编写展览大纲，并且要求有所创新，体现出新的东西，比如新的章节编排、新的解读、新的背景资料，甚至对展品信息产生质疑。举个例子，笔者参与策划某个展览，发现由于出借方工作不细致，好几件文物尺寸明显是错的，需要我们重新测量，其中一件展品，出借方定为中国文物，但我馆专家鉴定为日本文物，还有一些展品，我馆专家鉴定后认为该文物断代有误，也会要求调整相关展品信息。

博物一词，本身就有"包罗万象"之意，从古到今，不管时代和公众对博物馆提出的要求有何变化，这一点似乎从来没有根本性的改变。众所周知，博物馆 museum 一词，是由希腊文的"缪斯"演变而来。公元前 3 世纪托勒密·索托在埃及的亚历山大城创建了一座专门收藏文化珍品的缪斯神庙，这座缪斯神庙，被公认为是人类历史上最早的"博物馆"。在古希腊，另外有一种与现代博物馆性质比较接近的专门保藏宝物的机构，它是一种专门保存版画、珠宝、王室的旗帜和权杖以及其他珍贵饰物的收藏机构。这种宝物库在欧洲其他的国家也有发现。到了文艺复兴时期，随着收藏内容的扩大，原来一些宝物库逐渐使用了当时流行的拉丁文 museum。在中国，"博物"作为一个词，早在《山海经》中就出现了，意思是能辨识多种事物；《尚书》称博识多闻的人为"博物君子"；《汉书》中也有"博物洽闻，通达古今"之说。到了 19 世纪后半叶，我国模仿日本，开始把"博物"一词作为一门学科的名称，包括动物、植物、矿物、生理等知识。日语中的"博物"一词来源于英文、法文、德文中通用的 museum 一词，而这一来源于拉丁文的词又是出自希腊文 meusion 一词，意思是一个专门为供奉希腊神话中掌司诗歌、舞蹈、音乐、美术、科学等活动的九个女神 meusin 的场所。"博物"与"馆"连成一个词作为一种文化教育机构的名称在我国出现得比较晚，仅有一百多年的时间。

博物馆的性质决定了博物馆人必须虚怀若谷、厚积薄发，在兼收并蓄、包罗万象式的学习中不断求进步、求突破、求创新。工作时间越长，笔者会越发认识到自己的无知和能力不足。不过，与时俱增的不仅仅是谦卑感，还有幸福感和职业自豪感。别的不说，仅是天天接触到这么多人类文化遗存的精髓、美轮美奂的艺术品，就十分幸福。曾经有个小朋友参加深圳博物馆的一个活动，他说了一句话使笔者记忆犹新："通过参加这个活动，我收获了很多冷知识，感到非常开心。"是的，博物馆人提供很多冷知识，研究者和策展人在工作中学到最多的也是各种冷知识。所谓冷，是相对于这个功利社会的经世致用、升官发财的"热"门知识而言的。但冷知识永远不过时，因为它与智慧有关，与人类的好奇心有关，与美有关，也与快乐有关。广东省博物馆的官微曾发过一篇文章，提到一名观众的留言："贫穷限制了我们的想象力，但我们有博物馆啊！"笔者觉得，这是对博物馆人最高的褒奖。

"以美为题"

——谈香港艺术博物馆如何让展品活起来

北京艺术博物馆　王　放

摘　要： 2017年4月，笔者有幸参加了中国文物交流中心举办的第九届文物交流学术培训，其中香港艺术馆馆长的发言让笔者深受启发。讲座介绍了艺术馆近年来做的四个典型案例：演绎吴冠中的艺术、艺术欣赏计划"'竹都好有趣'艺术馆在这里"、流动博物馆学校及社区推广计划"艺术馆出动"、馆藏社区推广计划"艺满阶梯"，分别从博物馆的展览策划、社会教育活动、博物馆自身宣传及博物馆资源的利用及延伸等方面介绍了艺术博物馆体现博物馆自身宗旨的同时如何让展品活起来，真正把香港艺术博物馆打造成一个发现美、学习美、感受美、体验美的艺术殿堂。

关键词： 博物馆流动车　艺术类博物馆　香港艺术博物馆

由中国文物交流中心举办的第九届（2017）文物交流学术培训4月在河南省博物院开班，笔者有幸做为学员参加。这次培训中，其中一堂由香港艺术博物馆馆长谭美儿女士讲述其所在艺术博物馆的四个案例，让笔者格外受到启发。

1. 演绎吴冠中的艺术

这是一个当代著名艺术家作品展，对于一个艺术馆而言是最常见的展览，但如何选择艺术家，如何演绎艺术家特有的艺术风格，解读并传达作品中的"美"，是十分考验展览策划者水平的。

香港艺术馆之所以选定艺术家吴冠中，有三个出发点：一是吴冠中在当代中国艺术界中知名度高，展览有号召力；二是选定的作品能充分体现东、西方艺术形态的差异性，从写实到抽象，从技法到表现形式贯穿艺术家整个创作生涯，具有代表性；三是其作品的风格介于写实与抽象之间，容易让大众看懂并接受，且形式感极强，容易让观众感受强烈。

艺术馆在选定艺术家后，对艺术家和作品进行了深入解读，确定了展陈方案，精彩之处有以下几点：把博物馆地下入口处的扶梯上方做成透明喷绘的装饰顶棚，强烈的视觉冲击，入馆参观的观众提前带入展览的浓烈氛围中；展陈设计人员提炼展品元素设计展厅休息座椅，使架上的绘画作品，由平面向立体转化；展览的策划人员别出心裁地邀请了当地的舞蹈团体对展品的主题进行提炼，根据作品中点、线、面的流动，创作了舞蹈，在展览期间循回表演。展览把对作品的演绎变成了艺术，从静到动、从视到听，从作品本身到环境、公共设施，对作品的诠释在空间和人的感官间延伸。特别有意思的是，这次香港艺术馆还邀请从不在外人面前进行写生的吴老，做一次现场写生，写生的对象就是窗外维多利亚港的一角。对创作过程进行视频录像并在展厅播放，同时还在场馆内，在吴老作画的地方括出同样的景物，邀请观众进行写生，让参观者真实地感受艺术家创作的过程。

这次展览非常成功，以至于吴老认为展览的内容及形式设计，让他感觉"好像自己在照镜子"。因此他对艺术馆展览创作人员的敬业精神及学术修为充满感激，并竭力配合艺术馆做好此次展览，后来艺术馆陆续收到吴老捐赠的几十幅作品，成了珍贵的馆藏。

2. 艺术欣赏计划"'竹都好有趣'艺术馆在这里"

很难说这是一场社会教育活动，还是一个展览。香港艺术馆以"竹子"为主题的艺术欣赏活动，似乎应该表述为"一场融入了展览的活动"，或者是竟然为一个活动定制了一个展览。听完谭美儿馆长的介绍，笔者感到超乎想象又十分有趣。

这次艺术欣赏活动的主题是竹子，对象是学生。如何以学生的视角，从古老的文物中找到与现代生活共通的话题，引发学生们对竹子的认知或感受，是展览策划人员这次思考的出发点和立意。展览首先以竹子为中心巧妙地从古至今串起展品。用竹签（现代人经常使用的）→竹编→竹椅（生活中还偶尔用到的）→竹水管（当地人原来使用过的）→竹衣（古人用到的）→竹笛

（乐器）→画竹（古人的绘画）→当代雕塑作品（香港本地当代雕塑家以竹为元素创作的作品），很自然地把竹子从今至古出现的各种形态串起来，从生活用具到传统绘画到当代雕塑——原来竹子一直都悄悄地出现在我们身边。

通过初步的铺垫，展览配合活动，对主题进行全面挖掘，并进行多方位拓展，启发学生对活动主题的感知。展览从十一个方面对竹子进行了延展性的展示，引出相关的知识内容。（1）念口簧（总主题）（2）一切从简（竹与书写文化）（3）真有型（器物造型）（4）竹公诀（制作工艺）（5）竹字室（竹与文字）（6）好滋味（竹与食）（7）竹中趣（竹刻摆设）（8）讲品味（工艺品味）（9）墨竹画（竹画流变）（10）故事多（文学故事）（11）竹戏棚（非物质文化遗产），把"竹子"从生活中的餐食、用具、摆设、装饰，最后到传统绘画、戏曲直到现代艺术作品中的形象显现出来。通过竹子对生活、艺术影响，从多个维度对竹子进行解读，不断在活动和参观中丰富和延伸主题，使"植物之竹"慢慢变成了"文化之竹"，"眼中之竹"变成了"心中之竹"。

因为活动和展示的对象是学生，展览主要采用了卡通形式来讲述竹子的相关知识，色彩鲜艳、活泼生动，展柜为了引发孩子的兴趣，适合学生观看，全部异形制作，展示方式多样化，内容设计布局合理，参观流线顺畅。

"'竹都好有趣'艺术馆在这里"活动还与专门开发儿童艺术教育的工作室合作，针对不同年级的学生制作了难易程度不同的、生动有趣的教学课本，在与孩子互动的课堂上让孩子们亲手摸到竹子、吹奏竹制乐器、学习竹器制作过程等等，受到孩子和老师们的好评。

3. 流动博物馆学校及社区推广计划"艺术馆出动"

"艺术馆出动"中的流动博物馆学校，是利用可以行驶的交通工具，让展示活动走出去的宣教形式——将展览办在汽车、火车或轮船等机动交通工具上，随时开到各地去展览①。这种流动车船的形式发源于西方，通常是把一个大型的厢式货车改造成一个临时的博物馆展厅，车内空间采用触摸屏等多媒体技术和 AR 增强现实技术，以文字、声音、图片、视频及 3D 模型等形式全方位、立体地展示展品或者与观众互动，可以不受空间和时间的限制向博物馆以

---

① 王成：《国外流动展览车船浅析——兼建议我国博物馆采用流动展览车船办巡回展览》，《中国博物馆》1985 年第 4 期。

外的地区进行展览推广，对社会公众采取主动形式实现博物馆的文化宣传及教育职能。法国罗丹博物馆、英国瓦莱克西博物馆、加拿大国立博物馆等在移动展览车方面都有很好的案例，目前我国的四川博物院、内蒙古博物院、湖南省博物院、辽宁省博物院等也在尝试这一展示形式。

香港艺术馆的流动车展览有很多值得借鉴的地方：首先，根据推广计划的目标，展览车将在学校及居民社区进行观众拓展工作，通过展示艺术馆包罗万象的古今藏品，宣传艺术馆自身形象和文化。展览流动车的表面喷绘有醒目、艳丽的卡通形象以吸引眼球，车内的展示主要以科技手段、互动形式为主，利用不同的设备与软件对藏品进行一系列的主题衍展。经过策划的展示内容构思巧妙，例如展示的中国古代器物，采用时间胶囊的形式通过电脑动画及讲解员的引导，让学生们了解古代器物的造型、纹饰的不同，说明不同朝代的审美变化，同时还可以触摸体验高仿的器物，感受重量及质感。又如将中国字画做成卡通形式与孩子们进行互动，教孩子们如何欣赏手卷，同时引入当代艺术家甘志强的作品《盆景》。作品采用透明亚克力制作的鸟笼，上面绘画针松，模拟中国传统书画风格，体现中国文人画的精神，引导孩子理解作品所展现出的艺术家的敏锐感觉，以及对材料特性的淋漓展现。动画制作还还原了艺术家创作的过程。而且邀请艺术家本人在现场讲座，气氛热烈。此外，香港艺术馆通过流动展览车的宣传，着重招揽和鼓励更多观众来艺术馆参观，并参加博物馆的艺术家工坊活动，博物馆则不定期邀请当代艺术家与观众进行各种创作互动。例如与观众一同进行元青花图案的创作，并把作品制作成各种纸箱作为收纳盒使用；与观众开展花卉种植活动，制作各种小型盆栽作品且可带回摆置家中等等。活动不仅使学生学到知识，更主要的是培养人们的审美情趣，开发人的艺术爱好。

4. 馆藏社区推广计划"艺满阶梯"

"艺满阶梯"是香港艺术馆利用馆藏资源，在社会公共空间进行推广的一种公共艺术行为，尝试如何让藏在馆内的艺术品走出去，让大众欣赏到艺术之美，并且与人们的生活发生关系，呼唤人们对美的感知，对艺术馆的关注。博物馆精心挑选了几个典型的藏品，寻找适合的公共场所，将藏品图案喷绘，裁剪成一段一段，张贴在大面积的楼梯上面，利用视觉原理，使人远远望去看到一幅幅壮阔的画面。据谭美儿馆长介绍，这次活动的图案选择了中国珐琅彩器物——装饰有"三羊启泰""荷花鸳鸯"纹图案的暖手炉、中国传统书画的兰花图案以及竹刻的笔筒、山水画、花鸟画等等展品的图案。这些图案是艺术馆的策划人员仔细琢磨和考虑的，一是符合香港对传统文化中的吉祥寓意的偏爱，二是从图案呈现的效果考虑，传统图案相比现代作品图案在公共场所易被识别。之后，工作人员按照构图和颜色的特征，选择了公园、游泳池以及文化中心等不同地点的楼梯进行贴图。任务完成后，还在艺术馆的网站和公共信息平台、facebook上接受大家的评议，观察大家的喜爱程度。有意思的是，这次活动中的一张猫的图案，引起了爱猫人士的关注并且成为当地的"著名景观"，吸引了大量市民前来观看和拍照留念。不难看出，此项活动的策划有些跨界的味道，艺术馆仿佛化身成了艺术家，过了把"大众艺术"的瘾。

听完这四个案例，笔者也同样对香港艺术馆同仁的敬业精神及学术修为充满敬意，因为笔者也是艺术类博物馆的工作人员，深知要把一个艺术类博物馆办的这么"神采飞扬"是多么的不易，但是香港艺术馆紧紧守住了艺术博物馆的"魂"——艺术博物馆的特性和职能，确定了艺术馆一系列工作的原则和方式，以专业化的运作向社会证明了"美在这里"，把香港艺术馆打造成了香港的艺术殿堂。

按《大不列颠百科全书》所述，可以把博物馆大致分成三类：（1）艺术类博物馆：主要展示藏品的艺术价值，一般包括绘画、雕塑、装饰艺术、实用艺术和工业艺术博物馆等；（2）历史博物馆：从历史观点展示收藏品，如考古遗迹、纪念地点所建博物馆以及个人纪念馆等；（3）科学博物馆：自然科学博物馆、实用科学博物馆以及技术博物馆等。艺术类博物馆也根据自己博物馆的藏品类别和建筑形制的不同，各有自己的主题和倾向性，有倾向于传统艺术的，也有专门展示当代艺术或某一品类艺术品的。

"香港艺术馆的馆藏品大约一万五千多件，包括中国书画、古代文物珍品、具有历史意义的画作及本地艺术家的创作成果等。办馆的宗旨是通过文物、艺术保存、研究和展览，提升市民对艺术的欣赏能力，推广文化视野，启动创意，使艺术馆服务发展成为香港重要的文化产业，配合全球文化发展的路向"。这正是艺术类博物馆定义中展现艺术价值的职能所在，也就是美育职能，通过审美活动，培养人们的审美态度，审美能力和审美趣味，最终推动社会走向美好。

结合上述演绎吴冠中的艺术、艺术欣赏计划'竹都好有趣'艺术馆在这里、流动博物馆学校及社区推广计划"艺术馆出动"和馆藏社区推广计划"艺满阶梯"这四个案例，可以看出香港艺术馆在博物馆的展览策划、社会教育活动、博物馆自身宣传及博物馆资源的利用和延伸等几个主要工作面，是如何体现自身宗旨和美育职能的。同时也展现了工作人员"以美为题"，把如何表现美、如何传达美、如何体现美在生活中的作用，通过艺术馆这个平台传达给香港社会，并在这个过程中体现了对自身职能的高度自觉，由敬业而专业。

我们都知道，博物馆作为社会的公共文化机构，主要就是通过展览的陈列展示和社会活动来彰显自身定位、树立自身形象，实现其社会职能的，如何围绕自己的办馆宗旨，推送出个性鲜明、有社会影响力的展览和喜闻乐见的活动？香港艺术馆以专业化的运作取得了成功，值得我们探究和学习。

1. 主题鲜明

展览策划和活动紧紧呼应博物馆宗旨开展，注重整体性。所谓注重整体性是在能把握住体现艺术馆格调的前提下，把每个展览策划进行统筹兼顾、通盘考虑，做到与博物馆"形、神统一"——每一个展览的内容、形式都是博物馆主题的反映，不断强化博物馆自身形象的完整性和独特性。从前面提到香港艺术馆的其中一个目的是如何让喜爱中国传统艺术的人看懂当代艺术，到"吴冠中的艺术展"的策划中对艺术家的选取、展示方案的确定，到"竹都好有趣"活动中鼓励利用竹进行艺术创作，"博物馆流动车"介绍当代艺术家徐冰的作品"天书"，并且让观众互动编写自己的"天书"，到甚至本身就是一种艺术行为的"艺满阶梯"活动，都是紧紧围绕着香港艺术馆"艺术"这个主题，展开一系列审美活动和美育活动。也正是这样，香港艺术馆的专业性，赢得了艺术家的认可，艺术家不但捐赠出自己的作品，还愿意亲身参与艺术馆组织的各项活动，在为艺术馆丰富了藏品资源的同时又为艺术馆吸纳了众多艺术"教员"。

2. 社会教育活动目标人群定位准确、策划深入

博物馆的社教活动，在针对明确的目标人群基础上，进行策划，是相关工作成功开展的前提条件。社会公众是一个庞大的群体，由于年龄、职业、知识

结构以及认知能力的差异，对文化艺术的需求各不相同。一个展览或活动不可能适应每一个受众群体，任何一个展览的主题、展品、内容、形式总是会对某一部分公众最为合适①。必须对长期目标人群进行合理的划分，有针对性地展览规划。

我们可以看到香港艺术馆的吴冠中艺术展主要是针对有一定审美能力，爱好艺术的观众，特别是专业的艺术从业者和对艺术家本人有了解、深爱其作品的观众。所以展览策划人员对吴冠中一生的经历和绘画作品进行了深入的分析并探索如何完整地诠释艺术作品——怎样展示艺术家在不同阶段艺术风格上的变化和转折以及艺术家取得了怎样的艺术成就。而且经过艺术家本人的肯定，展览内容策划才算成立。在展览形式设计上，艺术馆通过对场地氛围的烘托，给参观者强烈的带入感，通过艺术家现场作画的视频和将作品与对象的比照，帮助观众理解和感受艺术创作的过程，还鼓励观众亲手尝试作画。正是有这样的展览定位和策划，才能使参观者从享受美到体验美。

"竹都好有趣"艺术欣赏和"流动博物馆车出动"目标对象主要是学生，所以策划的目标与吴冠中展有所不同，策划的出发点着眼于吸引对象，引导对象发现美，理解创作过程和相关的背景文化。如出现在两个活动中的卡通形象，让学生找出生活中常见的跟竹子有关的物品——艺术馆内跟竹子有关的展品——展示中国画中竹子的作品，为了吸引孩子的兴趣，利用电子设备互动的流动展览车，都意在先引发兴趣，再由浅入深地让学生对相关的主题产生感悟，依靠辅助手段——如设置了不同年纪和知识背景的教学课程参考读本，提高目标对象的认知能力，同时鼓励他们尝试各种有趣的创作以增强感受。

"艺满阶梯"面对的是活动在公共空间的人群，活动充满着时尚气息。主旨是通过艺术馆的艺术行为引发关注，在繁忙的楼梯街道间，提示忙碌的人们美在生活中的存在，并调动人们感受美的能力和积极性。同时通过人们的参与，通过信息化平台，实现了对美的感受的分享，还为艺术馆更好地开展工作，收集到了大量一手信息。

---

① 龚青：《关于加强博物馆陈列展览策划的思考》，《中国博物馆》2004 年第 3 期。

3. 资源的有效利用

我们都知道博物馆是一个公共的社会文化机构，更是一个公共文化资源共享、需要共同参与的平台。资源能否有效地利用，体现了博物馆的专业水平。

通过香港艺术馆的案例，我们可以看到他们不但充分地利用了自身资源，也充分利用了社会资源，做到了优势资源互补互动，形成了共同营造文化艺术殿堂的良好态势。通过为艺术家精心举办展览，获得了艺术品馆藏的来源渠道；利用馆藏资源开展多种多样的美育活动，实现馆藏资源的对外输出，获得了更多观众的认同。在得到认同的同时，艺术家们愿意到艺术馆当"指导"、当"教员"。而社会上专业团体也愿意为艺术馆提供服务，专业的策展人、文创产品的设计师、展览中的舞蹈演出队、教育研究机构都参与进来。以"竹都好有趣"活动为例，香港艺术馆就挑选了赵广超工作室作为合作伙伴。这个设计及文化研究工作室由赵广超先生创立，致力于研究和推广传统及当代艺术和设计文化，推动公众对中国艺术及设计文化的认知和兴趣。他们在书籍出版、数码媒体、展览、教育项目等不同领域都有较为成功的尝试。香港艺术馆充分意识到自身虽然是大型的文化机构，但也有专业知识不全面，对市场运作不十分了解的弱项，争取和利用优质社会资源——在文化市场有实践经验和成熟运作模式的专业机构，弥补自身人力资源和专业能力的不足，才是更好的发展路径。这种合作不管是商业性的还是共建性的，都为艺术馆成功运行发挥了作用。

4. 缤纷的呈现形式

不管博物馆有多么良好的初衷和策划，最终都必须有呈现的能力，能够激发观众兴趣、好奇与参与，通过各种形式的展示和互动达到这个目标，是博物馆现代展示最重要一项任务。通过谭美儿馆长对案例的讲述，可以感受到香港艺术馆精彩纷呈的呈现形式和手段，艺术家的展览，寓教于乐的活动、游戏、喜闻乐见的流动推广，表演、现场绘画实践、专门制作的视频、各种多媒体互动设施和软件的运用，诸如展览车中"文物的时空胶囊"、"三维动画模拟古代绘画中的场景"等各种手段的综合运用，甚或本身就是艺术行为的"艺满阶梯"和手把手地教授市民做艺术收纳箱、园艺小盆景，都为观众提供了可视、可听、可感的认知情境，让观众身临其境、感同身受、把美与生活联系到了一起，真实地感受到了美好和有趣。

通过这次深受启发的讲座，探究香港艺术馆展览策划和美育推广的成功案例，笔者逐步领悟到香港艺术馆社会教育职能的成功体现，不是泛泛地向社会提供审美教育和活动。它不但提供了艺术知识的教育和感受，还更有感性地提供了一种情感的教育和趣味的教育，让"美"通过艺术馆"活"了起来。希望更多的博物馆同业能够分享他们的经验，学习他们的敬业精神，开拓思路，让博物馆里的文物和各种展品"活"起来。像习近平总书记所倡导的，"让文物说话，把历史的智慧告诉人们"，"让陈列在广阔大地上的遗产，书写在古籍里的文字都'活'起来"，为我们创造更美好的生活和社会服务。

让文物活起来的途径分析

——以河北博物院为例

河北博物院　罗向军

摘　要：以河北博物院为例，从基本陈列、临时展览、社教活动、文创产品、信息技术等方面，分析了当前综合类博物馆让文物活起来的途径，总结经验，探寻规律，供同行借鉴。

关键词：博物馆　文物　活起来　途径

博物馆是民族记忆的殿堂，通过实物展示过去、阐释现在、探究未来。2007 年国际博物馆协会将博物馆的定义修订为"为社会及其发展服务的，向公众开放的，非营利性永久机构。它为教育、研究、欣赏之目的征集、保护、研究、传播并展示人类及人类环境的物质及非物质文化遗产"。2015 年，我国颁布《博物馆条例》，将博物馆定义为"以教育、研究和欣赏为目的，收藏、保护并向公众展示人类活动和自然环境的见证物，经登记管理机关依法登记的非营利性组织"。英、法、美等国最新修订的博物馆定义，虽在表述方式和侧重点上有所不同，但对博物馆的基本属性和基本功能的界定是一致的：博物馆是具有非营利性、永久性、开放性的公共文化服务机构，无论何种类型的博物馆，收藏、研究、教育始终为其基本功能。

收藏是博物馆之所以为博物馆的天然功能。藏品是博物馆开展保护、研究、传播、展示等一切工作的物质基础，陈列展览、社会教育活动、图书出版、学术研讨以及文创产品开发等等均需要基于文博人员对藏品的研究和解读。换言之，围绕着藏品开展的各项工作，即是让藏品活起来。藏品研究则搭建了博物馆物与人、古与今对话的桥梁，其真实性、客观性、科学性决定了博物馆的阐释能力和展示能力，是让藏品活起来的必要条件。而博物馆的教育功能则蕴涵于展览、活动、宣传、出版等诸多项目之中，引导观众去探寻历史、艺术、科学，学会感受和欣赏美。

当下，博物馆已兼具旅游、休闲、娱乐的功能，逐渐成为社区文化活动中心，不少博物馆已然成为地域、城市乃至国家的名片，在政治、经济乃至外交活动中发挥着不可或缺的作用。博物馆功能的多样化，是对时代发展和公众期待的积极回应，也为文物活起来创造了新的途径和方式。本文将结合河北博物院的实践工作，分析现阶段综合类博物馆让文物活起来的途径，总结经验，探寻规律，或可供同行借鉴。

一 提升基本陈列，诠释文物背后的故事

馆藏资源是博物馆工作的源头活水，其数量与质量往往决定了其他活动所能达到的广度和高度。深入挖掘馆藏特色，发挥文物资源优势，打造具有鲜明地域特色和民族特征的博物馆产品，是博物馆履行公共文化服务职能，让文物活起来的根基。

常设展览是博物馆向公众提供的首要产品，是社会各界认知和辨别一家博物馆的重要标志。代表性的常设展览和展出珍品，往往会成为该博物馆的代名词。

河北博物院现有藏品 24 万余件，其中一级文物 340 余件（套），以长信宫灯、金缕玉衣、错金博山炉、元青花釉里红开光镂花大罐等珍品最为知名。新馆扩建之际，经过系统梳理和反复论证，对原有陈列进行升级改造，推出了富有河北地域文化特征的基本陈列体系，共 9 个专题、5000 余件（套）展品："石器时代的河北""河北商代文明""慷慨悲歌——燕赵故事""战国雄风——古中山国""大汉绝唱——满城汉墓""抗日烽火——英雄河北"等 6 个历史专题和"曲阳石雕""北朝壁画""名窑名瓷"3 个艺术专题。

其中，"战国雄风——古中山国"和"大汉绝唱——满城汉墓"最具代表性。前者以 1400 件（套）文物展示了战国中山国独特的历史、文化和民俗风情，错金银四龙四凤铜方案座、错金银虎噬鹿屏风座、银首人俑铜灯等文物造

型奇特，工艺精湛，在同时期出土文物中绝无仅有，独树一帜。后者则以 1605 件（套）文物呈现了西汉中山国的恢宏气势。鎏金长信宫灯、错金博山炉、透雕双龙高钮谷纹白玉璧等都是中外闻名的珍宝。在此基础上，特别推出"汉代王室文物展"和"古中山国文化特展"，到外出巡展，向外地观众展示"古中山国"的文物精粹，讲述燕赵大地的历史故事。而"长信宫灯""金缕玉衣""两个中山"也渐渐成为社会公众对河北博物院的印象和标签。

二　组织临时展览，构建不同展线上的文物故事

博物馆之间通过整合利用文物、技术、资金等资源，实现优势互补，为文物活起来搭建了更为广阔的平台。与以往相比，当今的馆际交流更具有主动性和积极性，目标明确、规划清晰。合作内容不断拓宽，涉及文物利用、展览策划、活动筹办、学术研究、图书出版、人员培养多个方面。

引进和输出临时展览是当前博物馆交流合作的主要方式。博物馆根据本馆的展陈特色，有针对性地引进展览，构建丰富而多元的临展体系，为公众提供新鲜、经济的参观体验。

河北博物院在提升常设展览的同时，结合本地观众的参观需求，按照讲述"世界故事""中国故事""河北故事""自然故事"四个系列故事的思路，积极引进和组织、策划临时展览。如从山西博物院引进的"晋国霸业——山西出土两周时期文物精华展"，与我院"慷慨悲歌——燕赵故事""战国雄风——古中山国"形成对比，讲述同一时代不同风格的两周故事，给观众留下了深刻的印象。来自海南省博物馆的"南海归帆——西沙华光礁Ⅰ号沉船特展"，让身居内陆的石家庄市民看到了遥远而神秘的南海沉船。来自扬州博物馆、扬州文物商店的"清孤不等闲——'扬州八怪'书画展"则让燕赵之地的百姓在家门口欣赏了一场清新的维扬书画，满足了他们对不同地域文化的好奇与期待。

由于资源、资金、人员、交通等因素的限制，多馆联合策划、引进展览的情况也越来越普遍。如 2016 年河北博物院、湖北省博物馆、秦始皇帝陵博物院和辽宁省博物馆四家单位合力引进、组织、策划的"文明之海——从古埃及

到拜占庭的地中海文明"，汇集了意大利十余家博物馆的珍品，为观众展现古老的地中海文明。散发着异域风情的展品，深深地吸引了前来参观的观众。"茶马古道——八省区文物联展"则集合了西部八省区10余家博物馆的文物，集中展示了茶马古道发轫、发展和繁荣的过程和沿线的风土人情。充满传奇色彩的西部故道令观众赞叹不已。

另外，选取馆藏文物支持省内外以及境外博物馆举办展览，也是让文物活起来的重要方式。各馆之间的相互支持，使不同专题和规模的临时展览的成功举办成为可能。河北博物院的长信宫灯、金缕玉衣、铜博山炉、铜朱雀衔环杯等珍品也借展在其他博物馆的临时展览，讲述多种风格的古国旧事。

而学术研讨、专项交流、人才培养等项目的开展，有效地带动了各馆在学术研究、文物资源、信息技术以及人员方面的多维度往来，为博物馆之间文物的交流提供了新的导向和学术支撑。

随着馆际交流的频繁与深入，逐渐形成京津冀、长三角、珠三角等区域性的博物馆联合。这一方面得益于区域政治经济的协同发展，为文化的共建培育了土壤；另一方面也是各博物馆谋求长远发展的自主选择。在京津冀协同发展战略的指导下，河北博物院积极联合京津两地博物馆和文博机构，推出"首届京津冀民间收藏文化季——民间收藏文化展及奥运藏品展""地域一体·文化一脉——京津冀历史文化展""金玉满堂——京津冀古代生活展"等展览，联合创办学术期刊《博物院》，共同策划社会教育项目和宣传推广，不断推进合作深度，探索合作模式，优化公共文化服务能力，合力推动本区域博物馆事业的发展。同时，各省、各地区的博物馆也加强了彼此间的组织联系和业务往来，形成龙头馆牵头、各级博物馆积极参与共谋发展的局面。而各级博物馆协会、学会也在其中发挥了日益重要的作用。

另外，馆际交流也孕育了博物馆之间的专业性联合。既包括陈列艺术、社会教育、藏品保管、市场推广与公共关系，文创产业、数字化、志愿者工作等具体专业的联合，也有纪念馆、美术馆、民办博物馆、高校博物馆等不同类型或不同专题博物馆之间的联合。专业性联合将地理上彼此分散的博物馆有机地联系起来，为行业的科学研究、技术创新、系统升级、项目规划搭建了较为稳固的平台，有利于博物馆培育后续力量，实现可持续发展。

博物馆之间的交流合作，源自于馆藏文物资源，尤其是馆藏特色珍品的稀缺性和不可替代性。它让馆藏资源不再局限于一馆、一地，而是借助展览、社教活动、图书出版、媒体宣传等方式，在更广阔的范围内活跃起来。博物馆联合，可在资金、技术、人员、学术研究等方面为文物活起来提供持续性的支撑。

三 策划社教活动，让文物与观众更亲近

富有趣味、活泼生动的社会教育活动是拉近博物馆与观众的距离，让文物活起来的有效手段。社教工作人员通过讲故事、做手工、模拟表演、趣味游戏等互动方式，将陈列在展柜、库房中的古代世界的文物，转化为贴近百姓生活的当代社会的物件，使之易于接受和理解，实现与观众的亲密接触，进而触动情感、引发共鸣。

河北博物院开设的社会教育活动根植于丰富的馆藏文物资源，内容设置以"两个中山"精品展览的文物为主。如针对未成年人的"快乐学堂"系列活动，"文物中的古代科技"课程选择长信宫灯、算筹、铜漏壶、弓弩等文物，阐释其中应用的科学原理，展示古代科技的魅力；"文物中的工艺美术"课程则选取战国青铜器、汉代彩绘陶盆、青铜灯具等文物，讲述它们的造型、纹饰及工艺，带领孩子们欣赏古代艺术的美；"文物中的古代生活"课程则通过铁足铜鼎、错金银四龙四凤铜方案座、错金银虎噬鹿铜屏风座、中山国钱币、金缕玉衣、鸟篆文铜壶、错金铜博山炉、透雕双龙白玉璧等文物解读古中山国贵族的生活面貌，真切地体验古代生活的乐趣；"河北传统文化艺术""经典电影中的河北抗战故事""节庆年俗喜乐会"等系列课程，以更加生活化、艺术化的方式，为来到博物馆的未成年人展现河北省的革命故事与的民俗特色。

2016年开始，针对当地学校的教学内容，社教人员将"快乐学堂"精品课程进行了整合，形成体系，推出"快乐课程进校园"活动。其中小学生的"快乐课程"由博物院工作人员与所在学校班级的美术老师合作推行，旨在培养学生的审美意识和想象能力，中学生的课程则倾向于创新能力和开放性思维的培养。"快乐课程进校园"让更大范围的学生认识了博物馆，获得了知识，也培养了他们参观博物馆的兴趣和习惯。与学校、教师、学生的亲密接触，让

社教人员收获了灵感和经验，同时了解到不同群体的观众对博物馆的不同需求和期待。

"两个中山"展览展出了不少动物形象的文物，构思巧妙、造型独特、装饰精美，吸引了不少观众驻足，也为社教人员提供了新的思路：与冰冷的文物相比，动物更容易赢得孩子们的青睐。于是，以两个展览中动物造型的文物资源为基础，精心设计出一款针对6～8岁儿童的"博物馆里的动物世界"的活动，所选的错金银虎噬鹿屏风座、错金银四龙四凤铜方案座、银首人俑铜灯、铜羊尊灯、朱雀衔环杯、熊足铜鼎等文物中，有威猛的老虎、温顺的小羊、憨态可掬的小熊，也有古代神话中的龙、凤、朱雀，无一不吸引着孩子的眼球。从儿童熟知的动物入手，介绍相应文物的造型、功用和历史典故，重点培养他们的表达能力、动手能力、想象能力，并启发他们对文物、动物和生态环境的珍惜和保护意识。

此外，依托题材多样的临时展览，也推出了丰富的社教活动。如配合"千年窝—妥丹寨苗族蜡染特展"，举办"体验苗族风·点染生活美"手工创意制作活动；配合京津冀三地联展"'金玉满堂'——京津冀古代生活展"，举办"我的穿越之旅"主题系列教育活动；配合"同在一个星球上"展览，举办"动物总动员"系列活动；配合"神·奇·古蜀——三星堆、金沙出土文物珍宝展"，举办"探秘古蜀瑰宝"线下活动及"神奇古蜀 每周一问"线上活动等。丰富了观众的参观体验，也有效地宣传了展览，获得了良好的效益。

基于文物资源和展览的社教活动，展示了文物和博物馆的本体魅力，也表现了历史文化和社会生活中生生不息的真、善、美，以其独特的方式，潜移默化地感染、感动和启发观众，实现美的教育。

这些社教项目，使文物以多样化的形式活了起来，不再仅仅是库房、展柜、书本中古老时空的标本。可以说，它们是博物馆为社会提供的最为亲切的产品，润物细无声地滋养着广大公众。

四 研发文创产品，让文物元素活跃于现代生活

文创产品以产品为媒介，将文物元素融入生活，继承和弘扬文物中蕴含的

优秀技艺和审美理念，是博物馆为现代社会提供的更为新颖、灵动的产品，也是盘活文物资源的有效途径，让人们实现了亲密接触历史、把博物馆带回家的心愿。一件好的文创产品，来源于对文物内涵的深入解读和对其核心价值的精妙表达，是博物馆递给社会各界的名片。

依托丰富的文物资源，河北博物院已研发出文物复仿制品、文具用品、生活用品、装饰品、服装服饰、书籍出版等六大类 500 多种兼具艺术性、实用性的产品。其中依托"大汉绝唱——满城汉墓"展览研发的文创产品涵盖文具、书籍、服饰、装饰、文物复仿、生活用品等六大类 300 余种。依托"慷慨悲歌——燕赵故事""战国雄风——古中山国"研发的具有自主知识产权的文创产品，有服饰箱包、文具摆件、复仿制品等 150 余种产品。长信宫灯、铜博山炉、朱雀衔环杯、山字形器、十五连盏铜灯、错银双翼神兽、六博棋盘、龙形玉佩等珍品文物均为重要的设计元素。

其中，最为知名的"长信宫灯"，已被设计成多种不同功能与风格的产品，以满足人们不同层次的需求。一种为长信宫灯复仿制品。采用三维数据还原造型，采用文物使用的分铸法铸成，使之可以拆卸组装，方便清扫烟灰和调节灯光。一种为长信宫灯 T 恤，长信宫灯作为主图映衬在铭文汉字的背景下，美观而典雅，将历史文化底蕴与现代生活气息生动地融为一体。此外，结合宫女圆润憨态的形象，设计出"萌化"的卡通形象，成系列地使用在文具、冰箱贴、行李牌等生活用品上。

研发与经营文创产品是博物馆传统功能的延伸，旨在以富有艺术感和生活气息的方式，进行博物馆文化的传播与教育。如"孩儿垂钓熏香盘"，创意源于"名窑名瓷"展出的磁州窑白釉黑彩孩儿垂钓纹枕，选取孩儿垂钓的造型与熏香产品结合，化鱼竿为熏香，整体造型童趣空灵、恬静悠扬，给人美的享受。该产品在第二届"全国博物馆文化产品创意设计推介活动"中获"最具人气奖"。在"全国文博单位文化创意产品开发工作推进会"暨"让文物活起来——全国文博单位文化创意产品联展"上，获得"最佳创意产品奖"。

此外，配合临时展览，积极研发或营销新的文创产品。如举办"羊年吉祥——武强年画作品展"期间，在展区设立了专门的年画销售专柜和年画手工互动项目，销售十二生肖年画、年画手工艺品等文创产品，赢得了消费者的青睐；配合"恐龙来啦"自贡恐龙科普展，专门开辟了恐龙产品专柜，恐龙图书、恐龙拼图、恐龙模型、恐龙益智玩具等 100 余种恐龙产品和恐龙拓片免费制作活动，吸引了大批小观众踊跃参与，既有效传播了恐龙科普知识，又真正做到了把"博物馆文化带回家"；在北齐佛首合璧入藏我院之际，设计研发了"佛首回归记"笔记本、佛首磁吸耳机、释迦牟尼佛瓷板画、佛首冰箱贴、佛首书签、佛首名片盒等相关文创产品，不仅增加了佛首回归的浓郁文化氛围，也拉近了观众与文物之间的距离；配合"会飞的花——世界珍稀蝴蝶展"，在展厅设置蝴蝶产品专柜，展出蝴蝶标本、蝴蝶饰品、蝴蝶书签、蝴蝶灯等相关文创产品；配合"中国动物标本展"，销售动物玩具、文具、动物 T 恤、动物玩偶等文创产品，也受到观众的欢迎。

五　运用信息技术，赋予文物活起来新的方式

信息技术拓展了博物馆的传统功能，无论是网络办公、区域环境监测、安防监控系统等基础建设，还是藏品管理、展览策划、文化交流、文创研发以及档案管理等业务工作，通过互联网和数字化系统，将博物馆中的文物、人员、观众更为便捷地连接起来，实现集约化发展。

尤其是在公众服务方面，大量信息化手段的应用让文物活了起来。网站、微信、微博等自媒体，在积极宣传的同时，也为观众提供票务预约、导览咨询、活动参与等服务，便利了远程观众的参观。数字展馆、多媒体展示手段，拉近了观众与博物馆的距离。河北博物院官网、微信平台发布的"360 度全景虚拟博物馆"，呈现博物院外景及新馆 11 个展厅的全部内容，观众足不出户即可欣赏展览和展品。公共区域配置的三维高清交互展示一体机，全方位地展示了馆藏珍品，即便是年幼的儿童，也可以通过触摸屏，旋转、拆分、组合这些数字化的文物，享受博物馆的乐趣。领售票系统、自助取票机的应用，便利了观众参观，也提高了博物馆统计与分析观众参观量的准确性和科学性，为进一步完善服务提供依据。

当前，构建智慧博物馆是我国博物馆的发展趋势之一。目河北博物院已完成智慧博物馆一期项目论证、招标工作，借助有关科研院所和国内智慧博物馆

建设领域专家学者的力量，形成较为全面、具有可操作性的项目招标方案，旨在通过"河北博物院智慧博物馆建设顶层设计方案"，指导智慧博物馆建设工作，以期进一步革新博物馆的管理、经营和服务模式。

六 结 语

　　让文物活起来是对博物馆工作中心旨意的高度概括，也是博物馆作为公共文化机构，服务社会公众的内在要求。一方面，博物馆须立足馆藏，深入挖掘文物内涵，精心打造风格鲜明、辨识度高的博物馆产品，让文物以更加灵动和多样化的形式呈现出来，满足不同层次的公众对博物馆的要求和期待。另一方面，深入而广泛的馆际交流，促成了博物馆之间的区域性和专业性联合，在提高文物资源的整合利用率的同时，也为各类专业项目的持续性开展提供了理论基础和物质条件，让文物在广阔的空间和多元的项目中活跃起来，充分展现其历史、科学、艺术的价值。当然，让文物活起来的途径不会局限于此，时代的发展也将为其带来更多的助力和可能。正如我们已熟知的数字化与信息技术，以信息化的方式流通和使用文物资源，拓展了博物馆的传统功能，实现了前所未有的便捷发展与集约化模式。因此，博物馆须扎实推进基础工作，不断提高服务能力，以应对和迎接未来更多的机遇与挑战。

让文物活起来，更好地服务社会和人民群众

武强年画博物馆　王玉鹏

摘　要： 以武强年画博物馆为例，分三方面论述了馆藏文物应该"活"起来，动起来，将它们身上承载的深沉厚重的文化，以鲜活的形式抵达人们的身边、融入人们的心灵：馆藏文物是博物馆的灵魂，是博物馆面向社会、面向公众开展各种活动的重要资本和支撑，"让文物活起来"的前提条件是拥有雄厚的藏品资源；博物馆的社会教育服务功能，主要通过馆藏文物的展示与观众的理解、领会来实现，因此，深刻挖掘藏品价值，采用多种展览、展示手段呈现给观众，是"让文物活起来"的重要手段和具体体现；科学解读文物藏品，突出藏品特色，加大博物馆文化创意产品开发力度，是延展博物馆藏品生命，让文物真正"活"起来的又一重要选择和途径。

关键词： 文物　服务社会　服务人民群众

博物馆是以文物藏品为媒介，以陈列展览为手段，对公众进行知识传播、道德熏陶、情感培养等文化教育的公益机构。文物的数量多少、珍贵程度、展出效果往往决定着一个博物馆的层次、实力和水平。但从另一方面说，一个博物馆仅有丰富的文物藏品是不够的，更重要的是如何使馆藏文物"活"起来，动起来，将它们身上承载的深沉厚重的文化，以鲜活的形式抵达人们的身边、融入人们的心灵，这样才能更好地发挥博物馆的社会服务和文化教育功能。武强年画博物馆自 1985 年建馆至今，在扎实做好武强年画这一优秀国家级非物质文化遗产的文物征集保护、展示宣传、研究传承等项工作的基础上，积极探索"让文物活起来"的途径和手段，通过基本陈列、流动展览、互动体验、文

创产品开发等多种形式，将静止的文物以多姿多彩的形式呈现给广大观众，较好发挥了社会教育和服务功能。

一 馆藏文物是博物馆的灵魂

"让文物活起来"不单单是一种形式，更要看其内涵与精神层次。没有丰富的文物藏品，"让文物活起来"就成了一句空话。所以，作为博物馆首先要抢救、征集大量的、丰富且历史价值、文物价值、研究价值高的文物，这才是开展博物馆一切工作的先决条件。武强年画是农耕社会的产物，工业化社会的快速发展、人民生活水平的提高、居室条件的变化以及现代印刷术的发展，对它造成很大冲击，使之濒临灭绝之险境。年画艺人不再将其作为谋生手段，年画技艺被视为再无可用之处，年画木版被毁掉烧柴或用作搭建之物。只有少部分有心之人出于对家乡文化的热爱，偷偷将一些年画资料与画版藏于房屋夹壁墙内、顶棚上或烧火用的风箱中，才使得一些珍贵的年画资料得以保存。从20世纪六七十年代开始，一些年画工作者就在民间进行画业情况调查与征集工作，有人还因此被打为右派。1985年建立了武强年画博物馆后，我们一方面将原有资料、古版进行整理、分类、保存和研究，另一方面加大年画资料的征集、抢救工作力度，多次在全县召开动员会，并利用电视、广播等形式大力宣传，倡议县内群众主动捐献年画古版和资料。组织进行了旧城村贾氏老宅屋顶秘藏年画古版抢救挖掘活动，抢救出年画古版159块，其中有15件古版属首次发现，弥足珍贵，被专家鉴定为民间国宝。新华社、央视、凤凰卫视等60多家新闻媒体采访报道，轰动海内外，影响空前。贾氏兄弟捐献老宅秘藏祖传古画版的举动，在全县引起强烈反响。在他们的带动下，许多画店后人和民间艺人，纷纷把自家保存的画版、资料捐献出来。我们还成立了普查队，深入农村，逐村逐户走访，进行拉网式调查。对历史上的老画店、作坊名称、艺人情况、传承谱序、散存年画木版及资料等进行记录、拍摄和征集。投资30多万元，一次性从南京收藏家手中征集到明清时期各地珍贵年画523张，不但丰富了馆藏，且为研究各地年画风格及相互影响，提供了重要资料和依据。

目前，武强年画博物馆馆藏文物总数达到1万余件，其中珍贵文物1000余件，包括木刻画版、年画拓片及民俗文物三类。木刻画版上自清代下迄现代，年画资料有反映古老的民俗信仰的神像画，也有反映社会历史变革的新闻画、讽刺幽默画，还有大量的戏曲年画等等。可以说，武强年画博物馆是全国各大年画产地中年画资料收藏最丰富的地方之一。馆藏资源上的优势吸引越来越多的观众走进博物馆接受传统文化教育，也为博物馆开展各种形式的展览展示、艺术研究及文创产品开发等活动奠定了坚实的基础。同时，国内外研究中国传统文化的专家、学者及民间艺术爱好者因此纷纷到武强参观、考察和进行艺术研究，年接待观众量达到 30 多万人次。武强年画被专家学者誉为"农耕文化的杰出代表""东方圣经图解"，武强年画博物馆被誉为"民间美术敦煌"。1993 年，武强县被文化部命名为"中国木版年画之乡"。2003 年，武强年画被确定为中国民族民间文化保护工程首批十大试点单位之一，2006 年入选第一批国家级非物质文化遗产名录，2009 年被评为河北省十大文化形象名片之一。武强年画博物馆也先后被确定为国家重点博物馆、国家二级博物馆、国家 AAAA 旅游景区、全国科普教育基地、中国木版年画出版研究会所在地、河北省爱国主义教育基地、河北省国防教育基地、河北省廉政教育基地，并被中央美院、天津美院等 20 余所大专院校定为教育教学实习基地。

二 馆藏文物的展示是"让文物活起来"的重要手段和具体体现

　　武强年画是当地最具特色的文化遗产，具有很高的艺术价值与人文价值，蕴藏着农耕时代的中国民间立体影像，广角的生活与社会，还有过往不复的精神情感。因此被誉为"农耕社会的百科全书"、"民俗生活的大观园"、"古代贴在墙上的电视"。其制作工艺为木版水色套印，传承了中国四大发明之一的"雕版印刷术"，是中国最古老的彩色印刷。在陈列布展中，我们力求将"让文物活起来"这一理念实现最大化。首先在展陈内容上精挑细选，将年画文物中最经典、最具代表性的作品和古版予以展出。其次在展陈形式上力求丰富多样，动静结合，内外兼修，平面展出与主体再现相得益彰，传统艺术与现代手段完美融合，并充分运用多媒体、场景复原、观众互动游戏、现场动手体验等多种载体形式和技术手段，提升观众参观的新鲜感和兴趣度，使之在参观中感受传统，触摸历史，愉悦身心，享受艺术之美。

同时，为扩大宣传效果，提升服务半径，使更多的人认识、了解和喜爱武强年画这一优秀传统民间艺术，我们坚持"请进来"与"走出去"相结合，固定陈列与流动展览相结合，传承保护与文化旅游相结合，延伸服务触角，拓展服务领域，强化服务功能，使博物馆的社会服务水平不断提高，知名度和影响力进一步提升。

一是"请进来"，积极开展各种活动，吸引各机关单位、企业、学校、社区群众走进博物馆，使之自觉接受传统文化教育、增强家乡自豪感。积极开展馆校共建活动，定期组织县内外中小学生到馆集体参观、学习，开展"讲述年画背后的故事"演讲比赛、作文竞赛等活动。坚持开展"我是小小讲解员"暑期培训活动，使中小学生不仅在语言表达上得到锻炼，还对家乡文化有了更深的认识与理解，并聘请其中的优秀学员成为博物馆志愿者，利用节假日时间到博物馆进行义务讲解，得到学生家长与社会各界好评。与北京市第 65 中学等学校联合举办武强年画艺术创作夏令营活动，每期招收营员 60 人左右，学习、了解武强年画基本知识及内容，讲授体验传统制作工艺，并进行武强年画创作比赛，提升其艺术素养，深化学校素质教育。发挥省级廉政教育基地功能，对武强年画中"成教化，助人伦"的优秀作品，如反映清朝禁烟时期官员不作为的《杠箱官》，永不满足、贪得无厌的《十不足》等，深挖内涵与现实结合编写讲解词，组织全县党员、干部到博物馆接受教育。

二是吸引美术院校走进博物馆，把博物馆作为他们的实习基地和第二课堂。武强年画在长期发展中形成了自己独特的艺术风格与特点，在构图、用色及创意上都对现代美术创作有很好的启迪与借鉴作用。中央美术学院、天津美术学院、河北师大美术学院、南京艺术学院等国内 20 余所高等美术院校将武强年画博物馆作为他们的实习基地，定期组织学生来馆考察、学习与创作，河北师范大学艺术学院还将武强年画设为必修课，聘请我馆年画艺术大师、传承人等到学校讲授年画的创作技法，推动了武强年画这一优秀民间艺术的传承与发展。

三是"走出去"，积极开展对外展览展示和艺术交流活动。我馆藏品以木版、纸质资料为主，体积小，重量轻，便于运输和携带，且在工艺制作的互动上有很强的优势。我们抓住这一有利条件，广开渠道，多方联系，积极推介展览，让武强年画走出博物馆、走出武强，走向全国、走向世界。全程参加了北京奥运会、残奥会、上海世博会和韩国丽水世博会期间的中国非物质文化遗产展演活动，先后在天津美术学院、中央美术学院等高等艺术院校推出了"非物质文化遗产进校园——武强年画精品展"，与韩国古版画博物馆结成友好博物馆，与韩国嘉会博物馆、瓷器博物馆建立了长期友好关系，从2006年至今已先后四次到韩国举办展览及开展学术交流活动（图一、二）。近年来，我们已在故宫博物院、中国美术馆、首都博物馆、国家博物馆、河北博物院、西藏博物馆、吉林省博物院、湖北图书馆、厦门华侨博物馆等70余家大中博物馆及20余所艺术院校举办专题展览近百个。并先后赴美国、日本、比利时、新加坡、荷兰、加拿大、西班牙及港、澳、台等20多个国家和地区展演交流，使武强年画蜚声海内外。

图一　武强年画外宣活动——天津
美术学院武强年画专题展

图二　武强年画外宣活动——韩国
嘉会博物馆武强年画专题展

三　加大文化创意产品的开发力度，是"让文物活起来"的又一重要选择和途径

　　博物馆馆藏文物是千百年来当地人民智慧和心血的结晶，置身于博物馆这个神圣的艺术殿堂，琳琅满目的精品与珍品会勾起公众强烈的欣赏和收藏欲望。开发博物馆文化创意产品，满足公众欣赏受教需求，是延伸博物馆藏品生命，体现博物馆社会服务功能的重要手段。博物馆开发的文化创意产品，应综

合自身藏品的元素、形象符号的元素以及当地的文化元素，是博物馆展览与综合服务的延伸，能够让观众将"文物"带回家，真正实现"让文物活起来"。同时，这也是博物馆文化传播的新途径。在大家对这些文化创意产品爱不释手的同时，对博物馆的关注以及博物馆知识、藏品知识的了解都在潜移默化的增多。因此，作为一个好的博物馆，必须注重本馆特色，开发系列博物馆文化产品，使之更好的成为博物馆联结、联系群众的桥梁和纽带。

武强年画一直是人们喜闻乐见的文化艺术品和收藏品。为更好地发挥年画博物馆藏品优势，开发出更多更好的年画文化产品，我馆成立了武强年画文化创意产品研发中心，以馆藏年画精品为借鉴，组织精干人员专门致力于年画新产品、新工艺的研究、设计，制作出多种年画工艺品，取得了较好经济效益和社会效益，为博物馆发展注入了活力。为提升产品档次，我们坚持采用传统原料印制，运用传统工艺托裱，精心设计装帧、包装形式，并把部分精品集印成册；与邮政部门联合开发了武强年画邮票、邮资封、邮票册等系列邮品（图三）；坚持走"艺术品实用化、实用品艺术化"的新路子，下力开发年画辐射产品，如年画扑克、台历、挂历、瓷盘、扇子、杯子、背包、T 恤等。积极探索运用现代科技手段和载体包装、推介武强年画，开发制作武强年画 MV、动漫片《六子争头》、《十不足》的基础上，完成了 30 集大型动画片《年画中的传奇》及相关衍生产品，拍摄制作的武强年画大型纪录片在中央电视台《探索·发现》栏目播出，获全国纪录片评比三等奖和河北省五个一工程奖，谋划拍摄武强年画电视连续剧，等等。近年来，武强年画博物馆开发的系列年画礼品多次获奖。2008 年，武强年画被评为河北省文化产业产品十佳品牌，衡水市特色旅游商品。2009 年，武强年画博物馆被河北省旅游局评为"河北省旅游产

图三　武强年画文创产品——邮票

品生产基地"。在 2011 年 CCTV7 首届"乡土盛典"颁奖晚会上，武强年画被评为"最具活力民间文化产业"。2016 年，武强年画获国家旅游局颁发的"中国特色旅游商品"银奖。目前，我馆开发的年画产品涵盖年画艺术品、工艺品、邮品、饰品及动漫衍生品等 20 余个系列 100 多个品种，畅销全国各地，并出口日本、美国、韩国、新加坡及港澳台等数十个国家和地区。

以横向联系让博物馆藏品活起来

——从生物依存共生关系宣介践行生态文明的意义

北京自然博物馆　殷学波

摘　要： 关联藏品，反映历史、自然原貌及满足社会需求。初期自然博物馆里大多是堆砌陈列分离的动物标本，后期才出现较多立体原色姿态标本及生态景箱。自然博物馆的展览需要更多体现生物相互依赖关系的实例，不仅要继续科普最主要的食物链关系，以提醒人们不要破坏捕食者与猎物的平衡，还要建议探求发现更多更有趣味、更和谐的生物共生关系，以向观众宣介践行生态文明的意义。

关键词： 博物馆藏品　横向联系　生物依存共生关系　生态文明

提到博物馆，人们一般认为那是收藏展示文物的场所。其实对自然类博物馆而言，其藏品大多数时候称为标本而不是文物，这些标本都是具有重要科学文化价值的。

笔者最初看到"让文物活起来"这个会议主题时，觉得改成"让博物馆藏品活起来"似乎更合适，但又想到了那些原址保护，并没有被收藏在博物馆库房的但可供旅游开发的不可移动文物。

因为各家博物馆的具体情况大不相同，不管是文物、标本，都是博物馆珍贵的物品，且让笔者选用博物馆藏品一词吧。对于"让博物馆藏品活起来"，大家的理解肯定会有很多，而本文要谈的可能是不同于大家的一个新的理解。

一　"让博物馆藏品活起来"的传统释义和我们的新解

1. 传统释义：背后的故事，展示手段，巡展及网上共享

让博物馆藏品活起来，首先要挖掘文物背后的故事，文物牵扯的故事。对

于人文历史类博物馆的藏品，其背后的人物较为重要；不过对于自然博物馆的藏品，其背后的人物是次要的。

据自然博物馆的陈绍星老先生回忆，60年代筹备植物展厅时，中科院植物所的业务秘书崔鸿宾转赠一小瓶浸制的苹果标本，是英国文化代表团赠送中国科学院的。这几个苹果，据说是当年牛顿看见苹果落地，然后发现万有引力的那株树上的苹果。自然博物馆原馆长杨钟健还拿出一块李树木头，长方形，约20厘米×8厘米×3厘米，是1928年参加瑞典国际地质学会议时，瑞典赠予每个会议代表作纪念的。这块木头取自瑞典生物学家林奈坟墓边的李树。因为展览使用了这两件标本，在"文化大革命"中，陈老先生被批判成了崇洋媚外、走专家路线的活标本。这样开发博物馆藏品背后的人物故事，也不过分。

让博物馆藏品活起来，第二要弄明白文物物品本身的故事，其材质、结构成分、生成并历经的过程、曾起到的作用。在自然博物馆、地质古生物博物馆等自然类博物馆里，研究人员经常利用电镜、核磁共振，甚至同位素技术研究藏品。而人文历史类博物馆的龙头老大——故宫博物院，现也有大批先进仪器设备，成立了文物保护修复技术中心。

让博物馆藏品活起来，在当今时代还要努力以声光电、电脑多媒体、增强虚拟现实等现代技术，重现其历史原貌。比如，观众在博物馆里看见锈迹斑斑的青铜器类文物，难以想象它们竟作为酒器或食具，若是以电脑技术呈现其未腐蚀之前的情景就好了。

把博物馆藏品多拿出来展览，或者把图文信息公布到网上，让更多人了解，甚至可以远程查阅，都是让博物馆藏品活起来的很好的做法。

跨区域，在全国各地巡展或借展，比如在京津冀、长三角、珠三角这三个中国最大的城市群之间进行合作、巡展，更是让博物馆藏品活起来的手段。

2. 我们的新解：关联藏品，反映历史、自然原貌及满足社会需求

不管是文物还是标本，与其他的藏品跨门类组织起来使用，以更好、更全面地表现历史、自然整体的原貌，而且争取为当前的社会发展服务。

一个事物的过去、现在、未来，可以称为纵向联系；一个事物在同一时期与其他事物的关联性可以称为横向联系。世界上的任何事物与现象都不是孤立存在的，都同周围的其他事物和现象有某种联系或关系。找出与这件博物馆藏

品有重要关系的其他博物馆藏品，特别是有重要横向联系的藏品，是我们阐述的主要思想。

对于历史类展览，展出一个历史人物使用过的文物物品，采用场景原貌复原的形式，比放在展柜中孤立摆放要好。一个个孤立的文物单独罩在玻璃展柜里，标签简单到只有几个字，虽然每一件文物可能都堪称艺术品，但想以孤傲、神秘引人入胜，笔者不知道这样算不算是让文物活起来了。

对于自然类展览，也只有把有关系的生物标本关联起来，才能做成更生动，更有感染力的展览。对于下一部分我们再着重论述。

而且更全面表现历史、自然原貌的目的，还应当是为当前社会发展服务。当前社会需要历史、自然的哪方面知识，我们就应该拿出哪方面的博物馆藏品，筹办哪方面的展览，来解答人民群众的疑惑。

日本说钓鱼岛是它们的，无理取闹，我们就应当拿出文物藏品或其图片资料，举办展览，或者撰写文章予以驳斥。北京通州博物馆的琉球义士墓碑，就说明琉球是中国的藩属国，而不是日本的。1785 年日本人林子平所著《三国通览图说》中的钓鱼岛地图，已经清楚地说明钓鱼岛属于中国。

而在我们刚刚举办的南海水生生物展览中，图版中的 1890 年巴黎条约线，更明白地证明黄岩岛在菲律宾之外。

二　自然博物馆藏品、展品的前后阶段，对于生物标本活起来的认识与实践

1. 初期堆砌陈列分离的毛皮骨角壳牙，过度猎取导致物种濒危灭绝

古时候，人类认识自然生物，一般没有标本实物凭证留存。直到近代以来，随着西方殖民者带来的探险家和博物学家开始在世界各地考察采集，才逐渐有了成规模的自然博物馆藏品。

我国天津、上海两家自然博物馆的前身分别是殖民者桑志华（Emile Licent）、韩伯禄（Marie Heude）建立的北疆博物院、震旦博物院。大连自然博物馆起源于日本"南满洲铁道株式会社"创办的"地质调查所"，又曾称为满蒙物质参考馆、满蒙资源馆。

北京原来也有戴维（David）神甫于天主教堂北堂设立的百鸟堂，内有奇禽800多种。戴维神甫也是为中国大熊猫命名拉丁学名的人，中国鸽子树—珙桐属名（Davidia）、中国麋鹿拉丁学种加词（davidianus）则是为纪念戴维而命名。不过百鸟堂标本后来转入大清奉宸苑总库，后来下落不明。现在的北京自然博物馆是新中国自行筹建的。

开始，在探险家、博物学家的收藏室、标本馆库房里，收藏了大量的动物皮毛、盔壳、虎骨象牙，即假剥制标本以及植物的腊叶标本，药水浸制的内脏器官或全肉动物标本以及古生物的化石等等（本文暂不涉及化石类标本）。

在早期的自然博物馆对外开放的展厅里，工作人员一般也只是把以上标本堆砌密集摆放。这样展示的方式有它的好处，会让人们惊叹自然物藏丰富，但也会让人产生自然界的这些物藏可索取不尽的错觉。此外，当时的展览标牌写的也大多是这些生物可吃可用，可做这个可做那个，结果只会激起人们更大的猎取欲望。

16世纪后期，带着来复枪和猎犬的欧洲人来到毛里求斯，枪打狗咬，鸟飞蛋打，大量的渡渡鸟被捕杀，就连幼鸟和蛋也不能幸免。而渡渡鸟灭绝以后，一种大颅榄树的种子因不能经历渡渡鸟肠胃催芽后排出的过程，不能发芽，只剩下几株老树。这种名贵的树眼看也要从地球上消失了。

越来越多物种灭绝，多米诺骨牌效应发生。1998年，北京麋鹿苑建立了一个世界灭绝动物墓地。以下是它们的灭绝年代：

渡渡鸟（1681）；史德拉海牛（1768）；恐鸟（1800左右）；白足澳洲林鼠（1902）；开普狮（1865）；阿特拉斯棕熊（1870）；南极狼（1875）；拟斑马（1883）；美国缅因州海鼬（1880）；澳洲小兔猼（1890）；昆士兰毛鼻袋熊（1900）；圣诞岛虎头鼠（1900）；澳米氏弹鼠（1901）；南加利福尼亚猫狐（1903）；东袋狸（1940）；北美纽芬兰白狼（1911）；基奈山狼（1915）；旅鸽（1914）；佛罗里达黑狼（1917）；新墨西哥狼（1920）；长毛蜘蛛猴（1920）；巴巴里狮（1922）；澳豚足袋狸（1926）；澳花袋鼠（1927）；澳巨兔袋狸（1930）；新南威尔士白袋鼠（1930）；塔斯曼尼亚虎（1936）；巴厘虎（1937）；巴基斯坦沙猫（1940）；大海雀（1844）；喀斯喀特棕狼（1950）；墨西哥灰熊（1964）；德克萨斯红狼（1970）；台湾云豹（1983）；里海虎

（1980）；爪哇虎（1980）；亚欧水貂（1997）。

还有对虎骨、象牙、犀角、龟壳、毛皮、鱼翅、肉制品等的需求导致的老虎、大象、犀牛、海龟、藏羚羊、鲨鱼、金枪鱼、鲸等动物的濒危状态。

欧洲人对沙图什披肩的需求，曾让中国的藏羚羊在20世纪最后20年遭遇大量偷猎，数量急剧下降，现存种群数量约为7万~10万只。

时至今日，日本还在以所谓"科研目的"大肆捕鲸，可是他们捕到的鲸却并没有被做成博物馆的生物标本。据海牙国际法院指出，2005~2014年日本科研捕鲸已经造成大约3600头小须鲸的死亡，而期间日本所谓的"科研结果"仅仅来自对9头小须鲸的解剖。

2. 后来出现较多的立体原色姿态标本，表现生物间关系的生态景箱

随着社会的发展，自然博物馆里的姿态立体标本越来越多。这些姿态立体标本在竭力表现动物的全貌、动态，像蜡像一样，栩栩如生。甚至植物也做立体原色标本，使用硅胶粉粒干燥后包埋，或采用塑化标本技术。

可是，孤立的姿态标本，没有场景，没有作用对象，就把它们直接放置在自然博物馆的展览中，还是不够的。虽然笔者这样说，但笔者绝不主张在展厅大规模地营造没有什么主题，没有包含足够多"包袱"亮点的生态景观。

一个生物活着，其特征是新陈代谢，它体内体外在不断地发生着物质交换，它会遇到周围的其他生物，它会狩猎捕食，它会寻找伴侣。它活着，就是通过它不断同其他生物发生这样那样的关系，来体现的。

在北京自然博物馆以前的微观生命展厅中，有"白细胞吃细菌"、"树突状细胞呈递抗原"、"产生抗生素的青霉菌放线菌"、"捕线虫真菌与杀虫微生物"等模型。每一模型都是表现生物之间关系的，表现动态的。在"生命的支撑——骨骼展览"中，还有一件展品表现的是：一种动物的骨架骑在另一种动物身上时的位置姿态。笔者印象深刻，牢记至今。

在自然博物馆非洲动物展览中，有一个非洲狮捕食角马的景观。景观中一头伏在地上非洲狮正在食用刚刚捕获的角马尸体，尸体肋骨外露，残缺不全，角马的头部则散落在不远处。旁边的枯树上有两只非洲兀鹫，正朝着狮子的方向静静地看着角马的尸体。景观的背景画上还有两只斑鬣狗，也盯着这个食用

场景。这个景观讲述的是非洲草原上的一个食物链的科学知识，即非洲狮等食肉动物捕获食草动物，而非洲兀鹫和斑鬣狗等食腐动物要等狮子离开后才去争抢残羹冷炙。

在自然博物馆以及天津、浙江自然博物馆的展厅，我曾见到一个班级的美术专业学生，对着大型动物生态布景箱写生。撤展后，还有在外国留学的美术专业人士为了创作，找熟人托关系申请到库房看某个大型动物标本。

这些都说明，自然博物馆的生物标本确实做得很有吸引力了。时至今日，需要我们横跨多学科，综合各生物门类，更适应时势，适应社会发展需要，配合国家建设的理念设计陈列展览。

要把自然物种之间的相互依赖关系表现出来，才能指导人们不过度利用某一物种，以免造成另一物种灭绝或濒危。有研究表明，森林中一种生物灭绝将引起其他三十种生物的生存问题。

三　体现博物馆藏品关联性，自然博物馆展览需要更多体现生物相互依赖关系的实例

1. 介绍最主要的食物链关系，保持捕食者与猎物的平衡

展览设计理念要多体现博物馆藏品关联性，自然生物展览得有更多体现生物相互依赖关系，大量物种相互依存的实例。

狼把羊都吃干净了，狼也得饿死，连狼和羊都有相互依赖关系。老板给工人工资太低，工人温饱之外再无消费，更不能买房，这个地方就永远发展不起来。老板与工人之间，也有依存关系。

动物园囚禁圈养的动物是活的，但其实已"死"了。因为它们离开了赖以生存的环境，没有了捕猎或采食能力。在动物园里，动物之间的捕食、相互依存关系等没办法表现，这种关系在博物馆虽然使用了静态的生物标本却可以表现得很好。

生态学（Ecology）是研究生物与环境及生物与生物之间相互关系的生物学分支学科。同种个体之间有互助有竞争，植物、动物、微生物之间也存在复杂的相生相克关系。人类为满足自身的需要，不断改变环境，环境反过来又影响

人类。随着人类活动范围的扩大与多样化，人类与环境的关系问题越来越突出。但是，现在翻开生态学教材，搜索生态学学术资料，在自然博物馆里，泛泛地讲述生物与环境及生物与生物之间相互关系，人们没有多深刻的印象。这就需要我们把最生动有趣的生物相互依赖的实例拿出来。

1859 年，农场主托马斯·奥斯汀把几对欧洲野兔带到了澳大利亚并放到了野外，几十年中，野兔的数量达到了几百万只，破坏了草原和庄稼，以致于当地的原生植物、动物甚至土壤都到了崩溃的边缘。

19 世纪末，挪威为了保护雪鹑（Lagopus mutus），鼓励猎取捕食雪鹑的猛禽和野兽，结果却引起球虫病在雪鹑中广泛传播，致使雪鹑大量死亡。

1876 年，美国费城百年博览会上，葛藤（Pueraria lobata）被吹捧为一种耐寒、快速生长的地被植物，可帮助抑制水土流失。但之后它成了通吃美国南部的藤蔓，导致大量本土植物消失。

1906 年，美国亚利桑那州的卡巴森林为保护鹿群，捕杀肉食动物，导致鹿群大量繁殖，没有食物，濒临灭绝。

美国于 1929 年开凿韦兰运河，把内陆水系与海洋沟通，导致七鳃鳗进入内陆水系，使虹鳟鱼年产量由 2000 万公斤减至 0.5 万公斤，严重破坏了内陆水产资源。

为了遏制当地鱼类的过度繁殖，1954 年尼罗河鲈鱼（Lates niloticus）被人引入非洲的维多利亚湖，但这种捕食能力超强的鱼却导致了非洲超过 200 种鱼类的灭绝。

20 世纪 50 年代，我国曾大量捕杀麻雀，致使一些地区虫害严重。

在 1974 年和 1983 年，大熊猫栖息地出现大面积箭竹开花枯死现象，夺走了大约 250 只野生大熊猫的生命。

从额尔齐斯河引入的河鲈（Perca fulviatilis）导致新疆博斯腾湖中的新疆大头鱼（Aspiorhynchus laticeps）灭绝。

长江里的中华鲟因葛洲坝截流失去产卵场所，又因黄颡鱼对其卵、仔鱼的捕食，葛洲坝下新发现的产卵场也不再见新鱼长成。

这些说明捕食者和被捕食者之间存在一种平衡，既有相互对抗的一面，又有相互依存的一面，两者是相辅相成的辩证关系。如果不能很好地理解生物之间的食物链关系，就难免会破坏捕食者与猎物的平衡。

2. 探求发现更多更有趣味、更和谐的生物共生关系

或许因为最大的生物依存关系是食物链、食物网关系，目前大部分的自然博物馆展厅策划设计，主要以食物链关系营造生态布景箱。可是这类布景箱看多了，会觉得太残酷了，有时难以向小孩子讲解。

虽然"适者生存，弱肉强食，动物杀戮"是事实，但是自然博物馆一味宣传这一方面，会诱导人们倾向于社会达尔文主义。1859年英国生物学家达尔文出版《物种起源》，提出生物进化论，被恩格斯称为19世纪自然科学的三大发现之一。但是达尔文可能没有想到，他创立的生物进化论会被斯宾塞（Spencer）等人发展为社会达尔文主义，成为鼓吹社会不平等、种族主义和为帝国主义侵略服务的理论。

生物物种间的关系，远不止你死我活的捕食、被捕食或非赢即输的竞争关系，还有互利共生、偏利寄生等相互依赖、复杂多样的关系。生物学中的共生是指不同种属按某种物质联系而共同生活、生存在一起。严格的共生，一者离开另一者不能单独生活；一者离开另一者，生活受影响，但仍能生存，称为共栖。寄生也是一种共生，偏利共生。更广义的共生，还指人类的产业文明与地球生态环境、生物多样性的互利共生。

所以我们这里搜集整理了更有趣味、更有人情味，也看起来更和谐美好的生物相互依赖关系，那就是生物共生大观。

以往自然博物馆的陈列展览是按生物界门、按生物进化展示，常分无脊椎动物、鱼类鸟类兽类、孢子植物、种子植物等展厅。而"生物共生大观"展览跨各大生物界门，纵横选取草原生态系统、海洋生态系统、森林生态系统、宏观生物与微生物之间以及农林牧渔中典型的不同门类生物之间的共生案例，向观众展示生物相容共处的一面，标志着自然博物馆的展览策划理念提高到了一个新的高度。

满足人类物质需要的产业文明开始无害于生态环境，后来严重破坏生态环境。最终能否与生态环境互利共生，能否遏制地球生物多样性的减退，仍旧是人类文明发展的难题。

我们的"生物共生大观"展览，主要分为以下几大部分：

（1）草原生态系统中的共栖共生现象；（2）海洋生态系统中的伴生共生生物；

（3）森林生态中依赖于对方的生物；（4）微生物生态系统中的共生生物；

（5）不了解生物相互依赖关系的反面实例；（6）人类产业与生态环境如何互利共生。

为简略起见，我们主要摘取一些第一部分生物依存共生的生物物种：

（1）牛椋鸟（Buphagus）∞ 水牛、犀牛、河马、斑马等动物

（2）牙签鸟（埃及燕鸻，Pluvianus aegyptius）∞ 尼罗河鳄鱼（Crocodylus niloticus）

（3）牛背鹭（Bubulcus coromandus）∞ 水牛，褐头牛鹂（Molothrus ater）∞ 水牛，黑牛文鸟（Bubalornis albirostris）

（4）勇地雀、尖嘴地雀（Geospiza difficilis）∞ 象龟（Geochelone nigra）、蓝脚鲣鸟（Sulanebouxii），啄羊鹦鹉（Nestor notabilis）

（5）加拉帕戈斯群岛海狮 A（rctocephalus galapagoensis）∞ 海鬣蜥（Amblyrhynchuscristatus）∞ 棘尾蜥（Hoplocercus spinosus）∞ 细纹方蟹（Grapsus tenuicrustatus）

（6）灰颈鹭鸨（非洲硕鸨，Ardeotis kori）∞ 洋红蜂虎（食蜂鸟，Merops nubicus）

（7）白腰雪雀（Montifringilla – taczanowskii），褐翅雪雀（Montifringilla adamsi），褐背拟地鸦（Pseudopodoces humilis）∞ 高原鼠兔（Ochotona curzoniae）

（8）北美野山羊（大角羊，Ovis canadensis）∞ 火鸡（turkey，Meleagris gallopavo），牛羚（Budorcas taxicolor）∞ 斑马（Dolichohippus）

（9）狮子王中的丁满（Timon），狐獴（Mungos mungo）∞ 彭彭（Pumbaa）疣猪（Phacochoerus aethiopicus）

（10）蜜獾（Mellivora capensis）∞ 响蜜䴕（Indicator sp.），文鸟（mannikin）∞ 胡蜂（wasp）

（11）绿啄木鸟∞伶鼬，猛禽背上的小鸟，河马背上的乌龟一家

（12）麝猫∞水牛，马∞猫，牛∞鸡，猴∞羊，鸽∞猴，鹦鹉∞猫

（13）蚁䴕（Jynx torquilla）∞黑树蚁（树上的多种蚂蚁）

（14）蚂蚁（ant）∞ 蚜虫（aphid）

通过这些生物依存共生的典型事例，观众不会过于感受生物世界的弱肉强食，而会很好地感受到生物之间相互依存的关系。

四 适应国家建设可持续发展需要，举办更有信服力的生态文明展览

人本身就是生物生态系统循环一分子，没有绿色植物制造新鲜空气，没有鱼类畅游的洁净水源，没有其他生物可持续提供有机食品，人类便不能长久生存。

京津冀、长三角、珠三角是中国三个最大城市群，城市群就是巨型水泥丛林吗？中国所有平原地带都被人们建成了水泥硬化路面，整齐修剪的草坪，自然界原本栖居于平原的生物就应该灭绝吗？

北京目前的首要任务是什么？是解决大城市病，是疏解，是促进京津冀地区协同发展，是防治沙尘暴，治理污染，是发展经济的同时留住青山绿水。习近平说，绿水青山就是金山银山，意思就是自然生物是我们的财富，这种财富不应被污染破坏掉，人们不能竭泽而渔，人类与自然生物要和谐共存。

现在国家规划了雄安新区，致力打造优美生态环境，构建蓝绿交织、清新明亮、水城共融的生态城市。这是习近平总书记要求规划建设新区的七大重点任务之一。

我们博物馆不应该适应国家需要做些什么吗？自然博物馆的使命是记录地球生命历史，指导人类对自然的科学利用及有效保护，为人类可持续发展保驾护航。如何能让领导干部在决策时、人民群众在日常生活中自觉自愿地践行生态保护的具体行动呢？

一万年太久，只争朝夕。举办生态保护的展览，不要再啰里啰唆，长篇累牍地平淡叙说，仅是使用一些没有实质说明作用的背景图片，却举不出较多的发人深省的典型事例和具体数据。以前，我们设计的"植物对环境的作用"、"保护我们的家园"、"植物与环境修复"展览，大量使用了具体的数字，比如1 公顷阔叶林每天释放出 700 多公斤氧气（可供 1000 人呼吸），5 万亩森林相

当于 100 万立方贮量的水库等等。

所以，我们应该以发人深省的事例（以及数据），积极探求博物馆藏品背后关联的事物的故事，让博物馆藏品活起来，为国家和社会发展服务。对自然博物馆来说，就是找到生物标本背后不同门类生物之间相互依赖的关系，举办相关有吸引力的展览，来引起民众对保护生态环境的重视。

参考文献

［1］杨红珍、李竹、黄满荣、倪永明、张昌盛、杨静、毕海燕、李湘涛、徐景先：《物种战争之潜伏》，中国社会出版社 2014 年版。

［2］李迎化：《生态文明与自然博物馆》，《中国博物馆》2001 年第 4 期。

［3］赵颖：《浙江自然博物馆生态建设临时展览实践与思考》，《浙江纺织服装职业技术学院学报》2013 年第 4 期。

［4］郑津春：《自然博物馆发展的生态化趋向》，《大众文艺》2011 年第 23 期。

［5］唐先华：《自然博物馆的生态文明教育》，《中国校外教育》2014 年第 31 期。

［6］郭耕：《法国仁神甫，博物京津沪》，天津自然博物馆编：《天津自然博物馆论丛》，科学出版社 2015 年版。

［7］甄朔南、沈永华主编：《现代博物馆学基础知识问答》，中国自然科学博物馆协会 2000 年。

［8］吴国盛：《自然史还是博物学?》，《读书》2016 年第 1 期。

博物馆文创

国家一级博物馆商标注册情况初步分析

山东大学　陈淑卿

摘　要：近年来，随着"文化兴国"战略的深入实施，博物馆文化资源的开发与利用备受关注。无论是文化产品的开发还是服务项目的拓展，均需要知识产权的保驾护航。商标是识别商品来源的重要标识，同时还是博物馆文化内涵与信誉的重要载体，兼备品质保证、宣传教育、彰显特征等功能。为了解目前我国博物馆注册商标的现状，本文全面收集国家一级博物馆经国家工商行政管理总局商标局注册商标基本信息，从商标结构、商标内涵、产业类别三个方面进行梳理与分析。最后对博物馆注册商标提出可操作性的建议：及时注册商标，进行预防性保护；充分体现博物馆藏品内涵，提高产品辨识度；按需注册，避免无谓浪费；与时俱进，注重时代意识和国际意识。

关键词：博物馆　知识产权　注册商标

　　近年来，随着"文化兴国"战略的深入实施，博物馆文化资源的开发与利用备受关注。首先是 2015 年《博物馆条例》中明确提出"鼓励博物馆挖掘藏品内涵，与文化创意、旅游等产业相结合"，为博物馆发展文创产品提供了法律和制度保障。2016 年文化部等部门《关于推动文化文物单位文化创意产品开发的若干意见》，进一步对如何开展文化创意产品开发做出具体部署，又在体制机制、支持政策等方面做出切实指导。另一方面，社会公众对于博物馆的文化服务也提出了更多的需求。因此，盘活文物资源，改进阐释手段，拓展服务渠道，是当前博物馆发展的必然趋势。

　　无论是文化产品的开发还是服务项目的拓展，均需要知识产权的保驾护航。依据 2007 年发布的《博物馆知识产权管理指南》，博物馆的知识产权有版权、商标权、专利权、网络域名和工业设计 5 种知识产权①。其中商标是识别商品来源的重要标识，也是博物馆文化内涵与信誉的重要载体，兼备品质保证、宣传教育、彰显特征等功能。为了解目前我国博物馆注册商标的现状，本文将全面收集国家一级博物馆经国家工商行政管理总局商标局注册商标的基本信息②，从商标结构、商标内涵、产业类别三个方面进行梳理与分析，以期对博物馆注册商标提出可操作性的建议。

一 博物馆商标结构及形式分类

商标是用来区别一个经营者的品牌或服务和其他经营者的品牌或服务的标记。我国《商标法》第 8 条明确规定了商标的结构，即"包括文字、图形、字母、数字、三维标志、颜色组合和声音等，以及上述要素的组合，均可以作为商标申请注册"。截至 2017 年 6 月 6 日，我国国家一级博物馆（129 家）在中国商标网上注册商标 2752 种（表一）。由于存在一种商标用于多项商品或服务类别的现象，因此除去部分尚在办理期间，看不到信息的外，目前可以查询到商标种类 264 种。从结构上看，以文字类最为常见，多达 138 种；单纯图形类相对较少，仅 39 种；其余均为组合式，即文字与图形组合结构。其他新型理念的商标，如三维标志商标、颜色组合商标、音响商标、气味商标等尚未见到。

表一 中国一级博物馆注册商标情况统计

序号	名称	省份	注册商标数量	注册商标种类
1	中国国家博物馆	北京	573	20
2	故宫博物院	北京	288	8
3	陕西历史博物馆	陕西	180	9
4	敦煌研究院	甘肃	170	29

① 孙昊亮：《博物馆知识产权法律问题探析》，《科技与法律》2014 年第 6 期。
② 本文所采用商标信息来源均为中国商标网。

序号	名称	省份	注册商标数量	注册商标种类
5	河南博物院	河南	148	12
6	西安半坡博物馆	陕西	125	9
7	武汉市中山舰博物馆	湖北	125	5
8	成都武侯祠博物馆	四川	113	20
9	西汉南越王博物馆	广东	104	3
10	汉阳陵博物馆	陕西	90	4
11	秦始皇帝陵博物院	陕西	86	13
12	自贡恐龙博物馆	四川	73	2
13	成都杜甫草堂博物馆	四川	70	13
14	西安碑林博物馆	陕西	51	3
15	首都博物馆	北京	48	9
16	中国科学技术馆	北京	45	1
17	山西博物院	山西	45	1
18	自贡市盐业历史博物馆	四川	45	1
19	湖南省博物馆	湖南	42	14
20	北京自然博物馆	北京	33	3
21	上海博物馆	上海	26	1
22	伪满皇宫博物院	吉林	21	1
23	西安博物院	陕西	21	1
24	重庆中国三峡博物馆	重庆	18	3
25	南京市博物总馆	江苏	18	2
26	南通博物苑	江苏	15	5
27	上海科技馆	上海	15	3
28	四川博物院	四川	14	2
29	宁波博物馆	浙江	11	1
30	侵华日军南京大屠杀遇难同胞纪念馆	江苏	10	2
31	甘肃省博物馆	甘肃	10	2

序号	名称	省份	注册商标数量	注册商标种类
32	中国煤炭博物馆	山西	9	5
33	中国人民革命军事博物馆	北京	8	1
34	广东省博物馆	广东	7	1
35	苏州博物馆	江苏	7	1
36	南昌八一起义纪念馆	江西	6	1
37	沈阳故宫博物院	辽宁	6	1
38	北京鲁迅博馆	北京	5	正在等待受理
39	南京博物院	江苏	5	4
40	中国人民抗日战争纪念馆	北京	5	1
41	山东博物馆	山东	5	1
42	辛亥革命武昌起义纪念馆	湖北	4	1
43	潍坊市博物馆	山东	3	正在等待受理
44	福建博物院	福建	3	3
45	广西壮族自治区博物馆	广西	3	3
46	遵义会议纪念馆	贵州	3	3
47	黑龙江省博物馆	黑龙江	3	3
48	天津博物馆	天津	3	3
49	中国地质博物馆	北京	3	1
50	华侨博物院	福建	2	2
51	中央苏区（闽西）历史博物馆	福建	2	2
52	西柏坡纪念馆	河北	2	2
53	开封市博物馆	河南	2	2
54	湖北省博物馆	湖北	2	2
55	常州博物馆	江苏	2	2
56	扬州博物馆	江苏	2	1
57	西藏博物馆	西藏	2	1
58	天水市博物馆	甘肃	1	1

序号	名称	省份	注册商标数量	注册商标种类
59	深圳博物馆	广东	1	1
60	海南省博物馆	海南	1	1
61	东北烈士纪念馆	黑龙江	1	1
62	吉林省博物院	吉林	1	1
63	荆州博物馆	湖北	1	1
64	吉林省自然博物馆	吉林	1	1
65	旅顺博物馆	辽宁	1	1
66	抗美援朝纪念馆	辽宁	1	1
67	辽宁省博物馆	辽宁	1	1
68	宁夏博物馆	宁夏	1	1
69	青岛市博物馆	山东	1	1
70	烟台市博物馆	山东	1	1
71	八路军太行纪念馆	山西	1	1
72	陈云纪念馆	上海	1	1
总计			2752	

注：129 家一级博物馆中有 57 家未注册商标。

1. 文字商标

所谓文字商标，就是指纯粹使用文字构成的商标。文字商标中采用的文字，可以包括汉字、汉语拼音字母、中国少数民族文字和外国文字。文字商标的文字书写不拘定式，楷、行、草、隶、篆，横书、直书、艺术体、印刷体、变异体均可使用。目前我国博物馆商标使用的文字，从其表现形式来看，主要有印刷文字、书法文字和印章文字三大类。印刷文字的使用频率相对较高，如陕西历史博物馆的"陕历博""周知礼""秦威武""汉英俊""唐美丽""唐宝贝""唐妞"，河南博物院的"河南博物院历史教室""贾湖骨笛""杜岭方鼎""妇好鸮尊""莲鹤方壶""双连壶""云纹铜禁""四神云气图""武曌金简""玉柄铁剑""汝窑天蓝釉刻花鹅颈瓶"和敦煌研究院的"敦煌壁画""敦煌彩塑""敦煌飞天""敦煌服饰""敦煌古乐""视觉敦煌""服饰敦煌""吉祥天女"等均为印刷文字，只是在字体上有所区别。

书法文字类商标的来源一般有两种，其一是博物馆馆名或博物馆下属机构名称，比如中国国家博物馆简称"国博"以及下属部门"国家博物馆蜡像艺术馆"，成都杜甫草堂博物馆"广益堂""碧草园""静香径""和畅园"等，另一类是直接采用出土文物上的书法文字，如湖南省博物馆"君幸酒""君幸食"，即为采用马王堆出土遗物原文。

印章文字的使用相对较少，一般是当代艺术家创作的作品，如首都博物馆全称的九节篆印章，中国国家博物馆全称的阴线刻、阳线刻印章以及简称的阴线刻印章。

2. 图形商标

图形商标，是指仅用图形构成的商标。一般由某种简单符号、较抽象的几何图形或者自然图形如人物、动植物、自然风景等物象为对象所构成。表现方式有的是实物照片，有的则是经过加工提炼、概括与夸张等手法进行处理的自然图形。与此相应，目前我国博物馆界注册商标的构成物象主要有以下几类：

其一是博物馆建筑外形，如中国国家博物馆、首都博物馆，旅顺博物馆、中国人民革命军事博物馆、重庆中国三峡博物馆，均以博物馆建筑正面线图为商标；而南昌八一起义纪念馆，则直接采用博物馆总指挥部旧址外部建筑侧面照片为商标。

其二是采用博物馆馆藏精品文物整体或部分元素为商标。文物整体造型如西汉南越王博物馆的玉璧、虎符，辽宁省博物馆的玉猪龙，湖南省博物馆的人面鼎等。采用文物部分元素的案例则有西安半坡博物馆的人面鱼纹、双鱼纹、单鱼纹、鹿纹、蛙纹等，再如湖南省博物馆的马王堆系列商标，图案元素提取自 T 形帛画和朱地彩绘棺的局部纹样，如怪兽、怪神、金乌、凤鸟、信期绣、乘云绣等。这类纹饰线条流畅，用典现成，含义深刻，特色鲜明，极具代表性。

人物形象的商标较为罕见，仅见于南通博物苑、开封市博物馆和首都博物馆。众所周知，清末状元张謇于 1905 年创办了中国第一家博物馆南通博物苑，因此该馆以张謇的照片为主要构成元素，注册了"张府茶园 1905"茶饮类商标。首都博物馆注册商标中人物形象是虚拟的动漫人物，首都博物馆少儿版网站，开设了宝典爷爷讲故事、传统宜居趣味问答、考古探险队、巧手小馆员等栏目，三个动漫人物即是这些栏目的主人公，分别为小女孩妞妞、小男孩小虎、老先生宝典爷爷。人物形象鲜明，造型活泼生动，极富亲和力。

3. 总体组合商标

总体组合商标，是指由两种或两种以上成分相结合构成的商标，也叫复合商标。绝大多数已经注册商标的博物馆均采用这种形式，其中图形、汉字、字母组合的案例较多，高达 43 种，最为常见的是直接采用博物馆馆徽作为商标图案，如秦始皇帝陵博物院、汉阳陵博物馆、山西博物院、南京博物院、广东省博物馆等。图形与汉字组合的案例相对略少，有 26 种，如故宫博物院"紫禁城"商标，其上半部分是故宫的典型元素重檐庑殿顶，下部分用变体"紫禁城"三个字结合起来作为墙体，组合成图文一体的标志，和谐美观；类似的还有西安碑林博物馆，上半部分为亭子顶部形状，下半部分是变体的"碑林"二字组成的墙体，玲珑别致，浑然一体。再如敦煌研究院的"敦煌魂"、南京博物院的"神帛堂"等。还有极少部分是图形—文字—数字组合，如南通博物苑的三种商标，均含有"1905"字样，突出始建年代，以展示其独一无二的文化属性。

二　博物馆商标内涵分析

商标是作为一种可识别的符号而存在的，通过造型简单、意义明确的视觉符号，将申请人的经营理念、经营内容、文化内涵、产品特性等要素，传递给社会公众，使人们能够借助自身的思维能力对符号进行辨识和联想，进而获得相应特定的信息，保持长久记忆。因此，在进行商标设计过程中，在追求可识别性的同时，也要尽可能地把内在素质与文化诉求充分体现出来。博物馆作为文化的传承与教育机构，在商标的设计方面更应将深刻发掘文化内涵并加以精准体现视作基本前提。依据现有博物馆注册商标来看，其所蕴含的信息主要体现在以下几个方面：

1. 采用博物馆名称或博物馆下设部门名称来命名

以博物馆名称来命名商标的现象相当普遍。具体命名方式，则又可分为博物馆全称、简称、别称以及相应的英文名称。如中国国家博物馆，采用中文全称"中国国家博物馆"注册商标 3 项，采用中英文全称"中国国家博物馆 NA-TIONAL MUSEUM OF CHINA"注册商标 2 项，采用简称"国博"注册 3 项，采用英文全称"NATIONAL MUSEUM OF CHINA"注册 1 项，简称"NMC"1 项；另外采用下设机构全称命名商标，如"国家博物馆蜡像艺术馆""国家博物馆文物科技保护中心 N. M. CHINA CENTER OF CONSERVATION""中国蜡像馆"，以及馆内学术活动注册的"国史讲堂""数字国博""国博之友 NATION-AL MUSEUM OF CHINA FRIENDS"等。再如故宫博物院，尽管没有采用"故宫博物院"全称注册文字商标，但采用了与故宫博物院形成唯一的对应关系的商标"故宫""紫禁城"等①，同时也对下设机构"故宫书店"进行了注册。

以馆名或部门名称来作为商标申请注册具备表达意思明确、视觉效果良好、易认易记等优点，在商界，商标、商号一体化也是比较普遍流行的做法，不仅收到同时宣传的效果，而且还可以得到双重法律制度的保障。

2. 采用博物馆陈列展览名称来命名

博物馆的陈列展览是博物馆展现自身研究成果、实现社会功能的主要手段，集科学性与艺术性、趣味性与思想性于一体，在建设优秀传统文化传承体系中发挥重要作用。因此，以博物馆陈列展览为注册商标命名，更易于构建起博物馆与社会公众间的桥梁。比如广西壮族自治区博物馆所注册商标"瓯骆遗粹"，就以其基本陈列"瓯骆遗粹——广西百越文化文物陈列"来命名。整个展览分为"远古神奇""上古华章""汉文越风"三个部分，清晰地梳理广西史前文明和广西两大族群西瓯、骆越先秦到三国时期所创造的文明成就，反映广西悠久灿烂的历史文化面貌，体现广西人民的伟大创造力和对于缔造统一多民族国家所作出的卓越贡献，同时还彻底改变了以往认为古代广西是"蛮荒之地"的错误观念。

四川博物院"流动博物馆"商标，则体现了一种特殊的展览方式。"大篷车"流动博物馆是四川博物院首创的一项展览方式，突破了传统博物馆展览的固定空间模式，以车辆为载体，把文物展览办到高校、部队、社区以及边远山区、民族地区、革命老区，让更多的群众享受博物馆的文化服务。该活动先后

---

① 栾文静：《博物馆商标权保护研究——以故宫博物院为例》，《中国博物馆》2016 年第 1 期。

荣获"2011年度博物馆免费开放最佳社区文化促进奖""中国博物馆教育项目示范案例""首届（2014年度）全国十佳文博技术产品奖"等殊荣。"流动博物馆"的概念已经深入人心，以此来注册商标，更进一步扩大了四川博物院的文化辐射力。

3. 采用博物馆举办的学术活动命名

博物馆举办的学术活动是对博物馆展览的延伸和拓展，是博物馆实践其教育使命的主要途径。中国博物馆的教育活动正处于方兴未艾之际，因此以教育为主的学术活动也是一项体现博物馆生命力的主要手段。国家一级博物馆大多设有常规性的教育活动并形成品牌效应，以此为名注册的商标就有中国国家博物馆的"国博之友"、河南博物院的"河南博物院历史教室"、青岛市博物馆的"博雅大客厅"等。

以系列学术活动注册商标的，则以敦煌研究院最具典型。2016年9月，在敦煌举办丝绸之路（敦煌）国际文化博览会期间，为推进敦煌文化艺术与当代生活美学建设的结合，敦煌研究院文化创意研究中心开展"如是敦煌"系列文创课程、"星空下阐释敦煌"夜场活动及"念念敦煌"文创体验手作工坊活动。同年11月，北京大学考古文博学院"源流运动"平台与敦煌研究院文化创意研究中心，在北京大学赛克勒考古与艺术博物馆联合举办"念念敦煌——丝路上的美学源流"展览及讲座、手作工坊等公众艺术活动。该活动提出"不再止步于理解古代，更要思考敦煌艺术的今天，参与敦煌艺术的未来"的理念，而系列商标的注册，则可视为用实际行动诠释了上述理念：即在研究保护好文化遗产的前提下，对其进行全方位、多角度的展示利用，提升文化遗产在当代的社会影响力。

4. 采用馆藏经典文物或体现博物馆藏品内涵的文物元素注册商标

博物馆藏品是形成博物馆及其一切业务活动的物质基础。博物馆藏品既是历史意义的体现，同时也涵括和反映当代社会的发展①。以馆藏精品文物或文物元素注册商标，也是开掘藏品的文化信息、展示博物馆的文化底蕴、宣传博物馆建设理念的一项有效途径。

---

① 宋向光：《博物馆藏品的意义：社会行为的物化》，《中国博物馆》1997年第3期。

以河南博物院为例，全部 12 项注册商标中，9 项以馆藏精品文物命名，如"贾湖骨笛""杜岭方鼎""妇好鸮尊""莲鹤方壶""双连壶""云纹铜禁""四神云气图""武曌金简""玉柄铁剑"；再如湖南省博物馆，上文已述，除了人面方鼎直接采用文物原图外，其余均为基于馆藏文物的文化元素再创作而成。西安半坡博物馆，在以文物部分元素"人面鱼纹""双鱼纹""单鱼纹""鹿纹""蛙纹"作为注册商标外，还注册了体现当时社会发展阶段的"母系氏族村""半坡母系氏族村"。陕西历史博物馆"周知礼""秦威武""汉英俊""唐美丽""唐宝贝""唐妞"系列商标，与首都博物馆的人物同样源于其开发的卡通人物漫画，是对馆藏文物历史信息与时代特征的平易而传神的归纳。早在 2015 年，"唐妞""唐美丽""汉英俊"等陕西历史博物馆的系列文创产品，进入"陕西数字博物馆"网上商城，正式上线销售。"唐妞"系列文化产品获得"全国博物馆文化产品创意设计推介活动"家居用品组铜奖①。文创产品进入更多人的生活，也是对文物内涵的提升和拓展。

三　博物馆商标产业类别分析

商标产业分类又称为商标商品及服务分类，是作为申请商标注册办理手续及缴纳费用的基本单位。依据世界知识产权组织对商品及服务进行分类的原则，国际商标产业分类共包括 45 类，其中商品 34 类，服务项目 11 类，共包含一万多个商品和服务项目。目前我国国家一级博物馆已注册商标涉及全部 45 类，共计注册商品及服务项目 2752 种。初步统计数据表明，排在前十位的种类分别是教育娱乐（第 41 类，175 种）、办公用品（第 16 类，148 种）、珠宝钟表（第 14 类，127 种）、网站服务（第 42 类，113 种）、厨房洁具（第 21 类，101 种）、广告销售（第 35 类，99 种）、服装鞋帽（第 25 类，92 种）、家具（第 20 类，89 种）、运输贮藏（第 39 类，88 种）、餐饮住宿（第 43 类，83 种）。

具体到各个博物馆的注册商标商业类别，则有以下三种分布方式：

第一类是全面注册型，即一个或几个商标，将全部 45 类商品统一注册。

---

① 陕西历史博物馆官网。

比如，故宫博物院拥有的 8 个注册商标，"故宫 PALACE MUSEUM"、"故宫书店 THE FORBIDDEN CITY BOOKSTORE"、"宫"字图形、"紫禁城"、"紫禁城 THE FORBIDDEN CITY"、"紫禁城 PALACE MUSEUM FORBIDDEN CITY" 6 个商标申请注册的类别涵盖了全部 45 类商品和服务（图一），而"故宫贡茶"和"御膳房"只注册了部分种类的商品和服务。再如陕西历史博物馆，采用"陕历博""陕西历史博物馆"（馆徽）两个商标申请注册的类别涵盖了全部 45 类商标（图二），其他商标只注册了部分商品和服务。另有中国科学技术馆和山西博物院，一个商标就注册了全部 45 类商品及服务项目。

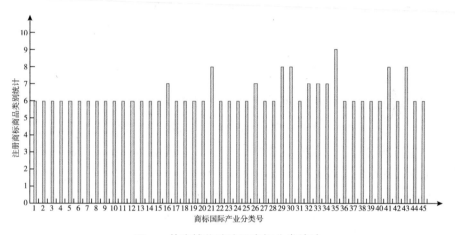

图一　故宫博物院注册商标分类统计

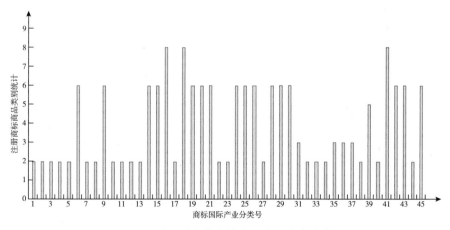

图二　陕西历史博物馆注册商标分类统计

第二类是点面结合型，即以博物馆名称命名的主要商标注册全部45类商品，同时其他商标则各有侧重，比如中国国家博物馆，全部注册商标共573种。采用中、英文全称"中国国家博物馆 NATIONAL MUSEUM OF CHINA"、阴线刻印章文字"国博"和阳线刻印章文字"国博"注册了全部45类商品，同时对第14、16类重点注册，分别注册了50种和36种商品（图三）。再如成都武侯祠博物馆，采用文字商标"武侯祠"注册全部45类商品，而用对第43类商品的注册商标则多达17种（图四），如"爱树山房"、"碧草园"、"古锦里驿站"、"广益堂"、"和畅园"、"结义楼"、"锦里红"、"锦里隐庐"、"静香径"、"三顾园"、"三国圣地"、"三国文化城；吴蜀魏国"、图形""、"武侯祠"、"武侯祠锦里"、"喜神方"、"隐庐"。凸显该博物馆对于第43类服务即餐饮住宿的重视。

第三类是突出重点型。并未关注全部类商品，而是对与自身关系密切的商标类别重点关注。如首都博物馆，仅注册了第9、14、16、20、21、24、25、28、35、36、41、42、43类商标，其中对第41类、第25类尤为重视（图五）。再如湖南省博物馆，重点关注第20、21、25类商品，即家具、厨房洁具、服装鞋帽类，应是为馆内自己的文创产品提供法律保障（图六）。成都杜甫草堂博物馆则比较关注第39、41和43类，即运输贮藏、教育娱乐和餐饮住宿类（图七）。敦煌研究院则比较重视第16、41和42类，即办公用品类、教育娱乐类和网站服务类，突出其学术研究的氛围（图八）。此外，还有个别博物馆只

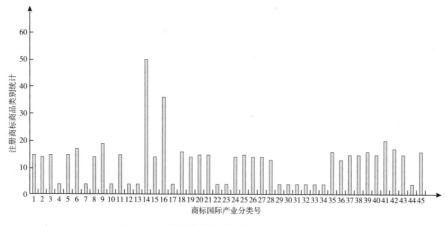

图三 中国国家博物馆注册商标分类统计

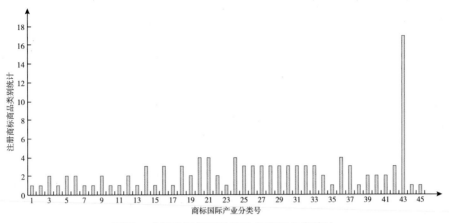

图四　成都武侯祠博物馆注册商标分类统计

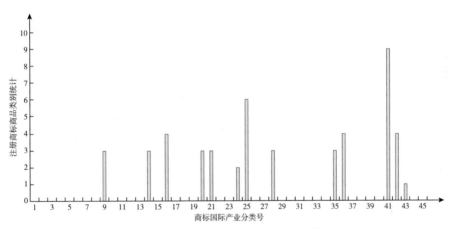

图五　首都博物馆注册商标分类统计

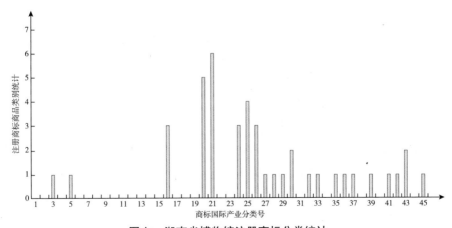

图六　湖南省博物馆注册商标分类统计

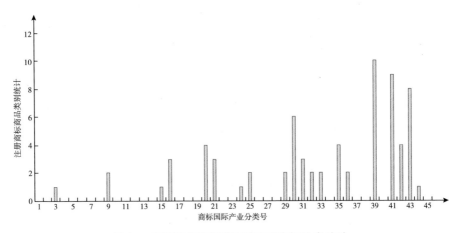

图七　成都杜甫草堂博物馆注册商标分类统计

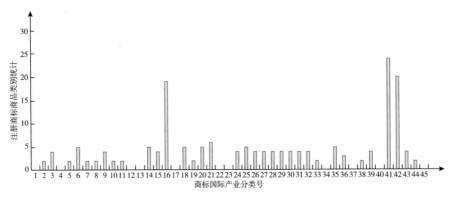

图八　敦煌研究院注册商标分类统计

注册一类商品的，比如开封市博物馆，申请的两个注册商标"太运""云记老店"均只指定第 16 类商标，而且只有年画一种商品。

四　关于博物馆注册商标的相关思考

从现有统计的数据来看，目前我国国家一级博物馆注册商标的情况不容乐观，注册商标意识相对薄弱。据 2012 年统计结果，首批 83 家国家一级馆中仅有 37 家博物馆注册商标，注册率为 44.6%①。时隔五年，截至 2017 年 6 月 6

---

① 高游：《我国首批国家一级博物馆商标注册法律分析》，《中国文物报》2012 年 12 月 12 日。

日，在129家一级博物馆中，拥有注册商标的博物馆仅72家，注册率上升到55.8%，进展依旧不是很显著（详见表一）。而且，各馆之间已注册商标数量也极不均衡。在全部注册商品及服务项目2752种中，中国国家博物馆拥有数量最多，高达573种；其次是故宫博物院，也达288种；数量在100～200之间的有7家博物馆，数量在10～99的博物馆有22家，而10种以下的则多达41家，其中有15家仅注册了1种（图九）。还有57家国家一级博物馆尚未申请注册商标，这在文创产品与文化服务备受重视的当今社会，实在是有待于顺应发展趋势，赶上时代潮流。

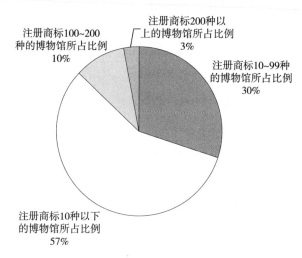

注册商标100~200种的博物馆所占比例 10%

注册商标200种以上的博物馆所占比例 3%

注册商标10~99种的博物馆所占比例 30%

注册商标10种以下的博物馆所占比例 57%

图九　72家一级博物馆注册商标情况分析

在我国，目前商标使用采取自愿注册原则，即指商标所有人根据自己的需要和意愿，自行决定是否申请商标注册。注册人对该注册商标享有专用权，受法律的保护；未经注册的商标也能使用，但使用人不享有商标专用权，不得与他人的商标相冲突。同时实行申请在先原则，即不论是否已经在先使用，谁先申请，谁就获得优先权。如果是在自己商标使用一段时间以后再申请注册，就可能会被别人"抢注"。据2012年数据显示，在83家首批国家一级博物馆中，有18家博物馆名称（或简写）被企业或个人抢注为商标①。最典型的案例如黄

---

① 高游：《我国首批国家一级博物馆商标注册法律分析》，《中国文物报》2012年12月12日。

埔军校旧址纪念馆 2003 年申请注册失败、2010 年"金沙遗址博物馆"和"jin-shasitemuseum. com"等中英文域名被起诉侵权等[①]。因此出于预防性保护考虑，博物馆应该及时对自己的文化元素进行积极注册，一则维护自己的品牌，二则维护文物的尊严，三则避免消费者认知混乱。

故宫博物院是全国第一家拥有注册商标的博物馆，2004 年，将注册的 8 个商标中的"故宫"和"紫禁城"认定为驰名商标。既增强了故宫博物院知识产权的保护力度，又可以有效预防故宫博物院的品牌资源被他人破坏[②]。此后由企业或个人提出的以"故宫"字样申请商标，均被驳回或难以通过审查。比如 2011 年台湾罗姓商人提出的"故宫精品"即被驳回；同年 3 月北京一家艺术顾问有限公司申请"故宫艺奇典藏 ARTKEY MUSEUM COLLECTION"商标则一直处于"等待实质审查"阶段，未能获得通过。即便对于已经注册成功的商标，仍然可以依据商标法对其提出异议，比如 2012 年沈阳某制药股份有限公司提出的"故宫"商标，商品内容为第 5 类药品类成药。尽管已通过初审，并被告知专用权期限 2014 年 7 月 7 日～2024 年 7 月 6 日，但是目前商标状态为"异议中"。可见，故宫博物院在品牌战略发展中，对于商标保护是相当重视并且卓有成效的。

其次，注册商标时，应深入发掘并充分体现博物馆藏品内涵，提高博物馆文化产品辨识度。据专家建议，博物馆注册的商标可以采用馆名、建筑物名称、展览名称、馆藏物品的形象[③]。然而据本人统计信息来看，尽管大部分博物馆采用馆名作为商标名称，但是建筑物名称却相对较少，只见于南通博物苑、成都武侯祠博物馆以及辛亥革命纪念馆等几处。以展览名称命名的更为罕见，仅见于敦煌研究院、广西壮族自治区博物馆等。其实陈列展览具备汇编作品的性质，可视作设计者的职务作品，其著作权人是法人单位博物馆[④]。将其注册为商标，既是对展览著作权的保护，也是对展览展示教育功能的进一步延伸。至于馆藏物品的形象，在商标注册方面利用得更是有欠充分。尽管 2009

---

① 徐玲、李云鹏：《近十余年博物馆知识产权研究》，《中国文物报》2013 年 11 月 13 日。
② 栾文静：《博物馆商标权保护研究——以故宫博物院为例》，《中国博物馆》2016 年第 1 期。
③ 来小鹏、杨美琳：《博物馆相关知识产权法律问题研究》，《中国博物馆》2012 年第 4 期。
④ 白建军：《陈列展览题名使用书名号的〈著作权法〉依据——兼议博物馆知识产权管理》，《现代商业》2011 年第 21 期；栾文静：《浅议博物馆的著作权保护》，《中国博物馆》2014 年第 4 期。

年，藏于中国国家博物馆的一级文物击鼓说唱俑的形象，被四川省成都市一民营企业成功注册商标的事件在文博界掀起轩然大波①，但客观上分析，这一事件对于推动博物馆商标注册并未产生多少实际作用。从国家一级博物馆商标信息统计数据来看，直接以馆藏文物形象注册商标的仅见于黑龙江省博物馆、西汉南越王博物馆和湖南省博物馆等少数几家博物馆，河南博物院虽然有多项以馆藏精品文物命名的商标，但均为文字而不是图像。其实早在 2004 年，说唱俑的形象及文字已被四川一家公司注册为第 33 类即酒类商标（注册号为3510922），随后在 2006 年，郫县另一家公司又申请注册"说唱俑"文字商标，商业类别包括第 29、30、39、43 类，并于 2009 年通过审核。其他著名的文物如"马踏飞燕"，自 1985 ～ 2017 年间，先后被 29 家公司和个人注册了 42 类商标。由是看来，绝大多数文物形象，目前仍处于未被保护的状态之下。因此有学者提出设立博物馆商标注册预审制，将各级博物馆名单交付受理申请的部门备案，建立前置保护机制②；或者在《商标法》第 10 条中明确增加一项"博物馆的名称、造型……除博物馆外，他人不得作为商标使用"③，当不失为合理的建议。

再次，博物馆在注册商标时，还应该考虑到按需注册，可以避免无谓浪费。在经费许可的情况下，固然可以预先将 45 类商标产业商品或服务全部注册，但还需考虑到商标的实际利用问题，即所注册商标的业务范围是否与目前博物馆的工作目标相一致，商标注册成功后，能否积极利用起来。《商标法》第 44 条规定，注册商标连续三年停止使用的，由商标局责令限期改正或者撤销其注册商标。因此，申请注册仅是保护的第一步，充分利用才是关键所在。因此依照实际需求注册，不失为一种明智的选择，比如南通博物苑的"张府茶园 1905"商标只有第 30 号（茶）一类商品，湖南省博物馆的"君幸酒"商标则是只针对 32、33 两类商品。

与此相应，依据《中华人民共和国商标法》对于商标进行分类注册的规

---

① 侯珂：《博物馆文物藏品的知识产权保护初探——由一起案例引发的思考》，《广西政法管理干部学院学报》2010 年第 3 期。

② 高游：《我国首批国家一级博物馆商标注册法律分析》，《中国文物报》2012 年 12 月 12 日。

③ 安宁、王杨：《浅析博物馆商标权保护问题》，《卷宗》2016 年第 1 期。

则，对已被抢注部分商品类别的知名商标，仍然可以及时注册自己所需的商品种类。如"三星堆"商标，早在 1991 年就被一家公司注册为图形商标，内容包括三星堆的中英文名字和青铜人面像，商品类别为第 24 类粗毛呢。随后陆续又被其他公司或个人注册，到 2006 年提出注册申请的各类商标 88 种，但上述情况并不妨碍三星堆遗址博物馆在 2010、2012、2016 年先后注册 22 种商标。如四川三星新材料科技股份有限公司于 2005 年 3 月将"三星堆"注册为第 6 类商标，商品类似群为 0601、0603、0608、0612，具体类别为金属门、金属门框、金属门板、金属门闩、金属窗、金属钳工台、角铁、金属栅栏用杆。而四川广汉三星堆博物馆则在 2010 年重又把"三星堆"注册为第 6 类商标，商品类似群为 0614、0622，商品或服务种类分别是金属纪念章、普通金属半身雕塑像、普通金属塑像、普通金属小雕像、普通金属小塑像、普通金属艺术品、青铜制品（艺术品）。对于既成事实的认可与最大限度争取自身利益并不矛盾，其他公司对于"三星堆"商标的使用，客观上也起到了对这一名称的宣传效果，也可谓各取所需，互利互惠。

然而，一旦注册商标与已注册商标存在类别上的重复，就很难再获得批复。如 2016 年 3 月 24 日四川广汉三星堆博物馆提出的国际分类为 14 号的商品，商品类似群 1401、1402、1404，具体类别为表用礼品盒、贵重金属盒、首饰用礼品盒、贵重金属锭、贵重金属合金、未加工、未打造的银、钟、手表、电子万年台历等，由于与越南籍的张姓商人注册的同一名称、同一服务类别的商标（商品类似群 1401、1402、1404）高度重合，目前仍未获得批复，而是处于"等待实质审查"阶段。

最后，博物馆注册商标还应与时俱进，富于时代意识和国际意识。在这个"互联网＋"的时代，博物馆基于门户网站建设，在品牌传播、信息发布、知识传授、观众互动、市场调查、门票和衍生商品的在线销售、在线浏览和服务等方面均获得了巨大的发展空间。博物馆网站域名的表达方式具有全球唯一性的特征，因此在《博物馆知识产权管理指南》中特意将博物馆的网络域名列为知识产权之一。在商业界，域名的出现一般晚于商标，为了使商业标识一体化，企业将其商标作为域名的组成部分注册使用，一方面有效地利用自己的商标信誉，同时还可以吸引原来的客户，在网上扩大企业和商标的知名度。然而在我国博物馆界，域名与商标的结合严重不足，且不说目前我国国家一级博物馆中，尚有 15 个博物馆没有建立网站；即便是在已注册商标中，采用英文域名的博物馆仅有中国国家博物馆和首都博物馆，因此发生"jinshasitemuseum. com"被抢注的现象也不足为奇了。此外，随着"文化自信，让中华文化走向世界"理念的践行，博物馆注册商标也会面临与国际接轨的问题。单纯的中文商标固然简明醒目，但对于华语区域以外的人，正确识别客观上还是存在一定困难的。目前尽管在一些博物馆馆徽上有英文馆名，但单纯以英文注册的商标仅见于秦始皇帝陵博物院和成都杜甫草堂博物馆。因此建议在未来对博物馆商标进行注册时，充分考虑其国际化因素，为博物馆文化产品走出国门、走向世界提供法律保障。

本文刊于《博物院》2018 年第 1 期

市场竞争环境下西方博物馆的
应对策略及其启示

深圳博物馆　史　瑶

摘　要：国际博物馆协会对博物馆定义的重新修订，以及国家不断出台推进博物馆相关文化产业发展的政策性文件，促使我国博物馆正在经历市场化的转变。有市场就会有竞争，社会经济的快速发展也持续不断地给博物馆带来多样化的竞争压力。如何在市场竞争环境中生存和发展，在博物馆市场化的同时能够保证博物馆的性质和正确发展方向，是博物馆必须面对并认真思考的问题。本文借鉴了西方博物馆学学者的研究成果，结合西方博物馆应对市场竞争的策略，并以西班牙瓦伦西亚艺术科学城为例进行分析研究，以期抛砖引玉，为我国博物馆在市场竞争环境中的发展提供一种思路和启示。

关键词：博物馆营销　市场竞争　体验式营销　教育性娱乐　博物馆公园

自20世纪80年代的新博物馆学运动以来，博物馆理论与实践都随之发生了一系列变化，博物馆的重心由"物"向"人"转变[1]。2007年8月24日，国际博物馆协会（ICOM，以下简称"国际博协"）在维也纳召开全体大会，通过了经过修改的《国际博物馆协会章程》，章程对博物馆定义进行了修订，修订后的定义为"博物馆是一个为社会及其发展服务的、向公众开放的非营利性常设机构，为教育、研究、欣赏的目的征集、保护、研究、传播并展出人类及人类环境的物质及非物质遗产"[2]。如何理解国际博协关于博物馆是非营利机构的规定，不仅影响到对博物馆本质特点的认识，也影响到对博物馆发展方向和

---

① 龚良：《从社会教育到社会服务》，《东南文化》2017年第3期。

② ICOM，Museum Definition.

发展动力的认识。"非营利机构"（nonprofit institution）是西方国家从法律、经济学、社会学角度对特定社会机构、团体组织的称谓。西方国家对此类机构的研究主要是从 20 世纪 70 年代开始的，对此类机构的性质、定义的认识也尚未统一。联合国社会统计署认为："此类机构的大部分收入不是以在市场上出售商品或服务获得的，而是通过其成员或支持者的会费或捐赠获得的。"① 我国学者将"非营利机构"的定义概括为："非营利机构注重社会效益，注重其工作结果，注重组织职能的实现，概括言之，是以职能（目的）为导向的。造成这一现象的主要原因是其工作经费和所需人力多是政府资助或社会捐助的，提供资助的组织和个人并不要求得到任何经济（金钱）的回报，……另外一个原因是非营利机构多从事社会福利、教育、文化等方面的公益活动，其行为成效很难用经济收益标准加以评估。"② 我国学者对非营利机构的定义更加明确具体，更加贴合对博物馆等相关文化机构的性质描述，国际博协强调将博物馆定义为非营利机构，其根本思想是要强调博物馆是为社会和社会发展服务的，即"非营利"是博物馆的性质和定位，并不代表对博物馆运营方式和市场行为的简单框定。

近年来，国家不断出台推进博物馆相关文化产业发展的政策性文件，将博物馆列为我国文化产业正在争夺的前沿之一③，这预示着在国家政策的支持下，市场营销作为博物馆经营文化产业的重要手段，有着巨大的发展空间和前景。2011 年，《国家文物博物馆事业发展"十二五"规划》提出发展文物博物馆相关文化产业的新任务："探索利用新形式、新途径，鼓励具有市场前景的文物资源在国家政策支持下，与产业和市场相结合，参与创造物质财富和精神财富，实现文物有效传承和持续发展……建立文物保护和利用的双赢机制……积极推动社会力量和社会资金参与文物资源利用工作。""十二五"规划的提出，为博物馆市场营销的发展提供了直接的政策性支持。

---

① Walter W. Powell. The Nonprofit Sector：A Research Handbook. Yale University Press，1987.
② 宋向光：《博物馆"非营利"机构性质谈》，《中国博物馆》2000 年第 4 期。
③ 《2001－2002 年中国文化产业蓝皮书总报告》指出："我们从行业门类上，把文化娱乐业、新闻出版、广播影视、音像、网络及计算机服务、旅游、教育等看作文化产业的主体或核心行业；把传统的文学、戏剧、音乐、美术、摄影、舞蹈、电影电视创作甚至工业与建筑设计，以及艺术博览场馆、图书馆等看作文化产业正在争夺的前沿；把广告业和咨询业等看作是它成功开拓的边疆。"

在自上而下的政策驱动下，以国家一级博物馆为首的一批大型综合性博物馆率先走向市场，以文化创意产品的开发为主，进行探索和试验，并取得了令人瞩目的经济效益和社会效益。然而，国内博物馆界并没有广泛接受市场化运营，对待博物馆市场营销仍持观望和怀疑态度。进一步来说，鉴于博物馆的性质和定义，在博物馆运营管理当中能否或者是否应该引进市场营销，在博物馆业界及学界引起了激烈讨论并导致博物馆从业人员在具体实践层面上产生分歧。

一 新的市场环境下，博物馆面临多种竞争

长期以来，博物馆一直是以价值观念为主导的社会公益性机构，这种一成不变的定位一是由博物馆的性质和目标决定的，另一方面，也与政府的文化政策有关。20世纪80年代，世界各国开始逐渐改变原有的文化政策，新的文化政策顺应公共管理全球化的发展趋势，将博物馆逐步推向市场（即博物馆市场化政策）[1]，这对政府资金支持的公共博物馆来说，增加了相当大的压力。时至今日，世界各国的许多博物馆仍在努力适应由新文化政策造成的博物馆运营理念的变化。有市场就存在竞争，对博物馆来说，这种竞争呈现出多样化态势，既包括与书城、电影院、主题公园、水族馆等不同行业领域之间的竞争，也包括与美术馆、画廊、艺术馆、专题展览等文化行业内的竞争，并且这种竞争在旅游业当中更加突出。西方学者对博物馆面临的竞争压力进行研究并将其分为四类：第一，机构间的竞争，如市民是选择去参观位于远郊的大型综合性博物馆，还是选择参观城区内一座小型专题性艺术馆，或者携家人在娱乐性的主题公园内度过一个周末；第二，选择方式的竞争，市民可以在选择参观博物馆的同时考虑旅游、读书、看电影等其他休闲娱乐方式；第三，意愿偏好的竞争，如市民会根据自己的意愿喜好选择不同的学习方式，如在聆听大学举办的公开课和博物馆举办的专题性讲座之间进行选择；第四，参观方式的竞争，例如，观众可以在网上浏览虚拟展厅和到博物馆现场观赏实物之间进行选择[2]。此外，

---

① Lee H K. When Arts Met Marketing: Arts Marketing Theory Embedded in Romanticism. International Journal of Cultural Policy, 2005, 11 (3): 289–305.

② Kotler N G, Kotler P, Kotler W I. Museum Marketing and Strategy. San Francisco: Jossey–Bass, 2008.

博物馆在争取政府资金支持和社会捐款方面与其他非营利机构之间也存在竞争。

在这种不稳定的持续的竞争环境中，博物馆不能再继续忽视形势的变化，而应该积极寻求其他替代资源的可能性。例如，有西方学者提出"博物馆可以凭借其专业优势充分利用自有资源，探索与其他机构或组织更紧密的合作模式"。西方学者还提出博物馆集群化战略，通过建设"博物馆群"使博物馆市场营销的实施更有效率，效益更加显著。一些世界知名的博物馆已经开始着手搭建博物馆馆际联系网，博物馆网络化使博物馆之间互相借展更加高效便捷①。除此之外，博物馆还可以与本地政府、旅游机构和组织更加密切地合作，建立本地博物馆联盟，增强本地博物馆的文化市场竞争力②。

二 西方博物馆应对策略——体验式营销、教育性娱乐和博物馆公园

新文化政策及日趋激烈且多样化的竞争环境促使博物馆逐渐走向市场化，并逐渐发展出博物馆独特的市场营销方式。半个世纪以来，一些世界著名博物馆，如卢浮宫博物馆、不列颠博物馆、大都会艺术博物馆，以及我国的故宫博物院、中国国家博物馆等，在制定营销策略的基础上逐步建立起应对新文化政策及适应外部竞争环境的新型管理体系和运营模式。在保持非营利机构性质的同时，立足于市场经济发展现状，多渠道研发文化产品，并将收益回馈于博物馆自身建设，取得了显著成绩。然而，西方学者也同样注意到博物馆业界和学界对博物馆市场营销顾虑重重，主要原因是他们认为营销本身与博物馆的定位和目标不符。在过去，博物馆业界认为他们的机构为藏品提供"纯洁"的环境，不受商业关系的"玷污"，尽管所有的博物馆都需要筹集资金来维持运转③。在我国，自现代营销学被引入博物馆以来，学术界的争论也始终未曾停

① Frey B S. Superstar Museums：An Economic Analysis. Journal of Cultural Economics，1998，22（2 - 3）：113 - 125.

② Siano A，Eagle L，Confetto M G，Siglioccolo M. Destination Competitiveness and Museum Marketing Strategies：An Emerging Issue in the Italian Context. Museum Management and Curatorship，2010，25（3）：259 - 276.

③ 珍妮特·马斯汀编，钱春霞等译：《新博物馆理论与实践导论》，江苏美术出版社 2008 年版。

止，存在着不同观点的激烈交锋。我国一些专家学者在博物馆市场营销问题上持反对态度，认为任何营销策略的应用都是不体面的，有损于博物馆的品质。针对市场营销与博物馆性质的矛盾问题，中外学者都在积极寻找解决的出路。

我国学者的主流研究观点首先认可市场营销在博物馆发展中的地位和作用，并且认为我国博物馆还处于市场营销的探索阶段。其次，明确了市场营销原则，提出"必须明确博物馆是非营利性机构，它提供的是公共产品，博物馆市场营销与一般产业开发不同……不应将博物馆完全抛向市场"。最后，为博物馆市场营销的应用提供操作思路："博物馆市场营销既要勇于开拓，在观念上求新，思维上求变，又要谨慎策划、周密思考……不能由营利性的商业手法进行主导，博物馆的文化产品需要坚持博物馆使命，遵守博物馆规律。要使博物馆市场营销达到预期目标，就必须对博物馆自身的场馆、人力、环境、藏品、品牌等文化资源进行分析、研究和评估，以便准确地阐述这些文化资源与市场营销目标之间的关系。"①

西方学者认为，一座成功的博物馆能够通过为观众提供一系列的服务来达到吸引观众、促进文化消费的目的，博物馆的展览不是简单地向观众展示藏品，而是给观众提供参与、互动、身临其境的体验②。西方学者对此做出进一步解释，认为体验式营销是由博物馆的工作目标从注重展览展示向注重观众服务转变过程中产生的，体验式营销通过向观众提供深刻的参观体验来满足观众的需求，增进博物馆核心竞争力。除了为观众提供基本的饮食、休闲、视觉、听觉享受之外，博物馆市场营销策略追求的是为观众提供全方位的博物馆感知体验③。博物馆的全方位体验融合了社会文化、观众认知、心理取向以及物质环境条件等因素，这些因素互相联系互相作用，旨在为观众提供高品质的体验式服务④。

① 单霁翔：《博物馆市场营销是一把"双刃剑"》，《故宫博物院院刊》2013 年第 4 期。

② Tubillejas B, Cuadrado M, Frasquet M. A Model of Determinant Attributes of Corporate Image in Cultural Services. Nonprofit and Voluntary Sector Quarterly, 2011, 40 (2)：356 – 376；Kotler N G, Kotler P, Kotler W I. Museum Marketing and Strategy. San Francisco：Jossey – Bass, 2008.

③ Petkus Jr E. Enhancing the Application of Experiential Marketing in the Arts. International Journal of Nonprofit and Voluntary Sector Marketing, 2004, 9 (1)：49 – 56.

④ Goulding C. The Museum Environment and the Visitor Experience. European Journal of Marketing, 2000, 34 (3/4)：261 – 278.

西方学者更偏向于对博物馆一系列具体操作进行统计、量化、分析、总结的方法论研究。有学者提出，文化机构所处的这种竞争环境应该促使博物馆探索出一种新型的文化消费模式。统计研究表明，文化机构希望能够继续保持教育和公益机构的地位，但是他们也必须面对经济和市场的压力①。因此，许多博物馆采取一种折中的办法，即在采用体验式营销策略为观众提供体验式服务的同时，利用自身专业优势不断探索一种智慧性娱乐的文化消费方式（intelligent entertainment）②。这种文化消费方式也被称作寓教于乐或教育性娱乐，英文 edutainment 由教育（education）与娱乐（entertainment）合并而来，顾名思义，是指博物馆依托娱乐的形式实现博物馆的教育功能，一方面使博物馆摆脱传统说教式形象吸引更多的观众，另一方面也保持了博物馆社会教育的性质和目标，实现经济效益和社会效益双丰收。然而，也有学者指出，这种为了吸引更多的观众而采用的教育性娱乐方式如果运用不当会令博物馆陷入迪士尼化（Disneyfication）的危险之中。迪士尼化是一种复制文化，不是指迪士尼乐园化，而是指一种社会文化传播现象，表现在不崇尚创造、偏爱复制尤其是缺乏创意的复制。其根本原因是在不了解其他文化的产生背景和内涵的情况下，而仅仅从外在形式出发的简单复制③。西方学者曾对欧洲的 491 座博物馆进行了一项研究，结论表明偏向学术性的、基于研究成果的展览方式只能满足部分观众的需求，如精英文化阶层的观众而不是普通的大众。这种与教育性娱乐的方式背道而驰的做法会导致博物馆收入减少，甚至无法吸引新的观众。因此，西方学者建议博物馆在以观众为导向开发博物馆服务时需考虑不同受众群体的需求④。

近年来，国际上出现了一种博物馆与主题公园混合化运营的、被称作"博物馆公园"（museopark）的新概念⑤。博物馆公园大胆吸收主题公园的娱

---

① Lagier J, De Barnier V. Marketing of Art or Art of Marketing: How to Break Resistance? Proceedings of the 42nd EMAC Annual Conference. Istanbul, 2013.

② Van Aalst I, Boogaarts I. From Mass Museum to Mass Entertainment. European Urban and Regional Studies, 2002, 9 (3): 195 – 209.

③ 郑时龄：《警惕中国城市建设中的迪士尼化现象》，《探索与争鸣》2016 年第 2 期。

④ Rentschler R, Hede A M. Museum Marketing: Competing in the Global Marketplace. Oxford: Butterworth – Heinemann, 2007.

⑤ Mencarelli R, Pulh M. Museoparks and Re – enchantment of the Museum Visits: An Approach Centered on Visual Ethnology. Qualitative Market Research, 2012, 15 (2): 148 – 164.

乐性因素来提升观众的体验，以社会教育为目的，同时肩负起传统意义上博物馆的保存和管理藏品的任务。博物馆传统的说教式社会教育方式对观众越来越失去吸引力，而且对博物馆来说几乎成为一种负担，令博物馆的发展举步维艰。而博物馆公园追求的不是单纯的娱乐观众，而是通过娱乐的形式让观众沉浸在具有激励性的环境中从而实现让观众积极主动学习的目的①。通过对展览内容的仔细分析、研究和筛选，同时精心结合一定的展陈方式来影响观众情感和认知，博物馆公园将重塑博物馆的运营形式，即博物馆公园不仅仅是知识的守护者，而且是知识交流的场所②。这种提议在国际博物馆业内被定义为博物馆后现代体验主义。通过大胆采用以引导观众积极学习为导向的娱乐方式，博物馆公园试图通过重新定义博物馆社会服务内容来提升观众的体验。然而，目前对于博物馆后现代体验主义的研究非常之少，相比之下，许多博物馆专题研究都是基于市场营销理论围绕博物馆市场化的发展方向进行的，反而是消费者社会学研究成果为博物馆后现代体验主义贡献了一定的理论基础。

通过调查发现，大多数博物馆公园是主要围绕着主题设置、空间环境设计和场景设置这三项内容精心设计的。

1. 主题设置

后现代体验主义与主题的设置密不可分，主题设置即对展览内容进行象征性的包装并对观众的行为赋予一定的意义，并且主题设置的内容要保持高度一致。最显著的例子就是迪士尼乐园，全球的迪士尼乐园设置的主题都是完全一样的。而对于传统博物馆来说，展览主题通常按照专业领域划分，如古代艺术、当代艺术、科学与技术、历史、自然等。

2. 空间环境设计

空间环境研究的对象是影响观众体验的物理环境，包括博物馆建筑设计，室内外装饰（灯光、颜色、材质、气味等），展厅空间，展览路线设计以及博

---

① Rennie L, Mac Clafferty T. Using Visits to Interactive Science and Technology Centers, Museums, Aquaria, and Zoos to Promote Learning in Science. Journal of Science Teacher Education, 1995, 6（4）: 175 – 185.

② Anderson G. Reinventing the Museum, Historical and Contemporary Perspectives on the Paradigm Shift. Oxford: Altamira Press, 2004.

物馆的总体氛围营造。这些空间环境因素至关重要，因为这些因素直接影响到观众的情绪和体验。

3. 场景设置

经典博物馆学的内容包括藏品的保管、保护、研究和展览展示，而场景设计和布置则是如何配合展览内容使之在实现明确的社会教育目的同时更加具有吸引力。场景设置通过采用前沿科技的展示手法为观众营造出某个故事情节以激起观众的兴趣。研究显示，故事情节越简单，观众的代入感和沉浸感就越强烈。相反的，虚构的、复杂的、难于理解的情节容易令观众感到迷惑。场景设置的目的是还原藏品的原生环境，令观众体验到其中的意义，从而使观众更易理解并体验展览的内容。

博物馆公园对主题、空间环境和场景的综合运用水平决定了观众对博物馆公园的整体体验和喜爱程度。为更好地理解博物馆公园的概念，本文以西班牙瓦伦西亚艺术科学城（City of Arts and Sciences，以下简称"艺术科学城"）作为调研对象（图一）。艺术科学城是西班牙巴伦西亚突利亚河（Turia）干河床上一组建筑群的总称，由瓦伦西亚的设计师圣地亚哥·卡拉特拉瓦（Santiago Calatrava）设计，其复杂精密的结构让艺术科学城成为现代建筑的杰出典范之一。艺术科学城宣称以满足观众的求知欲和娱乐需求为目标，建筑由菲力王子科学博物馆（图二）、海洋馆、天文馆（图三）、索菲亚歌剧院（图四）四部分组成，占地面积35万平方米，年观众量400万人次。艺术科学城所在的这个地区原本属于城市边缘，尚未完全开发，但是艺术科学城的兴建带动当地零售业、旅游业、房地产业的快速发展，使之成为瓦伦西亚市新的高级住宅区及重要的观光景点。

图一　瓦伦西亚艺术科学城夜景

图二　瓦伦西亚艺术科学城——
菲力王子科学博物馆

图三　瓦伦西亚艺术科学城——天文馆　　　图四　瓦伦西亚艺术科学城——
　　　　　　　　　　　　　　　　　　　　　　　　索菲亚歌剧院

　　艺术科学城建筑群被评为全世界十座最美建筑之一，其空间环境设计首先表现在它奇异、魔幻般的超现实主义建筑设计风格上，这吸引了大批国内外游客慕名而来。新博物馆学提出建筑即博物馆，认为应将博物馆建筑视为博物馆不可分割的一部分进行展示，从某种意义上说博物馆是一座具有高度象征性的建筑容器。在这个视角下，博物馆建筑物化了观众或游客的体验，体现了博物馆的价值并为博物馆赢得更多的声誉和魅力。

　　空间环境设计的另一项内容是展厅空间的设计。目前一个显著趋势是追求对展厅空间以及展览路线的超现实主义设计[①]。这对展览场景设计者而言是一项巨大挑战，因为他们需要借用展示设备和人造装饰去还原真实的环境，甚至要做到比真实环境还要真实[②]。这种空间设计展示手段被广泛应用于娱乐性主题公园之中为游客创造出一个完美的虚幻世界。就博物馆而言，一些学者开始提醒博物馆业界这种对真实的虚构和夸张表现存在一定风险。

　　艺术科学城海洋馆采用了沉浸式体验展览方式，其特点是使观众置身于展览之中去直接感受和体验，而不是简单地浏览展览内容和收听讲解，甚至观众的感受和体验本身就是博物馆想要表达和展示的内容。沉浸式体验的呈现方式分为两种，一种沉浸式体验方式可以通过场景设置来实现，这样的场景可以使观众置身于虚拟现实中来塑造观众对虚拟场景的感知。艺术科学城海洋馆设计

①　Perry N. Hyperreality and Global Culture. London：Routledge，1998.

②　Eco U. Travels in Hyperreality. New York：Harcourt，1986.

了一条 30 米长的海底隧道，观众
走在隧道中可以安全无虞地观赏
到鲨鱼、海豚等海洋生物在头顶
遨游，这条隧道使人们以在现实
世界中从未有过的视角重新感受
和认知海洋，是一个非常成功的
沉浸式体验的范例（图五）。

图五　瓦伦西亚艺术科学城海洋馆的海底隧道

　　沉浸式体验的第二种方式是
通过提供特殊设备和操作空间来
吸引观众参与展览内容并与之产生互动。观众的参与程度因人而异，也与博物
馆采用的技术水平有关。艺术科学城的设备还相当传统，主要是一些让观众可
以操作的把手、转盘、按钮等。而目前世界先进的增强现实技术（AR）、虚拟
现实技术（VR）、人工智能（AI）、体感互动游戏、高清投影、异形拼接屏、
全息技术等高新科技已经在博物馆业界不断推广使用，这些高新技术的应用常
常依赖于博物馆的创新水平以及预算能力。

　　此外，博物馆公园通过对自身独特的文化和展品进行产品开发和销售，使
观众与公园建立了更紧密的联系，即为观众提供纪念品购买服务来物化和延续
观众对博物馆公园的体验和感知。艺术科学城的海豚馆商店是个很好的例子，
几乎在每场海豚表演开始前商店内空空荡荡无人问津，而在一场表演结束后，
大批的观众涌入商店选购从专业图书到海豚公仔玩具的各类纪念品来延续海豚
秀的观赏体验。除此之外，博物馆公园还通过建立便利店、餐馆、剧场、礼
堂、会客室等配套服务设施来满足观众对博物馆公园多样化的体验需求。从这
个角度上来说，纪念品商店成为某种意义上的文化体验场所，博物馆周边产品
的开发进一步增强了观众对展览的认知和体验。目前，博物馆的发展趋势是纪
念品商店空间在世界各地博物馆内所占比例越来越大。这些博物馆的文化衍生
品，如明信片、玩具、T 恤衫、文具以及提供的食品、饮料等，一方面有利于
分担博物馆运营的成本，减轻纳税人的负担，实现博物馆资源投入的可持续
性，另一方面有利于增强和延续观众体验，推动博物馆提高整体服务水平。这
种商业化元素在艺术科学城随处可见，从进入大门购票开始到博物馆、海洋

馆、天文馆及歌剧院，观众不断置身于精心设计的营销方案之中，这也正是博物馆业界最有争议的部分。虽然博物馆长期以来不受市场的影响和左右，然而制度的巨大变迁和愈演愈烈的竞争环境迫使博物馆接受越来越多的商业化逻辑思维方式，诸如扩展空间用以开发商铺，售卖文化创意产品，经营餐馆，建立自己的品牌等等来吸引和保留更多的观众。

三　结　语

　　无论是体验式营销、教育性娱乐还是博物馆公园的概念，西方博物馆市场营销理论及运营实例为我们提供了一种思考方式和选择方向，需要我们辩证地看待和借鉴。博物馆市场营销的根本目的不仅仅是为了获取经济效益，而是以社会和公众为工作目标，通过一系列技术方法和过程的塑造，营造博物馆良好的生存和发展空间，实现博物馆存在价值的最大化，实现为社会和社会发展服务的总目标。通过市场营销，博物馆可以更好地把公众和社会需求摆在突出位置，促进博物馆的管理在规范和整合内部要素的同时更好地融入社会，从而在适应经济和社会环境需要的前提下，创造优良的博物馆生存环境。

本文刊于《博物院》2018 年第 1 期

立足地方，开发特色文创

——以广西壮族自治区博物馆为例

广西壮族自治区博物馆　吴伟峰

摘　要：特色博物馆可以通过文化创意来实现。广西壮族自治区博物馆创意的陈列展览内容设计、非物质文化遗产保护和传承的新方式、精准扶贫中的文化技能培训和创新的产品设计以及博物馆整体文化创意氛围的打造，都有丰富可行的实践和成果，有利于把博物馆建成多功能的文化设施，让文物说话，让历史告诉未来，满足日益发展的社会需求。

关键词：广西壮族自治区博物馆　文化创意　精准扶贫　特色

2017 年 4 月 19 日，习近平总书记到广西壮族自治区考察调研期间，首先前往北海市的合浦汉代文化博物馆参观海上丝绸之路文物精品展览。金饼、玻璃碗、波斯陶壶、水晶串珠等当地出土文物，有力地证实了合浦为海上丝绸之路早期始发港的历史。具有特色的展览得到了总书记的肯定，他说："博物馆建设不要'千馆一面'，不要追求形式上的大而全，展出的内容要突出特色。"① 这为中国博物馆今后的发展指明了方向。

在突出特色方面，广西壮族自治区博物馆（以下简称"广西博物馆"）主要通过文化创意来实现。在博物馆里，重视、挖掘和实施文化创意，是突出博物馆特色的一个重要方面。广西博物馆近年来重视继承传统，不断探索创新，走出了一条独具特色的博物馆文化创意之路。

---

① 鞠鹏、谢环驰：《习近平广西考察：写好新世纪海上丝绸之路新篇章》，新华网。

一　陈列展示与实景演出的创新

　　广西博物馆是省（自治区）级综合性地志博物馆，陈列大楼于 1978 年建成，1988 年在陈列大楼后建成民族文物苑。"内外结合，动静相辅；有声有色，有滋有味"是展览的理念和思路。民族文物苑最初的定位便是博物馆室内陈列的延伸和扩展，集知识性、娱乐性和趣味性为一体。博物馆充分利用文物苑广阔的空间来容纳和展示历史、民族文化的内容及内涵。室内与室外展示两者相结合，就如同一个大舞台，让众多精彩纷呈的内容得以更恰如其分地演绎。

　　"内外结合，动静相辅"是广西博物馆陈展的特点。民族文物仍然是现在进行时，与之相关的文化、环境、使用者仍然存在。民族文化中包含有一些大型的、室内难以展出的，或一些无形的、静态难以呈现的物件及传统习俗、技艺等。为改变展览方式，提升观众观展体验，广西博物馆民族民俗展览在突出民族文化特色时，将部分无法在室内展示或者室内展示效果不佳的如建筑、生产生活用具、手工技艺、艺术等民族文化内容，设置于民族文物苑这样一个相对开放、真实的空间进行露天展示。

　　"有声有色，有滋有味"是广西博物馆陈展的又一大特点。广西博物馆通过室内和室外展示，全方位宣传民族文化。有别于传统的室内文物展览，民族文物苑利用室外空间优势生动活泼地展示民族文化。

　　民族文物苑建成后，周边的社区、机关、学校等也时常在苑里举办各种活动；许多电影电视节目看中文物苑的地方民族特色，纷纷前来取景；少数民族也将民族文物苑视为自己第二个"家"，每逢民族节日都会相约到民族文物苑欢聚。在广西博物馆，观众通过参观展览、知识竞答、体验民族风情活动、品尝民族风味食品等方式学习民族文化，效果显著。民族文物苑内举办的各种活动，令广大游客和中外来宾体会到了广西独特的风情和文化。

　　广西博物馆的"民族传统建筑＋民族风情表演＋自然景观"的展示方式为国内首创，成为广西博物馆陈列展示的最大特色。广西博物馆这一文化创意上的成功，对以后的民族文化展示具有启示作用，在弘扬民族传统文化及促进文化事业产业化发展等方面做出了积极的贡献。

二 新的展示——"广西传统工艺展示馆"和 "广西非遗美食展示馆"

对于非物质文化遗产的保护和传承，从展示的角度来看，博物馆是最好的平台。2007 年 8 月 24 日修订的《国际博物馆协会章程》认为："博物馆是一个为社会及其发展服务的、向公众开放的非营利性常设机构，为教育、研究、欣赏的目的征集、保护、研究、传播并展出人类及人类环境的物质及非物质遗产。"其中的"非物质遗产"往往被忽略。它有着别的地方不具备的具体条件，比如专业场地、设计、展柜、灯光、流线及各种相关服务等，提供最好的展品展示的服务，不但有利于观众对文物、艺术品的欣赏和加深了解，也非常有利于文化遗产的弘扬与传播。

文化创意产品的设计和开发促进了非物质文化遗产的保护和传承。近年来，国家对文化创意产业的重视力度持续加强，达到了一个前所未有的高度，《博物馆条例》中首次规定："国家鼓励博物馆挖掘藏品内涵，与文化创意、旅游等产业相结合，开发衍生产品，增强博物馆发展能力。"2015 年 2 月 15 日，习近平指出"一个博物院就是一所大学校"，强调"要把凝结着中华民族传统文化的文物保护好、管理好，同时加强研究和利用，让历史说话，让文物说话。在传承祖先的成就和光荣、增强民族自尊和自信的同时，谨记历史的挫折和教训，少走弯路、更好前进"[1]。文化创意产品就是很好地利用文物，把博物馆文化带回家的范例。目前，故宫博物院推出的文创产品超过 8700 件，一年的营业额超过 10 亿元。中国国家博物馆也是如此。不列颠博物馆每年的文创产品、纪念品的收入约占全年博物馆总开支的 30%。广西博物馆不仅设计、创意文化产品，还制作与销售文创产品。广西博物馆贴近实际、突出特色、创新观念，与广西金壮锦公司合作，在馆内建设了广西传统工艺展示馆，与众不同的是，这个传统工艺展示馆集收藏、展示、创新、设计、制作、销售、传习培

---

① 潘婧瑶：《习近平谈文物保护工作的三句箴言》，人民网。

训于一身，这在国内的众多博物馆中是一个创举。传统工艺展示馆以壮锦为主，兼有广西地域文化特色的绣球、坭兴陶、铜鼓、蜡染、刺绣等。基于广西传统工艺展示馆的功能定位，在文化创意产品的开发方面发挥了领先的作用。2007年，广西博物馆策划参与了与广西金壮锦公司、广西工艺美术研究所合作在香港举办的"庆香港回归十周年——四大名锦耀香江"展览，这本身就是一个文化创意。之前只有"三大名锦"的说法，通过这个展览，"四大名锦"才因此产生，壮锦的影响力得以与其他"三大名锦"匹敌。更重要的是，这促使文化遗产得到继承和发展。

广西博物馆在引领经营开发广西历史民族美食餐饮方面颇具经验，弘扬民族历史餐饮文化，形成广西博物馆的又一品牌效应。1988年，广西博物馆民族文物苑内的民族风情餐厅开业，是首府南宁首家以民族风味、民族风情为主题的餐厅，一直经营到现在，主题不变。餐厅多年来挖掘、整理、创新了多种多样的民族民间菜式，受到众多游客的欢迎。观众游客看了博物馆的陈列展览，欣赏了多彩的民族风情，然后在木楼里、花丛间、池塘边、榕树下，品尝众多民族特色风味美食，伴有民族歌舞助兴，体验全方位的盛宴。广西博物馆正在把原有的民族风情餐厅改造成"广西非遗美食展示馆"，按照陈列展览的方式加入图片、文字、实物等内容，收集列入广西非物质文化遗产名录的各地美食，比较合适在餐厅里制作的，做成一本菜谱，只要游客想吃，都可以点菜做出来。实际上这就是博物馆里的一个特别的展览了。

三 在广西首创"文化创意空间"和"文创市集"

为保护、继承、弘扬优秀民族文化，让人民群众分享文化创意的成果，加快文化创意产业发展，广西博物馆在馆内的公共服务区创建文化创意空间（图一）。文化创意空间是开放交流的阅读室、工作室、学习室、分享室，参与者汇聚于此共享信息资料和知识，共创文化产品。文化创意空间为生产厂家和设计者牵线搭桥，打造文创产品品牌，并积极向社会和民众进行推广。广西博物馆经常在此举办读书会、学术沙龙、讲座等活动。精美的展览、新奇的产品、温馨的空间、雅致的氛围，每天都吸引不少游客，成为广西博物馆的一个新亮点。

为促进创意成果转化，让创意进入市场，让企业找到商机，让艺术走进生活，推进文化创意产业发展，广西博物馆承办了"2016 广西文化创意产品设计大赛"。与文化创意空间相配套，为了整合大学、博物馆、文化传承人、创业者资源，展示、交流优秀文创产品，培育文创人才，营造文创氛围，广西大学生创业就业研究会和广西博物馆于广西"三月三"期间举办"2017 年首届文创市集"，活动从 2017 年 3 月 30 日持续到 4 月 1 日，共 3 天（图二）。文创市集的形式多样，各种天马行空的想法汇集于此，有将传统文化、工艺与现代审美相结合的创新设计，如手工陶瓷、手工挂饰等；还有剪裁、编发、手绘等现场实践，吸引了很多市民驻足参与。此外，市集还设立了体验区，吸引相关社会企业和有意向者参观、体验、洽谈。此后，广西博物馆联合社会力量，在国际博物馆日、文化遗产日、国庆等重要节假日多次举办文创市集活动。在 2018 年新年，文创市集还策划了广西非遗美食一条街的品味活动，人们不但饱眼福，还得以饱口福。文创市集的举办将成为惯例。

图一　文化创意空间

图二　文创市集

四　扶贫中的文化创意

在人们心目中，博物馆办展览、做讲座、传播知识等，与社会有距离。其实，博物馆应该转变思路，发掘与当下社会热点的结合点，寻找服务社会的更多方式。

从2016年起，广西博物馆承担了广西昭平县黄姚镇凤立村68户贫困农民的脱贫任务。广西博物馆决心深入贯彻落实习近平总书记关于精准扶贫的重要指示精神，以文化技能培训作为重要支点精准发力。由于现代化的冲击，凤立村已成为老弱妇幼留守村，贫穷、原生态成为其标签。"授人以鱼不如授人以渔"。凤立村临近中国第三批历史文化名镇黄姚古镇，然而景区中的旅游纪念品90%以上是食品，少数是地方土特产，基本没有特色文化纪念品。于是，广西博物馆以"博物馆＋政府＋公司＋基地＋农户＋市场"的模式参与扶贫项目，采用织绣培训复苏当地传统技艺，给妇女一技之长。培训就选在黄姚古镇进行，周边村落感兴趣的妇女都可以参加。如此一来，织绣可以以古镇为主题，并长期在景区销售，确保了销售渠道的畅通；而且学员的织绣作品可以弥补当地特色民族旅游产品的空白，形成长期有效互动，并逐步辐射带动相关文化产业，真正做到"因地制宜"。

这种以织绣为重点，传承民族技艺的扶贫模式，致力于保护与传承指尖上的

图三　织绣技艺培训

广西少数民族文化，以列入国家特色产品重点项目的"桂绣"为重点培训内容，计划每年选定一个贫困村作为主要培训基地，精选三四十人传授广西民族传统织绣技艺，结业后将组织开展学员作品评选及学习成果展览，并引导参训学员继续发挥传帮带作用，激发越来越多的人自发参与广西少数民族传统技艺的"生产性保护"与"推广性传承"（图三）。"桂绣"是金壮锦文化艺术有限公司全力打造的品牌产品，是广西织绣技艺的集大成者。品牌开发以黄姚为试点，带动特色产业。通过"生产性保护"与"推广性传承"，使文化成为精准扶贫的支点和力量，帮助民众利用自己的民族文化资源脱贫受益，激发了公众参与到广西民族传统技艺的保护与传承中。

逐步辐射与带动相关文化产业，突破"千城一面"的同质化困境，全力助推广西特色文化产业的发展与壮大。

广西博物馆因此与广西织绣发展研究会、金壮锦公司合作开办了田东及黄姚两期"桂绣"培训班。2012年11月6日第1期"桂绣"培训班在百色田东作登乡启动，当地40多名妇女参加，培训期为3个月，2013年1月6日圆满结束。第2期"桂绣"培训班于2016年7月6日在贺州黄姚古镇启动，参加培训的41名学员来自黄姚周边的凤立等4个贫困村，同样进行为期3个月的织绣技能系统培训。除了绣，还有织。壮锦培训基地挂牌及开班典礼2017年6月21日在国家级的贫困县广西龙州板池举行，是广西博物馆和广西织绣会合作的"广西民族传统织绣培训计划"的第4期，集中龙州板池村40名女眷进行1个月的壮锦培训，培养非遗技艺传承人。此后还在南宁市举办了两期"桂绣"培训班，其中有刺绣技艺里面濒临失传"堆绣"，使得城市里的爱好者也掌握了"桂绣"技艺，"桂绣"织娘队伍日益壮大，珍贵的文化遗产也得到传承，收到了立竿见影的效果。培训班的开展不仅帮助学员掌握织绣技艺勤劳致富，传承广西传统织绣文化，同时，还以织绣培训成果为基础，全面开发广西少数民族特色的文化旅游创意产品，并逐步辐射与带动相关文化旅游产业的发展。"桂绣"工艺师和培训老师的作品及馆藏题材的"桂绣"精品的展出则是广西的传统民族刺绣技艺从传承到创新的体现，每幅绣品都体现了民族手工艺者独具绣心的执着与热情。这些绣品不仅是文化技能扶贫开展的成果，同时也是非物质文化遗产中的民族传统刺绣技艺传承和推广的开端。

广西博物馆"第一书记扶贫特产专营店"（图四）正式开业象征着博物馆的精准扶贫之路越走越宽。专营店是广西博物馆为精准扶贫开设的，出售的产品全部来自扶贫点贺州市黄姚镇凤立村，目前上架的有土鸡、红薯、山芋、干笋、百香果和山楂等原生态优质产品，今后还会不断丰富农副产品种类。在扶贫工作中，博物馆与广西文化厅演艺集团、非遗保护中心、广西文物考古所三家凤立村的扶贫责任单位，及时发现凤立村的农副产品优势，指导村民统一收购山笋。同时，广西博物馆与当地合作社共同动员村民集中种植山芋、红薯等农副产品。专营店不仅帮助凤立村集中销售农副产品，还聘请当地村民到店，培养销售技能，逐步增加村民的销售渠道与收入，指导贫困村民获得脱贫技能

图四 "第一书记扶贫特产专营店"重装开业

的同时创新脱贫理念，鼓励村民通过博物馆销售自家农副产品，从而解决销售渠道问题。扶贫店现已营运近一年，由广西博物馆办公室派专人统一经营管理，不断根据市场来调整店内商品和经营方式。比如，他们从最初直接售卖农产品，到后来对农产品进行加工后再出售，烤红薯、快煎饼、yuli 茶叶蛋①等已经成为周边午餐佳选。同时，扶贫店也积极展开合作，引入更具吸引力的产品。例如今年端午节，广西博物馆和台湾花莲县合作举办"壮锦太鲁阁锦历史文化展"期间，便用花莲县特有的茶叶、配方和广西乡村自产的土鸡蛋，制作并销售的台湾版茶叶蛋，颇受欢迎。除了食品，博物馆扶贫店也进行传统手工艺品的销售，由馆内壮锦青年研究人员于明凤负责经营。她将自己研究设计的新织绣纹饰，在培训时教授给手工艺人，产品在精准扶贫店进行销售。

凤立村精准扶贫店的农副产品物美价廉，尤其是有机蔬菜的价格低于超市，吸引了许多周边的居民专门前来购买，不少还是长期回头客，店里的营业额持续增加。商店获得的利润再投入扶贫项目，如此循环。比如，博物馆使用近两年来获得的扶贫收入，为凤立村的黄姓遗孤重新盖了房屋。同时商店的产销链也吸引一些青壮年返乡务农。从种植生产到产品运输都由村民负责，参与各环节的村民都能因此受益，脱贫的道路越走越宽。

凤立村是一个历史悠久的壮族村寨，距离黄姚古镇旅游风景区只有 11 千米，有遗存的多处古建筑，村落结构完整，人文内涵丰富，自然风光优美，好吃的食材很多。从长远来看，纳入到黄姚古镇的整体旅游发展规划，是一个必然的趋势。如何发挥自己的优势特色，积极融入现代社会的发展过程中，让村

---

① yuli 是台湾太鲁阁族群人，也是花莲的著名设计师、手工艺人。Yuli 茶叶蛋是用花莲的茶叶，凤立村土鸡蛋，yuli 授权的配方做成的茶叶蛋。

民可以当家做主，滋生新的发展业态，保护绿水青山，走可持续发展的道路，是广西博物馆精准扶贫思考的核心内容。结合本身的专业和经验，广西博物馆提出要在凤立村建设一个生态博物馆，保护、开发、传承文化遗产，与旅游紧密结合，用文化、生态的途径来实现可持续发展，彻底解决贫困问题。目前已经完成了可行性研究报告，准备实施。

五　文创出新葩

在国家鼓励和社会发展的趋势下，利用博物馆的文物资源优势发展文化创意产业，进而推动博物馆事业的发展，已成为各博物馆的共识。

广西具有悠久的历史和深厚的文化底蕴，各民族共同创造了丰富多彩的文化。广西博物馆藏品种类丰富，特色文物有 80 万年前的手斧，新石器时代的大石铲，商代的兽面纹提梁铜卣，国宝级铜鼓，汉代的木牍、漆绘铜盆、漆绘铜筒、大铜马、铜凤灯，具有地方特色的羊角钮铜钟、越式铜鼎、干栏式铜仓等。广西博物馆充分利用馆藏文物进行文创产品研发，拓展和延伸创意的广度和深度，更好地传达出藏品的精神内涵。同时，博物馆文创产品是地方特色历史文化、博物馆文化底蕴和艺术水准，以及观众历史文化记忆的载体。

广西博物馆研发的文创产品获得国家、自治区及市级的各种奖励，使得博物馆文化产品的社会认知度和影响力得到逐步提高。

馆长亲设计，人人搞文创，大家共同参与文化创意产品的设计，也是广西博物馆文化创意方面的一个特色。广西博物馆形成了浓郁的争先创意氛围，但凡有文化创意比赛，都会有多个部门提供作品。广西博物馆着意打造了海洋文化、边关文化、山水文化、历史文化、民族文化、茶马古道、一带一路等十五个系列的文化创意产品，与展览、文物呼应，是"让文物活起来，让历史说话"的生动手段。当前畅销的是香、茶等系列产品。广西有 32 万株沉香，用提炼精油后的渣做香，与禅文化结合，面向东南亚，销路很好。植入广西历史文化元素的东盟同声传译器的研制在进行中，提供 10 个国家的实时双向语音互译功能，面向东盟的大生意来啦！

广西博物馆坚持"内外结合，动静相辅；有声有色，有滋有味"的传统和理念，将设立以"八桂春秋"（广西通史）为主的基本陈列作为重要目标，通过各个历史时期的重要和特色文物呈现广西历史面貌，同时设置书画、文房、瓷器、珍宝、陶屋等专题陈列。在广西博物馆里，历史和民俗就像长河一样流淌，馆内好看好玩、可游可居、好吃宜购。广西博物馆成为集广西民族历史文化的保护、研究、展示、传承、教育、休闲、旅游、消费于一体的公共文化服务中心，并与周边的人民会堂、民族宫、科技馆、图书馆等共同打造"文化底蕴深厚、文化要素集聚、文化产业发达、文化创新活跃"的商务中心区。广西博物馆也将通过文化创意的构思和实践，营造成为兼具教育、研究、欣赏、休闲、娱乐、漫游、品味等功能的美好家园。

本文刊于《博物院》2018 年第 1 期

试论中小博物馆现阶段文创工作

西汉南越王博物馆　林冠男

　　摘　要： 文创工作是目前摆在每个国有博物馆面前的一项重要的工作任务，更是博物馆在新时代被赋予的社会责任。本文探讨了中小博物馆在现有体制和经费条件下，如何在文创工作中取得进展的一些想法和实践经验，特别指出文创产品也应该包括文创服务产品。

　　关键词： 博物馆　文创　服务　教育

　　文创即文化创意。很多中小型博物馆①在现有体制下对于文创工作都保持着观望的态度——以法人代表为首的管理层冷静地思索着在允许范围内可以实施的做法；而早已热情高涨的业务骨干们则怀揣着无数或萌态可掬，或端庄典雅的凸显自己博物馆文物风格的文创纪念品设计稿，等着法人们想出妙招，变设计稿为样品，变样品为产品。笔者所供职的西汉南越王博物馆也正面临着同样的问题——想搞文创开发，既无专项经费又无允许政策。最为尴尬的是，西汉南越王博物馆在2016年被列为国家、省、市文创试点单位，然而广州市对于文创试点单位没有任何落地政策出台。那么如何在现有形势下开展文创工作，我们颇费心思。同时我们清醒地认识到，文创工作是现阶段博物馆所需承担的社会责任，条件是否成熟都要去努力尝试。经过近两年的摸索与实践，我们认为，拓展文创开发工作理念，找准博物馆的经营发展定位，扎实公众服务，提升社会影响力是现阶段我们能够做到并易于实施的。

　　1988年对外开放的西汉南越王博物馆是一座以西汉初年在岭南确立政权的

---

　　①　文章中所指中小型博物馆即除国家财政部和国家文物局于2009年11月18日宣布的中央、地方共建的11家国家级重点博物馆之外的博物馆。

南越国第二代王赵眜的陵墓遗址及出土物为基础，建立的遗址性博物馆。遗址与文物的保护利用价值、科学研究价值及艺术欣赏价值极其突出。遗址出土的文物反映着西汉时华夏多元文化因素在岭南地区的融合发展，尤其是器物上反映的海外文化因素使它们在精彩纷呈的中原重器面前仍能颇具特色，并占有一席之地。在国家文物交流中心及海外策展人员组织的数次汉代文物大展中，南越王墓的出土文物是汉文化中独特岭南文化的代表。然而作为国家一级博物馆，博物馆的展示面积仅有 8500 多平方米，正式编制 77 人，年接待观众 40 万人左右，属于广州市文广新局管理下的公益性一类事业单位，从体量和接待能力来看，实在无法与一些省级大馆相比较，因而我们将西汉南越王博物馆定位为具有岭南特色的中小型博物馆。

一 放宽思路：文创不仅限于产品，更包括服务

很多正在心潮澎湃、干劲十足地参与文创工作的文博同仁们，如果仅仅把"文创"理解为文化创意产品，则会让博物馆在未来失去很大的发展机会。"文创"的含义不止于产品，更应该包括展览和服务——博物馆的文创产品可与博物馆的文物馆藏、展览、活动等服务共同推出。2016 年 12 月，江苏省政府印发了《省政府办公厅关于做好文化文物单位文化创意产品开发工作的通知》，创造性地把文化创意产品定义为"具有创造性的特展临展、服务公众的社会教育项目和文化创意衍生商品"。特展临展不必说，是每个博物馆的基本业务工作。服务公众的社会教育项目，是博物馆公众服务的一部分，笔者认为文创产品还可以包括全部公众服务，如参观服务、餐饮购物服务、文化教育服务[①]、博物馆专业培训服务等，它们都可以由博物馆围绕一定的文化主题进行系统开发和系列经营，使完善的服务内容、形式多样的服务项目，以博物馆品牌服务的方式向外输出，达到博物馆文化推广传播的目的。只要博物馆的功能齐全，正常地对外开放，都可以完成这些不受博物馆体量限制的基本日常服务。而且越是中小型博物馆，由于其员工能够更充分全面地参与到公众服务的多个项目

[①]　弘博网、北京汽车博物馆：《博物馆服务标准化实践指南——以北京汽车博物馆为例》，天津大学出版社 2017 年版。

和全过程中去，因此更利于其经验的积累和形成，并能通过不断地改进得到更快的提升。中小博物馆应该认识到这一优势，在保证正常的开放和业务工作的情况下，有所尝试。

二 找准博物馆自身的定位，突出特色经营

博物馆服务的经营和推出，都应该算作博物馆品牌经营的一部分，它不是零散的开发和售卖，而是需要通过深挖博物馆的特色和自身文物藏品的主题，开发出不同系列的服务和产品。因此，对于中小博物馆而言，在没有很多优势文物资源的情况下，深挖馆藏文物内涵、开发博物馆主体文化资源，是现阶段文创工作的要务。

未来博物馆观众面对琳琅满目的文创商品时，他们优先选取的一定是最富有特色的。这也要求各个博物馆要精确地找出自己的定位和特色。这对于大馆来说，拥有了特色的馆藏，很多工作容易开展。比如以打造中国皇室文化著称的故宫博物院等大馆，正是因为品牌定位明确、文物元素又丰富，社会影响力大，所以能够吸引很多设计公司或文化公司自愿先行投入资金或资源，为其开发文创产品。但对于一些没有什么社会影响力的中小博物馆来说，自身的特色是什么？如何确定，确实是一件难事，但这都是博物馆文创开发工作必须要先行解决的问题，无法回避也不能绕行。这项工作需要依靠对博物馆未来发展定位、馆藏文物的充分认识和了解，认真梳理文物资源，深挖馆藏文物的历史价值和艺术价值，进行主题的提炼和品牌的打造，从而确定博物馆自身的特色之处。

在这样的认识下，西汉南越王博物馆根据自身资源特点，明确自身经营主题为：突出墓葬遗址特色，展示汉代岭南历史文化，将博物馆打造成一座古代岭南艺术的宝库。在这样的发展定位下，我们推出的展览和活动都是围绕着"探索人类古代文明""探索汉墓王陵遗址"和"宣传岭南历史文化"几个主题来进行。

博物馆的建筑风格突出古墓遗址的特点：博物馆的主体建筑均以当年修建墓室的红色砂岩贴面，色彩醒目且庄重，为观众营造肃穆的参观氛围（图一）。

正门两旁的石虎犹如镇墓兽威猛地呈蹲踞之势（图二），背景的两堵石墙有如巨阙，夹住博物馆正门的入口，威严感顿生。至此，怀着敬畏之心，观众进入主题，迎面的 44 级台阶正对古墓（图三），引领着观众通过古代帝王陵墓的神道，激发着他们探寻古墓的兴致[①]。遗址和展示区内用券顶、覆斗顶和金字塔形的保护光棚向观众展示着人类不同时期墓葬建筑的主要形式。博物馆的内外装饰也以突出汉代岭南文化特色为主：正门两侧的浮雕展现着汉、越、楚等多元文化融合的特点，体现着岭南文化的包容性（图四）；主体陈列楼侧壁上浮

图一　西汉南越王博物馆
　　　　主体楼

图二　博物馆正门口的石虎

图三　博物馆综合陈列楼

图四　西汉南越王博物馆正门

---

①　王维一：《西汉南越王博物馆》，岭南美术出版社 2015 年版。

图五　主题陈列楼外侧船纹

图六　展厅内的木雕装饰

图七　西汉南越王博物馆注册商标

雕的越人海战图来自墓中出土的船纹铜提筒（图五），反映着南越先民制造海船探索海洋的历史；博物馆贵宾接待室和展厅中多次出现的特色木雕造型均源自墓中出土的精美葬玉装饰（图六）。在这样浓郁的汉墓风格下，经过多年精心的打造，逐渐形成了博物馆在公众中的形象特色。尤其是 2000 年，西汉南越王博物馆根据一件颇有内涵的文物——"龙凤纹重环玉佩"和富有汉墓特色的集马王堆汉墓隶书馆名注册成商标后（图七），博物馆内外的各种宣传材料、标识系统上都使用这一标志，使它成为南越王博物馆的公众代言形象。明确的主题定位为博物馆的发展明确了方向，与主题相匹配的形象标志成为公众辨识博物馆的醒目符号，便于记忆和区分。

三　通过输出原创展览，促进馆藏文物内涵研究，向公众提供更为丰富有趣的文物背景知识，为文创开发设计提供更丰富的学术支撑

经过 30 年的经营和发展，西汉南越王博物馆逐渐形成了以南越王墓出土文物及历代名窑陶瓷枕为主体的文物馆藏。就此而确定的策展方向为"探索世

图八 "苍山洱海滇池魂——
云南文物精品展"

图九 "发现邢窑——邢窑
陶瓷特展"序厅

图一〇 "大汉楚王与南越王"展序厅

图一一 "中山王与南越王"展序厅

界古代文明""探索中国古代文明""岭南历史文明""历代名窑瓷器"四大专题。在这样的策展方向指导下，西汉南越王博物馆的专题展览组织工作从早期的引进成型的展览到逐渐组建自己的策展团队，不仅与兄弟馆合作，更与考古院所等单位合作策划原创展览，如今基本实现了以引进文物，输出原创展览为主的办展模式。例如"苍山洱海滇池魂——云南文物精品展"（图八）"大唐余辉——长沙窑瓷器精品展""朝阳古事——辽西出土文物展""发现邢窑——邢窑陶瓷特展"（图九）等几个原创展览，即是业务人员根据已确定的选题，自主挑选借展文物，编写内容方案、形式方案，创作完成原创展览。展览结束后，合作单位给予极大的肯定，甚至有些直接巡展至其他兄弟单位。这样的策展过程使馆内业务人员的策展能力得到提升，也提高了业务人员的研究水平，激发起他们的自信心与自豪感；解决了由于馆藏内容较为单一造成的研究范围狭隘，无法激起业务人员长久研究兴趣的问题。最近几年，我们又在尝试策划"汉墓系列"对比展，并鼓励将南越王墓出土文物与其他墓葬的文物在临时展览中进行逐一对比展示（图一〇、一一）。通过这样的方法，使西汉南越王博物馆业务人员的研究兴趣再次回到汉墓文物和岭南文化中去，并使研究主题更加深化，打开了研究者的新思路，促进新成果的涌现，更多的文物背后的趣事、故事通过展览、官方微信等形式发布给公众，让公众更方便轻松地从多个角度和层面了解文物内涵。同时为博物馆文创设计元素提供更加丰富和深入的学术支撑。通过实践，我们发现，通过文物元素进行的文创衍生品设计，无论是由本单位亲自完成还是交由其他设计单位代为完成，对于文物元素的价值阐述越全面深入，越有利于形式设计人员对它的理解和开发设计。笔者认为这也正印证了南京博物院龚良院长曾经指出的，博物馆的科研成果能够转化为文化消费力，转化为现实生产力，并服务于文化遗产的保护的观点①。

四 扎实公众服务，逐步提升博物馆的社会影响力，经营打造好博物馆的自身品牌

现代社会，博物馆的功能是既反映社会又服务于社会，因此要求它必须以社会效益为唯一准则②。公众服务的目的即是提升博物馆的社会效益。公众服务，涵盖着参观服务、餐饮购物服务、文化教育服务、博物馆专业培训服务等多方面内容。扎扎实实做好日常的服务和开放，将细致周到、热情丰富的服务，深入每一位潜在观众的心里，培养对博物馆认可的公众粉丝团队，积累博物馆的人气，从而形成博物馆的影响力和品牌。这如同一个企业打造自己的IP，不是靠日常简单的宣传能够一蹴而就的，而是需要年复一年、日复一日的点滴积累和不懈努力来达成的。正如《博物馆吸引人的秘密》一书中所说的"博物馆工作者要始终保持着一种敬业的激情并与观众共同分享文化所带来的快乐"③。

好的展览为观众提供了高质量观赏内容；有序而整洁的展陈环境为参观过程营造了良好舒适的观展环境；展馆内一线工作人员良好的精神面貌和饱满的服务热情为观众们带去了舒适放松的观展体验；丰富多彩的宣传和社教

---

① 龚良：《文博杂语》，文物出版社 2012 年版。

② 同上。

③ 格拉汉姆·布莱克：《如何管理一家博物馆——博物馆吸引人的秘密》，中国轻工业出版社 2011 年版。

活动为公众们提供了深层次、多渠道、全方位了解馆藏文物，参与博物馆互动的机会；这些都拉近了博物馆与社会公众、进馆观众之间的距离。让博物馆在社区、社会中形成文化影响力，提升了博物馆的社会效益。这些都是博物馆在现有运营经费保障下和政策制度下能够做到且应该持续努力地去完成的。

公众服务项目中的文化教育服务是现阶段中小博物馆最易于尝试和实施的文创产品服务。它们以博物馆相关的主题、展览、馆藏文物为依托，以教育活动（主题课程、讲座等）为主要形式，配合作为教辅材料或教具的文创产品（纪念品），使博物馆能够分主题，连续推出这种极富创意且具备自身特色的文化产品服务。这些教育服务项目让博物馆学习轻松愉快，让不同年龄段的观众都能够得到学习的机会。结合多年的馆藏文物研究和教育实践工作，西汉南越王博物馆围绕博物馆的展示主题开发出多种满足不同层次观众的教育服务项目。主要包括两种形式：作为展览有机组成部分的儿童活动区项目和节假日开展的教育活动项目。

设置在展厅中的"南越玩国"和"专题展览互动区"已经有十多年的历史（图一二、一三）。早期，在博物馆还没有专门的教育活动空间的条件下，展厅内的互动区域发挥了很好的教育功能，"文物拓印""文物拼图""汉代岭南先民的餐桌"等项目在两处都只有几十平方米的区域内组织过几十场主题活动，为日后博物馆教育主题项目的拓展和开发奠定了基础。

图一二　主体陈列展区的"南越玩国"

图一三　专题展览区的互动空间

后来，博物馆收回了一处原本出租经营的纪念品商店，打造出专门的教育活动课室，使博物馆的教育活动项目内容更加丰富，并能够满足更多的公众需求，逐渐使服务内容更加完善。全过程的教育服务包括：某一主题的展厅导览，课室内的深入教学，以博物馆专门开发的该主题文创产品为教辅内容的手工制作，成果展示。

经过几年的摸索和实践，这些教育活动已经推出了几百场，主题课程几十个，开发出的教育主题文创产品达到十几款，参与者也从儿童拓展至成年人。这些文创产品因用于日常的教育活动项目，所以能够使用宣传教育经费来实现，但也决定了它们不能被售卖。

一旦未来政策允许，这些教育主题文创产品亦能够与配套的教育服务一同走向市场。同时，这些全套的教育服务又完全可以拓展至博物馆之外进行——提供给社区；提供给特殊需要的群体，如启智学校、医院、监狱等；提供给同行作为培训服务；或者仅以成系统的教学内容，以合作的形式提供给有需求的学校和一些教育机构等。这又为博物馆带来了更广阔的外部发展空间，能提供更多的社会服务，同时也促使博物馆根据自身业务特长开发出更多的专业服务，如业务培训服务（以故宫博物院推出的"故宫学院"为成功代表），博物馆之旅/博物馆夏令营活动，针对成年人的终身教育服务（讲座、工作坊、主题俱乐部、系列课程）等。

经过若干年的打磨，西汉南越王博物馆目前推出的三大品牌服务——节假日进行的"南越工坊"、暑期推出的"南博之夏"及专为学校打造的"探越学堂"项目（图一四），逐渐成为博物馆的品牌教育项目，得到了很多专业教育机构的认可和关注。这些社教服务，不仅为博物馆提升了社会影响力，培养了数名专业且富有经验的社教人才，同时开发出了大量的以馆内文物和汉代相关历史知识为主题的丰富的特色教育教学资源和教育文创产品。这些经年积累的优质历史教育资源配合馆内专业师资力量，在未来都能够以产品配套服务的形式，向外输出。这样的服务产品相较单一的文创产品

图一四　"南越工坊"活动区

具有更多的文化内涵，形式也能更加丰富。

博物馆的教育服务可以直接以产品的形式服务于社会，也可以历史或文物主题系列为内容，吸引或整合社会相关教育、商业企业或传媒平台共同开发出形式活泼易于参与的文化教育活动，拓展博物馆的活动空间，使更多的公众即便不进入博物馆也能享受到博物馆输出的文化教育服务项目，达到借力提升博物馆社会影响力的事半功倍的效果。

具有专业性、特殊性和稀缺性的博物馆的运营管理资源和业务资源，是博物馆拥有的如文物藏品一样宝贵的资源。这些资源对于许多新建馆和大量的民营博物馆来说都是可遇而不可求的。但如果博物馆能够在保证完成自身正常业务工作的前提下，将这些稀缺资源开发成服务项目，如文物包装、藏品管理、展陈服务、博物馆开放服务等，并以培训服务的方式向需求方进行输出，无论是否营利，都是博物馆以自身资源提供社会服务的一种有益的尝试，未来也会成为国有博物馆承担社会责任的方式之一。

综上所述，在现有政策制度和经费条件下，中小博物馆还是能够在文创工作上有所作为，积极行动起来为日后做好充分的准备和积累。

本文刊于《博物院》2018 年第 1 期

论苏州博物馆文创产品开发的发展与蜕变

苏州博物馆　蒋　菡

摘　要：本文介绍了苏州博物馆文创产品的基本概况，以及他们在文创产品创作理念和推动文创产业发展的理念方面的创新，在发展过程中遇到的问题和今后努力的方向。认为博物馆文创的发展要重视人才的培养和输送，要与企业和其他社会力量进行 IP 授权的尝试。同时，博物馆文创的发展也离不开政策的支持和扶植。

关键词：博物馆　文创　IP 授权

文化是促进消费升级的重要驱动力，文化产业的发展潜力无限，而博物馆作为一个收藏与传播民族记忆和文化的重要载体，势必要担负起其中重要的职责，在保护、收藏和传承优秀传统文化的同时，注重新形式的应用，以文创产品的形式开拓出更多符合时代脉搏、富含中华文明优质内涵的新载体，使其逐步成为中华文明新的形象代表。博物馆的文创不论在审美意趣还是产品设计方面都不仅仅是迎合大众，而应该能够对于消费者和衍生品市场起到一个引导和启发的作用，最终担负起引导城市文创方向的一个角色。

苏州博物馆是国家一级博物馆，是国内标志性的文化机构。新馆于 2006 年 10 月 6 日正式对外开放，设计者为著名的建筑设计大师贝聿铭。苏州博物馆与拙政园、狮子园毗邻，拥有享誉中外的新馆建筑，加之高质量的文物和持续举办的临展和各项活动，使苏州博物馆成为苏州著名地标，同时辐射半径达到长三角和海外部分地区。

近些年来，苏州博物馆通过对特色文化元素的提炼与灵活应用，推进产品转型升级，使本馆文创产品不仅具有其他商品共有的观赏性、实用性，还富有

图一　国宝味道秘色瓷
莲花碗曲奇饼干

图二　文衡山先生手植藤种子

图三　山水间置物座

历史性、文化性，推出了一批好卖又叫好的文创产品："国宝味道秘色瓷莲花碗曲奇饼干"（图一）登上了《人民日报》，被网友竞相追捧，2014年获"弘博奖·2014中国博物馆文化产品优秀奖"；"文衡山先生手植藤种子"（图二）被誉为最具生命力的文创产品；"山水间置物座"（图三）在淘宝众筹上线2小时内即筹得5万元。在经济效益和社会效益双丰收的同时，苏州博物馆还注重开展博物馆IP（Intellectual Property，知识产权）授权方面的尝试。2015年，苏州博物馆入选首批"全国博物馆文化产品示范单位"。

一　基本情况

2008年5月，苏州博物馆免费开放后，为进一步拓展博物馆服务功能，让观众深度体验博物馆文化，在主管局的协调下，苏州博物馆与苏州市文化经济发展总公司（苏州市文化广电新闻出版局下属公司）合作，并签订备忘录（苏州博物馆有自主开发经营文化产品的权利），成立苏州市博欣艺术品有限公司（以下简称"博欣公司"）以便开发经营苏州博物馆文创产品。2015 年 11 月，苏州博物馆艺术品商店踏出馆门，入驻苏州诚品生活百货，正式形成以新馆商场为核心，观众休息厅、紫藤书屋两个专柜点，淘宝网店为辅助，兼营诚品百货分店的格局。

博欣公司成立之初，一方面，积极向国家工商行政管理总局商标局成功申请注册了"苏州博物馆"商标（现已广泛应用于苏州博物馆文创产品、社会教育、临时展览、学术会议等业务活动中）；另一方面，2009 年在淘宝网开设了网店，利用网络空间为博物馆文创产品的经营活动开辟新途径。随着近几年社会各界对博物馆文创工作的持续关注，博物馆文化创意产品开发经营的形势也越来越好：2013～2016 年，苏州博物馆文创产品销售额实现了翻倍增长（图四），2015 年销售额达 706.6 万元，人均消费 4.16 元。2016 年销售额达 894 万元，相较 2015 年同比上涨 40%。其中淘宝网店销售额 60 万元，相较 2015 年同比上涨 128%。2017 年，苏州博物馆的文创产品销售额已达到 1500 万。

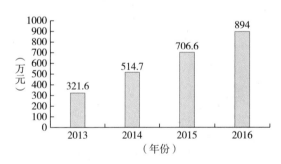

图四　2013～2016 年苏州博物馆文创产品年度销售额

二　理念的蜕变

在今天，传统与现代的对话一定是多元的。经过十年来的探索，苏州博物馆文创产品的开发越来越注重文化内涵与实用功能的结合，通过对文化元素的提炼与灵活应用，推进产品的转型升级，在坚持自身文化特色的创作过程中，进一步探寻传统文化的当代表达，让博物馆馆藏文物通过文化创意产品开发真正的活起来。

1. 社会效益与经济效益并重

市场的认可是文创产品成功与否的重要指标之一，然而在普通的商业属性之外，文创产品同时也兼具文化传承的历史使命，它可以让博物馆的藏品鲜活起来，潜移默化地传递背后所承载的文化内涵。因此，博物馆文创产品的研发在注重经济效益的同时，更应注重社会影响力，不仅仅是去迎合市场，还应满足更高文化与艺术层面的消费需求，更为广泛地服务和影响受众。

2. 创意、设计、情怀缺一不可，坚持"四不做"

苏州博物馆在产品研发中注重艺术性与功能性的完美结合，以文艺青年作为目标群体，逐渐形成精细、雅致的产品风格，打造具有江南文化韵味的文创产品。不论产品的大小、售价的高低，始终坚持以"创意、设计、情怀"三个基本要素去进行文创产品的研发，坚持"四不做"——不做贴图式的产品、不做复刻品、不做牵强附会的产品、不做华而不实的产品，而是立足于文物元素的创意转化和设计表达，进而讲出背后的文化故事。

图五 "型走的历史——把博物馆穿在身上"主题活动

3. 研发生产与IP授权两手抓

在自身文创产品研发工作开展得如火如荼的同时，苏州博物馆不再关起门来"自娱自乐"，而是不忘借助社会力量以IP授权的模式开始了相关探索。苏州博物馆以授权的模式与阿里巴巴在线上合作推出了"型走的历史——把博物馆穿在身上"主题活动（图五），联合知名服装品牌推出了24款以苏州博物馆文物和建筑元素为题材的时尚服饰，为期3天的活动，页面点击量超过300万，博物馆不仅获得了授权收入，更大的收获是扩大了博物馆的影响力，而被授权品牌也因博物馆的背书而有了更高的知名度，可谓是一个双赢的案例。而苏州博物馆也以此为经验逐步开展了更多的相关合作，与近 10 家品牌达成了长期授权合作协议。

三　机制的蜕变

在让文物活起来的同时，苏州博物馆也谋求着机制上的创新，摒弃事业单位管理上的思维惯性，让整个文化创意产品开发与运营工作和市场接轨逐步实现产业化运营，通过机制的变化让创意创新成为一种必然而不是偶然。而正是通过这种机制上的蜕变，才能让"活"起来的文物真正地"火"起来。

1. 独立成立班组开展运营

苏州博物馆很早就意识到文创工作与普通三产业务的差异性，认识到文创产品开发工作的重要性。因此，自 2013 年就将该项业务工作从办公室脱离出来，成立独立业务小组直接向馆长汇报工作。抛下原来冗余的制度和沉重的包袱，扁平化的管理和新的工作模式使文创工作能够轻装上阵，迸发出了新的活力。

2. 依托企业载体进行产业化运营

文创产品的开发、经营往往直面市场，产品开发后需要通过市场化运营成为商品投入社会。苏州博物馆的文创产品开发依托博欣公司这一载体，进行独立于博物馆外的进销存管理和财务核算，自负盈亏，以市场化的视角，遵循市场规律，积极参与到市场竞争中，努力实现从事业化运营到产业化运营的转变。

3. 建立新的用人机制

苏州博物馆在人才聘用方面采取了两大举措，一是不拘一格降人才，通过内部竞聘的模式鼓励馆内年轻人应聘文创负责人的岗位，通过公开评聘和民主测评竞争上岗；二是设立文创团队内部（博欣公司）绩效考评制度，通过将绩效与产品的研发、销售成绩挂钩的做法来实现人员的收入差异，摒弃事业单位吃大锅饭的收入模式，真正实现多劳多得、少劳少得。新的用人机制使得文创团队的工作热情高涨，文创工作呈现良性发展的态势。

四　面临问题

1. IP 合作授权面临问题

经过一些实践，苏州博物馆认为 IP 合作授权模式是一种可行的方式，但是目前主要面临三个问题：一是博物馆手中的 IP 资产的合法性，由于博物馆收藏的是都超过 50 年版权保护期限的文物，因此在授权的法理上存在一定争议，但是由于一般博物馆授权都是品牌和 IP 同时授权，因此这个问题通过合理操作可以解决。二是博物馆品牌和手中 IP 资产的估值问题，目前苏州博物馆进行授权缺乏系统的估值，只是"拍脑袋确定"，领导说了算，同时，如果进行估值也面临问题，估值高势必导致授权费高，不利于引导社会共同参与文创；估值低了则有国有资产流失的风险。三是合作方的后续监督问题，由于授权合作需要双方彼此很高的信任度和契约精神，而目前的中国社会信任体系并不健全，因此授权实施后对厂家的监督问题也是一个挑战。

2. 博物馆相关企业无法整合博物馆资源

苏州博物馆目前虽然申请了法人变更，但却尚未获批，此外即便解决法人问题，也只是解决日常经营问题，苏州博物馆目前管理的博欣公司从法律角度与苏州博物馆并无关系，这导致博欣公司无法将苏州博物馆的资源最大化使用，在很多平台上无法以苏州博物馆的名义进行文创宣传、销售等活动，这势必将导致苏州博物馆的文创事业发展受限。而苏州博物馆所面临的这个问题，也是在国内博物馆中普遍存在的问题。

五　发展方向

1. 继续坚持自身文化，开发特色文创产品

博物馆文创产品有别于其他文化产品，在做到质量优良的前提下，要充分发挥博物馆优势，利用馆藏文物资源，同时摆脱过去制作高仿书画、青铜器、瓷器等商品的传统观念，提取适合创作的元素进行再设计，提高文创产品附加

值。文创产品要定位准确，苏州博物馆也不做现在市面上流行的各种"萌萌哒"文创产品，因为这与苏州博物馆在观众心目中的形象气质不符，不能体现苏州和苏州博物馆的特色。苏州博物馆的文创产品开发主要围绕三个方面：特色馆藏、贝聿铭先生设计的新馆建筑以及苏州地方文化和传统手工艺（图六）。

图六　沈周玉兰缂丝拉链钱包

结合消费群体的需求，苏州博物馆通过对上述特色文化元素的提炼与灵活应用，推进产品的转型升级，将博物馆文化与消费者的审美体验紧密结合，开发适合本馆的充满地域文化特色的产品，即体现文人文化"精致雅洁"的文创产品是苏州博物馆文化产品的方向。

2. 继续进行 IP 合作授权模式的探索与尝试

博物馆应注重 IP，推进博物馆艺术品授权工作。对于博物馆来说，IP 包括了发表权、展览权、版权、商标权等。如何充分利用博物馆 IP，发挥 IP 的最大效益是博物馆文化创意产业的重要课题。苏州博物馆将继续开展 IP 授权方面的尝试，同时结合互联网平台，将文创做大做强。

3. 继续开展机制上的探索和创新

博物馆本身作为事业单位，没有操盘产业的"基因"，而现行的绩效管理制度，十分不利于文创产业的孵化和发展。因此，苏州博物馆也将在机制上求新求变，一方面推动内部变革，一方面借助社会力量进一步提升文创的各种可能性。

4. 始终坚持社会效益与经济效益并重

博物馆文化创意产业有别于一般企业以追求营利为主要目的，应该坚持社会效益与经济效益并重，而不是简单的"破墙开店"全面经商的三产模式。除了贝聿铭的建筑和博物馆的展览以及社教工作，文创在博物馆的形象展示和塑造上也起到了十分重要的作用。博物馆应该担负起引导城市文创方向的作用，注重经济效益的同时，更注重社会影响力。

六 思考与启示

1. 要注重人才的培养与输送

创意人才和经营人才的培养与输送是文博创意产业发展不可或缺的条件。在产品设计方面，应积极吸收设计人才，鼓励创新，尊重首创精神，正如博物馆展览正在探索策展人制度一样，博物馆文创产品开发也应该重视对"出品人"的培养，使他们的设计思路和劳动成果在文创产品中有所体现；在经营管理方面，需要培养既懂博物馆又懂运营的文创经理人，通过中国博物馆协会文创产品专业委员会的力量，引进国外先进师资，在全国博物馆中开展不定期的博物馆文创经理人的交流与培训，引导文博创意产业向更加健康规范的方向发展。

2. 要注重引导社会力量参与

博物馆文创产品开发工作是弘扬中华传统文化的重要手段，不应仅仅由博物馆关起门来做，而应该广泛地汲取社会的人力、物力、财力来共同打造。通过结合"互联网＋"、IP授权等合作手段寻求更加灵活多样的运营方式，努力让博物馆IP及其背后厚重的"故事"变得"平易近人"，适应多元群体的不同兴趣特征，满足不断变化发展的社会文化需求。

3. 政策扶持是发展好博物馆文创产品开发工作的重要保障

这项工作的健康良性发展需要政府营造更好的环境，包括合理的政策环境、公平竞争的市场环境、尊重创新的文化环境等。为避免博物馆过度依赖政府支撑而缺乏进取动力，政府的支持可以通过相关制度的完善来实现，如提倡跨界对话，搭建博物馆与国内外文创设计单位、各类电商以及对文博创意产业有兴趣的社会资本的综合性交流平台；加强对博物馆商标注册方面的保护管理；加强对博物馆文创产品的监管力度，开展博物馆文创产品质量管理体系认证等。

七 结 语

文化是促进消费升级的重要驱动力，文化产业的发展潜力将会是无限的，而博物馆作为有着独一无二的文化遗产资源的公共文化机构，在文化产业市场中理应占据一席之地。展望未来，博物馆文化创意产品开发工作在文化产业市场有着巨大的发展空间，做好文化遗产资源的再挖掘、再利用工作，开发出大众喜闻乐见的文创产品，不仅将产生巨大的经济价值，更将拉近公众与博物馆的距离，建立起双方沟通的新纽带，激发博物馆的内在活力，助推博物馆事业加速发展。

本文刊于《博物院》2018 年第 1 期

文化部恭王府博物馆文创实践思考

文化和旅游部恭王府博物馆　孙旭光

摘　要：近年来，国家对博物馆文创工作高度关注，出台了一系列政策性文件，并批准设立了一批博物馆文创产品开发试点单位。政策上的支持让博物馆文创产品呈"井喷式"发展。以文化部恭王府博物馆为例，探讨新形势下，博物馆如何响应国家文化事业发展方向，推进文创工作。

关键词：恭王府　博物馆　文创　知识产权保护

恭王府是北京保存最完整且唯一向社会开放的清代王府古建筑群，其作为全国重点文物保护单位、国家 5A 级旅游景区、国家非物质文化遗产展示保护基地、国家一级博物馆，已经发展成一个新型的、面向公众、提供优质文化服务的文化空间。2017 年 1 月，恭王府博物馆被文化部批准为文创产品开发试点单位，并入选了首批十个"全国博物馆文化创意示范单位"。

恭王府的文创工作起步较早，2008 年全面开放以来就逐步确立了"以事业带动产业发展，以产业促进事业繁荣"的发展方向。在摸索、实践中积累了一些经验，取得了一定成效，逐渐形成了具有自身特色的文创发展模式。

2016 年 5 月，文化部、国家发改委、财政部、国家文物局发布《关于推动文化文物单位文化创意产品开发的若干意见》后，博物馆文创工作迎来了前所未有的机遇与挑战。恭王府在多年坚实文创工作的基础上，也对新形势下如何响应国家文化事业发展方向，在文创领域方面有所推进，进行了广泛和深刻的思考与探索。

一 "创意是核心、模式是关键、市场是根本、管理是基础"的恭王府文创产业发展理念

文化创意产业的核心是"创意"。文化遗产或资源不能直接成为产品或商品，需要经过一定形式的再创造，才能成为具有知识产权的文化产品。依托于馆藏资源优势，用"创意"挖掘资源、激活资源、提升资源价值，通过"创意"将博物馆优秀文化资源深度开发，并赋予文创产品，再运用一定的模式，将这些产品推向市场，接受检验，最终完成文创产品价值的实现。在这一过程中，以管理为基础，确保预期目标的实现，是恭王府一直坚持的文创发展理念。

二 恭王府文创产品的依托资源、开发与营销渠道

恭王府向社会开放之初，面临着陈设破坏，文物流失殆尽的局面。在经过认真梳理、深度发掘后，确立了以恭亲王奕䜣为代表的清代王府文化历史牌、以恭王府与《红楼梦》的文化牌、以和珅一生传奇经历为背景的旅游牌以及以福文化为体现的民俗牌的四张名片文化资源。

在开发与营销渠道上，举办"恭王府商品设计大赛"，面向社会各界广泛征集优秀文创产品设计；与国内高校、学府开展紧密合作，以开展大学生实践活动等形式为恭王府文创产品的设计开发储备专业资源与人才；采取合作、授权等形式与有影响力的设计单位、社会企业建立合作，利用各自优势资源加速恭王府产品开发及品牌推广。这也为恭王府文创产品的可持续发展提供了保障。

截止到 2017 年 10 月，恭王府通过各种渠道开发、设计出的文化产品种类已达 2000 余种。经过市场检验，目前恭王府线上淘宝店、线下馆内商店在售商品保持在 1000 种左右。涵盖了瓷器、木器、丝绸、贵金属、皮具、玉器、食品等多个品类。每年销售额可达数千万元，取得了较为可观的经济效益和社会效益。

其中以恭王府重要文化资产——康熙皇帝御笔"天下第一福"为设计依托，以中华民族千年祈福文化作为支撑，结合恭王府的历史、人物、建筑等元素深入挖掘内涵和文化寓意，针对不同观众需求开发"天下第一福"系列文创产品，受到广大消费者欢迎，成为业内旅游纪念品营销和打造品牌的典型案例。与北京梦之城文化股份有限公司合作开发的"恭王府 X 阿狸"系列产品，连续两年荣获北京市旅游委颁发的"北京礼物"称号。

在文创产品开发上，恭王府始终采取不贪数量、力求精品的原则。努力使开发出的产品突出自身特色及文化内涵，品质有所保障，符合市场需求。为此，博物馆成立了以馆领导、业务人员、经营人员为组员的"文创授权小组"及"恭王府商品进出小组"，并制定下发了《关于文创商品授权开发的规定》等相关规定，对文创产品研发、投产、进入渠道等各个关键环节进行监控和把握。此外，还采取"末位淘汰制"，对已进入渠道销售的文创产品以两年为一个周期，进行销售数量、收益的统计调研，对市场检验不佳的产品进行淘汰。

三　参与行业交流活动的专业化，品牌宣传的常态化

在宣传方面，将品牌宣传常态化。根据受众不同，选择不同的媒体渠道进行广告投放。"恭王府——北京最大的四合院"形象宣传片 2013 年登录美国纽约时代广场、美国旧金山国际机场、英国伦敦希思罗机场、法国巴黎戴高乐机场、德国法兰克福国际机场联播大屏，为恭王府吸引了大量外国游客。全国高铁、动车组《美丽中国》栏目中投放的博物馆形象宣传片，为恭王府吸引了众多的国内观众。

在行业交流活动方面，博物馆确定了利用展会平台进行文创营销，扩大恭王府品牌知名度的参展思路。利用展会平台向业内人士及观众展示恭王府文化及文化创意产品，展开文创新品市场调研，推介项目，寻找新的合作伙伴。2017 年组团参加了第十一届（2017）杭州文化创意产业博览会、第二届丝绸之路（敦煌）国际文化博览会文化年展、2017 中国品牌授权展、第十届海峡两岸（厦门）文化产业博览交易会等多项以文创为主题的文化交流及展会活动，参展成绩喜人。

四 知识产权的保护为文创产品的开发提供坚强的后盾

秉着保护优质资源、打造王府品牌的宗旨，博物馆自 2003 年起开展了商标注册工作。目前已获批注册"恭王"、"恭亲王"、"恭王府"、"福"、"康熙御笔之宝"、"天下第一福"、"海棠雅集"、"中秋寄唱"等十几种商标 200 余件，涵盖了服装、饮料、烟酒、化妆品、艺术品、出版物、文房用品、演出、旅游等多个类别。其中"恭王府"商标更获得了北京市著名商标的认定。此外对福字轴等美术作品、福字碑的摄影作品也进行了著作权登记，已形成了一套内容丰富的保护体系。这一项工作随着恭王府文化产业的发展，还在不断地进行。

与此同时，还积极开展维权活动，定期对侵犯"恭王府"、"天下第一福"商标的行为，联合公检法部门开展维权活动。从法律的层面对文创工作进行了保护与促进，为自身及合作企业的文创产品开发与销售，解决了后顾之忧。

五 抓住机遇，迎接挑战，实施恭王府文创品牌提升战略

2016 年初，《国务院关于进一步加强文物工作的指导意见》出台，鼓励文博单位大力发展文博创意产业，支持引导文博单位和社会资本开发原创文化产品，打造文化创意品牌。

2016 年 4 月，国务院总理李克强主持召开国务院常务会议，确定推动文化文物单位文化创意产品开发的措施。会议认为，深度发掘文化文物单位馆藏资源，推动文化创意产品开发，对弘扬优秀文化、传承中华文明、推进经济社会协调发展，具有重要意义。

2016 年 5 月，国务院办公厅转发文化部等部门《关于推动文化文物单位文化创意产品开发若干意见》的通知。明确提出推动文化文物单位开发文化创意产品、发挥各类市场主体作用、加强文化资源梳理与共享、提升文化创意产品开发水平、完善文化创意产品营销体系、加强文化创意品牌建设和保护、促进文化创意产品开发的跨界融合等七项主要任务。

此后，国家文物局印发《关于促进文物合理利用的若干意见》（文物政发

〔2016〕21 号）。《意见》提出充分认识文物合理利用的重要意义、准确把握文物利用的基本原则。并提出扩大文物资源社会开放度、促进馆际交流提高藏品利用率、加强革命文物展示利用、创新利用方式、落实文化创意产品开发政策等措施、鼓励社会力量参与六项举措切实让文物活起来。

在国家大力支持促进文保单位进行文创开发、推动"文物活起来"的背景下，很多国家政策都为博物馆发展文创产品提供了法律和制度保障，将文创产品发展推入了"快车道"。文化创意产业迎来发展新时代。

作为一直在文创产业界"摸爬滚打"的"恭王府"来说，在这一阶段，顺应形势，抓住机遇，以王府历史文化为基础，以福文化为依托，提升恭王府现有文创产品的品质，建设一批知名文化品牌，打造文化空间平台，整体提升"恭王府文创品牌"，成为首要目标。

一是突破"博物馆资源只能为博物馆所用"的旧思想，积极完善文创基础工作，试验探索多方合作机制。恭王府、独立设计师、企业、高校、行业协会等依托各自优势建立一套"设计方—版权方—生产方"公开透明的文创开发机制，有效解决创意、版权开发、销售渠道、品牌营销、利益分配等问题，共同促进恭王府文创全民创新发展。

二是延续"恭王府 +"的战略思维。通过其鲜明的"创新、创造、创意"优势，为文化产业提供新思路、新模式，催生新业态、新产业，打破固有格局，推动全产业融合。

三是进一步提高打造恭王府文化品牌活动的能力。

恭王府是中国近现代文化史的一处缩影，百余年来不知有多少文人雅士在这里雅集交游，许多重大的文化事件都可以在这里觅到踪影。其本身蕴含大量传统文化因子，是一个天然的传承、展示活态传统文化的基地。通过梳理恭王府的历史文化脉络，恭王府已重启了"海棠雅集"、"中秋诗会"等一系列精彩纷呈的文化活动，获得当今文化界和社会的高度认可，下一步应继续提升打造文化品牌活动的能力，并配合活动研发相关的配套衍生品。通过打造文创空间、文创产品开发，发展"文化活动 + 文创产品"的模式，全面打造恭王府文创 2.0 时代。

提升恭王府文创品牌，弘扬中华传统文化，让文物活起来，满足老百姓精神文明的需求。

梅与竹

——基于图像学的博物馆文创概念提取与开发

北京艺术博物馆 李 蓓

摘 要：随着文化创意产业对文化内容深层次需求的增多，博物馆作为重要的文化单位被纳入文化创意产业的行列中。博物馆的功能和职能已经大大超越了传统的范畴，思维范式也随之发生转变，以公众需求为导向的思维范式正在逐渐建立起来。博物馆正在以更加开放的姿态帮助公众分享和利用博物馆的各项资源，从而提升其社会价值。在博物馆文创建设方面，面对普通观众，针对文物图案文化内涵进行的图像学研究，能够提供更多的思路。如何将博物馆馆藏的文物与大众日常生活和文化进行关联，是让文物活起来的基础。博物馆应主动适应文化创意产业的发展规律和产业特点，转变自身定位，更好地发挥各项功能，实现总体价值的提升。

关键词：博物馆 图像学 文化创意

一 "让文物活起来"的方向

近几年，博物馆事业发展迎来了不可多得的发展机遇。党的十八大以来，习近平总书记就文物保护单位和博物馆工作作出一系列重要指示，提出"像爱惜自己的生命一样保护好城市历史文化遗产""让文物活起来""在保护中发展、在发展中保护"等一系列重要论述，为文博工作注入了强大的思想动力。

根据2007年国际博物馆协会修订的《国际博物馆协会章程》，博物馆被定义为"一个为社会及其发展服务的、向公众开放的非营利性常设机构，为教育、研究、欣赏的目的征集、保护、研究、传播并展出人类及人类环境的物质及非物质遗产"。马自树先生认为，博物馆"既承载着历史文化的深刻内涵，又体现着鲜明的时代精神，在其众多的价值中，最重要最根本的是对人的教育，对人的服务，人是博物馆的核心，人是博物馆的目的"。博物馆的功能不仅是"物"的收藏、保存、展示和研究，更是"人"的教育、休闲、交流、体验、精神满足等。

为了满足博物馆观众的文化需求，提升博物馆自身的服务功能，博物馆需要在以往保护、收藏的基础上，对文物藏品进行更深入更细致的文化角度的研究，更加关注对细节和文化的解读，挖掘文物中所包含的深层文化含义，以文物及其衍生品为媒介，带动博物馆与观众之间的交流与互动，体现文物和博物馆的文化价值。随着社会对文化消费和文化创意产业的重视与日俱增，博物馆不可避免地被纳入文化创意产业发展中，成为文化创意产业的一部分。

二 文化创意的定义

英国是最早提出创意产业的国家，在 1998 年出台的《英国创意产业路径文件》中提将创意产业定义为："起源于个体创意、技巧及才能，透过智慧产权生成与利用，而有潜力创造财富和就业机会的产业。"中国创意产业研究中心在《中国创意产业发展报告（2006）》中将创意产业定义为："那些具有一定文化内涵的，来源于人的创造力和聪明智慧，并通过科技的支撑作用和市场化运作可以被产业化的活动的总和。"

对博物馆而言，一方面，博物馆的参观者在社会生活中多以文化产品和服务消费者的角色存在，参观博物馆或购买博物馆的文化产品和服务被视为一种文化消费行为。另一方面，博物馆作为文化传播者，需要发挥自身优势，从诠释展品、展览和博物馆价值的角度出发，着力挖掘藏品内涵，开发适应公众需求和具有博物馆特色的文化产品。

三 文创概念的提取

藏品作为博物馆的基础，也是博物馆进行文创开发的出发点和落脚点。近年来，通过全国第一次可移动文物普查等大规模普查项目，大部分博物馆的藏品资源都建立了相应的数字信息，藏品图片和文字信息日益丰富。但受到博物馆研究资源和精力的影响，目前这些资料普遍集中在藏品分类和保管方面，针对藏品的图案纹饰、细节特征的描述普遍较少，对于特定藏品所包含的复杂语义、图像内涵解释不足。这些因素影响了观众对藏品的认识，降低了藏品信息传播的效率，也不利于博物馆文化及文化产品的创意与开发。因此，对藏品文化内涵的梳理和诠释，是博物馆进行文化创意工作亟待解决的问题。西方美术史中常用的图像阐释方法，为我们分析文物藏品的文化内涵，提供了一种思路和参考。

四　图像学的方法

欧文·潘诺夫斯基的图像学方法是 20 世纪美术史中最有影响力的方法之一。他提出："一个时代以一种线性方式来'看'，另一个时代以图绘的方式来'看'，这个事实只是一种风格的现象，并不是风格的基础，也不是风格的成因；它需要解释，但不是解释本身。"他将图像学方法分为三个阶段：第一阶段为"前图像志描述"，即逐一列举和描述艺术母题和自然题材；第二阶段是"图像志分析"，即根据传统原典知识将艺术母题以及母题组合与主题联系起来，分析和解释图像故事和寓言题材；第三阶段是"图像学解释"，以表明相关作品是如何构成创作其中的文化的一部分。

以图像学的方法对文物藏品进行分析，可以帮助我们厘清藏品的文化内涵，作为文创设计工作的指导。以清代象牙雕竹梅燕纹臂搁为例，臂搁仿竹节形，正面浮雕梅、竹、燕纹，梅花枝条从臂搁中间向下伸展，左侧两只燕子飞舞嬉闹，画面上方刻"长条半落荔枝浦，卧树独秀桃榔园"的诗句，右上隶书"国香"二字。

1. 对藏品整体进行图像整理

通过分析文物整体图像可知，此件文物以竹、梅为主要描述对象。梅和竹都是自然界中常见的植物，自古以来为人们所喜爱。

梅作为常见的花卉，在我国已有数千年的种植历史。梅花品种很多，作为观赏植物，既可以种植于庭院，也可以作为盆景，不仅花型秀美，而且幽香宜人，深受人们的喜爱。梅花不畏严寒，凌冬开放，为人们带来春天的气息。

竹子拥有顽强的生命力，对土地要求不高，不用浇水施肥，生长速度很快。竹节挺拔，竹叶苍翠，充满生机，吸引了无数文人墨客的赞扬。

由于梅和竹与人们的生活息息相关，它们的图像也就被运用于各类艺术创作中。

2. 从图像志角度分析图像内涵

在传统艺术作品中，以梅和竹为题材的图像十分常见。

观赏梅花的兴起，大致始自汉代。南北朝时期，艺梅、赏梅、咏梅之风更盛。《金陵志》载：宋武帝之女寿阳公主日卧于含章殿檐下，梅花落于额上，拂之不去，号梅花妆，宫人皆效之。宋元时期，文人墨客的闲情雅趣，促进了私家园林的兴起，建梅园等赏梅景观成为一种社会时尚。以梅为主题的绘画作品日渐丰富，涌现出一批擅画梅花的大家。明清咏梅之风有增无减，在绘画创作上以"扬州八怪"的金农、李方膺为代表。近代以来特别是毛泽东等无产阶级革命家，以伟大的革命情怀和气概，写下了不朽的咏梅诗篇，拓展了梅花精神品格和时代精神。吴昌硕、齐白石、徐悲鸿、张大千等艺术家根据个人的学识修养和对梅花精神的独特感悟，用不同的表现手法创作出不同风格面貌的梅花作品。

竹早在唐代中期就已成为花鸟画的题材之一。北宋的文同开创了"湖州竹派"，对后世影响很大。此后画竹蔚然成风，竹子成为历代文人画家推崇的对象。大量画家的介入不断丰富着竹子图像，画竹的技法和理论不断丰富，其中郑板桥尤其以喜爱和擅长画竹著称，既丰富了竹子图像，又深化了竹子含义，将其升华为文人百折不屈精神的代表和中华民族精神的象征。

梅与竹从自然界的客观事物，到艺术创作的表现题材，已经具有了特殊的审美价值。

3. 从图像学角度提取文化概念

通过上述对图像内涵的分析可以发现，梅和竹已不单纯是艺术创作中的常见图像，它们具有了更深层次的文化内涵和象征意义。

梅花作为图像的内涵与它的生长特性密切相关：梅花的花期大多在 12 月

至次年2月，花朵先叶而开，因而梅花常与"风""雪"一同出现在文学作品中，如"冻白雪为伴，寒香风是媒"（唐·韩偓），"遥知不是雪，为有暗香来"（宋·王安石）。咏梅多和寒冷的冬季联系在一起："万花敢向雪中出，一树独开天下春。"赠送友人一枝梅花是表示友谊的方式。传说南朝刘宋时陆凯与著名的史学家范晔交情很深，陆凯从江南给当时在长安的范晔寄去梅花一枝，并附诗云："折花逢驿使，寄与陇头人；江南无所有，聊赠一枝春。"古人赞赏梅花，除了色香外，还特别注重树枝的姿态所具有的美和韵味。清人龚自珍曾总结说："梅以曲为美，直则无姿；以欹为上，正则无景；以疏为贵，密则无态。"林逋的《山园小梅》诗云："疏影横斜水清浅，暗香浮动月黄昏。"文物中的梅花题材作品，也大多描述了梅枝蜿蜒曲折的特色。在国人眼中，梅是一种品格高尚、气韵独特的奇花，这种独特的品格赢得了人们的崇高礼赞。

在中国历史发展的过程中，竹子的文化内涵也不断地丰富和完善。竹子在中国的文化中已经成为一个重要的组成部分。《诗·卫风·淇奥》曰："瞻彼淇奥，绿竹猗猗。"魏晋间以嵇康、阮籍、山涛、王戎、向秀、刘伶、阮咸为代表的风流名士，因不满暴政，常聚于当时山阴县（今河南）竹林之下，称"竹林七贤"。竹子与七贤一同被赋予了不畏权势，不与统治者合作，自由清高的理想人格。唐代刘禹锡《庭竹》诗云："露涤铅粉节，风摇青玉枝。依依似君子，无地不相宜。"将竹子比喻为君子。宋代苏东坡《于潜僧绿筠轩》中说："可使食无肉，不可居无竹。无肉令人瘦，无竹令人俗。人瘦尚可肥，士俗不可医。"将竹子作为文人雅士以及君子的代名词。郑板桥不仅以竹子为题材创作了大量的艺术作品，他题于竹画的诗也数以百计，丰富多彩，在赋予竹子完美图像的同时，更赋予竹子高尚的精神风貌，他在《竹石》图的画眉上题诗曰："咬定青山不放松，立根原在破岩中。千磨万击还坚劲，任尔东西南北风。"这里的竹子象征了不畏逆境、坚韧的性格。

北宋苏轼称"梅寒而秀，竹瘦而寿，石丑而文"，将梅花与瘦竹、文石誉为"三益之友"。自宋以后，人们又称松、竹、梅为"岁寒三友"，梅、兰、竹、菊为花中"四君子"。在传统艺术作品中，梅与竹时常一起出现，体现对理想品格和精神境界的追求。

同时，这件器物的题款和形制也点明了作者希望表达的主题思想。

题款"国香"既可以理解为称颂梅花的香气，也可以是赞誉人的风采、品行。唐代温庭筠《中书令裴公挽歌词》之二："国香荀令去，楼月庾公来。"称颂人风采高雅。

"长条半落荔支浦，卧树独秀桄榔园"出自苏轼的《十一月二十六日松风亭下梅花盛开》："春风岭上淮南村，昔年梅花曾断魂。岂知流落复相见，蛮风蜒雨愁黄昏。长条半落荔支浦，卧树独秀桄榔园。岂惟幽光留夜色，直恐冷艳排冬温。松风亭下荆棘里，两株玉蕊明朝曒。海南仙云娇堕砌，月下缟衣来扣门。酒醒梦觉起绕树，妙意有在终无言。先生独饮勿叹息，幸有落月窥清樽。"作者记述自己十四年前贬谪黄州时，路过春风岭，见梅花开于草棘间，感而赋诗。而后流落惠州，又见松花亭下荆棘里盛开梅花，面对梅花的冷艳幽独，无限感慨。

臂搁作为文房用具，是书斋重要的陈设品之一。在臂搁上雕刻梅竹图案，辅以两行题字，体现了使用者品行高洁、风采斐然。也许如今的日常生活中不会再用到臂搁这种文房用品，但是它体现出的对娴雅高洁、高尚品格的追求，仍然是当今人们喜爱和欣赏的。

4. 根据文化概念开发文创产品

通过上述分析，这件臂搁通过精美的材质和雕刻技艺，展现了制作者精湛的技艺，也体现了使用者对于美好精神境界的追求。围绕这件藏品的造型、材质和用途进行创意开发，可以为现代博物馆观众和消费者提供与藏品本身旨意相应的文化产品。例如，在产品造型方面，可以直接选取梅、竹形状，应用于设计中。同时，原藏品的"国香"可以衍生出香味制品，以香膏、香薰等传统的香味制品方式体现出来，以香与德比，也是传统文化中常见的表达方式。在产品用途方面，适宜制作常用的文化用品，如书签、胶带、镇纸等。也可以将上述几种衍生品组合，制成礼盒赠给他人，通过传统而含蓄的表达方式，传达对对方的赞美之情。总之，博物馆文创产品绝不仅仅是对文物藏品的简单复制和模仿，而是在经过细致的研究之后，对藏品蕴含的文化概念的延伸和发展，是将古老的文物藏品与现实生活重新结合、推动文物"活起来"的重要方式。

随着文化创意产业对文化内容的深层次需求，博物馆作为重要的文化单位被纳入文化创意产业的行列中。博物馆的功能和职能已经大大超越了传统的范畴，思维方式也随之发生转变，以公众需求为导向的思维范式正在逐渐建立起来。博物馆正在以更加开放的姿态帮助公众分享和利用博物馆的各项资源，从而提升了博物馆的社会价值。在博物馆文创建设方面，面对普通观众，针对文物图案文化内涵进行的图像学研究，能够提供更多的思路。

文化创意产业将文化和创意作为产业内涵的核心要素，突出创意和文化等无形资源的投入，进而实现创造性智力成果的生产。近代图像学的研究，可以推动对文物藏品文化内涵更广泛、更全面、更具规律性的发掘。通过文化和知识的转移，增强文化、创意的流动性及与其他产业要素的重新组合能力，在提升产业自身附加价值的同时，推动传统产业的升级和整体产业结构的优化。

如何将博物馆馆藏文物与大众日常生活和文化进行关联，是让文物活起来的基础。博物馆应主动适应文化创意产业的发展规律和产业特点，转变自身定位，更好地发挥各项功能，实现总体价值的提升。

参考文献

[1] 单霁翔：《从"馆舍天地"走向"大千世界"——关于广义博物馆的思考》，天津大学出版社 2011 年版。

[2] 马自树：《文博余话》，紫禁城出版社 2011 年版。

[3] 张京成：《中国创意产业发展报告 2016》，中国经济出版社 2016 年版。

[4] 罗小华：《潘诺夫斯基图像学研究》，中国社会科学出版社 2016 年版。

[5] 管宁：《创意产业及其组织形式》，《东南学术》2008 年第 6 期。

[6] 程家重横：《潘诺夫斯基图像学方法在高中美术鉴赏课中的应用》，《美术教育研究》2014 年第 12 期。

[7] 崔迎春：《图像学在中国美术史研究中的应用》，《艺术研究》2010 年第 2 期。

[8] 张建新：《梅花与中国画的情结渊源》，《公关世界》2015 年第 4 期。

[9] 蒋秀碧：《浅析我国竹文化与竹精神》，《时代文学（下半月）》2008 年第 11 期。

[10] 王卉康：《潘诺夫斯基的图像学研究》，沈阳师范大学硕士学位论文，2015 年。

解析古代织绣审美，演绎时尚女红新语

北京艺术博物馆　王淑珍

摘　要：织绣艺术，是人类物质文明和精神文明的具体体现。保护好古代织绣品，研究、传承古代织绣技艺，实际上也是在推动中国文化事业的发展。在古代，织绣品的制作多是女子的工作，所以也叫女红。博物馆架起历史与现实的桥梁，启迪人们通过解读古代织绣的审美，把消失的女红技艺带回当代，让科技创新与艺术创造为博物馆织绣藏品注入新的活力。通过对织绣文物藏品状况的调研，结合北京艺术博物馆藏品特点认为，首先，要加强织绣文物保护，传承女红技艺文化，让织绣文物活下去；其次，要整合织绣文物资源，开展丰富多彩的交流、互动活动，让织绣文物活起来。

关键词：织绣　古代织绣　女红　时尚

织绣文物在博物馆收藏品中属于小众，无法与书画、陶瓷、玉器等相比。究其原因，其一是织绣为有机物，易腐难存，出土与传世数量远远不及陶瓷等无机物；其二是织绣作为收藏品的历史较短，尤其是具有实用功能的织绣，至民国时期才被重视。然而，织绣品在中国古代不仅衣被天下，而且曾经作为贡纳税收，用作官吏和军队的供给和赏赐，甚至充当交换的媒介。它反映了当时的社会生产、生活状况，与人类生活紧密相连。

在古代，织绣品的制作多是女子的工作，所以也叫女红。如何让织绣文物活起来，本文通过对织绣文物藏品状况的调研，结合北京艺术博物馆藏品特点认为，首先，要加强织绣文物保护，传承女红技艺文化，让织绣文物活下去；其次，要整合织绣文物资源，开展丰富多彩的交流、互动活动，让织绣文物活起来。

一 织绣文物承载的历史文化内涵

织绣品按用途或款式可分为：织物类、服装类、装饰品、欣赏品等。织物是指成片状、未经裁剪的纺织品，它既可以是匹料，也可以是织成的巾帕之类的物件，还可以是衣物残破之后的残片。服装根据服用部位可分为衣、裙、裤、帽、鞋袜等。织绣作为装饰品种类很多，如用于居室的地毯、壁挂等，用于身上的佩携品，还有书画装裱用的丝织品。欣赏品织绣以缂丝为主，另有欣赏性刺绣、像景织物、唐卡等。

织绣文物承载着我国古代纺织、印染技术的发展状况，图案造型体现了当时人们的艺术审美追求。1926 年山西夏县西阴村发掘的仰韶文化遗址，出土了半颗蚕茧，说明约 5500 多年前，史前先民就会将蚕茧切开，取蛹为食，扯茧为丝。1958 年在长江流域浙江湖州钱山漾良渚文化遗址发现的 4750 多年前的绢片、丝带和丝线等丝麻织物，表明中华民族远在新石器时代就有了较高的织布和丝绸制作技术。1984 年在河南荥阳青台村仰韶文化遗址中发现的 5500 年前的碳化了的丝麻织品，有平纹丝织品和浅绛色的罗织物，是我国黄河流域中原地区出土最早的丝绸①。

（一）古代织绣的纹样

中国古代织绣纹样以纺织品为载体，装饰题材、表现形式多种多样，动物纹、植物纹、几何纹、吉祥寓意、人物纹、自然景观、器物纹、文字符号等纹样，使织绣艺术独具特色。随着时代的变迁和社会风尚的改变，织绣纹样的风格亦在融合中嬗变。从商代出土文物上的丝绢印痕和古代文献记载来看，回纹、雷纹、矩纹等几何图案，显示出商代织绣纹样的韵律之美。春秋战国时期的织绣纹样，出现了大量富于变化的几何形纹样及几何变化填充纹样。秦汉时期织绣纹样突出地表现为云气纹、动物纹的流行（图一）。魏晋南北朝时期由于南北分治、各族杂居、外来文化的影响及中外宗教长期并存，织绣纹样形成

---

① 赵丰、屈志仁编著：《中国丝绸艺术》，外文出版社 2012 年版。

内容丰富、形式多样、风格不甚统一的局面。受西域文化的影响，织绣中的植物纹样开始增多，葡萄纹、忍冬纹、莲花纹、生命树在织绣纹样中经常可见。隋唐五代的织绣纹样追新求异，以中亚、西亚装饰艺术为主流的异域装饰风格与中原传统文化艺术不断融合，织绣纹样丰满艳丽、新样迭出。图案题材动、植物纹样并重，动物纹样则从兽类转向飞禽类。宋代织绣进一步向欣赏性和实用性两个方面分化发展（图二）①。元代织绣图案形成了南北不同风貌，北方织金锦等织绣纹样体现了蒙古族的好尚和较明显的西域艺术元素，而淮河以南地区的织绣纹样却大抵延续宋风。元代的很多织绣纹样，如帝王专用的双角五爪龙、八宝、吉祥纹样和满池娇等都对明清产生了重要影响。明代织绣纹样从题材看，植物纹样更加丰富，动物纹样多是与植物纹样组合构成吉祥寓意，或作为服饰礼制中彰显等级的标志性纹样出现。之前未曾出现或少见的器物纹、自然景观纹等亦成为明代流行纹样。清代的织绣纹样大多以写实为主，在构图布局、造型设计、润色方法等形式上都继承和吸收了明代织绣纹样的精髓。但在纹样造型的柔细、色彩的淡雅和退晕色距紧凑等方面较明代织绣纹样的粗放风格显得更细腻秀丽，纹样的自由化和大型化得到更进一步发展。

图一　东汉绛地禽兽纹锦
（新疆文物考古研究所藏）

图二　南宋朱克柔缂丝牡丹图
（辽宁省博物馆藏）

① 黄能馥、陈娟娟著：《中国丝绸科技艺术七千年——历代织绣珍品研究》，中国纺织出版社 2002 年版。

纹样题材以反映中国传统儒家文化和思想的吉祥图案为主，也出现了受欧洲纺织纹样影响，富于流动性的变形植物纹样。

（二）古代织绣的品种

商周织物从组织结构上分有平纹、平纹显花、绞经、编织；其品种有纱、纨、缣、縠、练、绡、缟、绮、罗、锦、组、纂、缨、绦等。秦汉织物出现了印花敷彩、贴金，刺绣因袭战国，以锁绣为主。南北朝时期将防染装饰的织物称为缬，绞缬和蜡缬在西北地区出现；造价昂贵的织盛行。唐代织物种类从生产技法上可分为织、染、绣三大类；纬锦、双层锦、缂丝、织金、绒、绫、夹缬、灰缬、蹙金绣等品种盛行。宋辽时期出现了缎、妆花。元代织金锦、纻丝相当成熟。明代，丝与棉交织的丝布是最具特色的织品之一；具有地方性特色的丝绸有杭绢、蜀锦、潞绸；刺绣形成了以苏绣与顾绣为代表的南方风格，以京绣与鲁绣为代表的北方风格。清代，《诸物源流》书记载的丝绸有110多个品种。

二　科学保管织绣文物，让传统织绣活下去

织绣文物在历史的长河中积淀了丰富的文化信息，保护好出土与传世织绣文物，挖掘其文化内涵，本身也是在推动文化事业的发展，传承中国的优秀传统文化。

（一）织绣文物收藏概述

我国战国时期织绣主要收藏于荆州市博物馆，西汉时期织绣主要收藏于湖南省博物馆，汉晋织绣主要收藏于新疆考古研究所，北朝至唐代织绣主要收藏于新疆博物馆，辽代织绣主要收藏于内蒙古博物馆、巴林右旗博物馆、赤峰博物馆，宋代织绣主要收藏于辽宁省博物馆、浙江省博物馆、镇江市博物馆、福建省博物馆等，金代织绣主要收藏于大同市博物馆，元代织绣主要收藏于河北隆化县博物馆、无锡市博物馆、山东邹县文物保管所、苏州市博物馆，明代织绣主要收藏于定陵博物馆、山东省博物馆、北

京艺术博物馆、首都博物馆、南京博物院、江苏泰州市博物馆，清代织绣主要收藏于故宫博物院、北京艺术博物馆等，民国织绣以中国丝绸博物馆收藏最为精美。

（二）织绣文物的日常保管

岁月的沧桑若笼罩在瓷器、玉器上，亦或是一种美感，而布满在织绣上，则是一种病害。即使是尘埃，去除它也是一件繁琐的事情。因此，让织绣文物活起来，首先要让织绣文物活下去。

织绣文物从来源分，有传世品和出土品。自唐宋以来，均有织绣品传世，其中唐代，以日本奈良正仓院、法隆寺收藏品最为精美，如大宝相花纹锦、联珠四骑猎狮纹锦。宋代传世织绣品，以辽宁省博物馆藏缂丝为代表，如北宋缂丝紫地花卉鸾鹊谱。元代的传世品以纽约大都会博物馆藏缂丝大威德金刚为典型。明清传世织绣品，国内很多博物馆都有收藏（图三）。传世织绣品相比于出土品，存量要大很多，品相、颜色相对保存较好。近年来，博物馆界对传世织绣品的科学保管都很重视，如日常保管上的防尘、防污染气体、防虫害、防折叠，都有一套严格的操作规范。织绣品对保存与展示环境也有严格的要求，库房内温度以控制在 $14 \sim 18\text{℃}$ 之间为宜，夏季不高于 25℃ ，日温度变化控制在 $2 \sim 5\text{℃}$ 。湿度应控制在 $45\% \sim 65\%$ 之间，变化不应超过 $2\% \sim 5\%$ 。织绣文物在

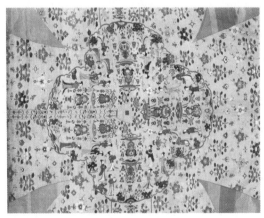

图三　明代金地缂丝百子图衣料
（北京艺术博物馆藏）

存放、提用、拍照及展陈时，照度标准应小于50勒克斯（LX），每次展陈时间以3~4个月为宜，光源的紫外光含量比值应小于75微瓦/流明。提取拍照时，应避免用闪光灯。

出土织绣品一般残损较重，需要采用科学有效的保护手段，使其本来面貌得以最大程度的保留。首先，要对出土织绣品进行初步的价值评估，提出保护建议。其次，杀灭有害微生物，达到防霉效果。然后，进行无干扰全方位信息记录；进行清洗、包装和保存。对于需要亟待保护性修复的出土织绣品，要以严谨的态度由专业修复师保护修复，尽量延长织绣文物的寿命，让其健康地活下去。

三　整合织绣文物资源，通过互动交流，让织绣文物活起来

我国很多博物馆都藏有织绣文物，然而以织绣为专题的展览却并不多见，尤其是系列展，更是少而又少。一方面是受制于馆藏织绣不够丰富，难以支撑独立展览；另一方面，博物馆在织绣藏品的展览合作与交流上，还未"活"起来。因此，博物馆就要营造鲜活生动、有教益的环境，通过开展丰富多彩的活动，让织绣文物活起来。

（一）举办展览活动——"衣锦中国"项目

不同时期的织绣文物的质地、纹饰各有特色。举办织绣文物展览是了解、研究古代织绣艺术的最直接途径。在以往举办的馆际交流展中，相对于书画、瓷器、杂项等类文物，织绣展览较少。随着展陈环境、展陈条件的改善，织绣类藏品也可像其他类文物一样举办合作交流展、巡展。

关于合作交流展，主要指国内和国际的交流借展。通过合作交流，促成一些与本馆藏品结构互补的、有较大学术含量和社会影响力的特别展览。

"衣锦中国"项目是北京艺术博物馆举办织绣类系列展览的尝试。2015年成功举办了"中日夹缬联合展""贵州少数民族服饰展"两个展览。"中日夹缬联合展"是由北京艺术博物馆与中华文化促进会织染绣艺术中心、日本岛根县立古代出云历史博物馆联合举办，展出作品102件，包括中、日两国夹缬类

服饰、艺术品各51件（图四、五）。这个展览既是一次国际间的织绣艺术的文化交流，也为夹缬领域厘清历史疑点提供可能性。"贵州少数民族服饰展"，展示了贵州五彩黔艺博物馆收藏的苗族、布依族、侗族、土家族等民族服饰80件（套），类别有盛装、童装、背扇、帽子等（图六）。展品刺绣针法多样、色彩艳丽、图案精美，图腾"蝴蝶妈妈"的故事折射出丰富的文化内涵，是研究少数民族服饰艺术，推动现代服饰文化发展的重要资料。

图四　"中日夹缬联合展"中国藏品展厅　　　图五　"中日夹缬联合展"日本藏品展厅

图六　"贵州少数民族服饰展"展厅

（二）织绣复制与文创设计活动——"女红研习馆"项目

对于非常脆弱的织绣文物，不适宜对外展览，如何能让观众更直观地欣赏到千年前那些无与伦比的织绣艺术，复原与复织似乎是唯一的选择。"女红研习馆"的设立也因此列入北京艺术博物馆事业发展规划。

"女红研习馆"一方面研究馆藏织绣文物，开展学术交流，并对已出现病害的织绣藏品进行修复或复制；另一方面，传授与学习以"女红"为主线的织绣技艺，搭建交流平台，让传统织绣与现代设计相遇，为传统女红艺术注入时尚活力。

（三）社会教育活动

博物馆作为以保护、研究、展示和传播人类生存及其环境物证为使命的社会教育机构，也是人类文明记忆与传承、发展与创新的重要阵地。以织绣艺术为依托，根据不同观众设计多元体系的互动项目，是博物馆发挥社会教育功能的优势。作为传统品牌项目的"在体验中成长"的亲子活动、现场教学活动等，已经在各博物馆开展得有声有色。然而随着科学技术的不断发展与创新，博物馆社会教育活动也要与时俱进，拓展工作范围。

1. "创意扎染秀"项目

"创意扎染秀"是一项集安全性、参与性、知识性、趣味性于一体的织绣类社教活动，在一些专业性博物馆已经进行过尝试。从中国丝绸博物馆的青少年互动经验来看，此项活动也是非常受学校欢迎的课外体验项目。

扎染是在薄质丝织物上，用手或针、钩，撮取局部织物，用蜡线按规律进行扎结，放入染液中染色，因扎结部分染液不能正常渗透到织物上，染后解结，织物上便呈现出特殊的花纹图案，并有不规则的无级层次的色晕，古代也称为撮缬、绞缬或扎缬染色。

扎染工艺不需要特殊的工具。如在提取的织物中使用圆球形衬垫物，扎成大球包，再在各周分区部分扎结，就形成小团花围大团花等多种奇花异型纹饰。1967年新疆吐鲁番阿斯塔那北区八十五号墓出土的西凉建元二年绛地方格纹扎染，均宽5.5厘米，图案中的小方纹扎染，是先在绢上点好花位，以针挑起花位将绢按十字折叠，随手用线将它捆扎两圈。待全部捆扎好后，入清水浸透，捞起放入染液中浸染。染后晾干，拆除扎结。从图案纹饰看，东晋时期的扎染工艺技术已达到一定的水平。隋唐时期，随着植物染料的丰

图七　刺绣香囊

富和印染手工业的发展，扎染更加流行。扎染产品于唐代流传至日本，至今仍作为古老寺院的珍品收藏。扎染，是我国古老的手工印染工艺，扎染技艺被列为国家级非物质文化遗产，特点是图案自然活泼、清新优雅、别具神韵。

2."端午绣香囊"项目

香囊，又名香袋、花囊，是用丝线缠成，将多种香味浓烈的中草药细末装入袋中。先秦时，年轻人见父母长辈，要佩戴编织香囊以示敬意。据《礼记·内则》记载："子事父母……左右佩用；……衿缨，綦屦。以适父母舅姑之所。"香囊是古人生活用品之一，却也正因人之必需，逐渐演绎成表情达意的一个道具（图七）。

香囊还是中国传统的定情信物，恋爱中的女子往往会送情郎香囊以表衷情，《红楼梦》中，黛玉曾送给宝玉一个香囊，后来误会他送给了别人，赌气把正做的一个给剪了，却不知宝玉已将它贴身佩戴，小女儿情态跃然纸上。香囊一般系于腰间或肘后之下的腰带上，也有的系于床帐或车辇上。

中国古代有端午节喝雄黄酒、佩香囊、备牲醴、赛龙舟、吃粽子的习俗。孩子们佩香囊，不但有避邪驱瘟之意，而且有襟头点缀之风。香囊中散发出的香气，也具有开窍醒神的功效。因此，端午绣香囊活动，可以让人们在动手制作的同时，感受中国端午节的民俗风情。

四　结　语

织绣艺术，是人类物质文明和精神文明的具体体现。保护好古代织绣品，研究、传承古代织绣技艺，实际上也是在推动中国文化事业的发展。博物馆架起历史与现实的桥梁，启迪人们通过解读古代艺术的审美，把消失的传统带回当代，让科技创新与艺术创造为博物馆藏品注入新的活力。

参考文献

[1] 吴淑生、田自秉著：《中国染织史》，上海人民出版社1986年版。

[2] 高汉玉著：《中国历代织染绣图录》，商务印书馆香港分馆1986年版。

[3] 中国织绣股饰全集编辑委员会编：《中国织绣服饰全集·织染卷》，天津人民美术出版社2004年版。

[4] 赵翰生著：《中国古代纺织与印染》，商务印书馆2010年版。

[5] 赵丰、屈志仁编著：《中国丝绸艺术》，外文出版社2012年版。

北京自然博物馆教学资源融入文创产品的设计研发浅析

北京自然博物馆　翟幼艾

摘　要： 博物馆的教学资源已经成为公众参与博物馆、体验博物馆的一项重要资源，当今博物馆文化创意产品事业正是蓬勃发展的阶段，将博物馆教学资源与文化创意产品很好地结合，使博物馆用户能够有更丰富的体验。

关键词： 博物馆　教学资源　文化创意产品

一　研究背景

自 2008 年，北京各大博物馆陆续免费对外开放以来，北京的博物馆资源成为人们学习、参观、休闲的好去处。北京自然博物馆作为首都唯一一家大型自然类型博物馆发挥着重要的教育功能。近十年来，北京自然博物馆的科普教育工作以突飞猛进的速度在向前迈进，如"小小科普讲解员（图一）"、"实验乐翻天"、"博士有话说（图二）"、"锺健讲堂"等针对中小学生或者成人的科普教育活动在众博物馆活动中都是有口皆碑的。

不过，这些科普活动只有在观众走进博物馆的时候才能够体验到，并且都是一次性体验，因为大多数科普活动都有自己的时效性，即仅在一段时间内开展，过一段时间活动的主题就会进行更新、调整。所以为了能让更多的观众体验到北京自然博物馆的科普活动，本人致力于将科普活动中的教育资源转化成文化创意产品，让文物走出博物馆，走进观众们的家、走进学校、走进社区。

图一　北京自然博物馆小小讲解员　　　　　　　图二　博士有话说

二　研究目的

自 2015 年 1 月 14 日国务院颁布新的《博物馆条例》以来，中国博物馆进入了一个新的发展阶段，《博物馆条例》要求"博物馆应当配备适当的专业人员，根据不同年龄段的未成年人接受能力进行讲解；学校寒暑假期间，具备条件的博物馆应当增设适合学生特点的陈列展览项目"，"博物馆应当根据自身特点、条件，运用现代信息技术，开展形式多样、生动活泼的社会教育和服务活动"，"国家鼓励博物馆挖掘藏品内涵，与文化创意、旅游等产业相结合，开发衍生产品，增强博物馆发展能力"。基于以上方针政策，笔者申报了由所在单位北京自然博物馆组织的"萌芽计划"项目，题目为"北京自然博物馆教学资源融入文创产品的设计研发"。这个项目旨在探索、深挖北京自然博物馆教学资源的延展利用性，研究将教学资源融入文创产品中的可行性，为今后北京自然博物馆开发教学产品建立一个指导性的研究方向。

北京自然博物馆是一家主要展示古生物、现生动植物、人类演化、人体知识的自然综合类博物馆，受到很多青少年的喜爱，每年都有上百万的观众前来参观，其中有约 70% 的观众是青少年观众（18 周岁以下的观众）。博物馆在设置陈列、讲解、科普活动的时候，无论形式、内容还是方法，更多迎合了青少年的关注点。虽然，博物馆对于成人的终身教育也在近年来成为一项重要工作，但是对青少年的科普教育始终是博物馆教育的重心。所以，笔者在此项目中选择了博物馆中最受欢迎的一项科普活动教学资源案例进行分析。

三　研究方向

项目小组成员在众多教学资源案例中进行分析和挑选，我们选择了实验乐翻天这个科普活动中的一项观察动手课程——"化石的前世今生"。首先，前期调研发现"实验乐翻天"是北京自然博物馆科普品牌活动中知名度最高的活动之一，有51%的受访者知道"实验乐翻天"这个活动，且这51%的受访者中有78%经常参加"实验乐翻天"的科普活动。"实验乐翻天"的成功意味着很多观众都参加并认可这一活动的内容，又因北京自然博物馆在古生物方面更容易吸引观众的关注，所以项目小组选择了化石主题的教学资源作为首选探索对象。

四　研究方法

要想将北京自然博物馆教学资源转化成文创产品，就需要深度挖掘教学资源的重点和可转化成文创产品的突破点，"化石的前世今生"是针对6～10岁儿童的课程，课程主要内容是介绍化石种类、化石的形成过程，观察化石，认识化石，课程的最后是动手翻制化石模型。

翻制化石模型其实是化石修复工作中一项复杂的内容，在课程中我们将翻制的过程简单化，使用户可以很快上手操作。翻制化石模型的材料（除化石本体外）需要项目小组成员到市场上购买，然后分配到用户手中。这些材料虽然在市场上都能找到，但是集齐材料，并少量购买是普通用户不能做到的。因北京自然博物馆馆藏标本中有部分化石标本可作为科普教育使用，所以在博物馆参与课程时用户可以直接使用化石标本作为化石本体进行翻制。

根据以上情况，项目小组成员把动手翻制化石模型作为产品形式的体现，在产品中加入"学习单"（类似使用说明或者操作手册），把课程中的知识点和翻制模型的操作过程为用户展示。另外，翻制化石模型的本体我们也进行了更换，用硅胶材质的化石模型本体代替化石本体。这样做有两点好处：第一化石模型本体的规格一致，可以量产，方便在产品包装盒内固定；第二购买化石本体的费用高于订制化石模型本体的费用，可为产品成本减轻负担，控制产品成本也是文创产品开发的重要研究内容。

五　研究成果

一款产品的诞生是有一个过程的，当课程活动发展到一定阶段的时候，把课程作品开发成产品作为课程必备的辅助工具，成为一个必然趋势。通过将博物馆教学资源与文化创意产品进行结合，可以使博物馆教学资源延展的范围更广，两方面的结合可互相促进发展，将博物馆的教学资源打包成产品可以让更多的人在馆外接受只有在博物馆内才能体验的教学课程，也可以通过教学资源产品让更多的人了解到博物馆的教学内容，促使更多的观众走进博物馆，参与博物馆的科普教育活动。

有时候，博物馆的科普活动也会送到社区、学校或者其他场地举行，在场外分发活动套材、回收套材通常不方便，但是如果带着已经成型的教学资源产品在馆外做活动，分发套材时就减少很多工作量，并且在活动结束后，用户还可以将产品一并带走，减少了回收材料的工作量。

通过用户使用产品的调查发现，该产品深受用户欢迎，而且有约83%的用户是在博物馆以外的场所体验该产品的。这说明这款产品的推出确实让用户将"博物馆带回家"了，把博物馆的教学资源也带回家了。有约59%的用户愿意在参加完博物馆活动之后购买教学资源包，这些用户有一半是想把这类产品作为课外学习的工具进行使用的。

六　发展影响

将博物馆教学资源与博物馆文化创意产品相结合的研发，可以对博物馆教学资源的设置进行规划性设定，为今后重复性的课程资源减少不必要的成本。另外，将教学资源转化成文化创意产品，一方面丰富了博物馆文化创意产品的种类，让博物馆文化创意产品不止停留在冰箱贴、笔记本、鼠标垫、T恤衫这些大宗商品上，也不是普通的拼插模型和挖掘、考古类型的产品上，让用户在了解知识的同时，体验博物馆工作人员的工作内容，将真正的知识和博物馆工作体验结合起来。

互动式体验类的教学资源和文化创意产品已经成为博物馆发展的方向，而且将成为今后博物馆教学资源和文化创意产品开发的主流。如今 AR、VR 技术也早就融入教学资源和文化创意产品中，虽然虚拟体验可以给用户带来现实之外的体验感受，可是真正的实际操作体验是虚拟技术不能替代的。

七　指导帮助

此次，教学资源转化成文化创意产品的尝试开发，一是为探讨什么样的教育活动可以转化成有形商品，二是为研究什么样的博物馆人才可以参与其中，三是为了解博物馆教学产品的发展前景和经济效益。这些是为博物馆今后的教学资源开发以及博物馆文化创意产品开发工作奠定基础。

经过此次尝试，项目小组成员发现互动式、参与性强、并带有直观洞察性质和启发能力的博物馆教育活动转化成有形商品的可能性最强，那些适用于图片展示、讲解性强的教育活动更适合转化成书籍或者图册。自然博物馆的课程在于将藏品和知识点最大化的结合，有形的藏品与无形的知识点碰撞后，将课程推向课堂，观察学员的关注点和喜好程度对课程进行调整，并把这些总结成转化有形产品的重点。

产品重点体现的就是藏品信息和知识点，所以在产品中只要体现以上两点即可，其他的附加信息可以标示在包装上，如产品的研发单位信息、博物馆的相关课程信息。包装一定要精心设计，要有醒目的产品名称。产品名称可由课程名称代替，也可以围绕课程内容定名。包装上还可以有产品中使用到的模型、工具等图样，这样用户一眼就能分辨该实验包的内容和用途（图三）。

图三　实验包的外包装

此次研发的参与人员包括北京

自然博物馆科普教育部的课程设计者和讲师、经营运营管理的产品开发员和标本部的化石修复师。课程设计者和讲师为该课程产品的前期设计提供了思路和指导意见，并在产品的文字内容撰写方面做了大量工作。产品开发员为整个产品的材料、用量、摆放、平面设计、立体设计等做了全套的工作。而化石修复师针对该课程产品的开发中使用了化石模型一项，提供了材料选用、化石藏品挑选、开模、翻模等帮助。产品的内容不同，配合工作的博物馆人才也会不同。如果和昆虫相关，我们会请昆虫专家协助开发；如果是人体课程，我们会请医生等职业的专家协助开发。但不管是什么样的教学实验包，都不会离开相关专业领域的专家的参与和帮助。

博物馆教学课程是博物馆教育功能的主要体现之一，是博物馆的重要支撑，课程的延伸也成了必不可少的一项补充。为了能使博物馆教学课程高效地运转，广泛地传播，教学资源包的开发是趋势所需，也是成果转化的体现。

而研发博物馆教学资源包的费用并不低廉，需要大量的研发工作，比如产品的整体设计思路，文字的撰写，外包装的设计，材料的选买，模型的多次开模修改，都需要时间和资金支持。所以博物馆作为公益一类单位，需要项目资金支持研发，所得收益可以作为下一次教学资源包的开发启动资金。

"南海I号"文化创意产业
发展 SWOT 分析

广东海上丝绸之路博物馆　曾超群

摘　要： "南海I号"沉船和其船载数量众多的文物，蕴含了丰富的历史信息和文化价值，非常适合文化创意产品的开发。"南海I号"文化创意产业的优势主要体现在文物资源丰富、旅游设施配套完善和可从业的人才资源丰富，但也存在着产业意识淡薄、技术与资金缺乏等劣势。文化创意产业发展的优势与劣势并存，但它们并不是一成不变的。在一定的条件下，在一定的时期内，两者可以互相转化。广东海上丝绸之路博物馆将抓住国内大力发展文化创意产业的机遇，走"加强区域合作，坚持创新发展"的路径，将文化创意产品开发与弘扬中华文化遗产保护传承相结合，在宣传海上丝绸之路知识、弘扬中华民族文化自信方面发挥其应有的作用。

关键词： 南海I号　文创产业　SWOT 分析

广东海上丝绸之路博物馆（以下简称广东海丝馆）位于广东省阳江市，是以"南海I号"宋代古沉船发掘、保护、展示与研究为主题，动态演示水下考古现场发掘过程的专题博物馆，为国家二级博物馆、国家 AAAAA 级旅游景区。"南海I号"是我国目前已发现的年代较早、船体较大、保存较完整的宋代远洋贸易商船，是中国古代海上丝绸之路航线上最重要的实物遗存之一。"南海I号"沉船和其船载数量众多的文物，蕴含了丰富的历史信息和文化价值，非常适合文化创意产品的开发。

一 文化创意产业 SWOT 分析

（一）优势（strength）

1. 文物资源丰富

文化创意产业开发的起点是文化。宋代古沉船"南海 I 号"自1987年8月在阳江市海域附近被意外发现后，引起了世界考古界的关注，船上的文物以瓷器为主，还有漆器、铁器、铜器、石制品、金器、银锭、佛像等。据考证，"南海 I 号"古沉船是迄今为止我国发现的海上沉船中年代最早、船体最大、保存最完整的南宋时期远洋贸易木质商船。它的发现为我们提供了许多宋代历史文化的信息。据统计，目前已出土文物近7万件，船上仍有数万件文物待发掘，丰富的文物资源无疑为"南海 I 号"发展文创产业提供了肥沃的土壤。

2. 旅游功能配套完善

广东海丝馆位于风光旖旎的海陵岛，是国家二级博物馆，也是国家 AAAAA 级景区。海陵岛陆地面积108平方公里，拥有首批国家级海洋公园、中国最佳滨海度假胜地、首批国家级中心渔港等一批"国"字号品牌，素以"阳光、沙滩、海水"的完美结合闻名于世，2013年以"南海 I 号，丝路水道"的美誉入选中国十大宝岛，2014年以总分第一名荣登广东省"十大美丽海岛"榜首。近年来，随着海陵岛旅游设施配置的进一步完善，前往该地观光的游客呈现逐年增多的态势，仅2017年就有903多万人，其中有不少游客是为了一睹"南海 I 号"的风采而来。优美的景色，优越的地理位置，便利的交通，旅游设施配套完善，为"南海 I 号"文化创意发展提供了必要的基础条件。

3. 可从业的人才资源丰富

文化创意产业的核心要素是创造力，创造力来自人才。阳江市拥有从事文化创意产业的各类协会、团体、机构，当地的高职院校、技校、职中都开设有旅游及与文化产业相关的专业，每年招生达数百人，以职业素质、技能应用能力的培养为主线，多年来培养出了一大批具有旅游管理工作知识，能从事文化创意产业设计，从事导游、旅行社经营管理、景区服务与管理工作的高素质技术型人才，既为"南海 I 号"开发文化创意产品提供了智力保障，又为阳江的地方旅游经济提供了一定的人力资源保障。

（二）劣势（weakness）

1. 产业意识淡薄

就博物馆而言，基础资源有馆藏资源和空间资源等，这决定着自身文创工作发展的方向和特色。2017 年以前，广东海丝馆在实践中对馆内的基础资源缺乏挖掘利用，以致整个博物馆没有很好地结合自身特色来系统开发文创产品，虽然也陈列了一些地方特产等，但都与海上丝绸之路和博物馆本身的内涵联系不大。由于此前广东海丝馆的产业意识淡薄，文化资源要素得不到市场确认，也没能很好地转换成产业资源。

2. 公益一类性质博物馆从事文创产业经营处于尴尬境地

在国家层面，虽然已经出台了促进文创产业发展的相关政策，但尚未形成配套政策或管理办法。对公益一类事业性质的博物馆而言，其运营经费是由财政全包，根本没有经营开发文创产品的职能和动力，因此此类博物馆很少研究馆内文创产业的壮大与发展。

3. 开展文创产业的技术与资金缺乏

能够从事文创产业运营的博物馆，大多数是公益二类或三类性质的省级以上博物馆，或者是私人经营的博物馆，它们具备较好的人力资源。而大多数基层博物馆则缺乏能从事文化创意产业运营的复合型人才。在资金方面，大多数的公立博物馆没有专门针对博物馆文化创意产品的研发设置专项财政经费，这严重制约了博物馆文创产业的发展。

（三）机遇（opportunity）

1. 发展文化创意产业符合全球发展的大环境

在经济全球化发展中，经济与文化一体化发展浪潮的产物——文化创意产业，已经成为许多国家和地区促进经济转型的战略举措。这为"南海Ⅰ号"文化创意产业的发展带来重要的历史机遇。

2. 国内文化创意产业发展正逢时

随着《博物馆条例》的颁布实施，对文创产品进行开发已经成为博物馆日常工作的一部分。2016 年 6 月 6 日，国家文物局下发了《关于推动文化文物单位文化创意产品开发的若干意见的通知》，对全国文博单位开展文创工作开发提出了具体的工作要求，也为博物馆文化产业发展带来了崭新的机遇。2017 年 5 月 3 日，国家文物局刘玉珠局长在全国政协十二届五次会议前夕答记者问时，强调让文物活起来是国家十三五期间的一篇大文章，并肯定了文物市场、民间收藏和互联网平台的积极作用。由此可见，现时国内大力开展文化创意产业正逢时。

3. 阳江市提出的打造海丝文化名城战略，为"南海 I 号"文化创意产业发展提供了机遇

2016 年年底，阳江市召开的七次党代会明确提出全市十三五期间要以"以海兴市，绿色发展，全力打造海丝文化名城"为抓手，这就为"南海 I 号"的发展，尤其是为其文化创意产业的发展，提供了很好的平台。

（四）威胁（threat）

1. 地方政府对文化创意产业缺乏规划

地方政府相关部门对文化创意产业的认识还不够深入，概念模糊，内涵界定也不清晰，缺乏相应的配套政策，多头管理，行业协会松散，对发展文化创意产业的规划与指导不足①。

2. 市场竞争日趋激烈

"南海 I 号"文化创意产业发展面临着日趋激烈的竞争。加入 WTO 后，我国逐渐放宽了外国产品和企业进入中国市场的限制，对国内文化创意产业的重点行业形成强烈的冲击。同时，国内的文化创意产业也呈现了日新月异的格局，需要"南海 I 号"不断加强文化创意产品的创新与推广。

（五）"南海 I 号"文化创意产业发展的 SWOT 分析结论

以上 SWOT 分析表明，"南海 I 号"文化创意产业发展的优势与劣势并存，机遇与威胁同在。但这些优势与劣势、机遇与威胁并不是一成不变的。

---

① 张振鹏、王玲：《济南文化创意产业发展路径分析》，《前沿》2009 年第 4 期。

在一定的条件下，在一定的时期内，两者可以互相转化。通过各级政府及海丝馆相关人员的努力，完全可以将劣势转化为优势，将威胁转化为机遇（图一）[①]。

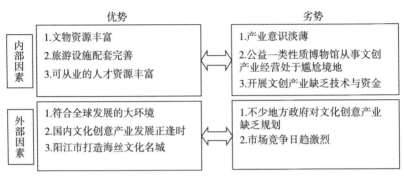

图一　南海 I 号文化创意产业发展 SWOT 分析转化

二　"南海 I 号"文化创意产业发展路径选择

（一）"南海 I 号"文化创意产业发展路径

目前，"南海 I 号"文化创意产业基本处于待开发状态，根本谈不上产业集群。广东海丝馆可从整个产业规划高度，成立专职机构，从现有的国际、国内环境出发，科学借鉴先进的经验，结合阳江当地的文化创意产业发展现状和自身的优势，根据市场需求，将自身潜在的资源优势转化为产业竞争优势，本着充分发挥后发优势的原则，借鉴国际、国内文化创意产业规则和先进经验，走"加强区域合作，坚持创新发展"的路径。

加强区域合作：加强国内及国际间的资金技术合作，吸引外来投资及社会资金；学习先进的技术及管理经验，同时利用国家当前实施"一带一路"倡议，以及"南海 I 号"加入海丝申遗联盟城市的优势，加强与周边城市、同行及相关企业的协作发展，形成资源共享、优势互补的合作机制。

---

① 张振鹏、王玲：《济南文化创意产业发展路径分析》，《前沿》2009 年第 4 期。

坚持创新发展：利用海丝馆内外现有的人才及科研技术力量，坚持创新驱动，不断研发和生产适合市场需求的产品，并适时考虑延伸产业链条，达到集约化发展的目的。

（二）"南海Ⅰ号"文化创意产业发展路径的依据

1. 文化创意产业链的打造需要区域合作

"南海Ⅰ号"文化创意产业本土资源和市场十分有限，加上广东海丝馆本身又是一个公益一类的事业单位，自身直接参与市场化运作的条件受到了限制，只有积极加强区域合作，文化创意产业才能有更大的发展空间。在人才方面，广东海丝馆采用了"借船出海"的做法，与中山大学、中国文化遗产研究院合作设立中国广东水下文化遗产科技保护基地、中国广东海上丝绸之路（"南海Ⅰ号"）文化研究中心、中山大学广东海上丝绸之路博物馆博士后创新实践基地、中山大学教学研究基地，并与广州美术学院合作共建教学科研基地，为研究工作提供人才保障。在资金方面，借鉴国内兄弟博物馆的成功经验，加强文化创意项目招商，采取合作、授权、独立开发等多种方式进行开发。在实践中，广东海丝馆现参照广东省博物馆的做法，通过打造完整的产业链，把创作和产品结合起来，使合作各方的产业效益尽可能达到最大化。

2. 集约化发展符合文化创意产业发展规律

文化创意产业是以现代科技和文化资源为基础，以创意为核心，贯穿生产、传播、流通和消费等产业发展全过程的产业集群。"南海Ⅰ号"文化创意产业处于发展初期，对于资源的梳理和开发还没有形成完整的产业意识，产业特色也有待挖掘，产业竞争力更需要在发展中进行打造，走集约化发展的道路。这将有利于"南海Ⅰ号"文化创意产业迅速形成产业特色和品牌效应，提升产业发展水平和产品质量。

党的十九大报告指出，我们要加强文物保护利用和文化遗产保护传承。作为公益类文化文物单位的博物馆，是中华优质文化资源的集中保存地，如何抓住当前机遇，将文化创意产品开发与弘扬中华文化遗产保护传承相结合，是我们面临的挑战。"南海Ⅰ号"的文化创意产业刚刚起步，除了在发展程度上与先进地区有一定的距离，同时还亟须国家相关部门出台配套政策，使博物馆发展文化创意产业更加具备合法合规性，能够通过不断的实践，找到一条适合自身特点的发展之路。

博物馆旅游纪念的开发对博物馆的发展具有重要的意义。广东海丝馆的文物，作为我国古代海上丝绸之路的重要佐证载体，具有十分重要的意义。下一步，广东海丝馆将与旅游产业相结合，通过把一件件独特的文化创意产品传播到世界各地，在宣传海上丝绸之路知识，弘扬中华民族文化自信方面发挥其应有的作用。

数字化与智慧博物馆

试论智慧文博时代的文化传播力创新

中国传媒博物馆　潘　力　唐子晴　陈常松

摘　要：文化传播与媒介发展密切相关，随着信息技术的迅猛发展，新的媒体技术也在不断变革。随着媒介融合时代的到来，构成了全新的文化传播体系，给传统文化传播带来了崭新的挑战和深远的影响。作为一个文化机构，博物馆区别于书本的重要意义在于通过各种肉眼可查、实体可触的藏品和展陈，来唤醒人们对历史的记忆，进而对这一记忆背后的问题进行探讨和反思，从而达到促进人类和谐共处的目的。博物馆作为传统文化的重要载体，是一个国家进行文化建设的重要组成部分，在保存并传播一个地区乃至一个国家的历史文化中发挥着不可替代的作用，尤其是在科技迅速发展的"互联网＋"时代背景下，博物馆除了是传统意义上作为"文化宝库"对文物进行收藏和保护的机构外，更是一个塑造地区甚至国家文化形象、价值形象的文化传播机构。在智慧文博时代下如何看清我国传统传播方式的路径，运用高新信息技术推动文博事业发展，更好地规避风险，扩大传播广度，加深传播深度是一个值得思考的课题。

关键词：文化传播　媒介融合　"互联网＋"　智慧文博

博物馆作为公共文化服务体系中的重要组成部分，在信息经济、智能经济以及新技术应用发展的多重驱动下，面临着深刻的调整与转型，逐渐成为博物馆学界研究的热点话题[①]。

本文从媒介融合环境对传统文化传播的挑战与创新及文博时代多维度思考

---

① 骆晓红：《智慧博物馆的发展路径探析》，《东南文化》2016 年第 6 期。

等角度出发，探讨在新形势下我国如何加快推进文博产业的发展进程，使其成为弘扬社会主义核心价值观、传播优秀文化结晶的重要平台。

一　媒介融合与文化传播的关系

麦克卢汉认为：媒介即信息，它是人的延伸。只要能够发出对人类有感的信息，万事万物皆可成为媒介。由此看来文博领域中的博物馆藏品其实是非常符合媒介性质的——它不仅传达信息，以不断叠加的方式储存和处理信息、增值信息，而且能帮助人类实现跨越时间和空间的交流。近年来，国家出台了许多指导性的意见和政策，鼓励传统媒体与新兴媒体融合，《关于推动传统媒体和新兴媒体融合发展的指导意见》中指出：推动传统媒体和新兴媒体融合发展，要遵循新闻传播规律和新兴媒体发展规律，强化互联网思维，坚持传统媒体和新兴媒体优势互补、一体发展，坚持先进技术为支撑，内容建设为根本，推动传统媒体和新兴媒体在内容、渠道、平台、经营、管理等方面的深度融合，着力打造一批形态多样、手段先进、具有竞争力的新型主流媒体，建成几家拥有强大实力和传播力、公信力、影响力的新型媒体集团，形成立体多样、融合发展的现代传播体系。要一手抓融合，一手抓管理，确保融合发展沿着正确方向推进①。

文化传播，是指人类文化由文化发源地向外辐射传播或由一个社会群体向另一群体的散布过程。文化传播与媒介发展密切相关，打一个比方，如果优秀的文化遗产是道路上的车辆，那么媒介就是承载车辆的道路，这条道路是羊肠小道，还是柏油马路甚至高速公路，直接影响着车辆的行驶速度和行驶状态。因此，可以说媒介的发展直接影响着文化传播的方式和到达率。

当前，新媒体以其特有的交互性、数字化、容量大、多样性、多媒体、时效性、全球化等多种特征，极大地提升了传播的效果和影响，提供了一个新的传播思路和渠道。充分利用好新媒体技术，将文博事业与其有效结合，从而让我国文博事业再次焕发光彩，这是难得的机遇，也是严峻的挑战。

---

① 《〈关于推动传统媒体和新兴媒体融合发展的指导意见〉审议通过引业界关注——媒体深度融合热潮将至》，中华人民共和国国家新闻出版广电总局官方网站。

二 媒介融合给传统文化传播带来的困境

（一）传统文化在融合传播中面临挑战

从媒介融合情况来看，传统文化的传播面临严峻形势。其中最具代表的是文化对立的现象。中西文化的对立、雅俗文化的对立、现象与本质对立等情况使传统文化遭受巨大挑战。

因此，我们需要对于融合中的各种媒介进行合理选择与使用，在媒介融合中保持传统文化的精髓与魅力，通过新的媒介技术形式，再现传统文化的美，以促进传统文化内容的有序、规范、高效、深入、有效传播。

（二）传统文化在传播技术上面临挑战

新旧媒介的融合指的是在技术发展中不断拓展与模糊传播边界、细分和扩大受众。受众需要不断随着技术的发展掌握新技术、新技能，传播者需要具备高度的传媒素养；媒介融合具有技术先导性，数字技术、卫星技术、多媒体技术与互联网技术日新月异，在给人们带来海量信息的同时，也造成人们对新媒体技术的过度依赖，人们常处在"真实"的虚拟空间中。这种面对新技术的"主体性"缺失，给受众的辨别能力、接受能力和媒体的传播效果都带来了不利影响。

（三）新媒体的娱乐化、碎片性冲击着传统文化传播

新媒体技术的迅速发展直接影响和改变了人们获取资讯的习惯和方式。依靠报纸、书籍、杂志等媒体为主要载体的传统文化受到新媒体如手机、电子书、平板电脑等网络移动终端设备的冲击。一些低俗的所谓"改编""创新"，对于传统文化的传承和发展来说不仅没有积极意义，反而加速了传统文化与经典艺术的生存危机。新媒体网络弱化了传播主体的身份和地位，强化了不明身份个体对于文化构建的作用，任何人都可以通过网络自由地参与文化传播和构建，并以此对他人产生影响①。

---

① 宫承波：《新媒体文化的生存悖论审视》，《山东社会科学》2010 年第 10 期。

互联网的出现，颠覆了旧媒体时期的线性传播模式，建立了一个立体、开放、包容的互动传播模式。但是，新媒体瞬间性、碎片性的传播方式，简化、解构了传统文化，快餐型消费使传统文化成为简单机械的文化符号，难以达到文化传播的真正效果。

三 媒介融合语境下传统文化传播的创新——以博物馆创新为例

（一）应对挑战，实现"创造性转化"与"创新性发展"

媒介融合语境下的传统文化传播，最重要的是内容融合，传播内容的发掘作为新媒体产业的核心与支柱，必须遵循传统文化传播"内容为王"的管控原则和发展原则，这是传播中的"基石"，也是新媒体传播中的"铁律"。"创造性转化"是把以往的媒介形式的传统文化内容"创造转化"为新媒体文化，使传统文化内容具备新媒体文化传播的特点，这是新媒体文化的传播优势。而"创新性发展"指通过新旧媒体融合吸收传统文化的精华部分，为"正能量"的传播提供支持。从目前来看，博物馆在智慧文博方面有一定的应用成果。

1. 展览特色化

将博物馆的建设与地方特色、时代特色、人文情怀联系起来，通过多种技术手段，打造凸显特色文化、紧随时代步伐的现代博物馆，体现展览特色。例如老北京动起来博物馆的镇馆之宝是一幅全长 228 米、高 3 米的《老北京动起来》数字画卷，是全亚洲最长的屏幕，很好地将传统文化内容与新科技相结合，成功实现了"创造性转化"与"创新性发展"。

2. 策展个性化

观众的欣赏水平和品位在日益提高，观众个性化的需求愈发强烈。目前，我国文博事业已经进入前所未有的快速发展时期，体现在专业化水平显著提高、藏品种类日渐丰富、展示体系渐趋完善和社会影响与日俱增。但是，多数博物馆趋于相似，缺少个性化特征。北京自然博物馆根据青少年心理特点新开辟的互动式科普教育活动场所，吸引了众多热爱自然的青少年，通过"动物之美""恐龙世界"等板块，将个性化的展览融入欢乐轻松的氛围中，探索自然、热爱科学、珍爱生命。

（二）推进"数字化改造"与"数字化传播"

数字化是传统文化传播发展的必然方向，数字技术促成传统文化的传播新模式。数字化针对传统文化资源进行抢救、发掘、保护、开发。在媒介融合建设中，更强调受众对于传统文化的"使用与满足"，数字技术能够较好地使得受众"浸润"在时空全覆盖、数字传输互动、数字自主选择的传统文化传播中，走出"异化"的困境，主动"使用""选择""接受"和"满足"，使得传统文化产生积极的传播效果。

1. 馆藏数字化

馆藏数字化将藏品通过文字、图片、音频、视频等方式进行展示。博物馆都有不少文物、藏品因为保存不当而"殒命"，而博物馆的空间有限，限制了藏品的展示，部分馆藏机构的藏品档案缺失严重。博物馆实现了数字化，就可以举办"永不落幕的展览"。此外，博物馆数字化管理将大大提高馆员的工作效率，避免藏品不必要的移动，有助于馆与馆之间的沟通和交流。

目前，我国博物馆的馆藏数字化建设已经取得了较好业绩。贵阳数字博物馆结合三维扫描、虚拟现实、全息技术等，将实现在 PC、安卓、苹果 IOS、MAC 跨平台运行，使文物脱离地域限制，实现资源共享。

2. 传播多样化

传播多样化包括传播内容多样化和传播渠道多样化。

（1）传播内容多样化

文物藏品可以分为实体和信息两类。文物实体多保存在文物库房、展厅中，而一些不可移动的文物则在室外保存。文物信息则是通过研究、记录、检测等手段，记载了包含影像在内的文物本身的各项特质，它们是可以脱离文物实体而存在的。经过数字化改造、升级后，藏品的各种信息，包括图像、影像、声音、文字等信息，利用多媒体技术有机结合起来，可以从单一的文字和图片的展示向影视、触摸、互动的展示方式过渡，展品也从实物展示向二维、三维动画、全息影像展现方式发展。

（2）传播渠道多样化

从传播学的角度看，博物馆的本质是进行文化传播的媒介和载体。博物馆的信息传播方式及知识的产出方式受到传媒时代的深刻影响。湖南省博物馆借助湖南卫视的品牌号召力，主动与其建立紧密合作关系，与媒体合力包装"马王堆汉墓陈列"，推出大型专题纪录片，拓宽了传播渠道，有效提高了该陈列在全国范围内的受众知晓率。

（三）加大开发与应用，构建文化传播产业链

新媒体资源，使传统文化传播变得更为智能化，给受众带来前所未有的文化体验，利用互联网、数字技术、现代软件等技术，推动文化生产方式、传播方式的创新，扩展文化服务功能，延伸文化传播的空间和辐射范围。当今，VR、AR、物联网技术、人工智能的发展，使传播更为有效。在博物馆运营中，加大利用虚拟现实头戴设备和谷歌纸板眼镜等虚拟现实产品的力度，可以让观众从展览和藏品中获得更多浸入式的学习和体验机会。运用多种手段调动观众的多重感官，增加体验的交互性、主动性，使观众能直观地、浸入式地体验是一种新的趋势和发展方向。

1. 融合多元化

现代博物馆是融合多元媒介共同传递信息的场所。多元不仅是简单的多种资源叠加，更是一种有机融合，博物馆综合多种表现手段，共同为观众提供互动性强、体验性佳的展览。目前在景区通行的"链景旅行"就是通过互联网链接名胜古迹的美景，用 APP 服务游客环游景区景点，把昂贵的人工讲解变成免费服务，并提供三方面的服务：一是免费听全球景点讲解；二是外语在线"急"时翻译；三是旅游商品一站式解决。

成都金沙遗址博物馆全面梳理金沙遗址的考古文物的数据资源，对 4 万多平方米的遗址及两千多套文物进行三维采集和其他资料的整理，这是一个很重要的基础。数字化技术促进遗址博物馆的管理升级，在场景管理、业务数据管理、观众管理、设备财产管理、内部管理体系等方面都有很大提升。馆方也实现了数据体系的互联、共享。

2. 体现人性化

英国国家滨水博物馆（The National Waterfront Museum）位于英国南威尔士的小城斯旺西。博物馆位于港口处，共有两层楼，一楼主要是购物商店、餐厅

和休息区及一些工业时期的生活工作的空间场景展示。二楼有实际物品展示，有将近一半的藏品是采用交互式触摸屏与多媒体演示系统的永久性展示。在传播工业历史的同时，博物馆还设有教育设施、商店、图书馆、餐厅与休息区，使博物馆的使用效率得以提高，满足了人们学习的需求和其他个性化的需求，体现了人文理念。除了线下体现人性化服务，在线上，运用新媒体技术建立了博物馆的官方网站，主要划分为七个板块：博物馆介绍、帮助参观的安排与计划、近期展览介绍、学习课程安排、提供职位与志愿者招募、博物馆场地租用、合作伙伴介绍，想了解博物馆的人不用亲自到博物馆即可全面了解。此外，官方网站上还有中文在内的四国语言介绍，在全球化发展的今天，为各国的文化交流提供了便利，很好地体现了其追求全球化、个性化的服务理念。

四 我国文博事业面临的主要问题

当前，博物馆事业发展势头强劲。在政策、文化、科技等方面均有利于智慧文博发展的情况下，文博事业有十分广阔的前景。但纵观我国文博事业的现实情况，仍然面临不小的困境和问题。主要表现为：

（一）中小型博物馆资金不足

数字化改造往往意味着大量的资金投入，在智慧文博事业中，中小型博物馆往往无法解决资金问题，加之社会资金的投入与参与受到政策不到位等因素的影响，博物馆自身增收能力又极其薄弱，这些都严重束缚了博物馆事业的发展。

（二）社会力量未形成共识

服务公众是博物馆的责任和使命，博物馆又是公共文化服务的中坚力量。随着经济与社会的发展，越来越多的民众意识到博物馆的重要性，博物馆的建设不仅是国家的事，也与社会大众息息相关。北京博物馆学会秘书长崔学谙指出，关于参与建设的社会力量可以从两方面来理解：一是民众参与博物馆建设，二是推进博物馆理事会制度的建立。从目前来看，这两者仍处于起步和探索阶段。

（三）高校博物馆后继乏力

高校博物馆功能、作用和定位不清，阻碍了高校博物馆的投入、管理、业务发展和服务社会等作用的发挥。高校博物馆不像其他公益性收藏单位可以享受文物进出口相关免关政策，本校图书馆、档案馆、校史馆以及其他院系的藏品不能真正统一上交博物馆收藏管理。此外，高校博物馆还涉及服务校方教学、公共展示以及自身规则之间的矛盾。行政化与市场化、社会化之间的冲突，以及资金缺乏等一系列问题，严重制约高校博物馆的发展。

（四）民营博物馆举步维艰

民营博物馆通常没有国家相关政策及部门扶持，投入成本高、市场化程度低，推广力度不足，加上人员工资、水、电、维护费等都是不小的开支，单靠门票收入根本支撑不下去。根据《2016 中国私人博物馆行业发展白皮书》统计，中国私人博物馆的数量由 2008 年的 315 家猛增至 2015 年的 1110 家，占我国博物馆总数的 23.7%，这一方面反映出民间博物馆的兴盛之势，另一方面也显示出中国民营博物馆的发展任重道远。

（五）政府扶持力度薄弱

从对博物馆的投入方面看，东部发达地区在经费投入等方面远远高于中西部欠发达地区，而且相对于国内其他行业，博物馆的信息化建设才刚刚开始，其信息化建设的资金，主要来源于国家财政部门的划拨，很难维持数字信息化工作所需要的巨额资金，导致建设项目不能按照计划如期开展。

这些问题和困境的解决，资金是核心问题，而优秀人才、管理经验、创新思维等都是迫切需要解决的问题。

五　智慧文博时代多维度思考

智慧文博时代，"互联网＋"逐渐成为大家耳熟能详的词汇。所谓"互联网＋"即"互联网＋传统行业"，但并非两者简单相加，而是利用信息通信技术以及互联网平台，让互联网与传统行业进行深度融合，创造新的发展生态。它代表一种新的社会形态，即充分发挥互联网在社会资源配置中的优化和集成作用，将互联网的创新成果深度融合于经济、社会各领域之中，提升全社会的创新力和生产力，形成更广泛的以互联网为基础设施和实现工具的经济发展新业态。

"互联网＋博物馆"应该得出什么？答案可以是多样化的，但方向一定是"融合＋创新"。首先，博物馆应在"互联网＋"的带动下，打破"内向型"的思维定式，从藏品管理、陈列展示、公众教育和电子系统等方面进行创新与变革。其次，博物馆的管理者应借助互联网的用户思维、大数据思维、平台思维、迭代思维等把社会资源、信息资源和物理资源进行深度融合，把管理从二次元上升到三次元，为用户创造"沉浸式"的体验。基于思考，总结出以下智慧文博时代博物馆的发展方向（图一）。

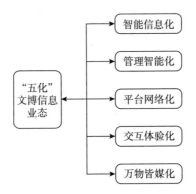

图一　"五化"文博信息业态关系图

（一）智能信息化

数据库是将逻辑相关的数据组织起来的一个集合。数据库技术是用计算机管理数据的方法，它研究如何对数据进行编码、组织、分类、存储、检索、更新及维护。

对博物馆而言，它的数据信息包括文物本体信息、环境信息和观众信息。由于文物本体信息和环境信息是文物保护的基础工作，博物馆通常都很重视，具有较好的基础。对于观众信息，尤其是文物与观众间的关联信息是博物馆管理工作中较为薄弱的环节。在文博的智能信息化建设中，要把"人"放在重要的位置，我们的藏品是为了与人交流沟通，传达给人精神文化信息，要着重统计和分析信息。

（二）管理智能化

博物馆在长期管理中，形成了自己独特的数据采集、记录方法。在管理智能化时代，首先要制定统一的数据采集和记录标准。通过数据流量检测、分析、统计、发布，对博物馆进行管理、改造。现今博物馆最主要的大数据有两个方面，一是以藏品为核心的业务管理数据，二是分析观众的信息用于提升服务。

目前，我国大多数的博物馆，通过可移动文物普查，将藏品档案数字化，积累大量的藏品数字资源，将纸质档案转化为数字档案，建立的藏品管理系统、数字资产系统、资料查阅系统、网站等，这些系统由于没有统一的数字化保护软件架构，给博物馆日常管理、保护和展陈展示工作带来了极大的不便。

观众在博物馆的行为、兴趣点正是为观众提供智慧服务的基础。建立观众行为分析系统可以全面记录观众参与博物馆活动的各类行为信息。观众行为分析系统包括观众预约、信息查询、票务管理、导览服务、教育服务、互动等功能模块。

（三）平台网络化

兼具媒介和内容的博物馆应该充分利用自身的文化资源，选取恰当的时机和方式，进入公众的视线。"两微一端一网"能够推动博物馆由传统向现代转变、由单向向双向转变、由封闭向开放转变。

目前博物馆使用的"两微一端一网"具有诸多的优势，比如，微信有用户群体众多、互动性强、高速传播、多媒体化、信息发布便捷、成本低廉的特点，几乎囊括了整个互联网的客户资源。依托互联网平台，发挥传播的最大效力，着力打造博物馆自身品牌和特色，这是当下博物馆发展应当努力的方向。

（四）交互体验化

随着科技时代的进步与发展，传统的博物馆单向静态展示已经向动态互动展示的方向转变，这给文博事业拓展出新的发展路径，使实体展示与虚拟空间相结合，实现沉浸式互动体验。例如：通过虚拟现实技术，观众可以足不出户游览博物馆，在欣赏文物的同时还可以与三维虚拟环境互动，不仅提高了文物的展示效果，而且可以更加真实地反映文物所传播出的文化底蕴和民族色彩。

在"互联网＋"时代，观众不再是处于被动接受知识的角度，而是更主动地去获取知识，更加感性地去接收，更加直观地感受，使博物馆的教育职能得到更加积极有效的发挥，文物与高科技手段结合能使文博事业重新焕发生机。

（五）万物皆媒化

著名传播学者麦克卢汉曾说"媒介即讯息"，真正有意义的讯息并不是各个时代的媒介所提示给人们的内容，而是媒介本身。作为媒介的博物馆，其工作就是使"物"媒介化，而信息时代则应该把这一认知作为博物馆学的自觉，以构建信息—知识—价值的传导路径。在此背景下，博物馆业务应该得到重塑。要意识到博物馆是以"物"为中心的数字化、信息化、媒介化交流与对话的场所，每一件藏品都是一个媒介，都能作为一个传播信息的载体向观众传达海量的信息并展示其背后的深层意义。

与智媒有效结合，要充分认识到未来媒体呈现的发展趋势：可穿戴设备成为人的延伸、基于传感器进行信息采集、定制化信息生产将深化、"个人云"将成为一种私人化媒体。总体来看，万物皆媒、人机合一、自我进化将成为未来媒体的发展方向。

六　未来文博信息化发展展望

在一切通讯和控制系统中，信息是一种普遍联系的形式。信息集成、数据产品、自媒体、智媒时代背景是当今文博事业发展必不可少的组成部分。前面曾提到，博物馆是以"物"为中心的交流对话场所。博物馆信息化的本质则是向智慧空间、智慧生态、智慧科技等领域的转变。在信息时代、互联网与物联网改变着世界和人们的思维方式的同时，正在改变着文博界的理念和行为方式。

我国文博行业的发展离不开信息化的趋势，通常所说的"行业信息化"，它是指行业信息内容（包括所有单位产生的公共信息、媒体对行业领域的所有报道、媒体主动收集和生产的信息、相关学科的知识行业信息）的网状关联。文博行业信息化主要由以下几个元素组成：平台，行业信息的传播必然要依靠专业的媒体平台；产品，所有的公开信息以此基础制作深入信息产品；核心，以参观者为核心；受众，由受众找自己感兴趣的信息。当前文物行业的信息化处于各个元素缺乏联系、不成体系、难以描摹、行业影响力受限的信息孤立状态，面对这种局面，应该尽快建立和整合一个传播与服务共享平台，以实现传播价值与传播能力的最大化。

七　结　语

2016年10月，国家文物局发布了《关于促进文物合理利用的若干意见》，提出扩大文物资源社会开放度、促进馆际交流提高藏品利用率、加强革命文物展示利用、创新利用方式、落实文化创意产品开发政策、鼓励社会力量参与六项具体举措。《"互联网＋中华文明"三年行动计划》也从"互联网＋文物教育""互联网＋文物文创产品""互联网＋文物素材创新""互联网＋文物动漫游戏""互联网＋文物旅游""渠道拓展与聚合"等多个方面着手，切实提升中国文化传播力和影响力，让文物活起来。在智慧文博时代，创新永远在路上。

国家陆续出台的政策，是文博事业发展强有力的助推器，是我们创新发展的风向标。每一个文博事业的相关从业者，都应该将其理解和深化，积极利用政策条件，紧跟时代步伐，依靠先进的传播手段，让文化真正走出去。通过文化、文创、智慧文博的手法，把每个馆的特色文化传播出去，让人民真正爱上博物馆的特色内容，让文化活起来；让智慧文博焕发出独特魅力，释放出应有色彩；让智慧文博最终服务于社会，服务于民众，服务于这个充满挑战和机遇的"互联网＋"时代。

参考文献

［1］陈刚：《智慧博物馆——数字博物馆发展新趋势》，《中国博物馆》2013 年第 4 期。

［2］姜红德：《智慧文博中心，从极致无线到大数据营销》，《中国信息化》2016 年第 12 期。

［3］姜学斌：《新媒体时代传统文化的价值解读》，《世纪桥》2016 年第 3 期。

［4］贾佳、左依娜：《新媒体时代博物馆的角色与功能转型》，《大众文艺》2016 年第 14 期。

［5］梁辰浩：《新媒体背景下博物馆数字化技术的应用与革新》，《当代电影》2016 年第 2 期。

［6］李季桐：《新媒体时代我国博物馆传播的信息传播方式研究》，辽宁大学硕士论文，2005 年。

［7］木子：《"数说"我国私人博物馆发展现状》，搜狐网。

［8］彭欣：《新媒体时代传统文化传承的现实困境与创新策略》，《江西社会科学》2014 年第 12 期。

［9］冉平、李倩楠：《对博物馆数字化建设中一些问题的思考》，《科技与创新》2016 年第 24 期。

［10］孙其媛：《移动互联网推动智慧博物馆建设的分析》，《中国传媒科技》2016 年第 6 期。

［11］王凌芳：《新媒体时代下中华传统文化的传播策略》，《四川戏剧》2015 年第 8 期。

［12］张峰：《浅谈博物馆数字化与智慧化建设》，《电脑知识与技术：学术交流》2015 年第 18 期。

本文刊于《博物院》2018 年第 1 期

用新技术满足"新观众"的新需求

——故宫博物院数字服务策略分析

故宫博物院　苏　怡

摘　要： 结合 2017 年 8 月在新加坡举办的"博物馆社会包容性和社区建设"工作坊的研讨内容，对故宫博物院 2013 年以来的"数字服务"策略进行分析，探讨信息技术飞速发展的时代，博物馆如何借助新技术提升观众体验，吸引更多潜在的"新观众"，并探讨信息时代的博物馆应如何以更加积极的姿态介入社会服务，共同构建公共"社区"。

关键词： 新观众　新技术　数字服务

2017 年 8 月 14～19 日，故宫博物院、中国博物馆协会、新加坡国家文物局（National Heritage Board）、国际博物馆协会新加坡委员会（ICOM Singapore）在新加坡联合举办了主题为"博物馆社会包容性和社区建设（Social Inclusion and Community Building）"的工作坊，来自英国、澳大利亚、新加坡和东盟各国以及中国各地博物馆的从业者围绕当前博物馆的社会角色与相应的发展目标展开了丰富、深入的讨论，取得了非常有益的成果。

在本次工作坊的发言和讨论中，无论专家还是学员，最频繁提到的关键词就是"新观众（New Audiences）"。那么，什么是博物馆的"新观众"？就故宫博物院而言，"新观众"又指什么？我们该如何吸引"新观众"并为他们提供服务？

一　满足博物馆"新观众"的需求是博物馆的新课题

众所周知，故宫博物院可能是世界上最不缺少"观众"的博物馆。在

《2016 年 TEA/AECOM 主题公园指数和博物馆指数报告》中，国家博物馆以 755 万的参观人数位居世界第一。但这是一份没有把故宫博物院列入统计的报告，从 2005～2014 年的十年间，故宫博物院的参观者以年增长量超过 100 万人的速度急速攀升并突破 1500 万大关。为切实保护故宫文化遗产，让公众享受更好的参观环境与文化氛围，故宫博物院自 2015 年 6 月 13 日（第十个中国文化遗产日）实行每日限流 8 万人的政策。这一举措确实达到了"削峰填谷"的目标，大大降低了发生人身安全事故以及对古建造成损伤的风险，但 2015 年的总观众数仍然超过了 1500 万，2016 年甚至突破 1600 万人次。其中 20%～30% 的观众属于团队出行，他们在故宫停留的时间极为有限，往往最多只有 1 个小时参观时间，跟随导游沿中轴线匆匆穿过，只能了解一下故宫作为"皇家宫殿"的建筑布局和大体功能。而余下 70%～80% 自行前来故宫的参观者中，相当大一部分是第一次来故宫，对故宫的定位也容易集中在"景点""文化遗产"而不是我们所希望的"博物馆"，所以尽管他们停留的时间比团队观众长，但对故宫的关注重点还是多集中在表层，很难深入到建筑和文物藏品以及背后的历史、美学。能够把故宫定位于"博物馆"的，通常需要来过故宫三次以上，或者是历史、艺术等相关专业的学生或研究者，或者是对历史、艺术有兴趣的爱好者。因此，在故宫这一特殊的语境里，我们更需要关注和培养"博物馆观众"，不断去争取潜在的"新观众"，以便更有效地发挥故宫作为博物馆的文化职能。

综合各个方面分析，笔者认为故宫博物院的"新观众"大体可以分为以下几类：

1. 青少年"新生代"

他们永远是博物馆"新观众"的源头活水，成长中的青少年永远需要从博物馆学习知识，汲取人类的经验、教训和智慧。2008 年 4 月，中宣部、财政部、文化部、文物局正式联合发布《关于全国博物馆、纪念馆免费开放的通知》，确立了博物馆以免费开放为基本原则的制度，"为博物馆纳入国民教育体系奠定了坚实的基础"。到今年，通知发布整整十年，受惠于博物馆免费开放政策的第一批小学生已经走入大学，成为在"博物馆中长大的一代"。尽管故宫博物院没有实行全部免费开放政策，但通过每周二面向学生免费开放，以及提供各种免费主题参观、教育活动等多种多样的优惠政策，吸引越来越多的家庭和学校走进故宫，把故宫当作青少年教育最重要的物证基地之一。研究青少年的特点和需求，为这类"新观众"提供适合他们的服务，不仅是故宫，也是所有博物馆恒久的课题。

2. 不了解"故宫是座博物馆"的观众

正如前文所说，在大部分第一次来故宫的观众心目中，"皇家宫殿"、"世界文化遗产"、"必游景点"的定位和意义较"博物馆"更为突出。来故宫之前，这些初次到访的观众大多通过旅游网站等途径去了解故宫，对它的印象往往是一个符号化的传统文化代表。对他们来说，通常是来故宫之后，才知道这里除了红墙黄瓦的古建筑之外，还有常年同时在展的数万件精品文物，而且也和其他博物馆一样，会不定期推出精彩的临时展览。这类观众中的一部分人，会因为到达故宫之后获取的信息而转变对故宫的认识，对所看到的建筑、文物及其背后的历史产生兴趣，因而从"旅游者""参观者"开始转变为真正意义上的博物馆"观众"，这一类"新观众"的产生在故宫博物院、秦始皇帝陵博物院等遗址类博物馆中较为常见。

3. 希望博物馆服务更加个性化的"新观众"

随着经济领域改革取得显著成效，物质产品种类极大丰富并且日益个性化，公众对精神生活也提出了更高要求。文化领域也转而进入了文化事业和文化产业并行发展的全新时期，精神产品也更为多元，市场划分更加精细和准确。人们开始根据自己的兴趣有针对性地选择喜爱和需要的文化产品，要求体验更人性化、个性化的文化消费。一些故宫博物院的"老观众"在新的社会发展条件下，希望博物馆为自己提供更加个性化、更有专属感的文化服务，从而也成为"新观众"。

4. 超越时空界限的"新观众"

由于信息技术的飞速发展，如今并非只有到达博物馆现场的参观者才是博物馆"观众"，更多人虽然远隔千山万水，但借助互联网同样可以密切关注博物馆动态，甚至借助不断发展成熟的 VR 等技术"走进"博物馆参观和体验。从某种程度来说，所有能够访问互联网的用户都可以视为博物馆潜在的"观众"，这部分观众的数量是惊人的，这是基于当下新时代、新技术而产生的"新观众"。

二 通过"新技术"吸引和服务"新观众"

不断产生的"新观众",对博物馆自身的业务发展以及所能提供的服务,不断提出"新需求"。他们不满足于仅仅走进博物馆获得知识,隔着展柜欣赏藏品,从展柜说明牌和讲解员口述中获取信息。他们希望和博物馆之间产生更密切的联系,甚至让博物馆成为一种"生活方式",在这种条件下对博物馆的"新需求"就越来越多、越来越迫切,博物馆所能够采取的较为积极有效的措施就是充分发挥"新技术"的能量,拓展博物馆服务的形式以及能覆盖的范围,超越博物馆的实体局限,大幅度提升观众体验。故宫博物院自 2013 年开始,主要从三个方面利用新技术满足新观众的新需求:

1. 积极研究和应用最新、最热门的技术提升观众体验

新一代青少年是在数字技术迅速进步的环境氛围下成长起来的,他们对知识的接受方式已经进入了新纪元。2017 年 3 月,"香港玩具传奇"展在香港历史博物馆开幕,这个展览固然回顾了近百年来玩具演化和香港工业进步、贸易兴盛的历程,但一路看下来,也让人不免感慨儿童游戏娱乐和学习方式令人瞠目结舌的变化。从展品中可以看到,即便在 20 世纪五六十年代,孩子们的娱乐仍在很大程度上带有"古代"游戏的痕迹,折纸、翻绳、猜拳、沙包……几百年甚至上千年间的变化相对缓慢。但近二十年来,技术的飞跃体现在了玩具的电子化、数码化,甚至连人工智能都已经不再是遥不可及的虚幻概念,已经以较为简易的形式进入家庭,成为未来儿童成长的伴侣和工具。在这样的社会发展背景下,历史类博物馆作为保存物证的机构而"与生俱来"的稳重气质,会使其显得对新技术反应迟缓而步履沉重,很容易错失正在成长中的青少年观众。目前,欧美、日本的博物馆普遍意识到,他们接待的观众人群明显老龄化,吸引更多青少年对博物馆产生兴趣是全球业界共同面对的课题。

应对青少年观众群体的成长特征,故宫采用 VR、AI 等技术来满足他们探求知识的好奇心,让他们觉得故宫不是拒人千里之外的"老古董"。2016 年是业界所谓"VR"元年,实际上故宫博物院从 2000 年就已经开始研究 VR 技术,开发了多个虚拟现实场景并有相应的剧场版 VR 作品产出。2016 年的"元年",

更应该定义为"个人VR"元年，因为可穿戴设备的突破性进展以及数据实时计算和传输速度的飞跃，使得虚拟场景精度和逼真度、"人机合一"的交互体验感都大幅度提升。让以往多使用在军事、工业、制造业和医疗等方面的神秘VR得以走入公众视野。成本逐步降低的个人设备让每个人都有可能体验有趣的虚拟世界。故宫在已有的虚拟场景基础上，结合不同的虚拟体验环境开发了一系列VR应用，形成"V故宫"项目，目的在于利用VR技术，让观众全方位地感知故宫建筑和文物。"V故宫"项目覆盖V展览、V考古、V研究等多个方面，就展示形式而言，包括30～50人的沉浸式剧场集体体验（图一），5～7人的步入式CAVE空间交互体验（图二），通过VIVE头盔进行的个人体验（图三），以及养心殿和灵沼轩等VR场景的在线虚拟游览（图四）。每种形式都注重密切结合该平台的技术特征，使V故宫各个平台之间不至于同质化，各平台所能提供的不同体验互为补充，共同构成完整的故宫虚拟体验。其中，剧场式的VR作品尽管已经是"传统项目"，但结合无线通讯技术，克服了以往利用有线游戏手柄进行操作的复杂性和局限性，通过iPad终端

图一　V故宫–剧场

图二　V故宫–CAVE体验

图三　V故宫–VIVE头盔

图四　V故宫–在线虚拟游览

与主机通讯，使 VR 节目讲解员和观众可以获得更大的操作自主性，同时还保留了沉浸式柱幕剧场的震撼视听效果。

2. 借助数字技术让文物"活起来""走出去"

从 2006 年开始，故宫博物院逐步尝试在院内的常设文物展厅中对观众提供基于数字技术的参观辅助服务，包括开放路线的导览信息、专题展馆中的主题导览视频片、文物电子说明牌、游戏交互触摸屏以及"陶瓷魔境"AR项目等等，不少观众从中获得了不同以往的参观体验，觉得博物馆并不那么晦涩难懂和冷漠。其中一些人由于在武英殿书画馆和文华殿陶瓷馆通过数字交互设备学习，获得了关于展品的丰富信息，逐渐爱上逛博物馆，以至注册成为网站会员甚至加入故宫展厅讲解志愿者的队伍。近年来，很多博物馆都采用了数字多媒体技术来增强和扩展展览的内容，其中广州南越王宫博物馆基本陈列和河北博物院"大汉绝唱——满城汉墓"展让人印象深刻。两个展览中数字多媒体项目与实体文物的比例与穿插位置恰到好处，不打扰观众的参观节奏。往往在观众看到一些实物刚刚有问题产生的时候，"正好"有相应的动画或者交互予以阐释说明，取得了非常好的展陈效果。然而，并不是所有的数字多媒体辅助导览项目都是成功的，不少项目与策展脱节，单纯为了秀技术或者设备，显得可有可无，十分尴尬，而且设备后期维护和内容升级乏力，展厅中"黑"掉的屏幕比比皆是，成为"鸡肋"。因此，怎样将好技术用在刀刃上，避免让策展人和观众对"新技术"产生抵触情绪，故宫博物院一直在思考和探索解决方案。

近年来，随着移动终端以及人机交互技术的不断发展，根据博物馆展厅环境氛围的需求，故宫博物院把展厅中提供的数字导览服务和数字展示服务逐渐剥离开来。在实体展厅中的数字服务逐渐"隐退"到"幕后"，借助《故宫展览》APP、微信公众账号"微故宫"等为观众提供适时、适地、适度的参观辅助，避免为了数字"展示"而展示，并且由于这种参观辅助服务主要通过观众自己的手机实现，可以大幅度降低维护展厅数字展示设备所需的人力、物力成本。而另一方面，则把剥离出来的数字多媒体交互项目进行概念上的提升，逐步发展完善成为基于"数字文物"、"数字建筑"的全数字式展览。2012 年起，故宫博物院着手在端门建设"数字馆"，这是在此前西南崇楼数字体验馆、文化资产数字化应用研究所虚拟演播厅等探索的基础上，尝试建立一个完全意义的数字展厅。在有限的古建筑空间内，把数字设备当作"数字展柜"，"数字文物"和"数字建筑"，进行有主题内容的全"数字展览"策划开发。

"数字展览"的优势是内容和展览形式可以更为自由，博物馆里"严肃"到有些令人生畏的文物以数字形态出现在观众面前，可以触摸、可以拆解，许多在传统展厅里不敢问的"为什么"，在数字展览提倡探索和发现的氛围里得到鼓励，并且得到可视化的解释，真正让文物"活起来"，"讲述"自己的故事，让观众可以"看明白"。数字展览的另一个优势则是完全不受时空局限，故宫博物院养心殿自2015年底关闭进行研究性保护修缮，但端门数字馆中的《发现·养心殿》数字展，却仍向观众"敞开"大门，欢迎观众走进虚拟世界里的养心殿，体验比现实中更为丰富精彩的建筑、文物和宫廷历史（图五）。为最大限度保持数字展览的可持续发展、可扩展特性，故宫博物院数字展示尽量不采用与内容绑定的定制化设备，避免内容更新升级时由于软硬件过期而无法持续发展，模块化的通用设备可以让数字展览从容走出紫禁城，走向大千世界。2016年6月，故宫在厦门鼓浪屿音乐厅、首都机场T3航站楼和深圳雅昌艺术中心进行了三场"名画大观——《韩熙载夜宴图》数字艺术展"，在三个性质迥异的空间里进行了"数字展览"走出去的尝试，以高精度的藏品影像展示、相应的APP交互体验、"画中人"的乐舞表演以及专家对画作的分析解读相结合，构成了别开生面的展览，受到了观众的欢迎并积累了经验（图六）。

图五　端门数字馆

图六　《韩熙载夜宴图》数字巡展

3. 利用互联网拓展数字服务的外延，并深化内涵

2013 年以来，故宫博物院突破以往"在线"服务单纯基于官方网站的模式，从官方网站群、社交媒体、数字文创产品三个维度进行基于互联网的数字服务，不断提升数字产品品质的同时，也不断扩大故宫的影响力，不断"圈粉"，赢得更多"新观众"。

2014 年起，故宫博物院对官方网站进行了重新规划，形成了"官方网站群"，其中包括中文官网（www. dpm. org. cn）、英文官网（en. dpm. org. cn）、青少年官网（young. dpm. org. cn），以及多个主题、内容鲜明的子网，例如"故宫名画记"（minghuaji. dpm. org. cn）、"V 故宫"（v. dpm. org. cn）等，其中以中文官方网站作为信息资源最全面的主站和所有子网的入口集成，为不同需求的观众提供个性化的服务。过去三年的网站监测分析和观众问卷调查结果表明，海外观众、青少年观众的需求各自具有鲜明的特征，单纯只是将内容进行翻译或者压缩，无法让他们第一时间获取对自己最重要的信息，或者产生长期的兴趣。因此，尽管维护网站群的工作量远远大于维护单一网站，但在观众需求日益个性化、定制化的当前，细分故宫博物院的在线观众并为其"量身定做"数字服务，是值得尝试的。在分离子网站的过程中，也突破了网站原有技术的局限，在青少网、故宫名画记等专题网站中使用了更为恰当的技术路线。

故宫社交媒体平台的建设始于 2010 年，"故宫开微博"成为让观众感觉新鲜的话题。从 2013 年起，故宫社交媒体的运营采取了更为积极主动的策略，新浪微博从"介绍"故宫博物院的建筑、藏品，变为更多感知和收集观众的需求，有针对性地推送观众感兴趣的内容。而微信公众号则不断融入全景、语义输入、小程序等新技术，为到场的观众提供更为便捷的参观辅助服务。从故宫社交媒体平台"微故宫"各个出口所获取的观众数据和反馈，已经成为分析、评估故宫博物院观众需求的重要信息来源。因此，充分利用好各大社交媒体背后成熟的技术平台，也是故宫博物院为观众提供数字服务的"捷径"之一。在这些运营策略的指导下，故宫社交媒体"微故宫"取得了较为显著的发展，新浪官方微博的粉丝数从 2013 年 7 月的 121 万，增长到 2017 年 12 月的 438 万，微信公众号从 2014 年 1 月 1 日开设至今，已有将近 60 万"铁粉"。这部分增量，是对"故宫博物院"的定位有更加明确指向性的"新观众"群体。

三　推动博物馆与社会融合，共建"数字社区"

2007 年 8 月 24 日，国际博物馆协会通过了修订的《国际博物馆协会章程》，将博物馆定义修订成："为社会及其发展服务的、向公众开放的非营利性常设机构，为教育、研究、欣赏的目的征集、保护、研究、传播并展出人类及人类环境的物质及非物质遗产。"与 2001 年的定义"为研究、教育、欣赏的目的征集、保护、研究、传播并展出人类及人类环境的物证"相对比，最为显著的调整就是博物馆业务目的的表述顺序，将"教育"调整到第一位。这意味着，博物馆在社会中所扮演的角色发生了巨大的变化。如果过于强调博物馆保存物证的职能，那么就有使之成为一座历史的"冷藏库"、让这些物证所承载的文化固化甚至僵化的危险。只有当这些来自往昔的审美、智慧能够对当下人们的生活给予启迪和影响，在社会生活中扮演更加积极的角色，博物馆的意义才能够得到最大程度的彰显。故宫博物院近几年致力于在展览中"讲好中国故事"，在教育活动中注重创新并形成品牌，在文创产品方面"大开脑洞"，通过多方面的举措日益加强与当下社会的衔接、沟通与融合，数字服务同样也在寻求与公众更为密切的联系。

1. "文化 + 科技"跨界合作，激发青年人创意

新加坡亚洲文明博物馆馆长陈威仁（Kennie Ting）认为博物馆扮演着 10 种角色：遗产保管、知识机构、学习中心、生活方式目标、空间制造、体验创新、创意"蜂巢"、非营利性商业、社会共有地以及市民空间。其中他对于博物馆作为激发创意和影响生活方式的源泉的表述，占到了 40%。相应的，在新加坡的博物馆中可以真切感受到这一点。尽管其拥有的历史藏品和纪念物无论数量还是质量都略显单薄，但新加坡博物馆普遍在艺术设计和科技创意方面着力更多，博物馆以时尚、好玩的面貌出现在城市中，反而成为年轻人非常乐意进入的场所，甚至是约会场所。因此，"博物馆"已经逐渐摆脱厚重的围墙和肃穆的建筑包裹的沉重概念，以更亲和的姿态去调动所保存的丰富资源，为社会公众提供多方位的服务，积极地改善他们的生活质量，改变他们的生活态度甚至生活方向。

2016 年 7 月 6 日，故宫博物院与腾讯集团在端门数字馆共同宣布开展合作，以高校创意大赛"Next Idea"项目为切入点，在"文化＋科技"领域寻找更多合作的空间，主旨在于增强青年学生对传统文化的认知，促使他们利用新理念、新技术去促进博物馆资源的社会共享。2016 年故宫×腾讯创意大赛的主题是游戏和 QQ 表情，尽管收到的大部分作品仍不免青涩稚嫩，而且明显可以看出学生对故宫博物院的理解仍受到影视作品较大影响，但已经产生了很多火花和亮点，例如把故宫博物院里用于防火的大铜缸作为表情包开发的对象，无论是其卡通形象的造型还是内涵都得到了专家和用户的认同。通过这样的创意大赛，一方面把故宫博物院所代表的优秀传统文化价值观传递给青年学生，另一方面，博物馆也借助互联网平台的力量更广泛、深入地融入社会生活。表情包参赛作品在 QQ 平台上发布不到 1 个月，使用量已达 4000 万次，仅仅依靠博物馆自身的力量，很难达到这样的影响力和传播效应。

2. 改变单向传播方式，与观众共同构建"数字社区"

近两年，"互联网＋"成为网络热词，博物馆都纷纷在思考如何实现"互联网＋"并予以实施。如何使博物馆真正与互联网融合起来，而不是简单地把内容发布到互联网上，故宫博物院的策略是从社交媒体入手，融合多个平台，利用互联网上每个人的力量，共同构筑一个"数字社区"。近五年来，社交媒体平台的发展使得人们逐渐适应在虚拟的空间里生存，不再因为担心网络与现实世界"隔绝"而心生畏惧，而是开始习惯利用互联网去获取必要的信息、资源以充实和完善现实中的生活，在互联网上拓展自己生存空间的范围，发表自己的立场、见解，寻找与自己兴趣、爱好一致的群体，获得更为健康的生存体验。在人们不断弥合现实世界与虚拟世界之间缝隙的过程中，博物馆作为具有公信力的社会教育机构、服务机构，可以扮演更为积极的角色去干预和影响人们的思想和行为，给人们以更为正向的引导和帮助。英国利物浦国家博物馆教育与观众服务执行馆长卡罗尔·罗杰斯（Carol Rogers）认为，博物馆应当超越界限，通过博物院教育与拓展项目推动社会包容与社区建设。他们花费了六年时间，在政府资金支持下开发了名为"记忆之家（House of Memories）"的项目，其中包括多项用以加强博物馆与社区居民联系，唤醒社区居民与博物馆之间记忆的内容，并推出一个名为"我的记忆之家"的 APP，让观众把与自己生活相关的内容按类别添加到 APP 中，从而在观众和博物馆之间建立共生关系，这个项目在治疗阿尔茨海默病方面发挥了意想不到的作用，使博物馆以新技术为载体，承担了更多元化的社会服务功能。

如前文所说，故宫博物院的数字服务经过十几年积累和最近四年整合，形成了线上、线下的丰富产品，但信息时代最大的优势就是消除物理的壁垒和界限，故宫博物院正不断努力把线上、线下的产品融合到一起。在 10 月 10 日开幕的《发现·养心殿》数字体验展中，观众的手机已经成为参观该展览不可缺少的交互设备，每位观众都需要积极地参与到互动当中，共同完成一次虚拟养心殿参观体验。而每位观众的体验过程所形成的反馈，也将成为养心殿数字展下一步升级和完善的依据，从而在观众和博物馆数字服务之间建立更密切的连接。2016 年下半年，故宫博物院着手策划、开发了一款全新的 APP——《故宫社区》，并于 2017 年 5 月 18 日初步发布上线。它一方面是将故宫博物院已有的多种数字服务进行集成，为观众提供更为便捷的入口，另一方面是努力构建一个观众与博物馆在互动中共同成长的生态体系。故宫社区的内容来自博物馆和观众双方，基础是关于故宫博物院的情感、记忆和体验，这个数字产品未来的走向是由双方共同决定的。通过《故宫社区》APP，观众逐步从博物馆的"旁观者"转变为"参与者"和"建设者"，他们在数字故宫社区中的言行甚至有可能影响到数字博物馆乃至实体博物馆的未来发展，从而使博物馆成为观众社会生活中不可或缺的组成部分，使参观故宫博物院成为一种生活方式。

从"+互联网"到"互联网+"

——数字故宫社区理念发展及实践分析

故宫博物院　于　壮

摘　要： 自国务院发布《关于积极推进"互联网+"行动的指导意见》以来，"互联网+"成为社会各个领域及行业的发展趋势。通过梳理故宫博物院近二十年来基于互联网技术的数字服务发展历程，分析故宫从"+互联网"到"互联网+"的理念转变，并结合数字故宫社区的开发探讨"互联网+故宫博物院"的社会公众服务创新模式。

关键词： 互联网+　数字服务　故宫社区

2016 年 5 月 31 日，教育部、国家语言文字工作委员会在京联合发布《中国语言生活状况报告（2016）》，"互联网+"入选十大新词和流行语，"互联网+"已经不仅仅是一个高频词汇，而且成为整个社会高度认同的现象和趋势，深刻影响着当今社会，并深入渗透到每个行业、领域中。文博领域自然也不例外，各级各地博物馆、文化遗产单位都在积极采取行动，将各项博物馆工作与互联网深度融合。国家文物局、发改委、科学技术部、工信部、财政部于 2016 年 11 月 29 日联合印发《"互联网+中华文明"三年行动计划》的通知［文物博函（2016）1944 号］，鼓励文博领域从"推进文物信息资源开放共享""调动文物博物馆单位用活文物资源的积极性""激发企业创新主体活力""完善业态发展支撑体系"四个方面来丰富文化产品和服务，发挥文物在构建中华优秀传统文化体系和公共文化服务体系中的独特作用。

故宫博物院与互联网的接触，始于 20 世纪末。1998 年成立了资料信息中心，着手通过信息技术来记录、保存和传播故宫博物院馆藏文物与宫殿建筑。

2001 年 7 月 18 日，故宫博物院官方网站（www.dpm.org.cn）正式上线，迈出了故宫博物院"＋互联网"的第一步。依托于故宫博物院海量的藏品和丰富的学术研究成果，故宫官网从发布之初就着力建设文物及相关信息的公开共享机制，在藏品、古建等专题栏目中定期发布文物藏品和宫殿建筑的介绍内容，截至 2017 年，共发布涵盖 25 大类共 7783 件院藏文物 3 万余张影像、151 座古代建筑以及 138 条明清宫廷人物和事件的图文信息。此外，还通过"网上展览"的形式，将故宫博物院正在举办的展览及展出的展品同步到网上，弥补实体展览展期较短或观众无法来到现场参观的遗憾。由于实体展览数量有限，还会同时进行独立策划，按主题组织、分享文物藏品信息，发布真正意义上的网上虚拟数字展，更多数字化藏品得以展现，进一步满足文博爱好者的需求。此外还陆续在线发布了近 5000 册书籍、期刊，并开放在线查询阅览服务。故宫博物院官方网站经过 2 次改版和 15 年精心运营，努力推动文物信息资源的社会共享，得到了观众的认可。在 2016 年的观众调查中，80.6% 的观众表示故宫官网提供了充实丰富的信息资源，并希望将此优势继续保持和发扬下去。2010 年以来，随着全国范围内互联网基础建设、移动通讯技术和智能终端的飞速发展，社交媒体爆发式增长，在此次调查中，超过 90% 的观众通过微博、微信和移动客户端等新媒体持续关注故宫并获取相关信息。社会公众对文博事业日益关注，关于博物馆文化服务的需求旺盛。2013 年，故宫官网正式对外公布了首批 18 大类藏品的《故宫藏品总目》，这在当时国内大型综合博物馆内尚属首次。截至目前，25 大类藏品 1862690 件套藏品目录已经全部发布（图一）。利用互联网进一步实现资源对外公开，方便社会公众及时了解所有藏品的简目情况，并随着藏品清理工作进行持续更新，为今后进一步提供文物图文信息和藏品利用检索等社会公众共享服务打下了基础。

今天，互联网已经深入社会经济生活的方方面面，提出"互联网＋"概念，显然不仅仅是推广互联网的使用。"互联网＋故宫博物院"究竟应该如何体现和如何建设，是需要认真探讨并提出解决思路的重要课题。

"互联网＋"的概念，在 2015 年 7 月 4 日国务院发布的《关于积极推进"互联网＋"行动的指导意见》中有详细阐释，"互联网＋"指把互联网的创新成果与经济社会各领域深度融合，推动技术进步、效率提升和组织变革，提

图一　故宫博物院藏品总目专栏

升实体经济创新力和生产力，形成更广泛的以互联网为基础设施和创新要素的经济社会发展新形态。积极发挥中国互联网已经形成的比较优势，加快推进"互联网＋"，有利于重塑创新体系、激发创新活力、培育新兴业态和创新公共服务模式。其中针对社会服务的发展目标，是健康医疗、教育、交通等民生领域互联网应用更加丰富、公共服务更加多元，线上线下结合更加紧密。社会服务资源配置不断优化，公众享受到更加公平、高效、优质、便捷的服务。因此，"互联网＋"对于博物馆而言，应当是在已有的互联网相关技术支撑、资源持续积累的基础之上，更新思维方式，提升创造力，进一步优化资源，为社会公众提供更公开、便捷、高效的服务，充分利用"互联网"思维和行为模式，去推动文博事业向前发展，更好地融入社会经济生活。这恰恰又与目前国内文博领域社会关注度不断提高，整个文博行业数字化转型态势高涨，文化创意产业蓬勃发展，以及在世界范围内博物馆界寻求更大影响力的发展诉求是高度一致的。

　　针对公众服务，除了前文提到的故宫博物院官方网站建设外，早在2005年，故宫博物院就开始逐步在故宫开放参观路线和文物展厅内部署数字参观导览辅助设备，包括文华殿陶瓷馆和武英殿书画馆的展品"电子说明牌"、延禧宫古书画研究中心的"电子画廊"、文华殿的多个陶瓷主题交互游戏，以及太和门两侧的观众导览信息大屏幕等，并于2008年开设了西南崇楼数字体验馆，把多个观众交互服务项目集成在一起，提供集教育、展示、娱乐互动等为一体的综合数字服务。当时"数字故宫"的公众服务工作理念正在慢慢梳理成型，通过数字化服务，就是让观众来故宫之前，知道故宫"有什么"，即获取到访故宫的基本信息，了解故宫的藏品、建筑和展览概况；到了故宫，知道故宫"是什么"，即结合数字参观导览设备提供的辅助信息，结合实地、实物，看懂藏品和建筑；离开故宫之后，能够进一步通过互联网和新媒体去深入挖掘故宫的故事，了解"为什么"。可以说，这三个"什么"就是数字故宫联通线上线下服务的基本出发点和原型，并一直贯穿于整个数字故宫服务的建设当中。但是，这样的观众服务尽管已经建立在数字化、信息化技术的基础上，充分利用互联网的价值，但仍然避免不了"我说、你听"的传统博物馆工作理念和传播方式，仍然是向观众单向输出知识信息，单纯以数字技术和互联网为"载体"，这个阶段可以称为"故宫博物院＋互联网"。从莫种意义上说，此时"数字故宫"的发展更依赖于互联网技术本身，就像是古老的故宫为自己量身定做了一套科技范儿十足的外衣，数字技术更多的是作为"形式语言"进行外在表达。而这仅仅只是开始，更深层次的融合与聚变正在发生。

2008 年 10 月 10 日，故宫博物院与 IBM 公司合作，发布了"超越时空的紫禁城"项目（图二）。尽管此后由于各种原因，该项目没能继续发展下去，但它第一次把社交网络为特征的虚拟时空概念和故宫博物院的历史文化场景融合在一起，世界各地观众可以通过互联网登录，并选择特定身份和人物形象进入

图二　"超越时空的紫禁城"项目界面

虚拟 3D 紫禁城，通过漫游了解一些历史事件并与场景中遇到的其他观众（虚拟形象）进行交流。时至今日，一些海外观众对这个项目仍然印象深刻。这个项目的策划开发，给故宫博物院数字公众服务注入了新的元素——利用"互联网"不但可以"扩散"，更能"聚拢"，运用互联网搭建更大的平台网聚更多的观众，借助观众之间的互动和交流来实现博物馆的教育、传播职能。可以说，这是故宫社区化的一次有益探索，数字社区的建设理念已初见端倪。

通过对"超越时空的紫禁城"项目的思考，基于数字故宫多年的技术储备和资源积累以及互联网基础建设的进步，自 2013 年起，故宫博物院的数字服务有了突破性的进展，利用 3 年时间，迅速建设形成了故宫博物院官方网站集群（中文主站、英文网、青少网、学术或文化专题网等），"微故宫"社交媒体平台（官方微信公众号、官方微博等），"故宫出品"APP 系列数字产品（图三），"V 故宫"虚拟现实平台，"端门数字馆"数字展览等多个数字产品系列，打通线上与线下，形成了面向公众的、具有故宫特色和高识别度的数字文化传播服务体系。尤其是在 2016 年取得突破性进展的 VR/AR 技术，可以将以往只能在本地才能获得良好体验的虚拟故宫搬上了互联网，帮助观众"超越时空"到访故宫博物院，并获得更为沉浸式的感官体验。在众多数字故宫产品及品牌服务的建设中，互联网思维起到了至关重要的作用。"网聚人的力量"——互联网最大的优势就是借助技术和平台，能够把原先散点分布的独立

图三　"故宫出品"系列 APP 数字作品

观点、思维方式、公众智慧聚拢起来，使之成为检验和推动博物馆发展的最佳动力。借助"微故宫"社交媒体平台上与观众进行的互动，以及从一系列数字产品后台捕捉到的大量用户行为数据，再加上不定期开展的线上观众调查，能够获取真实的第一手用户信息，成为对观众行为分析、研究的最佳资料，为数字故宫在公众服务和定制化方面给出了可信的依据。

因此，在将近二十年的"+互联网"探索中，顺应国务院关于推动"互联网+"行动的指示，互联网变得更像一种媒介、一个平台，观众借由互联网，更积极地介入博物馆服务甚至博物馆发展中来。与博物馆之间的对话由"我说、你听"，转变为"我说、你也说"，观众的身份在潜移默化中变得更加主动和积极，从博物馆参观者向参与者甚至是内容共建者的方向转变。互联网时代，海量信息的涌入以及知识分享的方式，都使得传统教育体系下建立起来的知识结构甚至意识形态面临"重构"的可能，越来越多的知识被赋予了新时代的印记，文化的解读也变得越来越"时尚"，相比教科书式的殿堂空间，人们更需要自由交流的文化空间，甚至需要被"赋能"从而创造更多文化价值，由此产生了将现有数字服务产品和资源进行整合，以服务为架构，以人为矩阵，以沟通为桥梁，从而构建更为有机体的"数字故宫社区"的想法。之所以名为"故宫社区"，是因为博物馆作为文化机构，在社会需求更加多元化的时代，其在社会生活中所扮演的角色也将更加积极和丰富。它与社会的联系深入到每一个层面，与生活也有着不可言喻的微妙关系，已不仅仅是提供知识的教育机构。从某种意义上说，博物馆对于社会人文发展甚至经济进步都有着巨大的推进作用。因此，社会生活中的各种功能，公众的文化消费需求，以及人们在社会生活中多样化的角色，也应该投射在博物馆上。这样，博物馆就能更好地融入社会，服务社会，承担相应的社会经济、文化职责，而观众也通过享受或利用博物馆社区中的各种服务，与博物馆产生更积极的碰撞与交流，成为博物馆文化的共建者和共享者，这是数字故宫社区建立的初衷。

在2017年5月18日国际博物馆日当天，经过短短8个月的开发建设，"故宫社区"以APP的形式发布上线。值得注意的是，与以往八款同样是"故宫出品"系列的APP相比，这款数字产品变得有点不那么"故宫"了，"宫与城"概念的引入，以及重新"解构"、重组设计的紫微宫建筑等等，让这款

APP 变得有些与众不同。对数字故宫社区内涵的解读，我们可以分为广义和狭义两个方面。广义上又可以分为两个层面：第一，就是将故宫博物院当前正在开展的无论是数字展示服务，还是新媒体开发运营，都作为基本功能纳入社区的基础服务架构里，在这样的架构之下，将继续发挥博物馆的社会职能，并提供丰富多样的文化服务；第二，故宫社区里的用户获取这些信息和服务之后，在吸收的同时能够产生自己的内容，与博物馆形成双向交流，这种交流在社区用户之间则会变得更加普遍和去中心化，从而摆脱博物馆一直通过互联网提供单向输出的服务形态，使博物馆与观众之间建立真正的交流关系。而狭义上讲，作为一款数字产品，它用数字形态"搭建"了一个可见的虚拟故宫社区，可以把它作为"数字故宫"的入口，以一个独立产品的形态出现。该产品与以往的数字故宫系列产品有着极大的不同，它确实不再单纯地像一部精致的电子书，一款有趣的互动游戏，一幅会动的有声画，一本随心的藏品笔记，就像一打开它所呈现在眼前的状态，更像一个空间，这恰恰是它最具活力的地方——它被定义为一个可以不断成长的生态。

在整个数字故宫社区架构设计上，分为"上宫下城"——宫是指故宫博物院，它是一个官方信息或者说官方资源的平台，将 20 年间所开发建设的故宫数字服务项目进行梳理和整合，提供指向它们的便捷入口，并且持续地向观众输送博物馆最新信息。宫的下方是城，它既喻示着故宫博物院所在的紫禁城，又是一座超越时空的虚拟之城，是由用户以及用户自己产生的内容构建起来的内容平台，也就是真正意义上的社区概念。用户之间、用户与博物馆之间的关系，借助互联网的平台以及互联网的行为模式，体现出来。这里将会是一个可以无限拓展的复杂体系，当"城"里的用户逐渐增多，就需要进行规划和分区，要有对应的经济体系、时间体系甚至是影响社区的"大事件"，我们称之为事件体系。

"宫"中输出的产品和信息，观众通过学习产生的积分或其他奖励，体现在构筑"城"所需的材料或者等级中，从而给"宫"和"城"之间建立起必然联系。一方面仍保持博物馆提供知识、资源和服务的属性，另一方面从观众行为中得到新的内容与反馈，来不断发展和完善这个虚拟的社区。在"城"的建设上，除了更加真实的视觉化表达之外，后台将对观众行为进行捕捉，了解他们发布了什么、回复了什么、关注了什么、赞了什么、批评了什么，从而在观众行为的基础上，加以梳理和引导，形成"数字故宫社区"的一套生存规范和行为准则，而用户之间的"串门"，则让社区中的社交属性更加浓厚，建筑升级所带来的差异性使个性化追求变得迫切，社区中的每个个体都将拥有"身份"，这让用户对故宫社区产生认同感和黏性，并自觉、自发地去维护这个社区的声望和秩序（图四）。

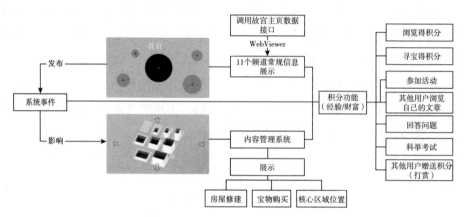

图四 "故宫社区"总体架构设计

在故宫数字社区的总体规划和设计开发过程中，完全没有可资借鉴的经验，因为它不同于以前的 APP 产品或者网站、社交媒体，包含着多个体系的建设。既是多层次数字资源、数字产品、数字服务的整合，又是基于互联网的特点，聚拢故宫的观众和文化爱好者，大家共同提供内容，使其不断丰富和发展起来的一个原点。故宫数字社区融合现有的故宫数字服务产品，打通线上线下关系，"故宫社区"APP 作为它的一个入口，未来将通过可持续的运营建设，用内容共创平台聚拢更多文化共享共创的参与者。它未来的形态甚至是不确定的，因为这里的构筑者不再是单纯的开发者，而是一个个鲜明而独立的个体。

利用数字社区模式覆盖更广泛的社会群体，使之在互联网＋模式下与博物馆、公众之间进行密切而广泛的互动交流，创造一种有机的生态，共生的模式，促进互联网时代"虚"、"实"博物馆与社会的进一步融合，是为"互联网＋故宫博物院"的模式探索。

博物馆教育

活化文物点化人

——试论馆校合作对文物和青少年的双促性

常州博物馆　陆澳波

摘　要： 在中国博物馆事业快速发展的背景下，馆校合作作为博物馆服务社会和拓展教育的有效途径，越来越受到国家的重视，并展开了探索和实践。它一方面促使博物馆重新审视文物的价值、促进文物满足社会的需求、引起青少年寻求价值取向的共鸣，以主动的方式运用文物、活化文物；另一方面，它促进青少年在学校、博物馆之外的后续学习，培养青少年的世界观、价值观，不断提升和完备个人素质。馆校合作活化了文物的利用，点化了青少年成长，使博物馆与学校双方共同受益、共同发展。

关键词： 馆校合作　活化文物　青少年教育　价值共鸣

博物馆发展至今日，它们的社会性愈发凸显，从保守的"收藏派"逐渐发展为积极的"行动派"与"开拓者"。新时代的博物馆实践至少可兼具下列三项社会功能：首先，持续博物馆的收藏与研究功能，继续处理文化或生物多样性的讯息，为当代及下一代积累、传递更丰富的科学社会文化知识；其次，打破知识的垄断，在不同的观众、学校及社会大众面前扮演不同的角色；最后，发挥博物馆的加值功能，提供艺术与娱乐服务，在想象和知识的基础上，使博物馆成为与社会生活衔接、主动式继续教育与终身学习的一部分①。终身学习、终身教育理念的提出与深化，让游离于传统教育体系之外的博物馆再次进入人们的视野。博物馆致力于为社会服务的转型升级以及传统教育的拓展延伸，使

---

① 王嵩山：《博物馆收藏学》，原点出版社 2012 年版。

得博物馆与学校的合作成为可能，活化文物点化青少年，以期实现"教育对生活的回归"①。

一　馆校合作的背景与现状

以博物馆与学校作为主体，王乐认为馆校合作指"博物馆与学校为实现共同教育目的，相互配合而开展的一种教学活动。它将博物馆这样一种文化机构与学校共同编入一个科学的系统协作网络，利用教育活动空间的扩大，课程资源的丰富，以及教育内涵的不断充盈，以期更优实现人才培养的意义"②。宋娴总结馆校合作为"博物馆与学校为了实现各自的目标，主动调整自身的行为策略，促进教育产品供给的行为"③。不难理解，馆校合作是博物馆与学校基于一定目标，以教育作为媒介，运用各自资源，达到预期目标的行为。

西方的馆校合作分为萌芽时期（1895年至20世纪60年代）、发展时期（20世纪60至80年代）和成熟时期（20世纪90年代至今）。这三个时期馆校合作的主要特征分别为：博物馆作为教育资源，参观访问、资源外借；博物馆提供专门性教育，馆校交互学习；教育成为博物馆的核心职能，国家和第三方组织介入、课程合作、教师专业发展支持④。中国的馆校合作也经历了三个阶段：第一阶段为萌芽期（20世纪初），该时期尤以张謇"设苑为教育"的思想和实践最为著名，但实质上的馆校合作极少开展；第二阶段为发展期（中华人民共和国成立初期），多为参观访问活动；第三阶段为成熟期（改革开放后），社会经济的发展和价值观的转变为馆校合作提供了多种可能性⑤。毋庸置疑，中国的馆校合作相较于西方的馆校合作显得较为模糊、滞后、松散，合作发展缺乏循序渐进、自我探索的过程，合作的表现形式也较为单一。这是由历史背景、制度框架、学校教育目标、大众精神追求、政府重视程度共同决定的，但

---

①　杨小微、李伟胜、徐冬青：《"新基础教育"学校领导与管理改革指导纲要》，广西师范大学出版社2009年版。

②　王乐：《馆校合作研究——基于中英比较的视角》，华中师范大学博士学位论文，2015年。

③　宋娴：《博物馆与学校的合作机制研究》，上海科技教育出版社2016年版。

④　同上。

⑤　同上。

最重要的因素，应当是社会需求。安布罗斯（Ambrose）在《博物馆中的教育，教育中的博物馆》中指出，馆校合作应基于四种需求：第一，生态环境的需求，多集中于自然保护区、植物园、科技馆；第二，历史文化的需求；第三，多元文化教育的需求；第四，艺术教育的需求①。随着时代的发展，基于中国博物馆的自我转型提升以及中国学校教育制度以及课程体系的改革，对教育提出的新需求使得新型馆校合作成为可能。现今，中国的馆校合作得到了政府的支持，也取得了一定成效。

早在 1999 年中共中央国务院的《关于深化教育改革，全面推进素质教育的决定》中就提出，博物馆要向学生免费或优惠开放，陶冶情操，提高素养，开发智力，促进学生全面发展。2016 年 3 月，国家文物局局长刘玉珠就"如何让文物资源活起来"这个议题，提出了"发挥文物资源的社会教育功能方面，国家文物局和教育部建立了中小学生定期集体参观利用博物馆的长效机制"的意见。2017 年初，国家文物局在《国家文物事业发展"十三五"规划》中指出：博物馆除讲解和教育活动外，"要建立博物馆青少年教育项目库，制作博物馆青少年教育精品课程 100 个以上。开展博物馆教育示范点建设，建立馆校合作机制，创建与学校教学相结合的博物馆青少年教育活动项目品牌"②。国家政策的制定使得馆校合作有章可循，有据可依。根据国家出台的相关文件，关于馆校共建的关键词有：博物馆参观、博物馆教育活动、博物馆教育课程。联系现有实际，具体的合作形式有：导览教学、场馆资源教学设计、借出服务、文化活动、网上教育项目。然而，在馆校合作的推行中，仍然存在文物利用率不高、教育目标不明确、作用不明显的缺点。因此，本文就馆校合作对文物和青少年的促进性作一探讨。

二　馆校合作让文物活起来

馆校合作的形式多样，无论是学校利用博物馆达到教学目的还是博物馆走进学校提供社会服务，在大多数情况下，都是基于文物的再开发、再利用。馆

---

① Timothy Ambrose. Education in Museums, Museums in Education. Edinburgh: Her Majesty's Stationery Office, 1987: 20.

② 《国家文物局印发〈国家文物事业发展"十三五"规划〉》，国家文物局官方网站。

校合作促使博物馆重新审视文物的价值、促进文物满足学校教育的要求、引起青少年寻求价值取向的共鸣，以主动的方式运用文物、活化文物。

1. 活化文物价值

传统概念中，文物具有历史、艺术、科学价值。但博物馆中的文物，它们又被赋予了什么新的价值，这取决于博物馆和社会对文物的重新认识、管理和开发。在这个"全民娱乐"的时代，博物馆中的文物元素被运用在综艺节目中已屡见不鲜。2017年8月20日播出的《极限挑战》综艺节目，取景于四川成都。对文物有些了解的观众，会发现节目宣传片中背景底纹选取的是成都金沙遗址博物馆藏"太阳神鸟金饰"的图案。对这种文物娱乐化的综艺效果尚不予评论，但文物的价值和作用在这个快餐化的时代中悄然变换着不同的角色。如今，博物馆中的文物是展品，是教育资源，是研究基础，是沟通媒体，也是休闲载体。文物的价值也在不断拓宽，但置于"馆校合作"的概念中，"教育价值"是其最突出的价值。有专家认为，文物（藏品）的价值在于其教育功效——"专业博物馆之所以收藏物品，是因为这些物品是可能具有教育作用的样本。虽然收藏的首要用途是展出，博物馆工作人员依然必须坚持把收藏的价值（即教育作用）和藏品的展览作用（即受欢迎度）分开进行考量。这一区别是根本性的，也是优秀的博物馆和博物馆学家与拙劣的博物馆和博物馆学家的区别之所在"[1]。这个观点认为文物（藏品）的价值为教育价值和展示价值，两者皆重要，但必须分开讨论。同样，在探讨文物的收藏价值和教育价值时，有专家指出："博物馆的输入是以其收藏的物品为基础进行的研究，其产出则是公众教育。"[2] 可见，文物的收藏和研究价值是其基本价值，公众教育是其价值的升华。综上，文物的"教育价值"在新的历史时期被提升到了新的高度。在馆校合作中，文物的价值更是一种启发式的"教育价值"，而不应是与传统"教育观念"对等的追求培养与结果。

2. 激活文物需求

若将文物放置于市场营销的概念中，博物馆与学校间的供需则是"让文物

---

[1] 乔治·埃里斯·博寇（G Ellis Burcaw）著，张云、曹志建、吴瑜、王睿译：《新博物馆学手册》，重庆大学出版社2011年版。

[2] 同上。

活起来"的催化剂——"无论博物馆是否配备学习指导专家，和当地学校建立起密切联系都是博物馆工作中的一个重要组成部分。博物馆必须有工作人员负责与当地学校的教师保持联系，该工作人员应当确保学校知道博物馆的近况以及如何利用博物馆资源，同时也需要了解学校的发展状况。最重要的是，该员工有责任找出学校想要什么，并确保博物馆可以力所能及地去满足这些要求"①。馆校合作是基于文物，通过陈列、展览、活动、数据库、工作人员，实现资源的重新整合和共享。当学校了解博物馆有什么，而博物馆明确该为学校输送些什么，文物也被更多地利用起来，需求也随之增加。

3. 寻求文物共鸣

文物是观众的一面镜子。哈佛大学教授皮尔宾（David Pilbeam）的名言"在看东西的时候，我们看到的不是那些东西，而是看到我们自己"。在馆校合作中，由于阅历和知识储备的不同，文物的价值也会因人而异。传统观念认为"教育为博物馆的首要功能，而展览就是达成此一功能的手段。博物馆研究人员以艺术手法排列物件，设置解说牌借以形塑一个展览，并试图传递给观众某种新的教训；他们认为观众只要仔细欣赏展览，就能领受这些教训"②。然而，1996 年，时任史密森机构研究中心主任的朵玲发表论文驳斥上述想法，她认为："博物馆展览对观众的主要影响，并不在传达新的教训，而在确认、加强和延伸观众即有的信仰——观众最满意的展览，是那些能够和他们个人经验产生共鸣，并能够提供新的资讯，借以确认和丰富他们个人世界观的展览。"③ 让文物走进学校，让青少年对文物产生共鸣，文物不再仅仅是历史进程中的个体，而活化成了与个体有着千丝万缕的知识构成，不失为让文物活起来的方法之一。

4. 让藏品活起来

在我国，大众对博物馆的印象容易停留或者局限于"圣地""神龛""严肃场所"几个既有观念。为逐渐转变这一观念，"让文物活起来"已经成为广

---

① 蒂莫西·阿姆布罗斯（Timothy Ambrose）、克里斯平·佩恩（Crispin Paine）著，郭卉译：《博物馆基础》，译林出版社 2016 年版。

② 史蒂芬·威尔（Stephen E Weil）著，张誉腾译：《博物馆重要的事》，五观艺术管理有限公司，2015 年版。

③ 同上。

大博物馆工作者的行动指南。但严峻的问题摆在我们眼前——"博物馆文物标本来源已经逐渐枯竭……对传统大型博物馆而言，提供公共服务，可能是防止机构老化的良方之一。对新近创立的博物馆而言，现在既无足以与老馆媲美的藏品，未来取得藏品的前景也不乐观，专心提供公共服务，就成了它们唯一的路"①。可见，并不是每个博物馆都能满足"让文物活起来"这个要求。在数字化时代的今天，与其囿于博物馆中的文物，不如在馆校合作中"让藏品活起来"，让我们的下一代在潜移默化中改变对博物馆的"成见"。2015 年 4 月 25 日～9 月 27 日在英国维多利亚和阿尔伯特博物馆举办的"何为奢侈"一展中，博物馆利用藏品来进行自我反思。展览的第一部分有大量制作精美的文物和物品，虽设计不同，但均由稀有或特殊的材料制成，为大众展示了奢侈的直观感。展览的第二部分则围绕概念性设计，对"奢侈"这一概念进行探讨，假设如今的普通物件可能成为未来的奢侈品。策展人避开了消费主义视角，选取的展品并不局限于文物，深度展现了手工艺是如何改变和创造材料的价值，并深入探讨了"奢侈"之于个人和社会的联系。"何为奢侈"这一展览的理念也正契合了"为明天而收藏"这一博物馆新经验，这也是 21 世纪藏品变化的新面孔。

三 馆校合作让青少年受益

我们必须清醒地认识到，馆校合作通过博物馆的介入和引导是改变青少年的开端而不是结果。馆校合作对青少年的目标在于学校、博物馆之外的后续学习，世界观、价值观的培养以及个人素质的不断提升和完备。

1. 完善家长"角色"

在博物馆的参观群体中，家庭群体有着逐年上升的趋势，特别是对于年幼者而言，父母的陪伴和引导理所当然也不可或缺。印第安纳波利斯儿童博物馆的馆长杰夫·帕琴认识到"很多陪同孩子来参观博物馆的家长也想从中有所收获，所以儿童博物馆的体验既包括儿童也包括成人的学习。不同领域的博物馆

① 史蒂芬·威尔（Stephen E Weil）著，张誉腾译：《博物馆重要的事》，五观艺术管理有限公司2015 年版。

教员开始为家庭观众提供各种项目，而不再是把儿童观众与儿童家长分割开来。这些努力使得'代际学习'成为博物馆中的一个普遍现象"①。儿童博物馆的特性使得家长的参与度也会提高，但这种现象并不普遍存在于所有的博物馆中。普遍的现象是，在参观博物馆时，有些家长"既没有给孩子解释展示，也没有帮助孩子集中注意力并激发他们的兴趣……大多数成年人都只顾着互相谈话，看自己想看的东西，听任自己的孩子四处乱跑或是跟在他们身后……这些大人来到博物馆只是为了让自己开心，他们带小孩一块儿来只是为了不用雇人看孩子罢了……由于父母对他们不闻不问，有些小孩看上去非常无聊和麻木"②。家长自身对博物馆缺乏兴趣加之精力有限，使得在代际学习中，家长本应承担的参观责任缺失。在这种情况下，馆校合作是对家长"角色"缺乏的有益补充。

2. 补充"实践教育"

馆校合作很容易将博物馆简单定义为青少年的"第二课堂"。在中国的教育体制下，"第一课堂"已让青少年无法喘息，这附加的"第二课堂"是否会效果甚微，甚至适得其反。当然，我们也不能走入纯参观或游览的老套路，正如乔治·埃利斯·博寇所言："最新式的博物馆希望将学校团体对博物馆的参观变成真正的教育性的体验，而不仅仅是从日常教学活动里走出来度假。"③ 同时，我们也应当区分"教育性体验"和"教育"，馆校合作的重点在于"学"而不在于"教"，馆校合作的目的应当将青少年从学校教育的"暴政"中解放出来，而不是成为另外一种束缚；应当让青少年有机会接触成人世界，助力课堂知识的整合，增强运用博物馆的能力，让博物馆成为为改善青少年思考方式而设计的社会机构。

3. 培养美学修养

学校教育对学生的认知、审美、技能等方面的培训不足，特别是对美学的直观教育十分缺乏。馆校合作增加了学生参观博物馆的频率，也大大提高了美

① 爱德华·P. 亚历山大、玛丽·亚历山大著，陈双双译：《博物馆变迁》，译林出版社2014年版。
② 乔治·埃里斯·博寇（G Ellis Burcaw）著，张云、曹志建、吴瑜、王睿译：《新博物馆学手册》，重庆大学出版社2011年版。
③ 同上。

学熏陶的概率，为建立美学感受的敏感度和通道提供了可能。博物馆培养青少年审美能力的方式很多，如基于文物的赏析、在教育活动中融入美育内容、博物馆的设计和氛围带来潜移默化的影响等。除了被动接受美学熏陶，在馆校合作中通过学校的引导，青少年也可主动参与博物馆事业，让他们的经验成为博物馆的一部分，如开发手机应用软件、开发博物馆文创产品、甚至举办一次展览。2016 年，英国维多利亚和阿尔伯特博物馆举办了一个名为"想象中的朋友"（The Imaginary of Friend Collection）的展览，这个项目源于博物馆 2015 年的一次活动，60 名孩子将他们想象中的朋友画了出来，包括八英尺高的恐龙、戴着眼镜的狐狸、三眼少女、四条腿的怪物等。创意代理公司负责把这些画变成了 3D 电脑模型，然后由艺术创作者把它们制作出来，将创意变成了实体手办。这种实践恐怕是培养美学修养的最佳手段。

4. 改变思维方式

美国弗吉尼亚州联邦大学艺术史系副教授玛格丽特·兰朵（Margaret Lindauer）认为博物馆的参观者有三类，第一类是典型参观者，他们代表了在教育背景、社会经济、种族和人种身份以及已有的博物馆体验等方面的平均水平；第二类是理想参观者，他们在意识形态和文化背景上都有归属感或者对所提供的信息有政治认同感的人；第三类为批评型博物馆参观者，常常会研究没有表现出来或展览之外的东西①。在馆校合作中，我们不希望学生在参观博物馆时是盲目的，我们希望他们通过参观、学习，培养认识世界的方式，成为具有批判能力和辩证能力的个体。这是对青少年最高的期望和对他们未来的期待。

5. 强化文化自信

习近平总书记指出："我们要坚持道路自信、理论自信、制度自信，最根本的还有一个文化自信。""坚定中国特色社会主义道路自信、理论自信、制度自信，说到底是要坚定文化自信，文化自信是更基础、更广泛、更深厚的自信"。博物馆与文物正是为青少年建立中华民族文化自信的最佳平台和媒介。让青少年对每一件文物背后的故事、历史进行充分解读，让青少年懂得如何欣赏文物之美的同时，也了解文物所承载的文明和中华文化延续的精神内核，触

---

① 珍妮特·马斯汀（Janet Marstine）编著，钱春霞、陈颖隽、华建辉、苗杨译：《新博物馆理论与实践导论》，江苏美术出版社 2008 年版。

摸文物的温度，感知文物背后的人文精神、与自己的血脉相连，从而树立起真正的中华民族文化自信。在这一意义上，馆校合作能更加广泛地发挥场馆资源的文化价值和社会责任。

四 馆校合作面临的挑战

馆校合作在我国如火如荼地开展，但我们也必须正视馆校共建所面临的困难与问题。只有解决这些问题，才能保证活化利用文物的最佳效果，并在最大程度上点化青少年。

1. 缺少上层统一协调

在中国国情下，"博物馆与学校的相互协作若缺乏政府资源的支持，是不能得以开展的。同时，政府实际上还扮演着馆校双方相互合作的发起者、激励者、评估者的角色，为双方合作提供政策支持，是最为重要的第三方主体"①。常州博物馆在这一方面做了尝试，由博物馆的上级文物部门和学校的上级教育部门组建了馆校合作的领导小组，由领导小组全面部署开展馆校合作的工作，协调相关博物馆和学校，调拨相应资金和人员。因此，常州博物馆的馆校合作是在市文明办、市文广新局、市教育局的共同协调下开展的。这一做法赋予馆校合作工作一个强大的领导机构，自上而下地推动博物馆和众多学校深层次多方面的合作共建。而上海的操作方案有些许不同，是博物馆直接和教育部门合作，由教育部门主持工作，由博物馆设计活动项目，教育部门协调学校参与。这种方案涉及的部门较少，操作更为灵活。上海市教委组织上海自然博物馆、上海科技馆与200多所中小学开展馆校合作，取得了良好的社会效益。但对全国大部分博物馆而言，仍然缺乏可以同时领导、调控、指导学校和博物馆的上层机构，博物馆的活动就很难真正大范围地进入学校，不少学校参与博物馆活动的热情也不高。即使存在合理的上层管理机构，组织和操作方式目前也缺乏相应标准，尚不统一。

2. 合作模式有待优化

这些年来，博物馆的教育活动越来越丰富，引起的社会反响颇为积极。但

---

① 宋娴：《博物馆与学校的合作机制研究》，上海科技教育出版社 2016 年版。

中小型博物馆往往由于教育工作者的数量限制、专业限制，不可能进行全面的教育。比如，中小型博物馆往往只配备了两三位专职教育工作者，却要设计面向涵盖了幼儿、小学生、中学生、大学生的青少年观众以及成人观众的教育活动，这显然是不切实际的。如果与学校合作，依靠教师先进的教学理念、丰富的教学经验以及对青少年的直接了解，把博物馆的资源转化为教育活动，那无论是教育活动的种类、形式，还是效果、影响范围，都会比博物馆本身组织得更为丰富、深远。博物馆可以通过与学校合作，最直接、最便捷地实现最良好的教育目的。最优方案也许是寻求平衡，合作前获得学校管理层的支持和认可，尽早在博物馆工作人员与学校教师之间建立直接联系，理解学校关于课程及地方教学改革方面的需求，让博物馆与学校相互理解各自的组织文化，为合作创建一个明确的期望值。计划和评估必不可少，在计划中明确各自的角色和责任，获得足够的人力和财力资源支持，为博物馆与学校的对话提供开放的沟通环境，让教师在馆校合作项目中获得专业发展，鼓励博物馆与学校专业人员进行各种创新性实验，寻求家长和社区的参与①。

3. 合作基础是否牢固

近几年博物馆教育活动形式愈加丰富，内容更加多元。但是，随着教育活动的深入，不少博物馆教育人员认识到，博物馆教育活动形式落后学校，过于偏重动手体验，在内容上缺乏深度，甚至不少活动偏离了博物馆的藏品。在这种情况下，如何让博物馆藏品与教育活动更好地结合是摆在面前的一道难题。更棘手的问题是，博物馆在教育活动方面的经验无法和学校相提并论，博物馆往往是借学校之力发挥教育功能，而非学校迫切需要博物馆。加上中小型博物馆教育活动由于经费投入、人力不足等各种因素、活动规模较小，影响范围有限，如果要把教育活动推广到学校，更是难上加难。

五 结 语

怀特海说，教育是教人们掌握如何运用知识的艺术，它所要传授的是对思

---

① 宋娴：《博物馆与学校的合作机制研究》，上海科技教育出版社 2016 年版。

想的力量、思想的美、思想的条理的一种深刻的认识，以及一种特殊的知识，这种知识与知识掌握者的生活有着特别的关系①。馆校合作的初衷是博物馆与学校的相互需求，上层的合作使得学校中的青少年有机会通过博物馆学习来重新认知自我，塑造自我。正如史蒂芬·威尔所说："博物馆这个行业的终极目标，就是要为人民的生活品质创造差异。"② 馆校合作对文物和青少年的价值反映也许在短时间内并不明显，但倘若坚持"馆校合作应始于学科，且止于学科，切勿始于展品，止于展品"③ 这一理念，甚至是始于学科，高于学科，源于文物，高于文物的合作方式，那么馆校合作不仅可以活化文物点化人，对社会的文明进步也可做出些许贡献。

本文刊于《博物院》2018 年第 1 期

---

① 怀特海著，徐汝舟译：《教育的目的》，生活·读书·新知三联书店 2002 年版。

② 史蒂芬·威尔（Stephen E Weil）著，张誉腾译：《博物馆重要的事》，五观艺术管理有限公司 2015 年版。

③ 王乐：《馆校合作研究——基于中英比较的视角》，华中师范大学博士学位论文，2015 年。

从杭州工艺美术博物馆的实践
看馆校共建的有效模式

杭州工艺美术博物馆　王英翔　张　璐　沈欣宁

摘　要： 在博物馆社会教育职能日益重要的今天，博物馆与学校的联系也越来越紧密，因此馆校共建成为博物馆社教工作的一个重要方向。作为将青少年学生作为重点服务对象的文化机构，杭州工艺美术博物馆在与学校合作、组织青少年学生参与博物馆展览、活动、手工教学及志愿服务等方面具有多年的实践经验。这为杭州工艺美术博物馆的建设发挥了积极作用，同时也让其中的博物馆人思索如何进一步提升馆校共建的实效与内涵，从而使这种合作模式能够带动更多方面取得成效。近年来，杭州工艺美术博物馆通过与高校展开实验性质的深度合作，在面向公众的教育以及文创开发领域都获得了新的有益经验。我们从中总结出了博物馆与院校进行资源交流的模式，同时也提出了如何让原生态的非遗文化在此过程中得到有序传承的新问题，为继续探索馆校共建的议题提供了研究对象。

关键词： 馆校共建　杭州工艺美术博物馆　社会教育

在中国，发挥博物馆在文化建设中的作用已成为一种顶层设计，被提升至国家战略的高度。中国的博物馆已经跨越围墙，走上了社会教育的第一线。而对博物馆社会教育需求最迫切的又当属青少年，因此馆校共建就成为当今时代博物馆发展的一种主旋律。

坐落于大运河边的杭州工艺美术博物馆群落（以下简称"工美馆群"）由刀剪剑、扇、伞三大专题馆和一个工艺美术综合馆组成，在工艺美术方面既有精专，又有打通，具有比较明显的"物"的优势。工美馆群一直注重将静态陈列与活态展示相结合，在传统展示的同时，建立工艺美术大师工作室，筑巢引凤，吸引工美大师与馆方进行多种形式的合作，为传承非遗技艺提供了"人"的优势。在多年努力下，工美馆群已成为集中展示浙江工美文化、让世界了解中国的窗口。同时也为向青少年学生传播工艺美术文化、抬升传统技艺在新一代中的影响力做好了充分准备。

经过各方面长期的工作实践，我们认识到青少年在当今博物馆发展中的核心地位。而青少年的主要聚集场所是各类型的学校。所以工美馆群在建馆初期，就把社教开拓的目标定位在青少年群体，几乎是顺理成章地与学校的教育融合在一起。在走过开放五周年的转折点后，这种趋势更加明显。馆校共建由原来的一个辅助性质的版块，上升为进一步打开博物馆社教局面的重要战略规划。通过数年更具深度的馆校合作，我们扩大了博物馆的影响面，尝试了不同以往的展览、活动新形式，同时也从中发掘了更为具体、科学的青少年知识习得的研究数据，作为颇具实验性、先锋性、前端性的博物馆，探索出了新路。

一　开放环境，给学生"解剖"博物馆的机会

19 世纪英国哲学家、社会学家赫伯特·斯宾塞说过："教育应该尽量鼓励个人发展的过程，应该引导其自己进行探讨，自己去推论。给他们讲的应该尽量少些，而引导他们去发现的应该尽量多些。"近现代教育学理论倾向于鼓励学习者通过亲身观察与实践，主动发现和领悟。时代发展得越快，对人学习的要求就越高。而知识更新的复杂性又要求人们尽快摸清规律、掌握宏观性的体系。这是以往那种倚重书本、亦步亦趋的学习方式所无法满足的。

荷兰莱顿国家人种志博物馆馆长将人们参观博物馆的动机分为三类，即"寻求美学的动机、寻求浪漫主义或者逃避现实的动机、寻求知识的动机"[①]。教育在应变，课堂便随之延伸。在我们熟悉的学校教室以外，所有囊括了社会知识的公众场所次第开放为"第二课堂"。博物馆与学校站在了同一阵线上。

由于平民化馆的基本定位，工美馆群从建成伊始就着手建立与各个院校的

---

① 单霁翔：《博物馆的社会责任与社会教育》，《东南文化》2010 年第 6 期。

联系，共建学校的数量逐年快速递增。截至2016年，共建学校达到52家，范围遍及杭州各地区，使工美馆群首先在校园内获得了广泛的知名度。工美馆群与城北青少年活动中心场馆的一体化，又使其成为杭州城北的青少年活动教学中心，吸引了相当数量的亲子家庭和社会观众。因为多年的良好运作，工美馆群于2010年和2016年先后两次获得"杭州市青少年学生第二课堂工作先进基地"荣誉称号。

随着社会对文化的需求不断增强，工美馆群在第二课堂建设上也开始分层。一方面继续铺开以流动博物馆、展厅现场教学体验、主题赛事活动为中心的传统做法，并随同博物馆的发展不断进行优化打磨。流动博物馆平行推进非遗系列课程，将非遗项目中的传统手工技法，与益智益趣的现代手作元素相结合，把复杂的技艺整合为贴近潮流生活、适合现代年轻一族口味的"in制作"。在策划临展时，则一并考虑进传播的模式和效果。逢有主题临展推出，即组织展厅现场教学，以身临其境的方式给学生一个"知识穿越"的机会。学生通过展厅观展、手工体验，进入往昔的时空场景，进行"复原式"的现场体验。此外，我们通过与老字号企业合作，创立了独有的品牌赛事，即"张小泉杯"浙江省青少年创意剪纸大赛。2011～2017年，比赛连续举办了七年，参与学校遍及浙江全省，累计参赛者达2461人，获奖作品671件，其中有61件成为博物馆的收藏品。

事实证明工美馆群在第二课堂领域的这"第一步走"是颇具成效的。传统手工艺的基本知识在校园中得到了一定程度的普及，而有趣又易上手的手作也为博物馆赢得了不少人气，实现了基础性质的互利双赢。但现实随即又对我们提出了更高的要求。在工美馆群长期开展的观众调查中，对于社教活动，观众意见越来越集中在提升内涵、提高品质方面，这反映出博物馆的公众教育应跟进社会发展，作为开拓者的第二课堂不应一直徘徊在基础层面。

博物馆开始将社教工作向高校拓展，从志愿者的招聘到高校学生作品的展示，进而与高校专业力量合作课题研究。博物馆的优势，一在于藏品，二在于观众。藏品是博物馆开展研究、展览、教育、文创等各项业务的原材料，观众则是业务成果的获得者和检验者，而观众的消化反馈又形成博物馆业务的信息源，从而成为另一重的研究原材料。高校的优势，一在于人力，二在于智力。

院校既有条件为博物馆业务的实施提供人力补充，也能够投入专业力量进行深层次的科研、开发活动，取得更为精准的研究成果，甚至转化为相应的经济效益。

在工美馆群与浙江大学的一系列合作中，这种资源上的互动模式就体现得较为明显。

2012年，馆群正式成为浙江大学文博系的实践教育基地，从此，馆群与院校的互动进入新阶段。馆群和院校合作开展了观众意见调查研究和陈列展览评估等项目。2015年下半年，浙江大学梳理盘点文物与博物馆学系、艺术与考古博物馆、文化遗产研究院、中国古代书画研究中心、人类学研究所等机构的可融合资源，成立"文化遗产学科发展联盟"。将业务发展、学术队伍建设、设备平台等纳入学科联盟统一规划，培育文化遗产领域新的学科生长点。这对于以非遗为一大支柱的工美馆群来说，意义是不言自明的。在该联盟告成后不久，浙大文博系教授邀请荷兰阿姆斯特丹艺术大学博物馆学的两位教师，为学生做了一个名为"参与式博物馆：机遇、挑战与问题"的工作坊（图一）。工作坊为期四周，其中第二周"参与式展示"与第三周"参与式征集"即分别以工美馆群中的扇馆和伞馆为研讨对象。让学生为扇馆设计让观众参与进来的介入项目，为伞馆未征集和已征集的物品设计参与途径。在整个实地教学中，除师生之外，博物馆相关业务工作人员也都参与到其中。实现了学生、老师、博物馆人三者的交流互动。

图一　"参与式博物馆：机遇、挑战与问题"的工作坊

在工作坊完成后的效果评估上，各方面普遍对这种"直击"博物馆现场的教学模式表示了肯定。认为它让学生产生了主动参与的热情，对于培养学生的团队意识、创造力以及批判性思考等"21世纪技能"具有突出作用。

继其后，2016年1月6日，文博系学生在博物馆举行了一堂别开生面的"藏品阅读"专题课，以博物馆藏品为基础，对学生利用实物进行展览策划与概括的能力进行了一次实训。课程中，博物馆各藏品库分别提供1~2件代表性藏品，由文保员分组对藏品信息进行解读，学生针对自己的需求再向文保员提问。学生与藏品之间没有屏障，整个观摩的过程中，学生都可以在各组之间自由流动。藏品信息解读的步骤完成后，学生展开小组讨论，根据现场了解的信息，选择某件藏品在限定时间内进行"一件藏品"的展览策划。结束后由小组代表发表自己的方案。

对于此次培训课程，博物馆和学校方面都给予了很高的评价。它的先进之处在于，打破了以往常规合作的固定思维，使博物馆不可替代的实物教育优势得到了发挥。

博物馆与学校合作，在更大范围上推广具有博物馆味道的教育，首先需要进一步开放博物馆的环境。博物馆要开放的不只是展厅，还应包括藏品的"幕后"，甚至是具体的工作流程。博物馆真实运作的"横断面"是从事专业研究最宝贵的材料。把博物馆放在院校的专业视角下进行"解剖"，不仅能够帮其中的人积累知识和经验，而且其成果也可以成为博物馆各项工作继续提升的阶梯。

二　变身"秀场"，推广前沿性的学习理论

近代教育学家陶行知说过："活的人才教育不是灌输知识，而是将开发文化宝库的钥匙，尽我们知道的交给学生。"博物馆有着社会教育的职责，所以对教育领域方法论的研究和推广也成为与学校合作的一个有意义的方面。2017年6月，工美馆群与浙江大学博士生导师、符号认知研究专家徐慈华副教授合作，组织了一期开发脑力的实验性夏令营，名为"心灵手巧俱乐部夏令营"，

主题确定为"章鱼图"系列课程。在夏令营的一系列讲座和活动中，老师将他和团队所研发的章鱼式"思维导图""记忆宫殿"进行了充分的讲授和应用。由于章鱼图对逻辑思维、记忆判断能力、创新能力具有积极的训练效果，所以夏令营在学生及其家长中间引起了热

图二　"心灵手巧"幼儿思维导图项目

烈反响。夏令营以博物馆手工技艺为载体，章鱼图思维法为框架，实现了一次教育方法、知识传授方法的前沿探索（图二）。

在夏令营活动结束后，鉴于章鱼图所引起的效应，工美馆群继续推进了与徐教授的合作，以"知识可视化与博物馆认知传播"为题申报了杭州市科技发展计划项目。馆方抽调人员与徐教授团队正式成立了项目组，计划以 3 年为周期，结合工美馆群的文化和知识点，深入开发出更为成熟、丰富、有吸引力的课程，从而对传统工艺、非遗技艺做更有效的传播。

在具体的实施方面，项目团队拟运用知识可视化的相关理论和方法，通过 VR（虚拟现实）/AR（现实增强）技术，对博物馆知识体系进行系统梳理。针对当前博物馆文化传播中的需求"痛点"，开发课程、活动和空间设计。在操作层级上，将搭建一个由博物馆、文献库、主题教室、教具制作坊等组成的认知传播系统，再组建"知识可视化设计团队""博物馆群知识图谱建构团队""心灵手巧创意团队" 3 个柔性任务团队，分工负责该系统的运行。研究过程中，根据工美馆群的主题特色建设"扇子文化""剪纸文化""刀剑文化" 3 个主题至少 12 门课程，将目前所研发的科学法则应用其中，以此对低龄阶段观众的接受效果进行观察研究，找出适合的传播模式。

由一张五彩斑斓的"章鱼图"而起，牵引出了一个可能颠覆传统教育认知的大型科研项目，这一个"偶然"显示出博物馆内其实还留有很多待研究的空白地带。而高等院校拥有丰富的科研资源，与高校的结合将会把博物馆的业务引导向更高的水准和更科学的定位。

三　搭建平台，推动校园创意走向社会大舞台

馆校共建是一个系统性的工程，涉及各种渠道上的交叉、匹配。而它的突出指导思想就是走产、学、研相结合的路子。三者的结合始于对博物馆藏品内涵、展览特性的研究，发展于专业院校主导、博物馆共同参与的创意研发，成于创新成果的商品化、市场化。这个过程是文化效益转化为经济效益的过程，也是激活博物馆藏品的历史要素、融入价值再造的过程。

故宫博物院院长单霁翔对于博物馆的文化创意走向社会，提出过一系列见解："博物馆的文化创意，要跟着人们的生活走。""从藏品中，人们既可以看到当年工匠的精神，又能看到当时最优秀的创意思想以及制作工艺；既可领略古人的智慧，也可以对当前的创新有所启发与借鉴。而如何把这些经典揭示出来，让博物馆的藏品活起来，是博物馆的责任"[①]。"实践证明，博物馆在不影响核心使命完成的情况下，根据博物馆各自特点，开展适当的与博物馆主题密切结合的文化产品研发与营销项目，对于博物馆实现可持续发展，以及为观众提供优质服务均会起到积极作用"[②]。博物馆文创的背后则是藏品、展览、社教的合力作用。

2014年6月22日，中国大运河成功入选世界文化遗产名录，成为中国第46个世遗项目。为充分挖掘大运河的文化魅力，工美馆群在当年与杭州市拱墅区文化广电新闻出版局、浙江大学城市学院联合组建了"一河串百艺"运河文化创新中心，在大运河的背景下树立一个优质的产学研一体化平台。这个平台计划在每年面向大学生推出主题创新设计营活动，主要宗旨是把具有杭州特色的传统手工艺与市场及现代设计相结合，从而打造富有水乡特色的城市礼品。

2014年第一期创新设计营共历时55天，获得了40余组艺术品，分工业设计、平面设计、空间艺术作品三类，并举办了"一河串百艺·2014首届杭州（国际）运河文化创新设计营成果展"。活动采取"三对三结合"模式：分别由三位国内外知名的设计导师和青年设计师，带领三个设计方向的设计营，由

---

① 单霁翔：《文化创意要跟着人们的生活走》，新华网。
② 单霁翔：《社会教育是现代博物馆的重要职责》，人民政协网。

三家在杭高校的设计学子参与，通过近一个月的走访调研、课堂教学、厂家实践以及成果展览等环节，为三家杭州知名传统制造业企业提供创新设计方案。随后进行评奖评优，以此激励年轻设计师成长，探讨全新的产品研发模式和全新的人才培养选拔模式。

设计营以工美馆群为主要场所和活动交流基地。第一期设计营中脱颖而出的"竹雨"文化伞，获得了2013年度国际IF及红点设计大奖两个国际顶级设计奖项，而且取得的是难度最高的产品奖，成为设计营成果的一个有力证明。值得一提的是，"竹雨"文化伞的创意又与工美馆群中的伞馆的展示有着一定的联系，因此，"竹雨"的成功也可以说是从博物馆中吸取营养、把古典精髓融于现代概念的成功。此后，工美馆群又于同年承办了"中国国际青年艺术周（杭州站）'一河串百艺·运河怀古'2014首届国际青年艺术家提名展"，将"一河串百艺"的氛围延伸下去，很好地宣传了运河的非遗文化（图三）。

竹语文化伞获得
2013年度国际IF及红点设计大奖

图三　"竹雨"伞系列产品

"竹雨"伞随后进行了十余个系列的开发，"落地"产品包括五行系列、几何系列、最忆杭州系列、生肖纪念款、影视类主题的绣春刀伞，以及合作跨度更大的"艺术名家——蔡志忠系列"等，并且主题还在随着时代发展而不断拓展。这让我们看到了古为今用、博物馆文化存储转化为商业价值的可操作性和可持续性。

2015年第二期设计营以"大师进校园"为主题，举办"智隆杯"中国工艺美术大师王文瑛创新设计营。具体方式是以杭州一家中式服装企业为赞助方，机绣大师王文瑛为设计营指导，大师走进校园亲自挑选15名营员教授技艺。营员们可自主选择感兴趣的应用产品载体，进行设计创新和学艺，之后营员再结成设计小组，产出设计作品（图四）。

虽然机绣技艺难度较大，在短时间内难以全面掌握，但在王大师的指导下，营员们仍然制作完成了自己的设计图案。在第二期成果展上，共有3人获得了优秀作品奖。优秀作品将与企业继续合作。本次设计营的核心、指导者王文瑛是工美馆群大师工作室入驻大师，因此，这期设计营可以说是博物馆大师资源、活态资源向校园流动的一个典型。

在"一河串百艺"项目取得成效后，工美馆群与高校的深度合作达到一个高潮。2016～2017年，工美馆群连续为浙江理工大学科技与艺术学院艺术与设计系学生提供举办毕业展的场地，利用博物馆良好的展厅条件和相应观众群，提升毕业展的社会关注度（图五）。

图四　"智隆杯"中国工艺美术
大师王文瑛创新设计营

图五　浙江理工大学科技与艺术
学院艺术与设计系毕业展

两次毕业展分别以"看我72变"和"一心一起"为主题，包括视觉传达、工业设计、环境设计、广告设计、动画设计等多个艺术设计范畴，在博物馆古蕴悠长的氛围中打造了一个青春灵动的新鲜创意工坊。在这种协作模式之下，毕业展不仅吸聚了众多人气，而且还引起了相关企业的关注。有的企业与学生设计者达成合作，将毕业设计投入实际生产。有的学生在获得企业青睐后，选择自主创业，目前已进驻余杭区"梦想小镇"，获得政府的创业政策扶持。有的作品被校本部吸纳，成为120周年校庆的伴手礼。借势博物馆，工艺美术的新一代创新群体获得了一个起飞的平台。

随后，在2017年5月，工美馆群与该系签订"产学研共建基地"协议，商定双方充分利用现有资源，在展览活动、课程教研、学生实践等方面进行合作，探索博物馆与高校深度合作模式。协议签订后，该系牵线上海某开发平台，尝试博物馆文创衍生品的校园设计项目。具体计划是从博物馆藏品中提取纹样，组织学生开展设计；之后将设计品在博物馆中举办展览，收集观众反馈；再拟根据观众意见，将有潜力的设计转化为产品。目前，该项目已完成藏品纹样设计。珠玉在前，博物馆与院校双方都对项目的前景充满信心。

工美馆群与浙江大学城市学院、浙江理工大学科技与艺术学院艺术与设计系的联袂，反映出博物馆与院校这两股力量碰撞，强强联合，很可能会产生蕴涵无穷增长力的"能量核"，从而使不竭的能源在馆、校、企三方之间实现愈来愈强盛的流动传递。这样一来，博物馆就不仅只有文化讯息提供者这一个单一身份，而且还成为学校与企业、学校与社会之间的桥梁，在更广义的程度上起到了社会教育的作用。

四 结 语

作为一所新兴的城市博物馆与行业博物馆，工美馆群的建成与发展正经历了中国博物馆事业高速发展的十年。在这十年中，博物馆的观念和方法都处在转折时期，较之以往更加强调博物馆的社会教育功能和传播文化的公众责任。在此背景下，馆校共建的热潮越来越高涨。

从浙江理工大学的实践来看，与学校的合作共建首先需要提炼博物馆自身的可共享元素。需要把博物馆的代表性文化加工转换成可普及的知识群组，然后以趣味性、启发性的方式传达给学生。与相对被动的"等待"被认识、被理解相比，这个主动诠释的过程更能够"激活"青少年学生对传统文化的兴趣。然后在这个基础上，博物馆与学校的合作还应再继续探索向更多元化、更具社会性的方向发展。如果说第一步的文化元素提取，是对博物馆进行微观上的分解，那么第二步的深入校园、走向社会则是要博物馆跳脱出来，整体性地展开运作，开拓宏观的视野。

在时代发展的需求下，博物馆与学校互相介入的程度将会愈发深入，这又会对博物馆造成相应的影响和改变。在关系越来越密切之后，馆校共建将如何继续走下去，是摆在当代博物馆人面前的一个重要问题。就现状而言，往往是学校从博物馆获得创意灵感，形成新的成果，但博物馆所传达的原生的传统文化，尤其是以非遗为代表的优秀传统文化，如何通过校园实现内在生命力的传承，还需要我们努力思考。馆校共建中的博物馆既应是新文化的奠基者，也应是让往昔的金色记忆再次焕发光彩的开路人，做好这两方面，是我们迈向未来的题中之意。

本文刊于《博物院》2018 年第 1 期

思维导图视角下的博物馆教育
理念和实践创新再探讨

——以首都博物馆"读城"项目为例

首都博物馆　　杨丹丹

摘　要： 不断创新博物馆教育服务模式，在融入社会、服务社会的进程中以高品质、多元化的服务项目，实现博物馆教育职能的最大化，始终是博物馆人不断追求卓越的动力。实践中，如何把握核心受众定位，将碎片化教育活动建构成独具特色的主题教育项目，完善教育服务体系的持续性，可复制性等问题尚需突破。

关键词： 博物馆教育　思维导图　理念和实践　创新　"读城"

思维导图是有效的思维模式，应用于记忆、学习、思考等的思维"地图"，有利于人脑的扩散思维的展开①。博物馆教育项目的思维导图需要在教育人员与受众之间产生，在策展人策展的过程中，要充分利用这种思维导图模式，将主题联动性充分发挥出来，通过一个点引发观展人对于展览的思维延伸，激发受众对展览内容继续探索的兴趣。

博物馆教育思维导图需要围绕核心受众设定主题，在教育人员与受众之间产生多维度的立体呈现，并始终贯穿于项目全过程。笔者从业至今始终关注博物馆教育的发展，并在探求创新教育理念与实践中努力前行，2014 年有幸主持策划以青少年为核心受众的主题展教项目"读城"，在项目推进与拓展中介入思维导图的独特视角让教育项目的可持续发展战略越发清晰起来，同时也是对

---

① 张静：《思维导图——教和学的脚手架》，《河北教育》（教学版）2016 年第 9 期。

博物馆教育理念与实践进行的创新探讨。

一 "大社教"理念

"大社教"① 理念是指将博物馆教育活动置于全社会背景下去开展，突破博物馆单一性力量的束缚，融合社会各领域的专业智慧，关注受众的差异化需求，继而通过整合社会资源、细化受众群体，实现全社会在博物馆教育中各取所需和谐发展的格局。该理念首次提出是基于筹备 2005 年首都博物馆新馆开馆的教育方案，并经过三年多的教育实践，推出一系列教育活动，受众几乎涵盖了不同年龄层次，从阵地、资源和受众三个方面发挥博物馆教育职能的最大化。首都博物馆作为北京地区最大的城市博物馆，拥有丰富的北京地区出土文物馆藏。一直以来，我们积极发挥博物馆社会教育功能和爱国主义教育基地的作用，致力于将首都博物馆打造成民众终身学习的场所。

2014 年，首都博物馆专门为青少年量身定制的大型互动体验活动项目"读城"是博物馆"大社教"理念的又一次探索和实践，并引发了新的认识和思考。实践中，尝试运用发散性的思维导图突破博物馆人单一力量办教育做展览的瓶颈，极大丰富了展览的层次性和立体性，为展览传播效果和受众差异化需求等实际问题的解决提供了可行之道，吸纳了更加多元的社会力量参与，真正想受众所想、做受众所需，通过多种方法链接策展人与观展人，使同行业之间和社会各行业之中形成一种科普文化的共享模式，共同推动博物馆事业的发展。

"读城"创造性地运用思维导图的思路，遵循"大社教"理念，一是把阵地做大。提出"首都，我的博物馆"，把整个北京作为一座巨大的博物馆，首都博物馆虽然浓缩了这座城市的历史，但并不全面，不能只在博物馆里做教育，而是要依托展览内容将浓缩的展览放大还原，走出博物馆举办教育活动，通过实地参观体验，让孩子们立体地理解北京城的历史文化，把首都博物馆里的文物还原到发现它的位置，比如克盉与克罍，虽然现在是在首都博物馆看到

---

① 杨丹丹：《博物馆大社教理念的多元探索》，《博物馆教育新视阈》，文物出版社 2009 年版。

的，但观众一定想知道，它们从哪里出土，铭文写了些什么，又是如何印证了它与北京城的关系。这就需要我们帮助他们走出博物馆，做大我们的教育阵地。二是把资源做大。从博物馆教育者的角度看，文物资源固然重要，但博物馆研究文物资源的专业人员同样重要，人力资源同样是不可或缺的财富。"读城"涉及五类职业人：考古人——发现发掘文物的人，藏品人——收藏保管文物的人，研究人——研究文物的人，展览人——策划展览的人，社教人——直面观众讲述文物的人，将与文物有关的一系列人串联起来，为观众更好地讲述文物背后的故事。三是把博物馆的受众做大。"读城"充分利用了北京市文物局的资源优势，将兄弟博物馆和文化遗址纳入进来，如北京市正阳门管理处、西周燕都遗址博物馆等全力配合我们的暑期夏令营活动，为我们提供了便利和支持。"读城"以青少年为核心受众，量身定制所呈现的展览活动已经超出创作团队的预期效果，并得到了充分的肯定，我们的观众既包括我们预想中的核心受众，也引起了核心受众之外的北京人，特别是老北京人的兴趣，许多老人来看展览，看着图讲自己的故事。

二　策展人和观展人的思维联动

策展人和观展人是博物馆展览中的两大角色。以往的展览思维是"博物馆展览，观众看；讲解员讲解，观众听"，这种单一的展览思维已经难以满足受众需求。博物馆策展人通过发散性、探究性的思维导图介入来撬动观众思维，让他们在观展过程中激发自己的思维导图，让他们主动参与展陈设计，形成策展人和观展人的思维联动，推动博物馆教育的发展。

从观展人角度出发，策展人转变为"释展人"[①]。"读城"项目设计了一大批中小学生喜闻乐见的展览形式，以通俗易懂又不乏文化深度的形式实现博物馆的学术性、艺术性、教育性等社会价值的融合。站在"释展人"的角度，展览的丰富性和趣味性大大增加，提升了学生对于当地历史的学习兴趣，帮助了他们理解历史感触历史，并同时努力突破文化疆界，实现不同地域、不同国家

---

① 沈辰、何鉴菲：《"释展"和"释展人"——博物馆展览的文化阐释和公众体验》，《博物院》2017 年第 3 期。

之间的文化交流和互动。

　　观展人从被动的接受者转化成了主动的参与者、制作者和传播者。"读城"首次尝试组织非专业策展团队——智囊团，将非专业人员纳入到项目团队中，揭开观展人和策展人之间神秘的面纱，让两者在工作开展的过程中碰撞出更多创新的火花。以青少年为主的智囊团在整个策展过程中表现出了极高的参与热情，提供了诸多切实可行的建议。通过实地参观、讲座、亲子互动、动手参与、小讲解员培训等多种形式，将他们完全沉浸其中，青少年成为博物馆项目参与主体。在寓教于乐中加深青少年对于北京历史的了解，也使得枯燥乏味的历史知识通过学生们的手"活"了起来，跃然于纸上，生动形象地为青少年学生展示灿烂辉煌的祖国历史。智囊团也积极带动专家、学者的参与，北京城历史的展现也离不开专家学者以及老北京人的指导。不同于以往展览的顾问性质，"读城"中的专家、学者会现场参与到教育活动中，陪受众一起品读老北京的故事。例如"读城——发现北京四合院之美"开幕式一项活动就囊括了非遗传承人、书法家、画家、音乐家、历史学教授等诸多领域的专业人员，他们各自发挥所长，参与到开始的表演活动中，以更加亲民的方式，向受众展现一个别样的北京城（图一）。

图一　"读城——发现北京四合院之美"开幕式

　　通过策展人和观展人的互动，博物馆展览使得二者有机会产生平等的对话，这种对话不仅促进了策展人能够更好地设计出观众喜闻乐见的展览形式，同时也能够帮助观展人更好的理解北京的历史，增加了观展人的形象记忆。

三　以思维导图的联动性提升展教水平

思维导图的形成是多方面、多角度的。思维导图的主题是由博物馆策展人所树立的线索，策展人的展览思维会影响受众观展时的思考。所以，观众观展时会通过线索激发兴趣或产生疑问，然后走进图书馆或是档案馆寻找答案，这在一定程度上带动了观众的求知欲，推动博物馆教育水平的发展。展览活动和教育活动作为博物馆提供公共文化服务的主要形式，日益受到博物馆业内的重视，但由于多重因素影响，这两项活动存在偏差和不足，尤其理念上重展轻教，实践中有展少（无）教或以展代教、展教分离[①]，抑或先展后教的现象普遍存在。因此，从思维导图的联动性出发，探索博物馆展教结合、展教并行的方式方法对提升展教水平，推动博物馆教育的理念和实践创新意义重大。

"读城"从思维导图的联动性，对提升展教结合水平的途径和方法进行了全方位的实践尝试，尽可能地减少静态藏品对展览灵活性的禁锢，并在展览策划之初即设计了配套的教育活动体系，对展览进行中多种形式的教育活动制定了合理化、可行性的规划，明确了教育活动在展教结合中双核心之一的地位。例如项目在展览的策划中始终秉承"从受众中来，到受众中去"的策划理念，邀请部分青少年学生全程参与准备工作，如亲手搭建城墙模型、设计历史游戏等，寓展于教，以一种无形的教育方式将整个展览所要传达的意义高度融合到青少年学生的日常生活中。这种无缝对接的方式，让博物馆展览内容与主题施教项目相得益彰，达到了"1＋1＞2"的效果。

四　同一主题下的思维联动

思维导图将思维形象化，通过节点链接，达到记忆和传播的目的。"读城"项目通过博物馆不同部门、不同博物馆、不同城市，以及线上线下"虚拟阵

[①]　郑奕：《提升科技博物馆展教结合水平的五大对策与建议》，《自然科学博物馆研究》2017 年第 2 期。

地"和馆校联动等方式，打造可复制、多元的教育阵地延伸，实现同一主题下的思维联动，将展览普及给观众，提高观众的知识水平，达到教育的目的。

1. 多层次联动，实现博物馆教育的阵地延伸

博物馆部门与部门之间合作是第一层次联动。一般情况下，博物馆做展览的正常程序是展览部写大纲，然后陈列部来布展，接着社教部去讲解，最后再做教育活动。而"读城"则首先由社教部牵头，解决为谁办展，怎么办展的问题，然后集合展览部和陈列部的力量，从展览主题的选定、逻辑结构设计、文物展品选取以及主辅展线设计等方面共同策划展览。这些部门在同一主题下形成一个团队，从不同的角度针对目标受众做展览。在整个过程中，部门之间的沟通和协调形成了很好的联动，为打造让观众满意的展览奠定了良好的基础。

馆际之间交流分享是第二层次联动。"读城"系列教育活动作为首都博物馆的品牌教育案例更注重对项目的连续性、可复制性、对比性和互联互动方面的开发整合，优化各地不同的教育资源，为受众呈现别样的观展体验；馆际联动强调以项目牵动馆际间有效合作，围绕教育理念、教育方法、教育经验等方面与同仁共同分享和延伸探讨，实现博物馆业内分享利益最大化。

城与城是第三层次联动。"读城"项目在策展时充分考虑了博物馆青少年教育在空间渠道上的延伸。在空间上，通过支援边远地区文化建设，实现跨地域的文化交流。目前已走进新疆的五个城市，既让新疆的青少年通过观展和体验活动加深了对首都的情感认同，又让项目本身通过文化交流进行自我丰富和完善。接下来，"读城"将继续以首都博物馆为原点，走进国内其他城市甚至国外，将展览内容及核心知识传播到全中国乃至全球，进而达到与大千世界的联动延展。

2. 打造线上线下传播的"虚拟阵地"

因为个体的动机和需要不尽相同，于是需要分众传播。线上传播平台依靠博物馆官方微博、微信公众号等分众传播形式，不同的受众，注意力会指向和集中到展览宣传内容上来；线下传播依靠与学校的沟通合作、社会力量的参与。"读城"项目实施过程中的全部信息都通过新媒体发布，还多次通过直播平台带领观众走进展厅和活动现场，获得了良好的社会反响。同时，也开发了移动终端设备服务。在"读城"项目运行期间大胆尝试创新，策划团队与项目

研发团队开发"读城"应用程序，使数字版"读城"系列活动被完好记录在移动终端，供观展人线上再次回味在博物馆中的美好体验，也让感兴趣的潜在观众在浏览完数字版"读城"后有兴趣走进博物馆亲身体验"读城"的魅力。

3. 馆校联动带动展览延伸

作为北京"四个一"工程的项目实施地，首都博物馆为青少年观众量身定制了"读城"系列活动，让学生们在参与教育活动之后能够"知北京，爱北京"，提升学生爱国主义情怀。这是首都博物馆乡土教育的一次新尝试。在与学校对接、与教师沟通的过程中策展人也在不断完善"读城"所涉及的知识点，力求与学校校本课程连接，形成北京特有的"读城"课程体系。今后还将继续开发乡土教育校本课程，让博物馆和学校成为学生们历史知识互补的桥梁。加强馆校结合，使学生们拥有更好、更广阔的资源探索学习本土历史。

"读城"开展走进高校系列活动，有针对性地选择高校进行巡展。首批巡展的高校为首都师范大学和北京语言大学，其用意在于，一是向未来的师范教育者传播、灌输博物馆青少年教育理念，展示北京城的悠久文化底蕴和历史传承，以期为未来的师范教育者的教育实践提供帮助；二是向

图二　"读城"系列展览高校巡展

国际友人、来华留学生传播、展示中华民族和北京城的渊源文化底蕴，以期通过展览引起国际友人和留学生对中国文化的关注，从而将中国传统文化逐步推向世界，在更广的范围内实现民族文化的传播和传承（图二）。

五　以核心受众挖掘潜在受众

博物馆展览对象一般是将所有受众看成一个整体，即使略有区分也只是针对专业性而言。思维导图注重发散性，围绕一个点进行探究，达到以一而多的效果。在这种思维下，博物馆将展览受众聚焦于某一核心受众，以核心受众带

动边缘受众的方式挖掘潜在受众，通过引起这一受众的参观兴趣，带动身旁的亲朋好友一起走进博物馆。

"读城"项目首次将青少年作为核心受众群，项目团队在策展之前做了大量的前期调研工作，分析青少年学生的心理和接受能力，为后期工作开展做了充分准备。根据调研结果，将核心受众群依据年龄、兴趣爱好等进一步细化，尽可能地确保每个核心受众都能在展览和活动中找到适合自己的位置。后期所有工作的开展都围绕核心受众进行，以核心受众的视角为导向，实现差异化服务的目标。实践中发现，通过亲子、校园活动等，家长、老师、老北京人等边缘受众群体也逐渐成为项目的中坚力量，并不断发挥监督、答疑的作用。"读城"以核心受众带动边缘受众是增加关注度的一个有效途径，同时还达到了积极发掘潜在受众的效果。在以往的展览调研中发现，很多受众因为时间、空间等方面的限制无法完成观展或无法参与体验活动，撤展后留有遗憾。"读城"充分利用直播、微博、微信等新媒体平台同时公布展览及活动内容，使潜在观众也能实现深度观展的愿望。这种以核心受众带动边缘受众的方式，既让展览的举办有针对性，也为展览增加了不同群体的关注度。

六　思维导图下的展览评估体系

一个好的展览评估体系有助于衡量博物馆教育的效果。展览评估体系不只是对展览后的评估，而是包括展览前的调研、展览中的执行、展览后的评估等一个完整的体系。这种展览评估体系融入了思维导图的思想，使博物馆教育确保了观众观展的同时，能够激发他们的探索欲以进行深层次的学习，培养激发观展者再次走进博物馆的兴趣。

从"读城"来说，项目开展之初就充分考虑周期管理，展前开展了充分调研，了解受众群体的需求，尤其对青少年这个核心群体进行了深入调研，根据其年龄心理特点和成长阶段设计展览项目。同时邀约学校老师，教育研究人员，以及学生代表为展览建言献策，帮助策展人更好地设计和布置展览，同时兼顾到课本知识，确保受众青少年看得懂、听得清、记得牢。

在展览中，策展人和组织者积极地与受众青少年交流互动，适时调整展览项目的细节，针对青少年普遍存在的问题及时反馈并邀请专家学者为青少年们答疑解惑，使展览受众高度参与，达到了预期的效果。在展览期间，讲解员和策展人有意识地鼓励青少年学生探索展览背后的故事以及未知的知识，立足于培养学生探索知识的能力和终生学习的习惯。

展览的结束并不意味着学习的结束，通过调查问卷及时跟进受众青少年，追踪他们的学习，对下一次的项目举办提供了完善的方向和路线，且为其他项目的展览和举办积累了极为有益的经验。上万份的问卷经过专业的统计学模型分析，大大促进了策展人团队对于受众学生群体的了解。其中，多层次线性分析模型（Multilevel Modeling）的应用更是明确了不同层次学生对于展览的不同的理解和感触，使得策展更具有针对性，更符合学生的认知水平。

综上所述，思维导图下的"大社教"理念整合社会力量，力求多元化、多角度联系观众与博物馆，激发更多观众积极参与，从而达到宣教目的。思维导图关注核心受众，并以此为中心，通过层层影响，连接潜在受众，提升展教水平，使策展人和观展人双向互动，形成完整的展览评估体系，推动了博物馆教育理念和实践创新的发展。"读城"深谙思维导图精髓，以青少年为核心受众对象，采用他们易于接受的语言文字、环境氛围、色彩空间、互动装置体验等多种形式，多元化多维度地呈现出新时代博物馆教育活动的特色，达到了不需要社教人员引导的自我探究式学习参观效果。

本文刊于《博物院》2018 年第 1 期

整合资源　重视教育
搭建让文物活起来的桥梁[*]

河北邯郸市博物馆　马率磊

摘　要：随着社会的不断进步和博物馆事业的蓬勃发展，教育在博物馆整个工作体系中的地位日益重要，逐渐地从边缘地带走向了中心位置，同时其在推动文物活起来的过程中也发挥着不可替代的作用。所谓让文物"活"起来就是以一种喜闻乐见的形式让社会观众了解文物背后的历史文化、艺术特色，并且理解相关现象产生的社会背景和原理，同时还能把相关原理、艺术特色应用到工作、学习和生活中来。因此，博物馆应当从选题、技巧、建构、评估等多角度有效整合相关资源，搭建让文物贴近观众实际的桥梁，让文物在服务人的全面发展、社会进步的过程中真正活起来；让博物馆在服务社会中完成社会化过程，实现博物馆与社会的有效互动，在相互作用中推动彼此良性、健康和可持续的发展。

关键词：博物馆教育　文物　活起来　桥梁

众所周知，文物是博物馆的核心资源，也是博物馆开展一切业务工作的基础和前提，同时还是传统文化的重要物质载体，不仅蕴含着优秀传统文化的思想精华和道德精髓，而且也包含了以爱国主义为核心的民族精神和以改革创新为核心的时代精神。早在 2013 年 12 月 30 日，习近平同志在中共中央政治局第十二次集体学习时便提出"要系统梳理传统文化资源，让收藏在禁宫里的文物、陈列在广阔大地上的遗产、书写在古籍里的文字都活起来"。这为我们文博工作者在新时代开展工作指明了方向，提出了新的要求。

---

　　[*] 本文为 2017 年度河北省文化艺术科学规划项目"公共服务视野下贫困县文化资源整合策略研究"（课题编号：HB17－QN017）阶段性研究成果。

那么如何理解让文物"活"起来呢？笔者认为所谓让文物"活"起来是指博物馆的文物研究、陈列以及教育等相关服务工作应当"贴近实际、贴近生活、贴近群众"。具体应该包含如下四个层面：第一，博物馆宣传、展示的形式手段为观众喜闻乐见；第二，博物馆能够帮助观众看懂并了解文物相关的文化、艺术特色；第三，博物馆能引导观众理解相关文化现象产生原因或者隐藏背后的工艺原理等等；第四，博物馆能帮助观众学会迁移应用，把文物文化知识、产生原理等转化成提升个人能力、改善生活质量、促进工作发展的源源不断的智力支撑和动力。一言以蔽之，就是让观众或博物馆使用者愿意看，看得懂，有收获，能应用。因此，这不仅需要我们博物馆研究人员深入研究、发掘文物背后的符合当代社会需要的文化资源，也需要陈列设计人员构思布置满足当代人需要的展览，更需要博物馆教育人员不断建构新的主题，以不同形式展示给不同的观众。

何谓"博物馆教育"呢？我们知道"教育"是博物馆三大功能之一，随着社会的不断进步和博物馆事业的蓬勃发展，教育在整个博物馆工作体系的地位日益重要，逐渐地从边缘走向了中心位置。2015 年，国务院颁布的《博物馆条例》更是将"教育"放在了博物馆功能的首位，因而越来越多的博物馆界领导和同仁开始空前地重视并开展博物馆教育工作，但是学界关于博物馆教育的概念并没有明确的界定，经常与博物馆服务一起连用。关于博物馆教育，笔者认为不仅仅包括传统意义上的讲解、讲座、体验活动等，还应该包括展览、研究等一切有利于服务人的成长和发展的相关工作。简言之，博物馆一切利用文物服务社会的行为都应该属于博物馆教育的范畴。因此，基于文物、陈列导览、活动等的博物馆教育不仅形式多样，而且内容殷实、厚重，无论是教育选题、教育技巧的操作，还是教育活动的理论建构与内容设计、教育评估方式的选择等都闪烁着智慧和艺术的光芒。而正是这种近乎艺术化的"教育"搭建了一座座无形的桥梁，拉近了普通观众与文物、与历史、与传统文化之间的距离，让隐藏在文物背后的古人的智慧、情感、艺术"活"在今天人的眼前、心里和手上。

一　教育内容符合观众需求

随着实践的深入和理论的发展，不少博物馆人清楚地认识到：博物馆教育与其他教育，尤其是学校教育有着非常大的区别，其主要的差异在于博物馆教育的对象"是社会的所有年龄层和不同的社群"①。如何有效满足不同层次观众的不同需求呢？这要求博物馆教育者在内容上多下功夫，从固定的陈列展览、有限的馆藏展品中提炼出不同的主题，灵活地将不同的教育资源在一条隐形主线（即当下这一批次观众的主要需求）的牵引下有机地组合在一起。比如，河北博物院为了满足青少年观众想了解古代动物的需求而策划实施的"博物馆里的动物世界"主题参观，上海市博物馆邀请专业研究人员针对馆内两三件器物提供数个小时的专题讲解服务等等。

同时，我们还应看到，不同的观众来到博物馆抱有不同的目的，即使同一个（批次）观众在不同的时间来到博物馆，也会有不同的要求。比如，笔者在前年年初就曾接待了一对教师夫妇，通过简单的沟通后，了解到他俩想重点了解邯郸历史上的十大文化脉系后，便决定以展厅的三十四处邯郸境内的国家重点文物保护单位图片为切入，简单介绍每一个文化脉系的概况，然后以四个基本陈列展厅为依托，重点介绍其中的四个文化脉系。这种做法得到了两位老师的认可。不想，数月后，他们带领十几个学生又再次走进博物馆，这次是想了解邯郸的古代建筑。于是笔者又尝试着在导览的过程中，重点介绍了丛台、赵王城遗址、纸坊玉皇阁、东汉陶楼、赵王城城墙排水设施、邺城布局、响堂山等建筑相关的文物或遗址图片，获得了较好的效果。目前，我们博物馆界确实有一批资深的博物馆教育者，他们善于了解观众的需求，能够及时从众多的展厅器物提炼出若干，构成新的导览路线，在最短时间内满足观众的最多需求，正是他们的存在让无数的观众一次又一次走进博物馆，并且满载而归。

二 教育技巧引导观众成长

博物馆教育的目的在于服务观众，因此要求内容应该符合观众需求，同时我们还要运用和创新教育技巧引导观众学会学习、学会观察、学会思考，实现

---

① 焦天龙：《博物馆教育模式的探索——以美国毕世普博物馆和香港海事博物馆为例》，"文化力量与博物馆的挑战"上海中国航海博物馆第四届国际学术研讨会，2013 年。

成长。正如宋向光教授所说："博物馆教育是激励、促进、帮助观众'自我教育、自我完善'的社会教育。"[①] 因此，博物馆的教育者在实施教育，尤其是讲解的过程中要"将博物馆受众视为主体，指的只是受众在博物馆教育活动中的地位，即主体地位"[②]，要尤为关注观众的表现和反映，善于运用教育技巧，不断激发其学习欲望，尽可能满足其知识、能力和情感等综合需求。有的博物馆教育善于运用引导性的语言去帮助观众提升学习能力，比如"您看，这件器物上的图案像不像什么东西？有的专家说它是……还有的学者推测它是……您看呢"等等。这些教育者们不是高高在上的，简单告诉观众这是什么器物，有何功能等并要求观众记住，而是与观众平等地站在一件件器物前，引导着观众学会观察、学会思考、尝试着去质疑、去探索。还有的教育者善于用设置悬念的方法激发观众的兴趣，比如，笔者在讲到邯郸市博物馆"中国磁州窑"展厅后部的鼓墩（也叫绣墩）时，总会设置这样一个悬念："它是垂直而坐的坐具，然而正是这类器物的出现改变了我们先人长期以来的生活习惯。"每当我说到这里的时候，都会故意稍稍停顿一会，不少观众总会瞪大眼睛略显疑惑地看着。若发现有了解内情的观众，笔者就会鼓励其发言；若无人知晓，笔者就会详细阐释其对我们先人生活习惯的影响。因此，要引发观众对看似独立、凌乱知识的内在思考，帮助其建立完整的知识体系，拓展其视野。还有的教育者善于引导观众去体验，尝试着变换角度去观察，在不同位置去参与。博物馆教育者用"循循善诱"的教育技巧从观众的知识现状、认识现状出发，去帮助他们开阔视野、去增长能力。

三　教育活动培养观众能力

随着社会的发展，单纯的展览、讲解已经无法满足观众日益多元化的需求，因此，博物馆各种各样的教育活动便应运而生。我们知道，"博物馆教育的目的，必须从社会和博物馆自身两个角度来辩证地认识，其目的应该是满足

[①] 宋向光：《博物馆教育：促进观众"自我教育　自我完善"的学习》，《中国博物馆》1995 年第 2 期。

[②] 齐吉祥：《试论博物馆教育的主体和客体》，《中国文物科学研究》2006 年第 4 期。

社会需要与满足博物馆自身需要的统一"①。而正是博物馆的教育活动将社会需求与博物馆自身需要有机地结合在了一起。比如河南博物院的"杜岭方鼎"教育项目就是运用了建构主义的教育理论，在宣传文物的同时，也满足了家长和孩子们动手参与的能力，为其了解历史和古人智慧、提升动手操作、分工协作等能力搭建了一个良好的平台。同时，博物馆的教育活动不仅"在于学习中的合作、交流与分享，在于不断发现问题，找到思维的方法和规律"，也"在于体悟，升华生命的价值与意义"②。博物馆教育的艺术还在于能够潜移默化地帮助观众感知人性的魅力，体验不同的情感，比如亲情、感恩、幸福、信任、真诚等等。在去年的母亲节那天，笔者借给"馆外志愿者亲子班"上课之际，尝试着以博物馆器物——"明代酒海"上的一句诗文"在家敬父母，何须远烧香"为依托，临时策划实施了一个小活动——"妈妈，我想对您说……"：让几个十岁左右的孩子拉着妈妈的双手，分别讲述一件与妈妈相关的往事，并在最后鞠躬感谢。结果，不少孩子都是几乎用呜咽的声音在讲述，而妈妈们的眼睛都湿润了，紧紧地抱住了自己的孩子。"呜咽的声音""湿润的眼睛""紧紧的拥抱"，这些看似平常的行为表明他们体会到了感恩，感受到了幸福。同时，邯郸市博物馆还策划实施了年画印刷（图一）、投壶、陶艺、铜镜拓印、剪纸、皮影体验（图二）等丰富多彩的活动，而这些教育活动能以一种简单而

图一　观众正在排队体验
　　　年画印刷活动

图二　小朋友们兴致勃勃地
　　　体验皮影表演

---

① 刘文求：《博物馆教育目的之探讨》，《中国博物馆》1996 年第 1 期。

② 杨秋：《从教育和游戏的关系探析博物馆教育游戏的意蕴》，中国科普研究所编：《中国科普理论与实践探索——公民科学质素建设论坛暨第十八届全国科普理论研讨会论文集》，科学普及出版社2012 年版。

有趣的方式或诠释最朴实的情感，或给予人高雅艺术与美的享受，或提升参与者的能力，这也是教育的目的和真正价值的所在。

四　教育评估重视观众参与

教育评估在博物馆教育工作中占据着重要地位，如何完善教育评估不仅能够提高工作人员的积极性和主观能动性，而且也能更好满足观众需求。而目前很多博物馆主要从包括工作内容、日常考勤等在内的平时成绩和业务水平等方面考核教育人员；从考评评委来看，主要由本馆业务人员或者相关领域业务专家组成。但是实际上，博物馆教育好坏，最有发言权的应该是博物馆的观众，然而目前，观众在考核中的作用还没有或者较少体现。如何与观众建立良好的互动平台，保持畅通的沟通机制并重视观众在教育评估中的地位？邯郸市博物馆不仅建立完善了观众留言制度，并且定时整理、及时反馈，还与不少热心观众保持联系，同时在 2015 年考核讲解员的时候，尝试让部分观众和志愿者作为考核评委，从投票结果看，与馆内专家预期保持了高度一致。此外，我们在 2017 年全国讲解员首届优秀案例评选的规则中有了可喜的变化，其中评分比重方面，博物馆专家评委打分占 70%，观众评委占 20%，其他业务成绩占 10%。笔者认为这是重视观众的良好开端，代表了今后发展的一个新方向。观众或者博物馆的使用者不仅是我们的服务对象，是博物馆发挥社会价值的主要渠道，更是博物馆事业不可分割的重要组成部分。

五　结　语

当然，博物馆教育的作用不仅体现在讲解导览、教育活动、成果表述等显性教育的层面，也体现在博物馆教育环境的隐性教育当中。"博物馆教育对观众的影响在很大程度上是通过博物馆环境：即建筑环境、参观环境和人文环境这些非直接的说教方式，来感染、熏陶、激励、启迪观众，继而引发观众的情感、兴趣，从而达到改变和影响观众的认知结构，提高观众的心智能力。环境不仅可以影响人的情感、情绪，而且还可以改变人的行为方式。博物馆环境已逐渐成为观众体验博物馆内容的重要组成部分。博物馆通过各种环境因素来影响观众行为，使观众在优雅、舒适的环境中传递信息，交流感情，接受教育"①。因此，很多博物馆也越来越注重自身环境的建设和维护，增加观众获取知识、陶冶情操的机会、平台和氛围。邯郸市博物馆也十分重视自身的隐性文化建设，除了改善基础服务设施、完善展厅导引、注重卫生维护外，还十分重视规范与约束每一名在岗工作人员的言行举止，在走廊、过道悬挂成语书法作品（图三）等，有意识地营造良好的文化、学习氛围，发挥文物、文化的隐性教育功能。

图三　邯郸市博物馆走廊书法作品

总之，博物馆教育是将隐性教育和显性教育有机地结合在了一起，更好地服务观众，满足其需求，在博物馆的文物、文化与不同观众之间搭建一座座无形的桥梁，为青少年、成人、专业人士甚至残障观众等不同群体"搭建一个全面而完善的博物馆教育体系"②，构建起满足观众终身学习要求的艺术殿堂，让观众（受教育者）在潜移默化中获取知识、提升自身的能力、拥有更为丰富的情感体验，从而增长人生的正能量和智慧，同时也反作用推动"博物馆从关注物转为关注人，提高博物馆教育的质和量"③，让文物"活"起来，更好地服

①　刘晓霞：《博物馆是"终身教育"的最好场所——谈博物馆教育的特征及优势》，《中州今古》2004 年第 Z1 期。

②　果美侠：《大都会艺术博物馆教育工作述评》，《中原文物》2011 年第 2 期。

③　陶金鸿：《比较视野下的博物馆艺术教育》，《南京艺术学院学报》（美术与设计版）2012 年第 6 期。

务于观众、服务于社会。

同时，我们应该看到这实际上对博物馆教育者提出了更高的要求和更大的挑战，如何应对呢？笔者认为我们博物馆人一方面需要重视知识、经验的积累和传递，不断研究和发掘隐藏在文物背后的"故事"，体会和感受凝结在文物身上的先人们无穷的智慧和创造力；另一方面还需要坚持与人为善，用心去沟通和了解，尽量关注每一位观众的需求，引导并帮助他们发现或感受博物馆里显性或隐性的人生智慧，帮助他们提升精神境界和生活品质。

以上仅仅是笔者针对如何让文物"活"起来开展博物馆教育工作的一些浅见，难免存在纰漏和不当之处，还望诸位方家多留批评之言、不吝指正之语。同时，笔者也希望能够抛砖引玉，引起更多学者对博物馆教育理论和实践工作的研究和关注，从而真正地让文物"贴近实际、贴近生活、贴近群众"，变成一把把开启个人全面发展、民族不断复兴的金钥匙。

深入认识公共博物馆的社会教育意义
加快提升公共博物馆的社会教育功能

河北邯郸市博物馆　高　峰

摘　要： 公共博物馆作为以保护、研究、展示和传播人类生存及其环境物证为使命的社会教育机构，具有非常强的文化属性与公共服务属性，在我国的公共文化服务体系以及国民教育体系中都占据着非常重要的地位，被誉为社会教育的第二课堂和人类教育的终身学校。因此，探讨公共博物馆与社会教育的关系，以及公共博物馆如何配合和适应社会教育并形成互动，是公共博物馆工作者不断深入研究和探讨的课题，是贯彻落实习近平总书记有关文物工作重要讲话的深入体现。本文主要对公共博物馆社会教育功能的基本要素和所产生的意义及如何提升加以探讨。

关键词： 公共博物馆　教育功能　基本要素　作用意义　提升措施。

　　文物是人类宝贵的历史文化遗产。文物作为传承文明的具象载体，保护是其目的之一，但要让其活起来，把内在的文化精髓代代相传，才更具有深远意义。公共博物馆是征集、典藏、陈列和研究代表自然和人类文化遗产的实物的场所，并对那些有科学性、历史性或者艺术价值的物品进行分类，为公众提供知识、教育和欣赏的文化教育机构、建筑物、地点或者社会公共机构。公共博物馆是非营利的永久性机构，对公众开放，为社会发展提供服务，以学习、教育、娱乐为目的。它以物质承载文化、研究文化、宣传文化，具有非常强的公共服务属性。

　　在我国上至国家级博物馆，下至各省、市、自治区及县级公共博物馆，星罗棋布。这些公共博物馆保存并传承了我国几千年的发展历史，为推动人类社会进步，提高民族精神，起到了不可替代的促进作用。如今，我国人民群众对精神文化生活的需求日益提高，公共博物馆应当进一步提升自身的公共服务思想，巩固自身的教育功能，使人民群众在享受精彩、丰富的文物展览的同时，精神境界也有质的提高。

一　公共博物馆开展社会教育的基本要素

公共博物馆是集收藏、研究、陈列、教育四项职能于一体的多功能社会机构，它所承担的社会任务也是多方面的，是其他任何单一功能机构所不能比拟的。其主要任务是通过收藏实物资料，成为信息和文化交流的中心，担负起引导人、教育人和塑造人的重任，一切业务活动的核心是传播交流信息和知识，使更多的信息和知识为更多的公众所接受和共享。收藏是公共博物馆最基本的一项功能，是其他两项功能的基础。收藏的对象主要是各种能够表现历史文化价值的物品，以物质承载文化是公共博物馆最根本的收藏思想。研究是公共博物馆的一项重要功能，基于对藏品的分析、研究，来了解藏品的历史价值、文化价值，通过这一功能实现博物馆的文化属性。教育是公共博物馆的一项核心功能，不论收藏还是研究，最终的目的都是将这些藏品与藏品所承载的历史、文化展现给人民群众，使人民群众受到教育和熏陶。人们把公共博物馆的社会价值定位于教育，正是以此作为切入点。公共博物馆不在于拥有什么，而在于它利用拥有的资源做了什么。

公共博物馆是现代国民教育体系的重要组成部分，其教育使命是引导全体国民潜在的学习欲望，做到扩展其眼界，增长其知识，满足文化发展需要。我国的公共博物馆一直是使命型的博物馆，与社会变革紧密相连。作为信息和交流的中心，公共博物馆教育功能的重要性日益显现。提升公共博物馆的教育功能，主要以人民群众对精神文化生活的需求为出发点，进行藏品收藏、藏品研究，开展历史、文化教育，可以使人民群众的精神文化生活得到最大化的满足。

公共博物馆由传统的对收藏文物、标本的看重，变为对社会大众精神文化需求的关注，即由以藏品为本的博物馆转变为以人为本的新博物馆。如果说收藏是博物馆的心脏，那么教育则是博物馆的灵魂。传统博物馆是以藏品为中心，以馆舍为基础，现代博物馆则是以人为中心，面向全社会发展。传统博物馆侧重藏品的保护与研究，现代博物馆则以社会教育、文化产业为主，两者兼行发展，以社会发展促自身发展，从而形成良性的运行机制。现代博物馆通过改进展览、强化服务等手段，采用更加积极、主动的方式吸引观众，引导公众来博物馆参观，并为公众提供各种教育性与娱乐性的文化服务项目。作为文化传播的载体，公共博物馆具有开放性的特点，为公众与社会服务已成为其基本任务。公共博物馆为社会及其发展服务，正逐渐成为社会变革的工具。

公共博物馆只有注重研究社会需求变化，才能受到社会的普遍关注和重视，公共博物馆门庭冷落的现状才会有所好转，如果钻进象牙塔，就有被社会冷落、遭时代淘汰的危险。避免或改变这种状况，就要坚持贴近观众、贴切生活、贴近实际，加大对社会开放的力度，使公共博物馆的教育功能得到充分发挥。

好的教育活动能深刻反映博物馆的使命，是衡量一座博物馆综合绩效的关键指标，是现代博物馆经营管理的核心内容。公共博物馆在社会教育方面拥有多种独特优势。原因有五：一是教育对象的全民性与社会性。公共博物馆社会教育不同于程式化的学校教育，不受性别、年龄、出身、民族、职业、文化程度、健康状况等条件的限制，以全体社会成员为教育对象，确立以社会教育与文化产业为宗旨的良性运行机制，突出社会性、全民性和普世性的特征，大众共享免费资源，共建美好生活。二是教育媒介的实物性与直观性。公共博物馆高度关注社会大众的精神文化需求，构建起信息化、多元化的知识性动态平台，展示具有教育和文化价值的对象与标本，以"人"与"物"的互动交流为中心，以展品、藏品及其他辅助设备为载体，触发参观者的视觉、听觉等感官，促使他们通过观察、阅读、听讲、触摸及操作等方式，接受记忆信息，进而完成整个认知过程。三是教育的自主性与终身性。与传统学校教育相比，公共博物馆社会教育具有绝对意义上的自主性。只要公民个体有提高自身素养的意愿，就可以根据所需去博物馆汲取知识、拓展视野、激发创意。同时，其提供的教育在时限上具有终身性的特点和无限性的优势，可以真正打造互动、交流最频繁、最持久的"社会课堂"。四是教育内容的丰富性与愉悦性。只有公共博物馆这样包罗万象的教育场所，才能提供最全面、最深刻的教育内容。博物馆是人类社会的立体教科书，以寓教于乐的方式，在轻松愉快的环境中潜移默化地帮助公民实现素质的提升与完善。五是教育形式的开放性与多样性。公共博物馆采取丰富多彩、不拘一格的形式，开展展览、参观、培训等教育活动，使受教者不受课堂教学形式的限制，也没有竞争、淘汰等外在压力，为参观者在完全自主、自由的状态下接受科学文化、道德礼仪等方面的教育与熏陶提供了理想的场所。

二　如何提升公共博物馆的社会教育功能

当务之急是公共博物馆树立现代意识，以人为本，寓教于乐。

办好陈列展览是公共博物馆实现其社会教育功能的主要方式和发挥作用的重要手段。要做好此项工作，就要打破公共博物馆只从体制内考虑问题的束缚。应将公共博物馆作为社会大学来认识，创造新的方式去重新建构。在展示方面，应用不同类别的资料和适应不同知识层次的展示形式去满足各种观众的需求。建立与各种各样观众层的社会关系，逐步取得自身在精神文明建设中的重要地位。在陈列内容上，要有精品意识，要突出地方特色，突出办馆主题，做到思想性、科学性、生动性的完美结合。要立足馆藏文物的研究，寻找自己的优势与特色，人无我有，人有我优，陈列选题要体现新角度、新成果，变中取胜，以特色为优势，以优势促发展。在展示功能上要更进一步研究现代观众的新视角。要充分利用实物的效果，运用生动而巧妙的现代感的设计去制造情境和气氛，使观众在闪烁着智慧和奇妙的知识世界里得到精神的升华。就如同学生也参与学校教学一样，公共博物馆应成为各种知识层次的普通观众的社会大学，而不应只是少数研究者的象牙塔，应成为观众享受艺术的殿堂，让观众在公共博物馆里获取知识的同时，了解和研究观众的反馈，从而进一步改善公共博物馆的社会教育。观众参与应是公共博物馆教育工作的重要目的和达到教育目的的理想方法。

提高服务质量是公共博物馆实现其社会教育功能的重要途径。时代的发展带动了公共博物馆教育观念的更新和教育活动的创新。公共博物馆教育中传播给观众的知识信息量越来越多，新科技含量越来越高，知识的传播已不再是教育者向受教育者的单向传递，而是双向交流，互动影响。开展社会教育的目的已经不再是"教"，而是帮助观众"学"。正是通过为观众自我学习提供服务而实现教育目的。公共博物馆的教育对象具有广泛性，几乎涵盖了所有社会成员。从儿童到老人，从一般群众到特殊人群，从国内游客到国际友人，大家可以自由地进出各个展厅，通过参与各种教育活动来汲取文化知识。公共博物馆的教育主要是为广大观众提高文化素养服务，为学生的校外教育服务，为成人的终身教育服务，为科学研究服务，为旅游观光和文化休闲服务。因而做好公共博物馆的社会教育工作，核心就是要提高服务意识，让观众通过对陈列展览、展品形象化的解读，在心理上产生认同和共鸣，从而实现其社会教育功能。要提高服务质量，就需要公共博物馆加深对教育方法及对象的了解。观众到公共博物馆有观赏、学习的需求，有挑战新体验的需求，有参与演示的需求，有社交和互动的需求，甚至有利用公共博物馆舒适、安谧的环境休憩的需求。所有需求的核心可以概括为教育需求。对于社会公众的这些需求，公共博物馆不可忽视或回避，而应当加以满足，树立观众第一的信念，无论是硬件设施，还是软件服务，均要考虑方便各类参观者。公共博物馆应成为人们闲暇时的最佳去处之一。这些延伸和拓展型的教育活动，目的就在于尽量满足多元化观众的多层次需求。公共博物馆的社会教育效果在很大程度上取决于受教育者吸收多少。一个成功的公共博物馆要考虑观众参观的动机，参观后达到的目的，要考虑观众所具备的知识、兴趣、信心，以及是否有选择且能掌握整个参观学习过程。此外，公共博物馆开展社会教育活动会受到自然环境因素的制约，要考虑诸如展厅的空间布置是否合理，展览形式是否吸引人等，这直接影响教育目的能否最终实现。可见，个人、社会文化、自然环境三个因素在共同制约着教育的最终效果。在设计各种教育活动时，应考虑如何激发学习者的学习动机，建立明确的学习目标，提前为参观者准备相应的知识辅导，为不同的人群准备有针对性、可供选择的学习参观内容，为不同人群及同一人群不同个体之间提供互动学习的便利，运用清晰简洁的导引材料或总体介绍，使观众清楚展馆的空间布置及主要参观内容，通过设计辅助材料和活动以加强教育效果等。面对具有科学、艺术和历史价值的陈列展品，观众在欣赏、享受它的美的同时，也获得知识和启迪。充分、合理、有效地利用教育资源是公共博物馆拓展社会教育的新的方向。公共博物馆利用藏品实施教学，比在课堂上用抽象概念教学更适合未成年人，教育效果也会更显著。在这一方面，许多公共博物馆没有将教育活动进行有效的延伸。比如展览时间，这一点应向图书馆学习，利用晚间时间开放，活动形式包括研讨会、放录像、电影，举办座谈等；比如活动空间，观众活动只局限于展厅，展厅之外缺乏独立开展社会教育活动的专门区域，可学习国外经验，在馆内设艺术信息室、听觉指南、定位剧场、成人创作室、少儿活动室、家庭活动室等；比如工作人员，公共博物馆从事教育活动的人员不应仅限于自身工作人员，可考虑聘请志愿者和其他单位的专门研究人员。

加强对外协作，改变闭门办馆、独家经营是公共博物馆扩大社会教育影响的有力手段。实行开门办馆，加强与各方面的协作，在合作中竞争，在竞争中发展，扩大影响，实现双赢或多赢。比如加强与其他公共博物馆、私立博物馆和有关单位之间的协作，通过联合办展、联合宣传、人员交流或联合票制等形式，提高展览的利用效率，赢得更多的观众。要借助新闻媒体开展宣传，积极与各大媒体合作开辟专题节目或专栏、制作专题片等进行宣传，以提高社会知名度，有效盘活馆藏资源。要采取发送宣传资料、上门联系、电话联系、网上联系等方法，加强与学校、企事业、党政机关团体、部队、社区的合作，打破传统固定展览的方式，开展展览进学校、进社区、进企业、进部队、进农村的活动，提高普及性、大众性，以拓展普及的空间。要与旅游部门合作，争取旅游部门把展览纳入特定的旅游线路，一方面可以提升旅游活动的文化品位，另一方面增加参观观众，发挥社会教育的作用。

三　结　语

如果公共博物馆能真正与广大的普通观众在心灵上、行为上、感观上达到交流和沟通，并与社会各领域开展合作，那么它的社会教育功能的发挥是成功的，符合社会前进的潮流。公共博物馆能使观众在展览氛围中感受到文化的熏陶，也就真正成为国民终身教育的场所。通过公共博物馆观众人数的多寡以及社会对其关注程度，即它的社会知名度，基本上可以判断这个公共博物馆社会教育发挥的程度。观众人数多、人气旺的展览，社会教育功能是发挥成功的，它的社会效益同样不容置疑。归根到底，一个公共博物馆的成功在于社会教育功能的有效发挥和社会效益的丰收。

加强项目品牌化建设　开创社会教育新风景

——河北博物院品牌化教育服务项目掠影

河北博物院　刘卫华

摘　要： 高品位的教育项目是博物馆发展的关键性因素，要使教育项目在公众间具有广泛影响力和持久生命力，必须加强教育项目的品牌化建设。河北博物院新馆开放以来，高度重视公共教育工作，深入挖掘地域文化资源，精心培育并实施了十大系列品牌化公共教育项目，取得了令人瞩目的成果。

关键词： 品牌化　社会教育

当前，中国的博物馆事业蓬勃发展，博物馆教育工作日新月异，高品位的教育项目成为博物馆发展的关键性因素。要使教育项目在公众间具有广泛影响力和持久生命力，必须加强教育项目的品牌化建设。

从商业界的角度看，品牌是某种产品或服务与竞争对手区别开来的名称及其标志，品牌的要素是文化符号和核心竞争力。在博物馆界，教育品牌则应是具有特定名称和标志、具有特定质量水准和文化内涵的教育项目。博物馆的教育资源具有流动性和共享性，易于被借鉴和模仿，而独特鲜明的品牌形象是教育项目的质量符号，也是博物馆的一份无形文化资产。

河北博物院新馆开放以来，高度重视公共教育工作，认真研究博物馆教育发展趋势，积极借鉴国内外先进经验，深入挖掘地域文化资源，精心培育并实施了系列品牌化公共教育项目，取得了令人瞩目的成果。

一　深挖资源，明确品牌定位

每个博物馆教育品牌的打造必须与本馆的发展理念和整体工作规划相契

合，结合本馆历史文化底蕴和发展现状，分析各方面资源优势和独特个性，从而提炼出教育品牌的定位。定位要遵从以人为本的导向，体现本馆的教育价值观、教育哲学和个性品质，具有一定的引领性和导向性。河北博物院结合本馆工作基础，以打造人人共享的快乐型博物馆为目标，将教育品牌定位为"快乐教育系列品牌"。

在品牌化教育项目的理论指导方面，提倡"快乐建构"式的学习。在教育品牌的开发方面，强调三个方面的注重：一是注重品牌开发的规范性；二是注重品牌运营的科学性；三是注重品牌开发的可持续发展性。在以上理念和原则的指导下，河北博物院开发了结合时代潮流、深具文化内涵、综合多种表现形式、切合观众需求系列的公共教育品牌。

二　科学规划，打造优质品牌项目

教育品牌的打造，归根结底要植根于本馆的文化品质和文化资源。博物馆的创立就是为了保存和传扬地域文化的多样性，根本上是一种文化存在，本身也是一种文化现象。博物馆的教育品牌开发要利用本馆的优势资源，注意个性化原则，注重个性的力量，从而创造独特的文化品牌。河北博物院以本院丰富的文物资源和河北深厚的文化资源为依托，以快乐建构式的学习为理念，释放个性，现已形成公共教育服务十大品牌：

品牌一："快乐学堂"是公众的学习园地，是探索快乐建构式学习，将博物馆资源课程化的成功实践。"快乐学堂"结合河北博物院的文物资源和河北省的非物质文化遗产资源，开发了六大系列60项精品课程。"文物中的古代科技"课程，结合展览中的算筹、铜漏壶、弓弩、长信宫灯、青花釉里红开光贴花盖罐等文物，向孩子们揭示文物中蕴含的科学原理，让孩子们领略古人的聪明智慧。"文物中的古代生活"课程，选择蕴含古人生活信息的精美文物，从贴近生活的文物入手，带领儿童认识古人的衣、食、住、行以及休闲、娱乐，体会古人的生活艺术。"文物中的工艺美术"课程，从文物中的造型艺术出发，由专业美术教师带领同学们从纹饰、图案、造型、装饰和艺术审美等不同角度，一起开启"寻美"之旅，引导儿童认识"美"、发现"美"，体会创造

"美"的快乐。"博物馆里乐新春"课程，在春节期间带领孩子们一起了解、体验传统年俗，参加剪窗花、贴春联、制年画、猜灯谜等等活动，感受浓浓的年味和热闹的节日氛围。"河北传统文化艺术"课程，以河北代表性的优秀传统文化艺术为核心，精选玉田泥塑、蔚县剪纸、唐山皮

图一　在"快乐学堂"体验年画印制

影、武强年画等14项河北省特有的国家级非物质文化遗产，通过生动的教学形式及模仿、表演、手工制作等互动项目，引领大家学习传统民间工艺，深入了解河北传统文化（图一）。"经典电影中的河北抗战故事"系列课程，带领孩子们欣赏《地道战》《地雷战》《鸡毛信》《小兵张嘎》等经典红色电影精彩片断，课程既结合本馆陈列展览，又有极好的观赏性，还能让孩子们受到爱国主义教育，共同体会中华民族英勇不屈的伟大精神。

为了增加孩子们的学习兴趣，教育人员专门编写了通俗易懂的授课内容，在展厅参观的基础上，课程中不断穿插有趣的视频、生动的故事以及互动游戏和动手制作，把文物中蕴含的高深知识、遥远的历史转化成孩子们觉得亲近的知识、转化为他们可以动手操作的活动，让大家在愉快的氛围中了解文物、感受历史、开启心智、放飞梦想。

在开办馆内"快乐学堂"的基础上，积极将"快乐学堂"课程送进校园，现已与幼儿园、中小学建立了长期合作关系，根据学校具体需求进行课程定制，让同学们在校园就能实现与文物知识的亲密接触。

品牌二："小小美术家　快乐临壁画"是结合"北朝壁画"展览设计的学习项目。"北朝壁画"展出北朝壁画的代表性作品，色彩瑰丽，线条飞动，是学习、临摹北朝绘画艺术的极好范本。为此结合该展览策划了"小小美术家快乐临壁画"学习项目。项目以 7～12 岁喜爱美术的儿童为服务对象，每 8 次为一期，是一个渐进的阶梯式课程体系，依次按照壁画知识入门、地画、神兽、个体人物再到人物组合由浅入深、由易到难地展开。参加项目的孩子快乐

图二 "小小美术家"们进行壁画作品展示

参观、快乐临摹，主动感知、体验和交流，在感受古代壁画无限魅力的同时学习绘画技巧。每一期的最后一节课，是作品汇报展暨活动总结，学员和老师、家长共同展开作品，进行阐述和品评，是一个快乐分享的过程，增强了其个人成就感和自信心，也使其获得了自我表达的愉悦感，很好地促进了儿童个性心理的健康发展。该项目被确立为河北省重点科普项目（图二）。

品牌三："博物馆里的动物世界"趣味学习是面向3～6岁的学龄前儿童，是一个充满童趣的互动式亲子学习项目。项目对展览中动物造型的文物进行生动演绎，专门编写了《博物馆里的动物世界》趣味学习手册，融入多元智能学习理念，设立"猛兽历险记""神兽幻想记""萌'物'总动员"和"人与动物'缘'"四个主题单元，每个主题单元包括"找找我在哪""猜猜我是谁""我在做什么""为什么要选我""动手时间""交流时间""游戏时间"等七个板块的内容，将参观、探索、思考、问答、交流、动手、音乐、美术等相结合，并以亲子活动的形式进行，既有知识学习又有游戏互动，充分调动了孩子们的学习热情，利于幼儿智能的多元化发展，深受家长和小朋友们的欢迎。

品牌四："打开博物馆之门——快乐暑期"活动，2014、2015、2016、2017年度已连续开办四年，每年都有精彩的特色项目，其中"京津冀文化景观故事会""文物中的工艺美术""传统艺术零距离""寻宝特攻队""燕国达人夏令营""青葵剧社夏令营""讲解明星梦工坊""朗读明星梦工坊"及真人互动科普剧等是经典项目，内容丰富，形式多样，包含文物学习、非物质文化遗产体验、文化遗址探访、学习实践、展示表演等多个方面，满足了不同孩子的暑期文化需求，HIGH动多彩夏日。特别是"讲解明星梦工坊"和"朗读明星梦工坊"两个热门项目，让孩子们学习了传统文化知识，提升了表达技能，触摸了明星梦想，受到超级点赞（图三）。

品牌五："博惠万民文化行"是河北博物院精心打造的公益文化惠民项目。博物院的志愿服务队常年深入社区、学校、部队、山区等进行馆外流动服务。"河北博物院基本陈列入展文物'十大珍宝'"巡展宣传文物瑰宝、弘扬传统文化，"光辉的旗帜血染的风采"和"歌声中的峥嵘岁月"两个主题巡讲，将演讲与

图三 "朗读明星梦工坊"的小营员
在展厅进行情景朗读

现代多媒体技术相结合，深情缅怀革命先烈、回顾革命峥嵘岁月，感人至深、动人肺腑。"快乐学堂"流动服务课程让偏远乡村、山区的学校、幼儿园的孩子们实现了与文物知识的亲密接触。在社区、大学等进行的"神秘中山国""赏文物 品文化"等传统文化讲座，大力普及了文物和文化知识，广受欢迎和好评。2017年重点加强对弱势人群的服务，服务队多次走进特教学校、优抚医院、山区学校和幼儿园等，送去温暖的文化关怀。

品牌六：节庆年俗喜乐汇，充分挖掘中国传统节日文化内涵，结合中华传统节日开展与民俗、传统文化相结合的体验活动。"博物馆里闹新春"一系列惠民、乐民、为民的文化服务项目，让观众"欢天喜地迎小年""辞旧迎新过大年""欢欢喜喜贴春联""高高兴兴猜灯谜""吉星高照龙抬头"，快乐了解传统春节文化、体验春节习俗，感受热闹欢乐的节日气氛。"体验传统清明"带领大家了解有关清明节传统文化知识，玩味清明节经典游戏。"'粽'情端午"通过讲座、知识问答、编彩粽技艺体验环节，助兴公众的端午佳节。"相约浪漫七夕"让情侣、夫妻了解七夕文化知识，体验传统女红制作、"穿针乞巧"等技艺，领略传统七夕节的别样风情。"诗情·画意·悦中秋"让观众了解中秋节风俗，参与古诗词"对诗"比赛，彩绘玉兔，尽享佳节之乐。"秋爽登封龙 重阳染菊韵"组织老年人登高赋菊花诗、动手蜡染菊花，领略重阳佳节的文化气息。一系列节庆主题文化活动，富于文化韵味，注重体验参与，深受公众好评。

图四 外国留学生欣赏长信宫灯

品牌七："文化彩虹桥"项目，是一个文化交流性质的项目，与石家庄市42中合作，面向来华学习的外国留学生。为了让留学生更好地自主学习，教育人员专门设计了中英文学习手册，学习内容既有突出河北文化魅力的精品文物，如展现汉代人环保理念的"长信宫灯"、承载中山辉煌的"铁足铜鼎"等，又有展示河北特有的非物质文化遗产和中国特色节俗文化的项目，如武强年画、蔚县剪纸、唐山皮影、河间歌诗、魏县织染、定窑瓷艺等。每个学习单元包含探索思考、探索揭秘、探索学习、世界视野、探索体验五全环节，步步深入。让外国学生通过展厅参观、课堂教学、动手制作、互动游戏等丰富多彩的内容和活泼多样的形式，在学习体验中了解河北文化精髓，感受中国文化魅力。自2017年开始，课程也对即将出国的高中国际部的学生开放，让这些即将走出国门的学生在与传统文化的亲密接触中，了解民族文化，激发民族自豪感，增加民族文化自信（图四）。

品牌八："守望成长，静待花开"项目，是一个面向孤独症儿童的特殊教育项目。为了让孤独症儿童享受到博物馆资源，感受体验式学习的乐趣，组织了"守望成长 静待花开"亲子绘画活动。活动以现有展览和展出文物为依托，将参观展览与绘画学习相结合，设置8节由浅入深、不同特色的绘画课程。另外，每次课程都由心理专家志愿者设定了专门的心理指导内容，将参观展览、学习绘画与心理指导相结合，通过亲子绘画活动和心理专家的引导促进孤独症儿童走向开放空间、敞开心扉、学习艺术，并逐步学会合理地释放情绪、控制行为，在潜移默化中对孤独症儿童的康复产生积极促进作用。

品牌九："青葵剧社"项目。燕赵大地历史悠久，古圣先贤风流倜傥，经典故事动人心弦。为了让更多的人了解河北经典故事，亲身参与演绎河北精彩故事，2017年3月，河北博物院成立了"青葵剧社"。剧社以舞台表演、朗诵等艺术形式，精彩展现河北历史故事，弘扬河北优秀传统文化。一批批热爱艺术、喜爱传统文化的剧社社员，积极参加培训、认真排练剧目、游学历史遗址，不断成长进步，多次演出均获得巨大成功。目前剧社共有小演员百余人，已演出《甘棠遗爱》《荆轲刺秦》《完璧归赵》等历史故

图五　青葵剧社《甘棠遗爱》演出剧照

事及多场专题诗歌朗诵会，并参与了河北广播电视台卫视频道《燕赵传奇之邯郸成语故事系列》的拍摄，得到社会各界的广泛好评（图五）。

品牌十："博秀剧场"项目。为充分发挥博物馆在弘扬、传播优秀传统戏曲文化方面的作用，结合"金声天韵——河北梆子艺术展"，河北博物院利用展厅现场复原的古戏台，将展厅化身剧场，推出了"博秀剧场"。每周六上午都邀请"群星河北梆子剧社""扶梅戏曲社""梨园春戏曲社"等社团进行公益演出，河北梆子著名表演艺术家田春鸟、彭蕙蘅等多位大师多次到场助兴，让观众深深感受到了传统戏曲文化的魅力，扩大了地方戏曲在公众间的影响力，也为展览与剧场的结合开辟了新路。

通过这些教育项目，深度拓展了博物馆的社会功能，也充分激发了公众对博物馆的热情。在培育和建设教育品牌的同时，河北博物院也重视品牌推广工作，充分利用本馆网站、微信进行品牌活动宣传，并积极与媒体合作加强相关教育活动的宣传报道。通过推广、传播加深公众记忆，提升品牌在社会公众中的影响力，也推动品牌的持续发展和升华。

以上品牌教育项目是河北博物院公共教育服务体系中的一支，河北博物院不断深入推进的馆校合作项目是教育服务体系中枝繁叶茂的另一支。近年不断开发"审美力课程"、编写河北历史文化校本课程、开办博物馆社团、设立非物质文化遗产教学基地、合作开办剪纸和陶艺特色学校、举办大学生校园博物馆文化节、培训老师、开办入校讲座等等，取得了非常好的成果。

三 结 语

　　河北博物院教育项目的建设还处于创立和发展阶段，在很多方面有待学习和提高，我们将不断与时俱进，立足社会需求，做好品牌规划，加强品牌建设，提升品牌内涵，形成底蕴深厚、特色鲜明、受公众欢迎的品牌文化，使教育项目的品牌建设工作更上层楼！

博物馆教育在传承中华传统文化中的作用发挥

——以中国农业博物馆为例

中国农业博物馆　荆大伟

摘　要： 博物馆教育作为社会公共文化服务重要组成部分，在保护和传承中华传统文化中发挥着至关重要的作用。结合中国农业博物馆教育活动开展情况，就博物馆教育如何在传承中华传统文化中更好发挥作用提出自己的建议。

关键词： 中华传统文化　传承　博物馆教育

中华文化源远流长、灿烂辉煌。《关于实施中华优秀传统文化传承发展工程的意见》对"中华民族在5000多年的文明发展进程中创造的博大精深的中华文化"进行了界定，并就如何做好传承工作提出了明确要求。《意见》指出，传承发展中华优秀传统文化是全体中华儿女的共同责任，各类文化单位机构、各级文化阵地平台，都要担负起守护、传播和弘扬中华优秀传统文化的职责。博物馆作为征集、典藏、陈列和研究文化遗产实物的场所以及为公众提供知识、教育和欣赏的机构，在传承中华传统文化过程中具有举足轻重的地位和得天独厚的优势。

一　博物馆教育应成为传承中华传统文化的重要途径

《关于实施中华优秀传统文化传承发展工程的意见》明确指出，"要将传承中华传统文化贯穿国民教育始终"，但仅靠单一的、阶段性的学校教育不能完全满足传承中华传统文化的需要。博物馆是收藏历史遗迹和文物的场所，为我们提供了直观了解传统的可能性①，是学习传统艺术与文化的课堂，而在人们利用博物馆资源进行学习时，起连接和互动作用的就是博物馆教育工作。国际博物馆界发展趋势已经表明，博物馆已从过去的收藏和研究为主，转变为今天的以教育和服务为主，并为学习活动提供了强大的资源支持和学习环境。在现代博物馆各项业务中，"教育"不仅是博物馆对社会的责任，也是其首要目的和功能②，提供教育服务已经成为博物馆行业的核心和灵魂。欧美、日本等博物馆事业发达国家都高度重视博物馆教育，它们不仅将"教育"置于博物馆公共服务角色的中心，而且将博物馆作为重要教育资源和阵地加以运用。

同时，博物馆是普通人接受文化教育的最好场所，博物馆教育所面向的受众不仅是受过良好教育的人，还有很多普通的家庭和受众，这种多元文化产品的服务提供和受众的广泛性是其他机构所无法比拟的。而且，博物馆教育作为一种社会教育，属于终身教育的一部分，世界著名的未来学家 J·奈斯比特曾经断言：终身教育将成为第二次文艺复兴，而博物馆将成为第二次文艺复兴的重地，从幼童到老人，大家都可在其中得到持续学习③。近年来，我国对于博物馆教育逐渐重视，2015 年国务院正式颁布实施《博物馆条例》，进一步明确了博物馆教育、研究和欣赏的三大功能定位。2015 年，国家文物局与教育部联合发布《关于加强文教结合、完善博物馆青少年教育功能的指导意见》，要求各类机构探索构建中小学生利用博物馆学习的机制，使博物馆教育成为中小学校日常教学的有机组成部分。

因此，除基础教育、高等教育、新闻媒体教育等方式外，博物馆教育是传承中华传统文化最好的途径之一，是提升全民文化素养，满足文化需求的最重要渠道之一，对于扩大教育范围，增强传承效果具有非常积极有效的作用。目前，我国已有 4873 座博物馆，到 2020 年，全国每 25 万人就将拥有一座博物馆，如何发挥博物馆教育在传承中华优秀传统文化中的重要作用，应该成为博

---

① 杨兵、范淑英：《试论博物馆在传统技艺传承中的作用——博物馆教育与艺术院校美术教育相结合的实践探索》，《文博》2015 年第 1 期。

② 郑奕：《博物馆教育活动研究》，复旦大学出版社 2015 年版。

③ 同上。

物馆行业研究的重点内容。

二 博物馆教育传承中华传统文化的着力方向

人对于事物基本认知倾向有"知、情、意"三个方面："知"即学习知识，了解世界；"情"即发展审美情操，感情生活和艺术创作；"意"即自由意志，通过学习和理解，使人格越来越高尚①。这既是认知的基本规律，也应成为博物馆教育传承中华传统文化的着力方向。

首先，以实物为基础是博物馆教育的基本特征，也是其有别于学校、新闻媒体等其他教育活动的重要区别。不同类型的博物馆应结合自身领域特点，加强文物征集和相关领域文化遗产的整理研究②，增强传统文化实物展陈的直观性、形象性和欣赏性，以此作为博物馆教育的内容和基础，捕捉和激发观众的兴趣点，并在此基础上拓展其在传统文化方面的知识面，激发观众学习传统文化的精神愉悦感。

其次，博物馆应根据《意见》要求，在征集、调研的基础上加强对传统文化的学术研究，坚持创造性转化和创新性发展，深入阐释传统文化的历史渊源、发展脉络、基本走向，取其精华、去其糟粕，扬弃继承、转化创新，不复古泥古，不简单否定，不断赋予其新的时代内涵和现代表达形式，不断增强博物馆教育活动内容的丰富性，将对传统文化的研究进行"二次转化"，用互动有趣的教育活动方式去诠释传统文化内涵，讲好"中国故事"，展现传统文化的精髓，尽可能使关于传统文化的教育活动通俗易懂，加深观众对传统文化的认识和理解，使其主动发现、感悟、领略中华传统文化中的人文精神之美。

第三，博物馆教育形式应突出"参与性、互动性、体验性、主题性"，帮助观众自我发现和自我探索，进而激发观众终身学习传统文化的乐趣。正如教育的最终目的是使人自觉学习一样，传承中华传统文化的最终目的不仅仅是让受众简单知道"传统文化是什么"，更重要的是通过教育等途径，深入挖掘和

---

① 傅佩荣：《重归心灵家园》，北京理工大学出版社 2011 年版。
② 姜巍：《刍议博物馆在物质文化遗产传承中的作用》，《鸡西大学学报》2012 年第 1 期。

弘扬其核心思想理念、中华传统美德、中华人文精神，并使之转化成人民群众生产生活中的自觉应用，使中华民族最基本的文化基因与当前文化相适应，与现代社会相协调。这就需要博物馆教育在活动形式上更加体现"以人为本"，突出受众的参与性和互动性，强化活动的体验性和获得感，明确活动内容的主题性，在一般性、大众化教育的基础上，逐渐探索"分众化"教育①，使受众选择更加有针对性，由"撒芝麻盐"向"精确指导"转变，提升教育活动的成效。

三　博物馆教育传承中华传统文化的新模式探索

目前博物馆教育大多以场馆学习为主，采取馆校结合等方式，即博物馆等机构与学校结合，利用场馆的文物、展陈资源开展辅助性课程或者活动，使其成为学校系统教育的有效补充，与学校"正式课堂"教育相互依存、相互提升，构成相对更加完善的学习教育系统②。这种模式不论在国外还是国内，都是博物馆教育的主要方式，其面向群体主要以中小学生为主，对场馆内文物、藏品、绘画、雕塑、图片、标本、模型等实物的直观接触，可以非常好地激发学生探索和学习文化知识的主动性。

但与科技、军事、天文等领域博物馆具有趣味性、参与性、互动性实物资源不同，中华传统文化具有比较强的内向性，很难通过实物展示直接感知和领悟，中小学生通过传统的场馆学习很难深刻领会，难以形成学习的主动性。因此，加强青少年在校学生"第二课堂"场馆教育的同时，我们也不能忽视家庭教育在传承中华传统文化中的重要作用。从社会学角度分析，家庭是构成人类社会最基本、最稳固的单位，家庭除了繁衍后代、绵延种族外，还承担促使其成员实现个体社会化这一社会再生产功能，因此，只要家庭存在，家庭教育就会存在。从文化角度分析，家庭是中华传统文化中最基本的组织单位，中华传统文化的精髓和要义基本围绕家庭伦理关系展开，因此，家庭教育是传统文化

---

① 郑奕：《博物馆教育活动研究》，复旦大学出版社 2015 年版。
② 黄丹萍：《素质教育理念下博物馆教育与学校教育的有机结合》，哈尔滨师范大学硕士学位论文，2016 年。

传承的起点①。博物馆行业发达国家，已经开始探索接待群体由学校向家庭的转变，"父母是孩子最好的老师"，父母的言传身教胜过他人的千言万语，因此探索以家庭为单位参与的传统文化教育活动应该成为博物馆教育模式的有益尝试。博物馆教育可以通过亲子活动等形式，将家庭教育传承传统文化的内容锁定在传统礼仪、礼节以及自理能力的养成等方面，指导家长转变家庭教育时空内容观，突出家长的言传身教和传统节庆日的熏陶功用，从而强化家庭教育在传承传统文化中的作用，逐步使博物馆成为家庭亲子和传承传统文化的最佳场所之一。

四　中国农业博物馆教育活动在传承中华传统文化中的探索

习近平总书记指出，"农耕文化是我国农业的宝贵财富，是中华文化的重要组成部分，不仅不能丢，而且要不断发扬光大"。中国自古以来以农立国，耕耘畜养延续上万年，在此基础上所形成的农耕文化，因其地域多样性、民族多元性、历史传承性、乡土民间性，不仅赋予中华文化重要特征，而且也是中华文化之所以绵延不断、长盛不衰的重要原因。因此，大力弘扬和宣传农耕文化，对于传承中华传统文化，加强中华民族文化自信具有非常重要的意义。

中国农业博物馆作为我国农业领域的国家一级博物馆，是展示我国悠久农业历史文化和农业科技成果的重要平台，肩负着传承和宣传农耕文化的重任，同时也肩负着社会教育的责任。近年来，中国农业博物馆努力整合社会教育资源和场馆优势，在"知、情、意"三方面着手，在教育模式上进行了大胆创新，开展了丰富多彩的活动，在传承和弘扬农耕文化方面开展了卓有成效的工作。

1. 加强农耕文化相关资料、素材的收集整理

中国农业博物馆作为"二十四节气"申请世界非物质文化遗产工作的牵头单位，配合中国邮政发行了《二十四节气》特种系列邮票，赋予"二十四节气"更多的视觉美感；整理出版《二十四节气农谚大全》，对"二十四节气"相关文献资料进行深入整理，特别是对自民国以来有文字记录的"二十四节

---

① 容中逵：《家庭教育：你在传统文化传承中都做了些什么？——论当前我国家庭教育中的传统文化传承问题》，《教育理论与实践》2008 年第 6 期。

气"谚语进行全面搜集和整理，用耳熟能详的儿歌、谚语重新唤起了人们对于童年的回忆；在中国农业博物馆网站设立"二十四节气专题"网页，将"二十四节气"相关知识、民俗活动、农谚、图片、视频资料等集中展示，并随时更新，实现"二十四节气"资料数字化。同时，中国农业博物馆还积极开展与农耕文明相关的民俗文物征集，突出文物征集特色化、专题化，粮票、农业宣传画和劳模奖章等逐渐成为国内首屈一指的特色收藏，为支撑陈列展览和教育活动开展打下坚实基础，储备了丰富的实物资源。

2. 加强农耕文化学术研究并在行业范围内进行传承交流

前往"二十四节气"发源地——河南省登封市告成镇开展"二十四节气"民俗活动传承地区实地调研，召开"二十四节气"保护工作研讨会，成功举办"二十四节气"专题展览；开展农业文化遗产保护评估研究，选取广西龙胜龙脊梯田、江西崇义梯田、湖南新化紫鹊界梯田、福建尤溪联合梯田和贵州从江侗乡稻鱼鸭系统等具有代表性的遗产项目开展实地调研，发现、保护和传承重要农业文化遗产，填补国家遗产保护在农业领域空白，进一步明确农业可持续发展道路，对增强民族文化认同感、自豪感，增进民族团结和维护社会稳定，推动中华民族经济与文化的永续发展都具有重要意义；针对现代农业发展中遇到的问题，开展中国传统农耕文明经验的现实指导意义理论研究，从传统农业思想、理论和农耕文明经验、技术体系中找寻化解良方，为促进现代农业可持续发展提供借鉴，用传统文化解决当代的问题。通过学术研究，进一步提炼了农耕文化所孕育的"道法自然、天人合一"思想观念，凝练了促进社会和谐、鼓励人们向上向善的思想文化内容。结合学术研究开展"美丽乡村"巡展活动，通过在全国多地巡回展出简明直接的图片，形象生动地展示了我国因时、因地、因物、因水、因村制宜等古代农业、农村建设的基本经验和当代创建美丽乡村的模式及技术措施，引起社会各界广泛关注和强烈反响。

3. 不断开拓思路，创新教育形式和内容

充分发挥场馆教育优势，在加强与学校合作的基础上，强化与社区、企业和媒体的合作，增强博物馆教育的"参与性、互动性、体验性和主题性"。在北京一七一中学举办"传承民俗文化 体验非遗经典——非物质文化遗产走进校园活动"，播放"二十四节气"的申遗纪录片，邀请非遗传承人现场展示传统技艺。同学们在传承人手把手的指导下，亲手制作并体验了"金石传拓""面塑""剪纸""茶艺""陶艺"等传统技艺，对非物质文化遗产有了更直观、深刻的了解（图一）。

举办"科学小记者＋种子达人活动"，采取在微信公众号报名，线下种植栽培，线上交流评比的方式，通过聆听科普讲座、亲手种植农作物，使青少年了解植物生长知识，培养开发动手能力。通过多年积累，逐步打造教育品牌，形成了"小小农艺师""蚕宝宝的奇妙之旅"（图二）、"走进趣味昆虫世界"等一系列活动，形式新、体验性强。通过讲座、观影、参观、游戏、动手等贴近少年儿童特点的活动，进一步激发孩子们热爱大自然的情感和保护生态环境的意识。

4. 结合传统节庆，开展丰富多彩的家庭亲子活动

为引导广大中小学生更好地了解和体验中华优秀传统文化，丰富校外假期

图一　非遗传承进校园，文化
名家与学生面对面

图二　走进丝绸工厂，探寻
"蚕宝宝的奇妙之旅"

图三　"红红火火闹元宵"，中国
农业博物馆里迎新春

图四　父母与孩子一起在中国农业博物馆
过快乐中秋、绘七彩月饼

生活，中国农业博物馆分别在元宵节和中秋节等传统节庆期间举办"红红火火闹元宵"（图三）和"识节气、品中秋、做月饼"（图四）活动。孩子在父母的陪同下参加活动，学习、了解元宵节、中秋节民俗文化知识，一家人一起猜灯谜、做汤圆、做月饼，不仅让孩子体验到家庭的温暖、传统节庆文化的乐趣，了解到传统节日习俗知识，也使家长进一步丰富了对传统节日文化内涵的认知，有利于进一步扩展传承传统文化的社会基础。

"让文物活起来"的内涵及博物馆教育实践

南京博物院　胡琰梅

摘　要：本文从主体、客体、实施方式三方面阐释"让文物活起来"的内涵。"让文物活起来"是一项以博物馆等文物收藏单位为主要推动力量的旨在充分保护和利用文物的全民实践活动，内容丰富，实现手段多样。结合南京博物院的工作实践，从博物馆教育方面具体阐释如何让文物"活"起来。例如，使用智慧导览，举办专题讲座，开展公众体验活动，出版普及读物，进行网络直播或制作电视节目，加强与学校、社区的合作等。

关键词：让文物活起来　博物馆教育　智慧导览　公众活动　馆校合作

一　"让文物活起来"的内涵阐释

2016 年底，国家文物局发布了《关于开展贯彻落实"让文物活起来"情况专项督查的通知》，要求各文博单位深入贯彻习近平总书记关于让文物活起来的重要指示精神，落实《国务院关于进一步加强文物工作的指导意见》精神，加强文物合理利用工作。之后，各地"让文物活起来"的相关宣传和实践工作也陆续展开。

要全面理解"让文物活起来"的真正内涵，就应梳理这个概念提出和不断深化的背景及过程。最初提出"让文物活起来"是在 2013 年底，习近平总书记在主持中共中央政治局第十二次集体学习时。他提出，要系统梳理传统文化资源，让收藏在禁宫里的文物、陈列在广阔大地上的遗产、书写在古籍里的文字都活起来。其后，李克强总理两次主持国务院常务会议研究文物工作。其他中央领导同志对文物工作也做出重要批示。各级文化文物主管部门纷纷出台相关政策，整个文博行业围绕如何"让文物活起来"进行了具体的探索与实践，不断丰富和深化"让文物活起来"的内涵①。

"让文物活起来"是一项实践活动，要全面阐释其内涵就应从主体、客体、实践方式三个层面来剖析。

（一）主体

1. 博物馆

博物馆是最主要的文物收藏和展示单位，也是最主要的"让文物活起来"的实施主体。

2. 其他文物收藏单位

美术馆、图书馆、档案馆等单位，均收藏有一定数量的文物，自然也承担着"让文物活起来"的重要责任。

3. 企业

企业既可能因收藏文物而承担相应的责任和义务，也可能作为一种市场主体在促进文物"活"起来方面发挥重要作用。如省、市文物商店，各类拍卖公司，艺术品经营机构等。

4. 社会

"让文物活起来"需要全社会的共同参与。除上述文物收藏单位和企业之外的所有其他社会、个人和组织都可以成为推动"让文物活起来"的实践主体。

（二）客体

从字面看，"让文物活起来"的客体毫无疑问是"文物"，但这里的"文物"不仅是我们通常意义上的文物。习总书记最初提出这个口号时，就有"文物""遗产""文字"等形式。随着实践活动的不断深入，我们认为可将这里的"文物"细分为以下几种形态。

1. 不可移动文物

《文物学》中文物的概念："人类在社会活动中遗留下来的具有历史、艺

---

① 黄苏哲：《"让文物活起来"的文博工作实践与思考》，《客家文博》2017 年第 1 期。

术、科学价值的遗迹和遗物。由此可见，文物由遗迹和遗物两部分组成。根据文物的存在形态，可以把文物划分为不可移动文物和可移动文物两个部分。不可移动文物基本上是文化史迹，一般体量大，不能或不宜于整体移动，特别是不能与其周围人文的或自然的环境一起移动。"

2. 可移动文物

"可移动文物是相较于不可移动文物而言，主要是指馆藏文物和传世文物。它们体量小、种类多。根据它的体量大小和珍贵程度，分别收藏于文物库房，甚至文物柜或文物囊匣内"①。"同时，可根据保管、研究、陈列的需要移动、变换地点，这对其本身的价值不仅没有影响，而且有利于保管、研究，更好地发挥其作用"②。

3. 可移动文物的组合形态

主要指博物馆基本陈列和临时展览。"陈列是博物馆实现其社会功能的主要方式。一般将长期展出、比较稳定的陈列称为固定陈列；将短期展出、经常更换的陈列称为临时展览。我国博物馆大都有体现该馆性质和任务的主要陈列，也称为基本陈列"③。临时展览一般小型多样、经常更换，展品的选择较为自由，陈列内容结构和艺术形式也比较灵活。

4. 文物信息

包括传统文物信息和数字文物信息。传统文物信息主要指博物馆所保存的文物图片、关于文物的描述性语言，以及根据文物的性状、外观、纹饰等开发的文创产品等。数字文物信息在博物馆行业主要表现为互动体验、微信、语音导览、虚拟博物馆（或称数字博物馆）等。

（三）实施方式

"让文物活起来"的内涵不断丰富，实施方式也不断深入和多样化。各实践主体有着不同的任务，比如政府及文物行政主管部门着力于完善政策和法律法规环境；社会力量积极参与，在政策和法律法规允许的范围内，通过资金、

---

① 李晓东：《文物学》，学苑出版社 2005 年版。
② 李晓东：《文物保护法概论》，学苑出版社 2002 年版。
③ 王宏钧：《中国博物馆学基础》（修订本），上海古籍出版社 2001 年版。

技术、渠道等与文物资源进行有效对接，协助博物馆等文物收藏单位积极推动"让文物活起来"；而博物馆和各类文物收藏单位作为主力军，从业务方面具体实施让文物"活"起来的各种方式。笔者认为，博物馆和各类文物收藏单位"让文物活起来"的实践方式至少包括但不限于以下几方面：

1. 更新文物保护技术和设备，保证文物"生命"的延续

年代久远和保存环境的改变，使出土文物会受到不同程度的损坏，不仅改变文物的原貌，还会危及文物的生命，所以出土文物需要专业的技术处理，去除病害物质，给文物一个健康的保护环境。随着科技水平的提高，文物保护已经发展成为跨学科、跨领域的综合性学科，包括物理、化学、生物等。除了科学知识和科学思维，先进的科学仪器也为文物保护工作带来了便利。比如，出土的金属文物"治疗前可以利用 X 光探伤、荧光能谱等探测技术进行分析检测，获得被测文物材质、结构、损害程度、制作工艺等基本信息。通过分析这些信息，文物的下一步修复工作可以对症下药，减少保护工作的盲目性"①。文物本身物理形态的延续是"让文物活起来"的前提。只有不断更新文物保护技术和设备，并将新技术、新设备投入到文物保护工作中，最大限度地保障文物本身的"生命"，才有可能进一步推进让文物"活"起来的后续工作。

2. 规范文物保管工作，为文物"活"起来打好基础

文物的图片、描述性语言等传统文物信息是数字信息以及陈列展览、文创产品、社教活动等后续文物利用工作的基础，它们需要文物保管人员通过规范的操作来采集和保存。

3. 创新展陈理念和形式

时间上大跨度，地域上广覆盖乃至不同地域之间进行对比，特色主题开发，展陈手段推陈出新，博物馆之间的展陈交流等都是博物馆行业在展陈方面促使文物活起来的重要手段。在展陈方式上，突出系列性、整体性、可移性，利于发挥交流功效。同时，要充分利用群众的积极性和智慧，加强与观众的交流与互动，不断提升展陈水平与服务水平②。另一方面，还可鼓励博物馆依据

---

① 陈焱：《科技助力，让文物"活"起来》，《走向世界》2016 年第 10 期。
② 董祖斌：《让文物"活"起来的机制及方式初探》，《清江论坛》2017 年第 2 期。

馆藏文物及数据库开设"网上展厅"、"数字博物馆"。既把现有展品进行数据化、网络化展示，又把因展厅面积限制、深藏在库房等处的精品文物组成新的"网上展线"，从网络上拓展展示平台，丰富展陈，创新载体。

4. 注重文化创意产品开发

开发文化创意产品，是让文物活起来的一个重要途径。要做好文创产品的开发，需要把握以下几点。第一，把握关键，注重文化内涵。文化内涵是文博衍生品的核心。抓住博物馆文化资源的本质内涵，并将其独特的内涵运用到产品开发中，这是文化资源保护与开发的关键所在。博物馆特有的文化元素与文化主题的衍生方式、方法就显得尤为重要。第二，把握原则，坚持"双效"统一。文创产品与一般的产品不同，它不仅具有一般文化产品的意识形态属性，还是博物馆功能的延伸，具有文化传播和社会教育的职责。因此，文创产品的开发，要始终把社会效益放在首位，实现社会效益和经济效益相统一。第三，合理适度，处理好保护与开发的关系。文创产品开发是文物资源的一种保护方式，必须坚持文物工作"保护为主、抢救第一、合理利用、加强管理"的十六字方针，把保护放在第一位，谨防保护性破坏，或对文物资源曲解等不良影响①。

5. 开展丰富多样的社会教育活动

要使文物真正"活"起来，就要在深入挖掘文物内涵的基础上，传播文物知识，讲好文物背后的故事。而这些又需要通过开展形式多样的博物馆教育活动来实现。博物馆教育不仅仅是讲解、做活动，博物馆教育人员要解放思想、开拓思维，不断丰富教育形式。

二　博物馆教育实践

近年来教育已成为大部分博物馆的核心工作并贯穿于各项活动中。因而，在博物馆相关业务中，开展教育活动也是让文物"活"起来最有效的途径。以所在的南京博物院为例，笔者认为博物馆具体可采用以下教育手段来实现让文

---

① 马艳：《文博衍生品的开发与反思》，《人文天下》2016 年第 11 期。

物"活"起来：

（一）提供多种形式的导览服务

文物要活起来，离不开在语言上"活"起来。博物馆可以为观众提供人工导览、语音导览、智慧导览、导览手册等多种形式的导览服务。

展厅内有限的文字说明往往不能满足观众的对文物的好奇心，因此导览的作用显得很重要。人工导览要求讲解员既有逻辑清晰、语言规范的解说词，还能结合观众心理，做到知识性、通俗性、趣味性三者兼顾。另外，很多文物的说明文字冗长，背后的故事多而曲折，在展板上无法完全显示，语音导览、导览手册，可以对人工导览进行有益补充。有条件的博物馆应当着力开发文物及展览的综合导览系统，即智慧导览。

2014～2016 年南京博物院与当地信息科技公司共同研发了新一代博物馆导览系统——"智慧导览系统"。"智慧导览系统"已于 2016 年 12 月在"法老·王"展进行了为期一个月的试运行，并取得了良好的效果（图一、二）。该系统在南博 2017 年度大展"帝国盛世"中继续使用，并计划在历史馆也投入使用。"智慧导览系统"是不同于传统语音导览的新一代导览系统。从游客角度来说，

图一　成人观众使用平板智慧导览看展览　　图二　小朋友在展厅使用平板智慧导览器

"智慧导览系统"可以提供最为丰富多样的文物介绍内容，如音频、图片、视频、3D、互动游戏等。更为重要的是，策展人可以通过对智慧导览内容的设计与规划，将展览所需的相关背景知识、观点等植入文物介绍，让游客的观展体验全面提高，不仅真正看懂文物，更看到展览所包含的历史文化意义以及策展人对文物、展览的解读。

（二）开展专题讲座、体验、实地考察等公众活动

南京博物院社会教育活动以分众化教育理念为指导，根据观众的年龄层次、知识结构、参观目的不同，策划、组织并实施了不同类型的配套教育活动。立足于对前期观众调查结果的分析，在充分把握展览主旨的基础上，寻找展品的知识点、趣味点和相互关联。

1. 讲座

2016 年 3 月，"南博讲坛"正式开讲，邀请文化领域知名专家、学者举办讲座。《博物馆，当我走进你的大门》《藏诸名山：旧金山亚洲艺术博物馆》《西风东渐——大视野下的早期东西文明交流》《茶酒争胜——唐人的饮茶饮酒与三教论衡》等等，"南博讲坛"在弘扬当代核心价值观、传承中华优秀文化、展示江苏地域文明独特魅力方面发挥重要作用。除"南博讲坛"外，《盛世风华——康雍乾时代的辉煌》《彼得一世与俄罗斯帝国》等各种专题讲座不断，对观众了解文物和历史有着积极帮助。

2. 体验活动①

针对学龄前儿童，主要以儿童体验室为阵地，开展了形式多样的主题体验活动。体验室设置了"图书阅览区""艺术体验区"及"大型积木亲子拼搭区"等，并持续推出"我是小小考古家之探索消失的恐龙""文物的新装""文物里的吉祥动物"等品牌幼儿体验活动（图三）。为他们营造了身临其境的参观环境，让他们在"玩中学"，从而引导他们主动去发现、去思考，重新建构自己的独特理解。

针对青少年，结合历史馆的展线和陈列内容，开发了"人文历史课程"，

---

① 郑晶：《谈博物馆的"分众教育"——以南京博物院为例》，《东南文化》2015 年第 6 期。

通过 PPT 讲解、展厅或实验室探索学习、小组讨论总结等形式，一起探索古代灯具、酒具、炊具等相关课题（图四）。在此基础上还推出了"文物成语我来演"系列活动，通过展厅寻宝、古装表演等，加深体验者对文物和历史知识的认知。

图三 "我是小小考古家——探索　　　　　图四 小学生人文历史课程之
　　消失的恐龙"活动　　　　　　　　　　　"探索古代灯具"

针对中学生对考古和探知历史怀有浓厚兴趣的特点，从 2014 年起，南京博物院举办了四期"中学生考古夏令营"，并将继续举办下去。每期定有不同的主题，如"长江下游史前文明""汉代东部帝王陵"等。夏令营学员走出教室，在参加考古主题讲座和专题文物导览的同时，亲临考古工作现场，学习并实践考古勘探与记录、遗迹清理与绘图、文物绘图、器物拓片与修复等考古工作项目，切身感受考古的乐趣与艰辛，在书本之外领悟到了中国传统历史文化，从而达到最佳的体验与学习效果（图五）。

博物馆是历史文化的殿堂，也是开展艺术教育的重要场所。南京博物院充分利用丰富的馆藏及临展艺术教育资源，开创并不断完善"南博艺术教育系列课程"的内容及活动形式，为青少年提供艺术欣赏与体验的空间。他们可以通过自我引导、体验、探索等个性化的学习方式，领略博物馆艺术品的美妙。举办了"摇钱树陶插座""四世同堂石刻""古代建筑上的小兽"等多个主题临摹活动，鼓励体验者分享自己的作品，自由表达观点，让他们通过艺术原件观赏、审美、评价、比较、判断，在综合运用多种智能的过程中，协调身心的发展、开发智力潜能。

"青年艺术工坊"是专为对艺术感兴趣的成年观众开设的艺术课堂，以培养和提高公众的艺术修养和审美能力，使他们可以充分表达自己的审美判断和感受为目标，用一种轻松愉快的方式把年轻人带入艺术的殿堂。课程类别包含油画、国画、雕塑、篆刻、水彩等，配备所需工具和专业指导老师（图六）。在青年艺术工坊，观众可以发掘自己的艺术天分，并在艺术创作的同时舒展心情，摆脱压力和烦恼，用各种材料展现真正的自我。

　　在以不同年龄观众为出发点设置相应课程的同时，南京博物院还在节假日开展相应的民俗节庆活动，如中秋月饼、重阳糕制作体验等（图七）；根据特别展览推出配套活动，如"南腔北调"特展配套活动"影子里的戏曲故事"等（图八）。

图五　中学生考古夏令营

图六　青年艺术工坊

图七　重阳糕制作体验

图八　"南腔北调"特展配套活动"影子里的戏曲故事"互动环节

2016 年国际博物馆日，南京博物院首次尝试夜间开放。晚上 7 点，"南博奇妙夜"活动在点灯仪式之后正式启动。陶鼓打击乐、盘鼓舞《相和歌》、昆曲折子戏《牡丹亭·惊梦》、摆动的清代钟表、传统婚庆习俗体验让博物馆"活"起来。奇妙夜活动吸引了 5000 余名观众热情参与。南京博物院还与江苏交广网密切合作，在江苏交通广播台同时段推出《倾听南京博物院》节目，进一步扩大影响力。2017 年的国际博物馆日，奇妙夜活动推陈出新，除夜间向观众开放并提供演出外，还邀请文化名人讲述与博物馆的故事，普通观众也可以通过讲述亭分享自己与博物馆的情缘。

3. 实地考察

一些重要展览和文物常常会涉及本地的重大考古发现，为了加深对南博藏品和展览的理解，南博还时常组织志愿者和合作学校教师进行考古工地实地考察。例如句容土墩墓、汉代王陵、六朝石刻等遗迹、遗物的现场考察。

（三）积极推进馆校合作

博物馆应该为学校教学提供更多的资源，以博物馆特有的、生动、丰富、可靠的实物标本作为教学辅助，并为学校教师提供将文物与展览融入教学、结合实物和实践的教学方案，以提高学生的感性认识与实践能力。

结合国家文物局组织的"完善博物馆青少年教育功能试点工作"，南京博物院按照幼儿园、小学低年级、小学高年级和初中四个学段，在完成《江苏省博物馆青少年教育资源调查问卷》的基础上，依照不同学段的学校教育课程和教材，开发了包含历史教育、艺术启蒙、非遗体验、科学智慧等十五个门类的 40 门课程。这些课程既可以通过远程教育系统传送到更多的中小学校，也能够制成教学光盘送达远离博物馆的基层学校和学生，从而拓展博物馆教育的影响力。

南京博物院与岱山实验小学、游府西街小学、南京市第一幼儿园等多所学校结成合作教学关系，共同开发博物馆教育课程。在岱山实验小学三年级设置博物馆教学课程，坚持每月派员上课；为一二年级提供课程框架，研讨教学内容，由该校教师完成课程。与南京市鼓楼区历史教研室深度合作，定期开展课程研讨，派员赴校示范授课，在学生中举办"传统再造——古代灯具元素创意大赛"，在教师中开展博物馆课程教学案例评比活动，评比结果计入教师年度考核和职称评审成绩。南京博物院有音乐特长的教育人员还被南昌路小学聘为该校民乐博物馆"小馆长成长营"指导教师。

除了为学校量身打造博物馆课程，博物馆教育人员到学校授课，南京博物院还利用"法老·王"专题展览开展了针对全市范围内中小学、幼儿园在职教师的"种子教师"培训。60余位教师接受了较为系统的博物馆教育理论学习，并了解了南京博物院青少年教育实践和馆藏资源。博物馆教育人员引导教师利用南博展览和馆藏文物发掘教学资源，教师分享在学校实施博物馆课程的经验和心得。效果显著，实现了博物馆与学校的双赢。

（四）加强与社区的合作

社区是博物馆延伸服务的主要目标，社区项目对于各馆融入社会、扩大影响力并吸引更多的人走进博物馆是很有意义的①。南京博物院把博物馆资源与社区文化建设紧密联系起来，充分挖掘自身资源，为社区文化发展服务，同时也获得了较好的社会效应。南京博物院多年来一直积极配合社区开展重阳登高、盘扣、水手结、非洲菊等一系列丰富、有创意的、生动活泼的社区活动。从2015开始帮助南京市教育局建立"梅园文化教育合作联盟"到2016年建立"玄武区科普教育联盟"，受到了社区群众的欢迎。社区内的机关、学校、居民都把"玄武区科普教育联盟"的基地作为自己政治活动、教育活动、文艺活动的场所。社区居民也积极投身到南博展览前的观众调查和展览中的社会延伸活动。

（五）出版各类普及读物

文物要"活"起来，就要实现"可移动"，让文物"变身"成可移动、可留存、可带走的"纸质产品"，成为"带得走的文博记忆"。

南京博物院社会服务部结合不同受众的知识基础和阅读兴趣，精心创作了图文并茂、通俗易懂的展览配套普及读物。例如配合"温·婉——中国古代女性大展"出版了内容有趣、画面精美的普及读物《花面交相映——跟古代美人

---

① 郑奕：《博物馆教育活动研究》，复旦大学出版社2015年版。

学化妆》；配合"藏·天下——庞莱臣虚斋名画合璧展"出版配套亲子读本《大收藏家》等（图九、一〇）。

图九　普及读物《花面交相映》　　　图一〇　亲子读本《大收藏家》

（六）进行网络直播或制作与文物、博物馆相关的广播、电视节目

新媒体的运用，使博物馆教育的形式更加多样化。网络直播是深受广大年轻人喜爱的形式，它在博物馆界近两年也悄然兴起。2017 年南京博物院结合本院特展和考古发掘项目等进行了 10 余次网络直播，效果颇佳。网络直播有"专家带你去看展览""我们一起去考古"两大系列及国际博物馆日博物馆奇妙夜特别节目，其中江苏省泗洪县赵庄遗址考古发掘现场第二次直播观众量创下 45 万人的新纪录。

与广播电台、电视台合作，科学策划、拍摄、制作各种寓观赏性、教育性、普及性、娱乐性于一体的反映文物故事、文物价值、文物工作者的电视节目。如同热播的《我在故宫修文物》，让文物走近观众，让文物的故事通过屏幕走进千家万户。南京博物院曾与宜宾广播电视台合作拍摄大型纪录片《抗战时期的中央博物院》《文博大家曾昭燏》《南京博物院八十年》，播出后获得了广泛的赞誉。

三 结 语

　　综上所述，"让文物活起来"是以博物馆等文物收藏单位为主要推动力量的一项旨在充分保护和利用文物的全民实践活动，内容丰富，实现手段多样。主体不仅包括博物馆，还包括相关的文物收藏单位、企业和社会组织。客体不仅包括可移动文物、不可移动文物及其组合形态，还包括与文物相关的各类信息。实施方式可从文物保护和保管、陈列设计、文化创意产品开发、社会教育等多方面着手。南京博物院近年来在教育方面以分众化教育理念为指导，开发新型智慧导览，开展专题讲座、体验活动、实地考察等公众活动，加强与学校、社区、出版社、广播电台等社会组织的合作，尽可能充分发掘文物信息及其背后的故事，为公众提供形式多样、内容丰富的博物馆教育活动。

银幕背后：让电影艺术教育活起来

——中国电影博物馆青少年电影艺术教育实践初探

中国电影博物馆　黄　婷

摘　要：中国电影博物馆作为电影文化的传播阵地，紧紧围绕国家级、专业化、公益性、第一流的建馆方针和目标，利用丰富的电影资源，通过电影展览、各类教育活动长期致力于青少年教育的开发和研究。在当今新时代文化大发展、大繁荣的潮流下，如何借助影像的载体和形式，形成集爱国主义教育、人文教育、历史教育、情感教育、主流价值观教育等于一体"活"的电影艺术教育，实现青少年文化素养乃至国民媒介素养、文化底蕴的整体提升，既是满足广大人民群众精神文化需求、增强中华文化软实力，丰富和发展博物馆学理论特别是电影博物馆公共教育理论的有益探索，也是增强文化自信，推动社会主义文化繁荣兴盛，实现伟大复兴"中国梦"的具体实践。

关键词：电影文化　青少年教育　博物馆艺术教育

中国电影博物馆于 2005 年落成，2007 年 2 月正式运行，2008 年 3 月免费开放。正式运营十年来，共接待观众近 500 万人次。馆内收藏电影拷贝、手稿、电影海报和电影器材等珍贵藏品 3 万多件。"社会大课堂—电影课堂"（以下简称"电影课堂"）是中国电影博物馆专门面向中小学生的社会教育系列活动。该活动旨在利用馆内的电影资源，以电影文化艺术教育和科普教育为主要内容，通过电影教学课程实践、主题活动、观影交流、参观体验等教学方式，提高中小学生的科学文化素质。"电影课堂"于 2009 年启动，截至 2017 年底，共举办活动 527 期，服务学生 90000 人次，取得了较好的社会效益。

十年来，中国电影博物馆紧紧围绕国家级、专业化、公益性、第一流的建馆方针和目标，始终将扩大电影影响作为博物馆前行的动力和要求。这既能满足广大人民群众精神文化需求、提高广大公众文化素养、增强中华文化软实力，也是丰富和发展博物馆学理论特别是新时代下电影博物馆公共教育理论的有益探索和实践。

一　从博物馆教育到电影艺术教育的新认识

1. 博物馆教育的新需求

博物馆教育是当今博物馆界发展的重点和热点。2015 年 3 月颁布的《博物馆条例》① 对博物馆社会服务进行了明确规定，这说明博物馆已不仅是传统意义上文物收藏、保存、研究的专业机构，还是提供展示、教育、开放服务的公共文化服务机构。2017 年 6 月 19 ～ 22 日在巴黎召开的第十八届"博物馆交流大会"（Communicating the Museum）就把主题锁定"教育的力量"。博物馆不再局限于作为保存旧知识的场所，而是致力于为公众创造一个充满活力，探讨新理念的对话平台。博物馆不再是真理的独家垄断者，而是为观众提供学习、讨论、探索创新性的实体和虚拟场所。同时，人们对博物馆的期待也发生了变化：他们不仅仅需要事实，更需要充满活力、可以娱乐的社交体验。

从 2008～2015 年中国电影博物馆参观人群的数据来看，观看电影、获取知识、休闲娱乐、家庭陪伴是主要需求。而青少年观众群体以家长陪伴为主要入馆参观方式。所以开发亲子类、知识性与趣味性结合的、参与性强的教育活动是满足家庭观众主要诉求的重要方式（表一）。

随着博物馆服务公众的使命变得前所未有的重要，教育已成为博物馆发挥真正力量的重要工具。这需要博物馆人在对政策指导进行深度解读和理解的前提下，开展博物馆教育活动。对青少年的教育，不仅需要进行馆校合作，建立共赢机制，而且还要仔细制定博物馆教育的内容，进行有价值的青少年教育。

---

① 2015 年《博物馆条例》将博物馆定义为"以教育、研究和欣赏为目的，收藏、保护并向公众展示人类活动和自然环境的见证物，经登记管理机关依法登记的非营利组织"。

表一　2008～2015 年中国电影博物馆观众满意度中"来馆目的"数据表①

	观看电影	学习电影知识	休闲娱乐	陪伴孩子	新鲜好奇	打发时间	参加影博举办的活动	其他
□2008	34.70%	56.40%		22.10%	26.10%	4.20%		6.00%
□2009	46.50%	58.50%		12.10%	26.60%	5.80%		6.80%
▣2010	60.60%	45.40%		16.60%	17.50%	7.00%		5.80%
▣2011	47.20%	43.90%	28.40%	10.90%	16.40%	7.40%	11.50%	5.00%
▣2012	42.10%	43.40%	28.10%	23.60%	12.50%	6.80%	14.70%	2.00%
▣2013	48.30%	42.90%	33.50%	30.70%	15.90%	8.90%	11.10%	3.10%
▣2014	45.70%	37.10%	31.40%	19.80%	18.30%	10.20%	8.30%	2.80%
▣2015	36.84%	33.39%	35.75%	29.58%			6.53%	7.99%

十九大报告指出，"努力让每个孩子都能享有公平而有质量的教育"。博物馆作为社会公益服务机构，社会教育的重要载体，更应该充分发挥社会教育职能。

当前，整个中国的教育，包括家庭教育、学校教育和博物馆教育在知识层面和技能层面上均领先世界平均水平。但我国的教育在青少年态度、情感和价值观层面的培养却远远不够。中国青少年普遍缺乏批判和创新精神，缺乏独立精神，不会用自己的立场和态度去判断新鲜事物，缺少正确的价值观。面对这样的教育现状，博物馆应该承担更大的责任，在青少年态度、情感和价值观的建立上有所作为。由此，博物馆教育的价值能够更加凸显，博物馆教育的方向也能够更为明确。

2. 电影艺术教育的新认识

杨绛先生说，"好的教育"首先是启发学习兴趣。卢梭说，"最好的教育就

---

① 图表来源：《2008～2015 年中国电影博物馆观众满意度调查报告》。

是无所作为的教育：学生看不到教育的发生，却实实在在地影响着他们的心灵，帮助他们发挥了潜能，这才是天底下最好的教育"。所以电影娱乐是好的教育，娱乐教人协作、教人协调，教人战胜困难，教人怎样取得胜利，教人智慧。改变过去单纯的填鸭式知识灌输，让孩子们在娱乐当中主动发现什么是有效、正确的方法，这才是最好的教育。

作为第七艺术的电影本身就是一个综合学科，电影的艺术本质与其他艺术是完全不一样的。电影是跨界的艺术，跨界艺术出现的目的是为了完成文化的民族化，更是为了让所有阶层的人都能跨越文化的障碍，共同欣赏电影艺术，这是电影艺术的本质。

从 1895 年电影诞生，它就先天带有隐性的教育功能和艺术基因，只不过电影的教育功能是通过故事和人物，通过人物命运完成的，不是以教育者想当然的方式完成。今天的中国电影市场正在茁壮成长，从银幕数量，到观影人群，再到电影质量，都处在一个由量变向质变转化的阶段。截至 2017 年 11 月底，电影票房超过 500① 亿元，观影人次超过 14 亿。今年暑期一部正面表现爱国的电影《战狼 2》不到一个月的时间创下 56 亿的票房纪录，进入全球电影史票房排行前 100 名。这是亚洲电影首次入席，也是前 100 名里唯一一部非好莱坞电影。追捧这部电影的观众中，80 后、90 后、00 后占了绝对多数。这让很多人对爱国教育有了新认识：我们如何讲中国的英雄故事，如何讲中国的文化故事，如何宣传中国的主流价值观。

对于今天中国庞大且正在成长的电影观众和潜在观众来说，我们对电影艺术教育也应该有新的认识。电影艺术教育，不是指泛泛的影片鉴赏、电影知识的普及，不是影视院校科班培养专业影视创作人才。西方国家称为媒介素养教育，有的也叫媒介教育。美国的媒介教育起始于 20 世纪 60 年代末②。媒介素养教育强调从小要教会孩子们正确阅读和使用影像语言、视听语言。所谓正确地阅读和使用，就是知道如何表达意义，知道什么意义是健康的，在影像当中，反过来也知道怎样用影像表达自己想要表达的内容，这就是讲故事能力的

① 国家新闻出版广电总局电影局 2017 年 11 月 20 日数据。

② 1933 年，Leavis 和 Thompson 在英国出版《文化和环境：培养批判意识》（Culture and Environment：The Training of Critical Awareness），为 20 世纪初期的美国学校系统性地提供了媒介教育模式。

培养。这对于未来观众的审美培养，中国电影的叙事能力乃至中国电影市场来说都将大有裨益。

　　博物馆作为文化公共机构，可以借助影像的载体和形式，通过历史和技术结合开发的丰富而立体的活动形态，形成集合爱国主义教育、人文教育、历史教育、情感教育、主流价值观教育等于一体的、体验式的、"活"的媒介教育①。通过这种"活"的艺术教育，让电影"动"起来，让中国文化"活"起来，实现对青少年文化素养乃至国民媒介素养、文化底蕴的整体提升，增强文化自信，实现伟大复兴"中国梦"的具体实践。

二　电影艺术教育如何活起来

　　习总书记在 2014 年就提出，让大地上、禁宫里的，还有古迹里面的文物都活起来。"让文物活起来"成为广大博物馆工作者的行动指南，也成为"十三五"国家文物局的重要任务之一②。对博物馆本身的功能职责来说，教育要以陈列展览为主要阵地，通过多种手段向公众提供丰富的文化服务，弘扬中华传统文化，传播科学文化艺术知识。

（一）展览活起来——看见电影之美

　　陈列展览是博物馆实现为社会和社会发展服务宗旨的最直接的手段，博物馆的展览为谁而做？展览和博物馆的活动要给观众带来愉快的参观体验，不是简单地多媒体和视频堆积，而是要让观众身临其境，满足教育、研究、娱乐三大需求。展览活起来，也要让博物馆藏品"活起来"，让沉寂的藏品走出库房，让蕴藏其中的文化内涵发挥精神动力。

---

　　①　媒介教育在欧洲一般称为 Media Education（媒介教育），美国和加拿大多称为 Media Literacy（媒介素养）。"媒介素养教育是 20 世纪下半叶在欧洲、北美洲和大洋洲以及拉丁美洲、亚洲部分地区渐兴渐进的一种教学科目。媒介素养教育，简单地说，是指导学生正确理解、建设性地享用大众传播资源的教育，培养学生具有健康的媒介批评能力，使其能够充分利用媒介资源完善自我，参与社会发展。目前澳大利亚、加拿大、英国、法国、德国、挪威、芬兰、瑞典等国已将媒介素养教育设为全国或国内部分地区中、小学的正规教育内容"。
　　②　刘玉珠：《让文物活起来　主要在"活"上下功夫》，人民网。

1. 像打造电影剧本一样打造好的展览故事

博物馆展览的设计制作类似电影制作。好的电影首先需要有好剧本。同样，博物馆展览成功与否首先取决于展览文本的水准。这一点在国外博物馆中不乏体现。在美国洛杉矶郡博物馆，策展人不论展览筹备期是几年还是几个月，展览文案策划都是重中之重，事前细致、完整地搜集和整理展品信息，集合各类人员头脑风暴共同形成展览脚本——展览故事板（storyboard），逐步完成从创意到展览方案的成形（图一）。

2. 影像展览的现场感

区别于常规的文物类博物馆以物的展示为主，影像的展览更应该回归它的本来特色。美国洛杉矶郡立艺术博物馆、美国电影艺术与科学学会合作的"库布里克电影展"，最初由法兰克福的德国电影博物馆（Deutsches Filmmuseum）策划，库布里克遗产委员会提供了上百件的展品，电影艺术指导帕蒂·波德斯塔（Patti Podesta）专门设计。其策展理念是"让人重回黑色的房间里看电影"（图二）。

图一　洛杉矶郡博物馆策展人制作的展览故事板

图二　库布里克电影展展览现场——镜子巧妙运用有效拓展展览空间

展览现场充分利用电影的元素，光影关系巧妙配搭，无声老电影与现代电子音乐结合，在明暗之间，荒诞的表演和丰富的对话常常与梦游般的行为和故作平庸的交谈发生冲突。个性化的库布里克影像激起人们复杂而矛盾的情感，传神还原了这个传奇导演的个人性格色彩（图三）。

图三　库布里克电影展展览现场

　　用电影语言来表达展览空间，用视觉语言诠释文字，创造沉浸式的参观体验。

　　3. 电影史料的活化重现电影场景

　　电影的历史距今才122年，和故宫博物院为代表的历史类博物馆不同，一百多年影像历史如何呈现？博物馆里大量珍贵手稿、照片、剧本、奖杯、设计图，还有电影拷贝、道具、胶片电影的制作、洗印器材以及国产 8.75、16、35、70 毫米等各种规格放映机等静态的展品信息，对非专业观众尤其是青少年观众来说，都是零碎的、离他们生活久远的、枯燥乏味的。图文的标准描述方式无法驱动每个观众，尤其是青少年群体更无法通过想象力去直面历史。所以活化电影历史需要用好"玩"的技术来讲影像的故事。

　　VR 技术和 AR 增强现实技术目前被更多地运用在"使艺术品活起来"的展览中。通过扫描特定的画像，参观者可以看到动画化的场景，比如剥落的蒙娜丽莎、断臂的维纳斯等，用手机或者 IPad 来识别此艺术品，可以看到这一艺术品的文字介绍、历史背景等。不需要讲解员的解说，观众可自主了解整个博物馆的历史文化。

　　比如故宫博物院推出的"V 故宫"项目。只要打开相关的网站，按提示操作，就可以通过虚拟现实眼镜静静欣赏属于自己的养心殿。即使没有 VR 眼镜，V 故宫设计团队很贴心地设计了裸眼模式，让你自由遨游在养心殿（图四）。

增强现实技术结合电影的历史场景，比如活化的中国第一部电影《定军山》拍摄现场，让观众亲眼看见导演如何指导摄影师拍电影（图五）。借助动画及相关电影展品，一方面可以活化静态的图片，以电影场景的方式呈现，还可以戴上 VR 眼镜，比如和中国经典动画《大闹天宫》的孙悟空对话、互动。

图四　观众用手机导览参观博物馆　　　图五　中国电影博物馆《定军山》拍摄现场

此外，创意体验式展览让电影史料活化重现，带着观众真实游览电影史，游览电影基地。APP 的开发、高体验式虚拟数字博物馆，可以说是顺应"互联网＋"的趋势，让博物馆的展览和展品真正"活"起来，让青少年观众动起来，主动参与其中，辅助实现展览的多种体验感：

（1）角色扮演：孩子们将自己的形象录入网络，也可选择不同的电影角色，参观游览电影博物馆。

（2）虚拟讲解：虚拟的讲解员可以是卡通形象，也可以是观众喜爱的电影明星，他们带领观众参观并进行讲解。

（3）互动游戏体验：设计各种包含电影历史文化知识的互动小游戏供观众体验，比如中国最早的电影导演是谁？中国最早在哪个城市拍电影？增加趣味性的同时，也实现了寓教于乐。

（4）剧情引领体验：孩子们进入展厅的同时也进入虚拟电影博物馆，可以获得主线任务，并根据提示寻找完成任务的线索，每条线索都涉及许多电影历史文化知识和电影制作技术常识。孩子们完成了主线任务，也对整个电影展览有了更深入的了解。

（5）在线可视化交流：可以和其他小伙伴们一起逛博物馆。在这样一个巨大的 3D 展厅空间中，无论是日常聊天，还是专业电影的学术交流，每一位观众都可以自由进行面对面的互动。

4. "沉浸式"视听直观电影之美

电影是一门综合艺术，它所表现的质感和体验集中了所有创作者的表达，不仅包括导演的世界观、价值观，还包括摄影师们的光影表达，表演艺术家们的灵魂刻画以及后期制作等为代表的所有参与者的心血，利用 VR 技术打造"沉浸式"视听室，一流的视听设备和环境放大电影的细节元素，不同影像风格的对比，让孩子们感受电影技术发展带来的美感和质感，了解电影创作的匠心，这就有了交流、分享平台，观众"置身其中"并乐在其中。这是电脑屏幕、大尺寸的电视机、家庭投影无法做到的。

再比如三联幕影厅可以提升观众的沉浸感，银幕不但大，还有包围感。球幕和环幕不适合常规影院，通过三台符合 DCI 规范的数字电影放映机（支持 120fps 高帧率）实现超宽幅画面，CJ SceenX 利用三屏组合（一台放映机和两组商用投影）就能打造 270 度的观影视角。在这样的影厅看《移动迷宫2》是不是特别有探秘感呢？

还有 4D 动感影厅，环境特效和座椅运动，放映如《速度与激情7》《复仇者联盟2》《星球大战：原力觉醒》等主流动作大片，相信孩子们会爱上看电影。

（二）电影课堂活起来——探寻电影之美

基于博物馆藏品和展览研究，针对儿童、学校群体、成人等不同的观众群体需求特性，形成电影艺术教育的课程体系。原创开发的电影课堂，把电影艺术教育与中国传统文化宣传、历史教育等结合起来，让知识不再枯燥乏味，让青少年愿意主动参与、主动体验，潜移默化地进行互动式教育。

在教育课件的内容开发上，可参照国家博物馆等同行的经验，尝试以个别学校为试点，建立跨领域合作体，与电影的专业机构、学校、电影研究人员、儿童教育学心理学专家、博物馆专家共同开发校本课程，编写、出版与课程配套使用的教材和教师用书[①]。

"光影知识乐园"——社会大课堂系列活动是中国电影博物馆面向中小学

---

① 崔波：《国家博物馆与小学深度合作——馆校联合开发校本课程》，《中国文物报》2013 年 9 月 27 日。

生群体的社会教育系列活动的统称。目前，对青少年开展教育活动的电影教学课程有"电影特技解密""动画电影""电影中的奥秘""电影中的化学""电影中的舞蹈""电影中的历史真相""电影中的传统文化""电影中的色彩""电影中的音乐"等，但还未形成完整、成熟的教育体系，课件撰写和课程的讲述方式亟待调整升级。

课件内容的编写要站在青少年观众的角度上，帮他们解答电影是什么样的，不仅是关于过去的，也是关于今天的。包括电影中的动画、画面移动、拷贝曝光、剧场、电影的叙事、表演手法等，小朋友们可以借此体验一部电影的整个制作过程，让他们能把电影和今天的现实生活直观地联系在一起，帮助他们了解电影制作的同时，启发对未来的思考。

电影课程的实施，不应局限在展览现场或教育活动中心、课堂教室，教育人员可利用数字技术手段随时随地进行电影的相关教育活动（图六）。

通过线上线下教育互动推广，打破馆舍围墙，让电影社会教育的成果实现无边界分享、交流。比如面对迅速发展的世界慕课时代，博物馆慕课

图六　教育人员使用数字手段互动

（MOOC）① 可引导公众参与博物馆知识传播与教育活动，实现知识共享。

（三）体验活起来——感受电影之美

现代博物馆要关注观众的博物馆体验内核与教育的导向诉求是否一致，如果博物馆的教育可以实现与个人的成长发展结合，将对电影的艺术教育社会化大有裨益。

对职业教育的认识和开发国内还仅限于对大学生的就业指导。联合国教科文组织指出："学习和职业方向指导，应看成是一个连续过程和教育的一个重要组成部分，目的是帮助每一个人在教育上和职业上作出正确的选

---

① 慕课（MOOC），英文直译"大规模开放的在线课程（Massive Open Online Course）"，是新近涌现出来的一种在线课程开发模式。

择。"① 美国的孩子从 6 岁就接受职业发展教育，政府和社会各界在学校教育的过程中一直关心着学生的职业发展教育。

日本职业生涯规划教育同样贯穿于幼儿至成人的整个过程，它通过教育促进人生价值实现，为社会提供适应时代要求的优质劳动者。英国的职业生涯规划教育，主要是帮助学生从小意识到个人在能力、兴趣、个人需要和价值方面的差异，评价个人的生理和心理特征，判断何种职业适合自己。进行职业意识的灌输，锻炼独立能力。法国职业生涯规划教育涉及人的态度、动机、气质、能力、需要、价值观、发展取向等，注重了解学生的兴趣爱好、帮助学生了解社会发展、选择正确方向，以适应社会的需要。

把教育项目与青少年职业规划教育结合起来，以趣味兴趣为主导，开发青少年思维认知及动手能力活动，并建立专门的活动中心，这在国外博物馆开发的体验项目中很常见，国内的一些科技馆也开始尝试。

比如法国巴黎维莱特"科学与工业城"中的"儿童馆"，美国 NASA 航空航天博物馆开发的儿童体验中心（图七），中国科技馆新馆的"科学乐园"，上海科技馆的"彩虹儿童乐园"等。除了博物馆，还有专供儿童体验的社会机构，"比如世界"就是通过模拟城市社会的分工，让儿童体验医生、警察、厨师等各类职业，以此接触社会、了解社会。

图七　美国 NASA 航空航天博物馆开发的儿童体验项目

---

① 第十八届联合国教科文组织大会通过《关于职业技术教育的建议》。

对电影来说，可以开发真人电影拍摄体验训练营。青少年在真实动手体验过程中不仅可以了解电影制作的过程，还能培养他们对电影的兴趣、讲故事表达的能力、创意思维和动手能力，有助于引导青少年制定职业规划。

上海电影博物馆后期工作室和动画体验工作坊，可以现场看到专业人员正在制作电影（图八）。

作为"青少年影视教育基地"，中国电影博物馆的品牌活动"少年儿童电影配音大赛"自2010年至今已成功举办八届，该活动坚持以"关注少儿成长，启迪少儿心智，丰富少儿生活，繁荣少儿电影"为宗旨。以电影配音比赛为切入点，免费报名、参赛，免费参加在京电影文化夏令营活动，孩子们可以通过电影才艺展示的方式进行交流和学习。参赛地区以北京为主、辐射全国，包括香港、澳门、台湾地区，逐步扩大影响范围（图九）。

图八　上海电影博物馆动画电影工作室

图九　获奖小选手表演电影
《洛克王国2》配音

借助新媒体的力量扩大活动影响，吸引更多孩子参与，比如设立网络报名通道、在北京设立网络赛区，同时上线"少儿配音大赛"APP手机客户端，发挥微博、微信等新媒体的优势，增进各地少年儿童的交流，形成广泛的社会影响。目前该活动吸引了超过210万少年儿童和家长的关注，累计有18万名小朋友参加了配音大赛、电影讲堂和电影文化夏令营，获得了广大少年儿童的喜爱和家长们的肯定，收到良好社会反响。

其中"光与影"系列大讲堂免费开设的"卡通泥塑""魅力皮影""多彩造型""配音与表演"等体验课，传播传统光影艺术；参观怀柔中影影视基地、聆听电影配音专家的亲身示范，让小朋友们对配音有了更多体会。另一方面，艺术家们也从参赛的小选手中发现好苗子，作为新的电影作品里的声音形象。

因积极致力于青少年公益教育，2013 年 8 月 6 日，中国电影博物馆被中国关心下一代工作委员会授予"中国关心下一代工作委员会青少年影视教育基地"的称号。未来，中国电影博物馆会继续积极认真履行职责，充分发挥馆藏影视资源优势，利用优秀电影文化对青少年进行思想引导的优势，为树立社会主义核心价值观发挥作用。

设想如果博物馆能建成一个独立的空间，专门供青少年群体系统了解、体验电影的制作过程中的各个部门，各个职业职能。比如导演、编剧、摄影师、灯光师、美术师、化妆师、服装师、录音师、道具师、配音师、特效师及后期制作、发行、营销、制片人等，可以让他们在自己动手的过程中探寻电影的魅力与乐趣（图一〇）。

图一〇　上海电影博物馆五号摄影棚

比如揭开电影幕后人员的神秘面纱，真人和 CG 人物的互动表演，青少年观众可以了解电影特效。与物理摄影机拍摄的真人表演（绿幕或蓝幕拍摄）进行实时合成，可以现场感受《阿凡达》《猩球崛起》《变形金刚》等影片的制作奥妙。

青少年群体中，很多也是游戏的忠实玩家，如果借助最新的游戏引擎技术，渲染出较高质量的 CG 人物及场景，观众就可以亲自了解电影游戏的制作。

三　电影艺术教育新影响：传播活起来
——绽放中国文化魅力之光

作为文化的传播阵地，博物馆也需要在互联网＋时代焕发新的活力，"活"的电影艺术教育传播也要"活"起来。通过展览、社会教育、文创产品开发等，以更加丰富的内容和更加多样的形式，吸引孩子走进实体博物馆。

（一）加强学校与电影博物馆及社会资源的交流与共享

加强与北京电影学院、中国传媒大学、中央戏剧学院等电影专业院校以及电影资料馆、电影行业协会、制作机构等相关社会资源的整合，针对性地开发展览和教育实验项目，打造电影艺术教育实验平台和社会共享研究成果。未来的博物馆，拥有电影专业资料档案馆，拥有庞大的原创影视作品、高端的放映系统，为参与电影艺术教育的学生定制年度电影放映，学生可以在档案馆获取丰富的影视一手资料，这种庞大的学习资源是非影视学府机构所不能想象的。丰富多彩的电影实验室、教授研究工作室，形成了课堂教学之外的研究与学习网络，同时兼具展示和分享功能的影视平台，可以更广泛地扩大电影艺术教育的影响。

（二）中国电影走出去，电影艺术教育走出去

国际博物馆协会教育与文化活动专委会主席艾玛·纳迪女士讲到，对于教育工作，我们需要考虑有哪些可以施加影响的自变量。"藏品、观众，或是领导者的心态，可以更改吗？我们可以说教育是博物馆中最重要的活动吗？这些问题值得探讨。但是从另一方面来讲，我们能不能改变方法，开发新方案，抓住新机会"[①]？

2017 年，是"一带一路"倡议正式提出三周年。博物馆是传播文化和友谊的载体，借着"一带一路"的东风，可探索针对"一带一路"沿线国家的

[①]　国际博物馆协会培训中心办公室编：《国际博物馆协会培训中心年度报告 2014》，故宫出版社2016 年版。

具体国情和青少年发展需求，推出一批具有中国内涵、国际表达、创意融合的对外展览，引进一批高水平来华展览①，通过立体的电影文化教育活动，生动展现中国故事。

可借鉴故宫与皇家加勒比的合作。目前皇家加勒比游轮已正式计划在2017年的多个航次中推出故宫教育项目②，携手在国际游轮航线上展示和弘扬中国文化，向船上乘客传播故宫文化。故宫教育也因此开启了世界环游之旅。而海外中国文化中心和皇家加勒比游轮之所以选中故宫，是看中了教育课程易操作、配套材料包便于输出的特性。

中国电影走出去，电影艺术教育也要传播出去，提炼我们成熟的电影教育课程及配套材料包，在每年推出的国际国内巡展项目中推广出去，将中国电影文化的海外传播公众化、具体化，也使更多的海外华人、外国友人通过参与、体验具体的电影教育项目，建立对中国电影、中国文化的直接印象，进而产生兴趣并愿意了解更多的中国电影，了解中国文化。

电影是跨文化、跨国家的媒介，中国电影有它独特的政治、经济和文化背景。在"一带一路"倡议布局下，中国电影主动走出去，体现着在平等文化的认同下和平、交流、理解、包容、合作、共赢的精神。相信这个"铁盒里的大使"作为新的"中国名片"在艺术教育的助力下，将会用国际化的形式讲述好中国故事，传播好中国声音，绽放出中国文化品牌的魅力之光，展现新时代一个真实、立体、全面的中国，提高国家文化软实力，不断铸就中华文化新辉煌。

---

① 中华人民共和国国家文物局：《国家文物事业发展"十三五"规划》。
② 皇家加勒比已计划于2017年在天津—韩国—日本40个航次、香港—台湾—越南—泰国6个航次及澳洲和新加坡的半年航次中推行故宫教育项目。